我是谁

——战争遗孤启示录

吉林省对外文化交流协会 编著

吉林文史出版社

图书在版编目（ＣＩＰ）数据

我是谁：战争遗孤启示录／吉林省对外文化交流协
会编著 . -- 长春：吉林文史出版社，2025.7. -- ISBN
978-7-5752-0935-9

Ⅰ . D829.313；K264.07

中国国家版本馆 CIP 数据核字第 20250YY200 号

我是谁 —— 战争遗孤启示录

WO SHI SHUI——ZHANZHENG YIGU QISHI LU

出 版 人：张　强
编　　著：吉林省对外文化交流协会
责任编辑：董　芳
版式设计：刘泽佳　王　哲
出版发行：吉林文史出版社
电　　话：0431-81629369
地　　址：长春市福祉大路出版集团 A 座
邮　　编：130117
网　　址：www.jlws.com.cn
印　　刷：吉林省吉广国际广告股份有限公司
开　　本：170mm×240mm　1/16
印　　张：32.75
字　　数：420 千字
版　　次：2025 年 7 月第 1 版
印　　次：2025 年 7 月第 1 次印刷
书　　号：ISBN 978-7-5752-0935-9
定　　价：98.00 元

《我是谁——战争遗孤启示录》

编　委　会

编委会主任：刘国君　李　扬

编委会副主任：齐美慧　孙　宇　石金楷

编委会成员：张学民　刘梦蕾　姜　山

　　　　　　李　猛　高春薇　耿秀峰

他序

纯善至德,
照亮当下和未来

2025 年是中国人民抗日战争暨世界反法西斯战争胜利 80 周年,吉林文史出版社恰逢其时地出版了这部《我是谁——战争遗孤启示录》。

在这样重要的时间节点,一部关于日本侵华战争遗孤书籍的出版,会让人们重新审视战争给平民带来的灾难,会再次考验日本政府对侵略战争的认罪态度,会再次搅动日本遗孤及所有相关人士的痛苦回忆,会再次引发学术界对这一问题的思考、研究,甚至是争论,会再次展现中华民族"以德为本"的人格修养、"仁者爱人"的道德理想、"和为贵"的价值理念。

生活在这片黑土地上的东北人民,对于日本侵华战争遗孤并不感到陌生。其实,在中日邦交正常化以前,谁家收养了日本遗孤,街坊邻居都知道,只是善良纯朴的人们为了不伤害孩子,不约而同地选择了知而不宣。1972 年中日邦交正常化以后,关心日本遗孤及其养父母成了中日交往的重要内容之一,这成了中日两国和民间友谊的重要象征。中国养父母收养日本遗孤的事情一经报道，在中国乃至全世界都引起了轰动。在史学界，采访、记录、研究日本遗孤历史成为中日关系史的一个重要分支，并从而成就了一大批专家学者。如今几十年过去了，随着中国养父母的故去，这段历史似乎要被人们淡忘，为了抢救即将湮没的真相，中日两国联合组成的采访组历时 3 年行走于中国东北和日本，跨越中日 24 座城市，采访了 86 位当事人及知情者，深入挖掘了日本侵华战争遗孤的历史。本书的出版让人们深入了解这场战争的残酷及其关于人性的故事与思考，颂扬了中国养父母的博大胸怀和中华民族热爱和平的民族精神，对日本发动侵略战争的罪行和危害进行了深刻的揭露，反映了普通人民渴望和平的强烈愿望。

通读全书，我有以下几点认识和思考：

其一，构思布局合理，图文并茂。本书以图文结合的形式，通过多位日本遗孤的口述资料及多位当事人、专家学者的采访，多层面、立体化、客观地反映了人类历史上极其罕见的以德报怨收养侵略国孤儿的感人故事。书中不仅有日本遗孤在中国的生活情况，还有日本遗孤回到日本的生活、工作经历，并附有大量老照片和档案资料，为读者提供了关于日本遗孤问题的全新视角和较为全面的信息。相信本书出版之后，将会在社会各界引起强烈反响，为中国人民抗日战争暨世界反法西斯战争胜利 80 周年献上一份厚礼。

其二，主题鲜明，伸张正义，引人深思。全书充满了对日本侵略罪行的控诉、声讨，以及对中国养父母善良德行的颂扬、敬佩。日本遗孤从和养父母之间的深情往事开始回忆，见证人、研究者从日本侵略者的罪恶政策和残暴行为说起，志愿者、知情者从自己的感动谈起，全方位控诉日本发动侵略战争的罪行，感恩中国养父母的人间大爱，赞颂中国养父母的纯善至德和人性光辉，让广大读者真实感受到普通中国人作为中华民族道德理想承载个体的稳定性和持久性。

　　其三，中华民族的传统美德不仅在中华大地上代代相传，而且正在影响世界。被中国人养大的日本遗孤，在中华民族传统美德的影响之下，在中华优秀传统文化的滋养之下，对于中国有着深厚的感情，对于中国传统文化有着很深的文化认同感，他们受中国养父母所影响，回到日本之后，又将中国的传统文化、中国的文明理念、中国的道德观念带回日本。事实上，日本遗孤回到日本之后面临诸多问题，到底哪里才是他们真正的归宿呢？很多人都说，我虽然回到日本了，但我的心还是中国心，我做的梦还是中国梦。很多常年生活在日本的遗孤依旧保留着中国的生活习惯，除夕包饺子，端午节吃粽子，他们从来没有忘记中国养父母，从来没有忘记中国。如今，日本遗孤已经繁衍到了二代、三代甚至是四代，他们也自觉成为中日两国的桥梁，将中华民族的传统美德推广到日本。中国养父母用他们的一生来诠释何谓"善"，用自己的实际行动传播中国的道德理念并影响了世界——中国人的善良、忠厚就是这样一代又一代传承下来的，是日用而不觉的，是平凡而又伟大的。

　　其四，中国养父母收养日本侵华战争遗孤是中华文明核心价值理念的重要体现。从人类本能来看，"以血还血，以牙还牙"是全世界普遍存在的原始正义观，中华文明在承认这一本能合理性的同时，更进一步探索超越报复的伦理境界，将其系统化为社会治理的智慧，如"和为贵""退一步海阔天空""老吾老，以及人之老；幼吾幼，以及人之幼"。这种"仁爱"思想成为中华民族精神文明的重要组成部分。中国人的宽恕精神，从来不是对恶的妥协，而是对人性本质的深刻洞察。日本战败投降之后，刚刚经历了侵略战争残害的中国人民，以集体性的道德自觉选择了"以德报怨"，中国养父母用超越血缘、国界、仇恨的大爱，抚养日本遗孤，令其长大成人，助其成家立业，帮其归国寻亲。这种看似"屈己待人"的选择，实则是将个体伤痛升华为对人类共同命运的悲悯，是儒家"仁者与天地万物为一体"的哲学实践，更是对"以暴制暴"的否定。当某些"文明"仍在用否定来掩饰暴力时，中国老百姓早已用跨越半个世纪的守护证明何谓真正的文明，这些质朴却心怀大爱的中国养父母让世界见证了暴力在文明面前便相形见绌。

其五，弘扬中华文明核心价值理念，坚定文化自信。本书从中国养父母收养日本侵华战争遗孤这一切口，深刻展现了以"仁、义、礼、智、信"等为主要内容的中华文明核心价值理念，展现了中华民族纯善、至诚、重义、讲理的传统美德。中华文明核心价值理念是中华民族赖以维系的精神纽带，共同遵循的思想道德基础，其以"仁"为核心，兼具"纯善之质"与"理性之智"，在人类文明长河中形成了独特的精神标识。儒家构建"仁者爱人"的伦理框架，主张"己所不欲，勿施于人"，强调"恻隐之心，仁之端也"，倡导"君子成人之美，不成人之恶"，并将"老吾老，以及人之老；幼吾幼，以及人之幼"的思想，升华为"天下为公"的政治理想。道家则从"天之道利而不害"出发，提出"人之道为而不争"，强调"爱民治国""以正治国"。战国时期的鲁仲连以"排患、释难、解纷乱而无所取"的义举，展示了高贵的"天下士"情怀。

中华民族的道德修养自古便超越个体层面，升华为治国理政的核心理念。《尚书》有云"皇天无亲，惟德是辅"，将天命与德政直接关联；《礼记·礼运》描绘的"大道之行也，天下为公，选贤与能，讲信修睦"之大同图景，更成为历代政治文明的终极追求。这种道德传统在人格塑造上，以君子为范式——既需秉持"君子和而不同"的包容胸襟，更要坚守"不义而富且贵，于我如浮云"的义利底线；在治国方略上，则以"礼义之邦"为标杆，通过道德教化实现"天下大同"。从周代"敬德保民"的统治思想，到王阳明"致良知"的心学实践，这种"内圣外王"的道德体系影响至今。

抗日战争时期，中国共产党领导的人民抗日武装践行"优待俘虏"政策；中国人民抗日战争胜利后，国民党政府发表"以德报怨"声明，遣送日本战俘回国；新中国成立后，人民政府对日本战犯进行教育改造。在民间，中国养父母超越仇恨，毅然收养了侵略者的孩子。这说明中华民族的纯善至德，自古及今，一直闪耀着人性光辉。这就是中华文明核心价值理念，这就是中华优秀传统文化的人性根基。

史学的使命和史学工作者的责任，不但要准确、全面地记录历史，传之后世，更重要的是，要对历史事件、历史人物进行定位、定性与分析，把正确的史观树立起来，达到资政育人、崇善抑恶的目的。阅读本书稿，引发了我对日本"开拓团"、"开拓团"团民的身份性质、日本关东军弃民政策及与之相关问题的思考。

近代以来，日本在学习西方技术的同时，却抛弃了东方美德，走上侵略东亚各国的道路，尤其是走向了侵略东方文明的中心——中国之路，形成了大陆政策，公开叫嚣："失之于欧美之物，取偿之于朝鲜、'满洲'之地。"1874年，日本侵略中国台湾；1895年，日本割占台湾；1905年，日本侵占大连、旅顺；1910年日本吞并朝鲜。随着日本军国主义的侵略阴谋步步得逞，侵略野心也空前膨胀。朝野上下，从文臣到武将、从学者到僧人、从浪人到妓女、从资本家到普通劳动者，都在研究怎样侵略中国，如何把中国变成日本的国土。日本共产党和其他反战者成为极少数不与其同流合污者，遭到日本军国主义的残酷镇压。

日本军事占领是侵略中国的第一步，经济掠夺是第二步，文化同化、奴化是第三步。除了这三个步骤和手段，日本军政界的重要人物，如日本大将儿玉源太郎、"满铁"总裁后藤新平、日本外相小村寿太郎和日本关东都督府第二任总督福岛安正等，在日俄战争之后，就开始策划第四条毒计，即把日本人迁移到中国土地上，从事农耕，企图改变中国东北地区的民族构成，使日本人在东北形成人口优势，反客为主，霸占东北。1905 年占领大连、旅顺之后，日本开始了"移民"侵略实验，在大连金州建立了"爱川村"。试图通过圈占土地、改种水田等手段，达到其不可告人的目的。由于受自然条件的限制和诸多原因的影响，这次"农业"移民侵略没有成功。

"九一八"事变前后，日本关东军的下级军官石原莞尔、东宫铁男，日本国民高等学校校长加藤完治等也积极谋划此事。东宫铁男后来居上，主张武装"移民"，以在乡军人为骨干，不以农耕为主，主要进行军事训练，以屯垦军的形式存在。东北沦陷时期的日本"移民"侵略，就是按照东宫铁男设计的方案进行的。

1933 年 2 月，日本第一批以退伍军人为主的武装"移民"进驻佳木斯市永丰镇，设立了东北地区第一个武装"移民"村——"弥荣村"。1937 年，日本广田弘毅政府把武装"移民"作为七大国策之一，计划 20 年内，向中国东北"移民"100 万户，500 万人。如果这个阴谋得逞，那么到了 1957 年，在 3000 万东北人中，日本人将占六分之一，中国东北地区的民族比例将会发生重大改变。

到 1945 年 8 月，日本在中国东北的"开拓团"已多达 860 多个，共 10 万户，30 多万人。

翻遍古今中外的侵略史，亡人国、灭人族的阴谋莫毒于此。

"九一八"事变后，日本开始对中国东北实施武装"移民"侵略，美其名曰"开拓"，实质就是侵略，所以我们必须将其加上引号——"开拓"。

日本人"开拓"的过程，就是抢占中国公私土地的过程，就是压迫、剥削中国农民的血泪历史。日本关东军首先以 1 元钱 1 坰的价格抢占中国农民时价 120 元左右的好地，或六七十元的中地，转手以 10 元左右的价格卖给日本农民，组织日本武装"开拓团"，以黑龙江省为主要区域，沿中蒙、中苏、中朝边境地带呈倒"U"字形布置，形成外对苏联，内对东北抗联和中国人民的武装"移民"地带。1938年5月，日本专门成立"满蒙开拓青少年义勇军"入侵东北，总人数达到14863人。如果说日本成年"开拓团"团民是日本关东军的后备兵源的话，那么，"满蒙开拓青少年义勇军"则成为日本关东军的后备兵团。为了稳住日本的男性"开拓团"团民，尽快增加在中国东北地区的日本人口数量，日本政府又组织、欺骗日本女性嫁到日本"开拓团"中来，名之曰"大陆花嫁"。这些日本武装"开拓团"到了中国东北地区后，直接成为地主，剥削中国农民为其种地，以中国人为奴隶，成为地地道道的霸占土地的日本奴隶主。他们随意欺侮中国人，抢劫殴打成为他们的主要工作。凡是触犯其利益的中国人，哪怕是在他们"土地"上捡一个土豆，摘一根黄瓜，被其抓住，就要被施以各种酷刑。

007

1945年8月9日，苏联红军出兵中国东北，日本关东军迅速溃败。关东军司令部执行"弃民政策"，这些日本"开拓团"团民瞬间变成"弃民"，仓皇逃命。有的"开拓团"逃跑前，还向中国人民举起屠刀，制造惨案。在逃跑的路上，他们低估了中国人的胸怀，惧怕中国人的报复，不敢走大路，翻山越岭，避开村庄，向哈尔滨、长春、沈阳等大城市逃命。在这个过程中，日本军国主义者强迫日本人自焚、自杀，有的日本母亲受军国主义思想的毒害太深，竟然亲手杀死自己的孩子，然后自杀，造成许多人间惨剧。一部分失去父母的婴儿和儿童因此成为孤儿，他们大多濒临死亡，但幸运的是，善良的中国养父母将其收养，全力救治，将其视若己出，养育其长大成人。

从这个历史过程看，我们可以确定日本"开拓团"的性质。无论是主动也好，被动也好，被骗也好，这些"开拓团"的团民都不是现代国际法意义上的移民，而是打着"开拓""开发"旗号的侵略者，和"民"没有半点儿关系。即使他们在日本处于赤贫状态，只要他们加入了"开拓团"，踏上了中国土地，他们就不再是普通的日本国民了，而是日本侵略者。1945年8月9日以后，他们成为日本关东军和日本政府的"弃民"。尽管成为"弃民"，但是，他们仍是侵略者，准确的身份和称呼是被抛弃的日本"开拓团"团民。成为"弃民"的责任完全在于日本关东军和当时的日本政府。

鉴于日本"开拓弃民"一路溃逃、缺衣少食、病饿交加的惨状，现在一些书中称之为日本难民，这只是表面定位。

中华文明核心价值理念照亮世界的当下和未来。中国养父母以德报怨，善待侵略者的孩子，为什么这样感动世界的善举会发生在中华大地？其深层的原因，正是中华民族自古以来秉持的以"仁者爱人""推己及人""善有善报，恶有恶报"等为主要内容的中华文明核心价值理念，孕育了可以横跨世界、超越生死、宽恕仇恨的文化土壤；正是五千年的中华文明静默无声地浸润着、培育了、塑造了一代又一代纯朴、善良、无私、大爱的中国人民。

当今世界并不太平，新千年的和平愿景早已被接连不断的战火烧毁。近年来，战争、冲突此起彼伏，当下正在发生。如果各民族、各国家能够平等相待、以德服人、互利共赢、宽容大度，那么战争的悲剧就可以不再上演。

2013年3月，习近平总书记首次向世界提出人类命运共同体理念，深刻指出："人类生活在同一个地球村里，生活在历史和现实交汇的同一个时空里，越来越成为你中有我、我中有你的命运共同体。" 2014年3月，在联合国教科文组织总部，习近平总书记首次面向世界，深刻阐述新时代中国的文明观，提出文明交流互鉴的重要主张。

习近平总书记指出："偏见和歧视、仇恨和战争，只会带来灾难和痛苦。相互尊重、平等相处、和平发展、共同繁荣，才是人间正道。""文明交流互鉴，是推动人类文明进步和世界和平发展的重要动力。"习近平总书记人类命运共同体理念的提出，成为引领人类文明进步的耀眼灯塔。

在过往人类文明的进程中，各文明之间的血与火的冲突酿成了无数人间惨剧，日本发动的侵华战争更是现代世界中野蛮侵略的极端体现，南京大屠杀的惨绝人寰、东北大地上的累累血债，以及至少3500万中国军民的伤亡，无一不是中华民族刻骨铭心的伤痛，亦是日本侵略者罪行的铁证，而日本侵华战争遗孤群体也如同一面镜子，映照出日本侵华战争给日本自身带来的苦果。

前事不忘，后事之师。要避免此类惨剧再度上演，关键在于秉持人类命运共同体的理念，坚定不移地走和平发展之路。和平发展，需要以人类良知和文明尊重为基石与支撑。而人类良知和文明的根基，正体现在中国养父母那以德报怨、纯善至德的博大胸怀之中，他们用人类的大爱跨越了战争的鸿沟，为人类文明树立了一座不朽的道德丰碑。

2025年是中国人民抗日战争暨世界反法西斯战争胜利80周年，吉林文史出版社出版《我是谁——战争遗孤启示录》的重大意义，不仅在于揭露日本侵华战争的罪行，更在于弘扬中国养父母的精神。弘扬中国养父母的精神，就是让中华文明核心价值理念走向世界，让中国养父母的道德理想照亮人类的当下和未来，让纯善至德的人性光辉指引人类走出相互征服杀戮的血海，走上和平发展、互利共赢的光明之路。

王宜田

2025 年 5 月 10 日

009

自序

日本侵华战争遗孤，在日本被称为"中国残留孤儿""中国残留日本人孤儿"，是指 1945 年日本战败后，在逃亡和等待遣返过程中，被日本人遗弃并被中国人收养的日本未成年人。由于中日两国对未成年人的年龄界定不一致，因此在具体的数量上存在较大差异。按照日方规定，凡遗留在中国的、年龄在 0 到 13 岁之间的叫"残留孤儿"，13 岁以上的叫"残留妇人"或"残留邦人"。据日本厚生劳动省 2023 年统计，残留孤儿人数为 2818 人，其中归国者为 2557 人。而在中国，未成年人的年龄上限是 18 岁，按照这个标准统计，已经调查在案的日本遗孤数量在 4000 人左右，而实际上应该更多。

日本遗孤分布于中国的 29 个省、自治区、直辖市，但主要集中于东北三省。这些遗孤主要是日本"开拓团"团员的子女，还有一些是日本军政人员、工商人士的后代。他们有的被亲生父母在逃亡之前送给中国人收养；有的是父母双亡后流落街头、田间，甚至被遗弃在铁路边、垃圾堆中，被中国人捡回；有的是在"开拓团"团员集体自杀时侥幸逃生——每个人被遗弃的情况都不相同。但相同的是，他们都作为幸存者走入中国家庭，成为被中国父母搭救、抚养的日本遗孤。

日本侵华战争遗孤问题的产生，源于日本大规模的移民侵略和战败后实行的弃民政策。1945 年 8 月随着苏联红军出兵东北，关东军迅速瓦解，一百多万缺少军队保护的日本军政、工商和"开拓团"团民们被迫紧急撤退，大批妇女和儿童被抛弃在逃亡路上、收容所里……面临着随时会冻死、饿死的凄惨命运。在此背景下，尽管中国人刚刚赶走日本侵略者，自身尚处于吃不饱、穿不暖、水深火热的窘境之中，但纯朴、善良、无私、大爱的中国养父母，却毅然收养了走投无路、濒临死亡的日本遗孤。中国养父母将他们视若己出，节衣缩食、含辛茹苦地将他们抚养长大，让他们接受教育、成家立业。1972 年，中日邦交正常化后，中国养父母又尊重他们想回到日本的意愿和要求，义无反顾地将他们送上归国寻亲、定居的旅程。为了让日本遗孤能够顺利地寻找到亲人、回国定居，中日两国政府、民间组织和个人都付出了巨大的努力，做了许多艰辛的工作，全力帮助他们克服语言障碍、文化隔阂，尽快融入日本社会。日本遗孤和他们的后代，虽然在工作、学习、生活等各个方面面临各种困难，但仍自立自强，积极以各种方式争取自己在日本社会的合法权益和地位，争取自己作为日本公民的权利和人格尊严，积极促进战争遗留问题尽早、尽快和全面地解决。归国后的日本遗孤及其后代，以及热爱和平的日本友好人士没有忘记收养、哺育他们的中国养父母和中国这片热土，积极以各种方式回报中国人的养育之恩，成为中日两国民间友好交流的纽带，一直在为实现两国人民永不再战、和平友好的美好愿望不懈努力。

从 2020 年到 2022 年，吉林省对外文化交流协会联合中日多家单位，跨越中日 24 座城市，采访拍摄了 86 位日本遗孤及其后代、重要历史事件的当事人、亲历者、见证人和遗孤问题研究者，于 2023 年编辑制作了大型电视纪录片《我是谁——战争遗孤启示录》，并于 2023 年 12 月在 CGTN（中国国际电视台）纪录频道播出。同年获得了"中国口述历史国际周 2023 年"十大口述历史项目，第二十届中国（广州）国际纪录片节金红棉优秀纪录片（入围），第十三届"光影纪年"——中国纪录片学院奖（入围）等荣誉。有感于电视纪录片容量有限，大量素材没有得到有效利用，在中共吉林省委宣传部的关心与支持下，我们又从中精选出 48 位相关人员的口述资料整理出版。本书以口述史的形式，客观、全面地记录了这段人类历史上极其罕见的以德报怨收养侵略国遗孤的感人故事。这些受访者从个人亲身经历和内心真实感受出发进行讲述，生动展现了在特定时代背景下，中国养父母与日本遗孤命运交织、彼此影响的人性故事，使读者直面战争、人性与身份的撕裂，真切感知到战争带给人类的伤痛会持续很久，甚至会牵扯几代人的命运。

通过他们的讲述，我们被中国养父母身上所闪烁的人性光辉深深震撼。他们只不过是普普通通的中国老百姓，本就饱受战争的残酷摧残，却用这份震撼世界的人间大爱弥合着战争带给人们的创伤，成为刺破黑暗的光明与希望。在一个个催人泪下的故事背后，我们深深体会到了他们对生命的敬畏和尊重。他们大多数没有受过太多的教育，但正是中国人自古以来对于善的追求，对于人性的深刻理解，让他们能够清晰地将罪孽深重的侵略者与无辜的孩子区别开，将对敌人的仇恨与对无辜者的爱区别开，体现了他们对于和平的渴望，对于生命的尊重。我们从中能够深刻地领悟到中华文明的核心价值理念，深刻理解在人类文明的长河中，中华优秀传统文化源远流长、绵延亘古的原因。几千年来，以"仁者爱人"为典型代表的中华民族道德理想，深入人心，代代相传。中国养父母所具有的爱国、厚仁、贵和、敦亲等中华民族传统美德，通过他们的言传身教传递给日本遗孤和遗孤后代，感动了世界，成为中华文明核心价值理念的传播者。

走入中国养父母和遗孤群体，我们愈发深切地体会到珍爱和平、反对战争的重要意义。收养、善待侵略者的孩子，深刻体现出一个历经苦难的民族对于和平的渴求。正因为他们承受了太多的苦难，目睹了太多战争的残酷，所以他们比任何人都更向往和平、幸福的生活；正因为他们是战争的受害者，所以更不愿让人间悲剧重演。儿童是最天真无邪的，他们本应在父母的呵护下无忧无虑地成长，却在罪恶的战争中沦为最大的受害者。那些经历过战争的儿童，尚未尽情享受玩耍的欢乐，便先听到了可怕的枪炮声和飞机的轰炸声；他们本应在父母温暖的怀抱中撒娇嬉戏，却被无情地遗弃在荒郊野外；他们本该有家人的陪伴和保护，却只能抱着父母的尸体悲痛哀嚎；他们还未充分感受童年的美好，便已过早地体会到战争的残酷无情。这些孩子是不幸的，战争与死亡的阴影如噩梦一般，笼罩了他们的一生。然而，幸运的是，他们遇到了善良纯朴的中国人。中国养父母们，他们自身就是日本侵华战争的受害者，饱尝战争之苦。抚养日本遗孤于他们而言，何尝不是在与这些可怜的孩子一起默默承受战争的伤痛，舔舐战争留下的伤疤，在相互慰藉中治愈战争带给人类的创伤？养父母们以宽广博大的胸怀，为孩子驱散战争的阴霾，让孩子们的脸上重绽天真烂漫的笑容。但当日本遗孤离开中国时，养父母们却成了"老孤儿"。当这些"老孤儿"在无尽的黑夜和不绝的思念中孤独终老的时候，战争的伤害又残酷地延续到了年迈的养父母身上。日本遗孤归国后，却又因语言障碍、文化差异等原因，长期难以融入日本社会，无法找到真正归宿。可以说，他们一生都在问自己："我是谁？"这种迷茫，这种困惑，这种艰辛，又是战争灾难在和平时期的延续。战争对人的影响，远非枪炮声停了便可终止的，它对人类，特别是对儿童的伤害，会伴随其一生，成为他们一生永远的痛！

　　如今，中国养父母们皆已故去，他们带着此生的记忆长眠在这片黑土地上。日本遗孤们也年事已高，陆续离世，这段历史正加速湮灭。纪实的意义，就是不让真相随着见证者一同老去。作为有历史责任感的中国人，我们应当让这段发生在中日两国之间、人类罕见的以德报怨收养侵略者孤儿的感人故事继续讲述下去，让中国养父母和日本遗孤的个体记忆升华为全民族的群体记忆，让后人铭记这份跨越国界的人间大爱。我们相信，只要人性中的善良永存，和平就不会遥远，人类就有希望，世界就有未来。

005

本书编委会
2025 年 5 月 1 日

第一章 日本遗孤和他们的养父母

目录

第二章 日本遗孤和他们的后代

第三章 日本遗孤和事件亲历者

第四章 日本遗孤和他们的研究者

第一章

日本遗孤和他们的养父母

一、陈晓望

陈晓望：1946 年，在辽宁鞍山出生，三天后被生母送给中国人陈贵文、宋云芝收养，20 世纪 80 年代回到日本。陈晓望第一次探亲回到日本后见到了生父，四个月后，生父去世。陈晓望始终没有见到自己的亲生母亲。养母宋云芝于 2005 年 4 月 16 日逝世，养父陈贵文于 2020 年 9 月 6 日逝世。

▲ 陈晓望（左二）全家合影

▲ 陈晓望（前排左三）养父母全家福

　　我是日本遗孤，中国名字叫陈晓望，日本名字叫吉泽望。我是在日本战败后的 1946 年出生的，出生在鞍山。养父那时候好像是在伪满鞍山制钢所工作，现在叫鞍钢，具体的名字我也不太清楚。当时他和日本人一起工作，有个日本人姓山田，他和我的生父是同乡，也是长野县的。当时我母亲生下我，没有办法带回国。我母亲把我生下来以后，也不能直接把我扔了，她也挺痛苦的。那个时候正好我养母刚生下的孩子夭折了，这个孩子已经是她的第二胎了，我的养母生下孩子站不下（方言：养不活）。

　　山田是个中国通，他就跟我的养父说："你如果领养一个孩子，对那个孩子好，领养的孩子能给你的运气带起来，你再生孩子就能站下。"他接着又说："我有位朋友是日本人，要回国，带不走这个孩子，想把这个孩子送人，想找一个好的人家，我就觉得你这人家挺好。"

我养父也不敢决定，回家以后跟我养母商量。我养母有点儿活心（方言：心动），想要收养。当时我养父的奶奶还活着呢，她不同意，说："你们还年轻，还能生孩子，为什么要别人家的孩子？要的小孩不好养，那么大点儿，不像自己的孩子。"我养父和我养母听了奶奶的话，就不想要了，但也没说不要，就把这事撂下了。

但是山田和我生母都很着急，跟我养父说了以后，也没经过他同意，他们俩就把我抱到我养父家去了。当时我养父的奶奶，也就是我的太奶奶，就不咋愿意，说啥也不让要。后来我养父说："进来吧，到咱家算客人，坐一会儿。"我养母和我养父一看，这孩子长得这么好，长得挺白、挺胖的。我养母连忙抱起来了，特别喜欢。我太奶奶就是不同意，我养父会日语，他用日语说："我奶奶不同意，说这个孩子太小了，怕养不活，养不活就对不起你们了。"

我生母一听不让要，就哭了。她跪下来求我养父，说："你一定要把这孩子收下，你就救救她，救个命吧。你要是不要的话，我明天就把她扔到大道边上，如果谁捡垃圾看着的话，捡着就捡着了，捡不着了，这孩子就得死。"我是4月份出生的，中国东北的4月份还是挺冷的。我养父就跟我养母说："咱们要不要？她说如果我们不要就把这孩子扔了。"我养母说："在外面那不得冻死了吗？"我刚出生才三天就给送去了。后来我养母就说："要了吧，收了吧，一个生命，你不能叫她就这样死了。如果她真的有病啥的那就没办法了，这是个小生命。"我养母就同意收留我了，虽然我养父还有点儿犹豫，但也同意收了。我太奶奶说："你俩同意，那你俩养，到时候要是养不活，那可对不起人家了。"
我的亲生母亲就扒拉我的嘴巴，说："你以后长大了一定要孝敬
养父母，一定要报答养父母的恩情，他们救了你的命。"我的亲
生母亲还和我的养父母说了好多感谢的话。生母还是舍不得我，
一边哭一边说。山田看这情形就说："咱们走吧，赶快走吧。"
山田害怕我养父养母再变卦了。我生母走出去又回来了，还是舍
不得，抱起我亲了又亲。这样反复了两次，后来我的养母看不下
去了，就说："那我不要了。你这样，我的心也不好受，要是你
舍不得，你还是抱走吧。"我生母又给她跪下了，说："怎么也
得留下，收下她，要不她的命就没了。"山田一看这样，就硬给
我生母拽走了。

006

▲ 陈晓望的养父母

养母没有奶水，买的好像是奶粉，喂那些东西挺贵的。我那时候长得还行，但不到一岁就得病了，老有病，也不知道为什么。我的养母给我花了不少钱治病。她那时候没有钱，但我养母的娘家有钱，给她的陪嫁有金戒指、金镯子啥的。我养母就把她的嫁妆都换成钱，用来给我治病了。我养父告诉我，最后只剩三个金戒指，我那天不知道怎么就抽风了，怎么也不好。没办法，我养父养母就拿这三个金戒指去带我看病。当时是解放战争时期，站岗的不让我们过去，我养母看我抽风得不行，就急了，把我养父当作人质放在那地方，说："我过去给孩子看病，我如果不回来，你就把这个人带走。"就这样，我养母拿着三个金戒指去带我看了一回病，治好了。当时还给我买了一双鞋，买了一件衣服。我养父说，给他冻得够呛，人家也不让他进屋，他在外面冻得直转圈。

抽风好了以后，我又得病，浑身胖胖。大夫说治不好了。那时候是在沈阳，当时还没解放呢，大约是我两岁的时候。我养母就抱着我，不吃不喝，总是哭，到处找大夫也治不好。那时候我舅舅也来沈阳了，他们农村生活不富裕，就到城里找点儿工作干。他掏马葫芦（方言：下水道），挣钱多，挣的钱都给我花了，为了给我治病也没给他家里的老婆孩子钱花，但我的病还是没治好。后来有一个要饭的老太太，她给出了一个偏方：荞麦面条和黄瓜种皮熬水。这大冬天上哪儿找黄瓜种去？我养父就上郊区菜园子，也没有靴子，鞋、裤子都湿了，脚都冻了，找着两个黄瓜种回来，结果真就好了。

我的病好了挺长时间了，还是不会走路，三岁时才会走。两岁时说话也说不全，就是总得病导致的。我养母一点儿地教，一句话一句话地教我。我连"黄瓜""茄子"都说不上来，不像人家正常孩子那样。还不能受惊吓，谁也不能大声说话，谁来我家，我养母都告诉人家不能大声说话，也不能发脾气。就这样一点儿一点儿给我补过来了。后来我就像正常孩子一样，也能上学了。

虽然我养父母后来生了四个孩子，但是他们把好吃的都给我，穿衣服也是可着我穿。困难的时候，做的鱼、肉很少，我养母都把好吃的给我盛出来，剩下的给他们吃。穿衣服也是我穿旧了以后，弟弟妹妹们才能穿。我妹妹弟弟他们个儿都高，我大妹妹 14 岁时就比我高了。我才 1 米 5，她就 1 米 6 了，但是她还得穿我的旧衣服，她穿上都短了一截，那她也得穿。她总说我养母："你偏疼儿女不得济。"他们都说我养父母偏心，有点儿生气。我养母什么也不说，就紧着我，他们就得捡我的穿。棉袄小了没办法，她就接一段。接一段还不是同样颜色的，我的妹妹也生气，她那时候也小，还上小学呢。

那时候中国的细粮少。大米多珍贵啊，我养父母就用锅底做一碗大米饭给我吃。他们就吃高粱米、苞米、苞米糙子啥的。大家在一个桌上吃饭，妹妹瞅着我吃细粮也生气。我养母也不说啥，你们爱咋地咋地，我养母就是坚持这么做的，后来他们也就不在乎了。我们家弟弟妹妹还得听我的，谁不听我的，我打他们，他们都不敢还手——这是我小的时候我养母给我的权利——管弟弟妹妹。

别人家也说：他们家怎么那么偏疼老大？当初是我亲生母亲抱着我去的，父亲不知道上哪儿去了，当时我养母就对她说："我要能给她养活，如果将来有一天能够通信，我就给你信。"她们之间交换了地址、姓名，都记下来了。我养母害怕在城市里住址不定，留的是老家的地址，就是我姥爷那边的地址。她说："再怎么的，老家都知道有我这么个人，你到那儿一找就能找着。"日本那边儿留的是长野县，我父亲的地址，但名是我亲生母亲的名。还有我母亲的照片，都留下了。我养母说："这是证据，以后要有那一天，两国可以通信、来往的时候，我要把你的孩子交给你。"她们就立下这个誓约。我养母说，她当时想着："我一定把她养活，到时候让她的母亲看到她。"她说，人都得做善事，要有良心。

我养父养母都好，他们虽然有自己的孩子，但对我比对他们自己的孩子还好。我养父走哪儿都带着我，看电影、看剧，有什么事，他都领着我，他们亲生的孩子他都不带。我那时都20多岁了，我去哪儿我养母还都跟着，因为我老实，不爱说话，我养母就是怕我吃亏挨欺负。我小的时候也是，出去玩儿的时候她也跟着我。谁也不敢欺负我。我养母厉害，她告诉那些孩子、那些邻居："谁

▲ 陈晓望（后排左三）养父母全家合影

陳　暁望

A（山本望、昭和20年4月生まれ）父は応召、母は「山本君江」。21年5月ごろ、鞍山から長野県佐久地方に引き揚げた。生後三日目に、鞍山製鉄所の「山田」の紹介で鞍山市北六番町の陳貴文に渡された。B（吉沢のぞみ、36歳）長野県南佐久郡の吉沢英一（87）が父と判明。

▲ 陈晓望在日本媒体上刊登的寻亲启事

也不准欺负我姑娘，欺负我姑娘我可不让你。"那些邻居都知道，都说可别欺负她家姑娘，可别叫她哭啊。

后来，我们家从沈阳搬到抚顺了，到了抚顺我养母也工作了。我养母一直为了家庭而努力挣钱。那时候双职工家庭的生活就算好的了。我养母看见流行什么衣服都给我买，大人穿什么样的衣服，她也给我买。大人穿旗袍，她也给我做件旗袍，大人穿木头的趿拉板儿（方言：拖鞋），她又给我买一双趿拉板儿。棉猴儿，你们不知道吧？就是带帽子的那种棉大衣，她去沈阳买，也买不着那么小的，没有这么小的小孩穿的，只能买件最小的，但最小的我穿着还是大，都拖拉地。但是，不能穿她也买，就在那儿放着。后来，我都上中学了，还穿着它呢。养父母对我就是这样，特别好。

在抚顺时我家生活还挺好的。我们家从来不吃粗粮，都是细粮。1958年反右派，我养父被定为"历史反革命"。因为在国民党统治时期，他为了生活，当过铁路警察。这就给送下乡了，下乡以后我们家的生活就发生了变化。下乡以后头两年还可以，后来形势越来越严重，最后那两年都给他们集中起来了。一集中起来，我们家就剩我和我养母还有弟弟妹妹。我养母身体不太好，总生病，干不了重活。我养父一被集中了，我就得挑水、劈柴火，上菜地择菜。那时候我也就十三四岁，我的弟弟妹妹们都还小，我是最大的，那阵子生活就不怎么好了。

011

1961年我上中学，养母突然病倒了，病得很严重。就像现在的脑血栓似的，胳膊、手、腿都不能动弹，就瘫痪了。从那时候开始，我就把家里的事承担起来了。推磨、做饭，还要上学。我在抚顺有个舅舅，在抚顺石油三厂。正好第二年他们三厂的工宣队到我们生产队来了。上我们家一看，有我舅的相片。他说："这是我们宋科长的照片，你们跟他有啥关系？"我说："这是我舅舅，是我母亲的哥哥。"他说："啊？我不知道他有个妹妹在这儿。"那时候我舅他们不敢跟我们联系。后来他回厂子就跟我舅舅说了。舅舅什么也不顾了，就派一辆汽车给我养母拉到抚顺去了。给她治好以后才送回来。送回来的时候，我养母都能走了，后来由于我们家条件不好，吃的不行，又不能走了。她胳膊和腿能动弹，心里都明白，就是腿不能走。后来能走了，但是干活儿也不行。她身体好了以后，就有了我最小的妹妹。我17岁那年，养母生了最小的妹妹。她自己也就勉强能生活自理，这个妹妹她就管不了了。我和我养父喂这个妹妹，也没有奶水，就拿饼干兑水和成糊糊喂她。我这小妹妹身体也不好，总生病，总得去医院，总得扎针、吃药。她都5岁了才会走，我一点点儿地喂她，给她喂大了。那时候我已经在生产队干活儿了，休息的时候就得回家给她喂点儿水，喂点儿吃的，给她换换裤子（方言：尿布），要不她就在那儿躺着，我养母也弄不动。我这小妹妹跟我感情特别深，我一直给她养大。等她长大了，我也结婚走了。

　　我那时候养鸡，攒鸡蛋，到星期天了，就去县里卖鸡蛋。我那时在县里上学，我也害臊，怕到县里遇见老师、同学。一进县街的地方，有要买鸡蛋的，我就说："你们包圆，我贱点儿（方言：便宜点儿）卖给你们。"我养的鸡下的鸡蛋很大，它也成全我。我买的小鸡崽是外国的品种，白色的鸡，长得也大。那鸡冬天也下蛋，但是它怕冷。我就请人家给编个大的柳条筐，让我养父在筐里头弄上泥，糊上筐顶，弄上格，格上开个门，鸡就在那顶上，要是有粪了，可以从底下弄出来。我冬天卖鸡蛋的时候，筐里用棉花把鸡蛋包上，它就冻不坏了，我每个星期都去。卖了鸡蛋以后，我还得给养母买药，家里的油、盐、酱、醋啥的再买点儿。

▲ 陈晓望赴日寻亲

春天我就卖地瓜秧，夏天、秋天就上山打梨，卖梨。冬天放假的时候上山，我们那地方还有杏条，割了当柴火卖。我不闲着，在家里还得推磨、做饭、洗衣服。我养母、养父对我再怎么好，那时候也没有能力了。

▲ 陈晓望养母（前排左一）到访日本

我上中学的学费都是抚顺我舅舅他们给的。就我自己读中学了，两个弟弟都没念上，他们小学就不念了。等到大妹妹和小妹妹念到中学时，家里的生活就好一点儿了。

家里那时候困难，过年、过节的时候，人家都吃点儿好的。我家住的地方是两家共用一个厨房，对面那家是公社的秘书，人家生活好啊，过年又是鱼又是肉的。虽然我家困难，但我也给弟弟妹妹的衣服都洗了，大家穿得干干净净的，把头绫子熨好了给大妹妹系上，说："过年了，咱们也好好儿的，也穿得干干净净的。"但是我还说："咱们不跟人家在一起做饭，他们做饭的时候咱们关门，谁也不准出去，不准出去看人家吃啥。"他们都挺听话的，我说："谁要去看，回来我就打谁嘴巴子。等他们吃完饭了，我们再做，不准看人家吃什么了，不准往那边瞅。咱也不跟人家玩

▲ 养母与陈晓望（右一）

儿，过去这几天咱们再出去玩儿。"我告诉他们，咱们穷，但咱们不能让人家笑话，咱们不能偷，不能抢。弟弟妹妹都听我的呀，这是我爸我妈从小就给我的权利。我爸我妈上班不在家，他们都是我管。他们长大了以后买鞋买衣服都是我领着去买的。

我生母当初走的时候给我养母留下一本相册，里面放着我生母的照片，也有我生父的照片，都放在一起。后来"文化大革命"，红卫兵要上我们家抄家。我有个同学是红卫兵，他告诉我说要上我们家抄家去，让我赶快把我们家以前旧的东西都收拾一下扔了。我就赶紧回去告诉我养父。我养父急忙把那本相册烧了，只把我生母的照片留下了。我养母把它藏到猪圈顶上去了，放在草里头藏着。剩下那些全烧了，连我的毕业相在里头混着也给烧了。

趁我弟弟妹妹没在家的时候，养父养母跟我说："你不是我们亲生的，你的母亲是日本人，但是没看见你父亲本人，就看见了你母亲。"他们就跟我讲了这件事儿。

以前我见过我生母的照片，我记得我还问过养母："这照片上的是谁啊？这都挺旧的了。"她说："那是你干妈，你吃过她的奶水。"我问："她在哪儿呢？"她说："现在不知道去哪儿了，等以后我还想着拿这张照片找到她，你得去报她的恩，你吃过她的奶。"她当时是这么说的，她没告诉我照片上的人就是我生母，是后来他们把照片藏起来才告诉我的。我说："你别留着了，将来要是被找出来怎么办？"她说："这个一定要留着，一旦两国可以通信、来往的时候，你好拿着它去找你母亲。要不你有啥凭证？你那么小。等你回日本了，让你生母看看，我把你养活了，我把你养大了，让她放心。"

中日建交以后，我舅舅在抚顺石油三厂工作，抚顺原来有个煤矿（"满铁"抚顺炭坑），是日本人以前建的，现在叫抚顺煤矿，挺有名的。日本人来了以后，总是到那个煤矿去。我舅舅就知道这件事了，他就给我养父写信，告诉我养父："现在两国建交了，你可不可以找一找她的父母，当时你们不都说好了吗？"我舅舅也知道这个情况。他是管人事的，他那个厂子里有的日本残留妇人要回日本了啥的，他都知道。他就说："你要是有那个心的话，就把她的情况写下来给我邮过来，我周围有回日本的残留妇人，我就交给她们，叫她们给你找一找。"后来他就帮着我找，写的材料都拿到日本去了，还给登报了，也没找着。有一个残留妇人是我养父的老家盖县（今辽宁省盖州市）的，叫金井和歌子（音），现在这个老太太已经去世了，她帮我找也没找着。再后来，她把我这件事委托给了山本慈昭。山本慈昭组织了一个民间团体为这些遗孤做事，帮着遗孤找生父生母。我养父又给山本慈昭写信，把我的材料详细地向山本慈昭介绍了。山本慈昭也给我养父回信，还是没找着。后来还是我舅那边儿有了进展，一个残留妇人回日本，她到日本以后，知道了厚生省允许在中国的日本遗孤到日本寻亲。她在抚顺还有一个孩子，中国名叫赵长城，日本名叫前平长城。她让赵长城通知抚顺地区那些没有找着家的遗孤跟厚生省联系。

我养父没告诉我，他自己就找到赵长城，跟他说了。赵长城告诉他怎么填写材料，给厚生省写的材料全是我养父写的，我都不知道。后来厚生省又往中国抚顺这边写信。外事科来新宾调查时我才知道，我养父都帮我和厚生省联系上了。后来到抚顺作公证，证明我是日本遗孤，得找两个证明人，我的证明人多，我舅舅还有我养母，还有养父母的老乡都知道，他们都给我出证明了——公证就这样办完了。办完以后我第一批次没去日本，是第二批次去的。去的时候，山田的夫人还活着，他夫人还给我做证了。

我是第二批寻亲团的一员，住在代代木。当时各家电视台都来采访，采访完了就播放，每天电视台从早上播放到晚上。我就拿着我生母的照片，说当时她怎么把我留到中国的养父母家，说我养父叫陈贵文，我养母叫宋云芝。我在电视上告诉我生母："你要是看到这张照片的话，你一定能知道。"

中日友好协会的相关人员告诉我说我的父亲、母亲都健在，就看他们认不认我了。我们这些寻亲的成员都戴着姓名牌，一看就知道谁是谁。

我还有两天就要回中国了，我觉得他们不会来认我了。但突然就有人叫我，我也不知道怎么回事，他说："你母亲和你哥哥来认你了。"我也没有哥哥啊，我就挺纳闷的。后来才知道是我的继母找的我叔伯哥哥说的这件事。我生父从中国回来时就跟我这个继母说了有这么个事。他们为什么这么晚才来认我呢？因为我生父生病了，得的是胃癌，那时候挺严重的，他们就光顾着我生父的事了，也没看电视。后来我继母看电视，看到我的名字，又看到我说的那个陈贵文和宋云芝，她就知道了，就找我的叔伯哥哥吉泽中雄（音）商量，说："现在有这么个事，她是你们吉泽家的，你要是决定认的话就认，你要是不认就不认。你要是认下来，以后有好多麻烦，她来办手续你得给办，以后回来了生活问题你得管。因为我岁数大了，我没有能力，你要想好。"我哥说："是咱们吉泽家的人就应该认，不管男的女的，都要认，就要她回来。"这样我继母和这个哥哥就到代代木来了。

我跟他们到我生父那住了一宿就回中国了。回来四个月以后，我生父就去世了。他已经住院两次了，好像第一次手术没做好。当时他就只说了一句"对不起"，别的中文他也不会说。我生父当时生着病，说话多了还不行。后来他跟翻译说，我回日本玩玩儿可以，常住不行，还说别看日本环境挺好，挺干净的，大家对我都挺好，那是暂时的，是表面的，我回日本会有好多困难，我不能与人交流，找不着工作。他说自己老了，又没有财产，房子也卖了，地也卖了，什么都没有了，不能帮助我。他说我不能回日本，我只能在中国好好地跟养父养母生活。

017

我生父去世了以后，我还是决定到日本定居了。我回日本寻亲时，养父养母就说："你们赶快想办法，能走就走吧。"我丈夫原先不知道我是日本人，我跟他结婚时没敢说。他知道以后吓了一跳，还跟我养母说："妈，你是不是糊涂了？有这事吗？是真的吗？这事可不是闹着玩儿的。"我养母说："这哪儿能闹笑话？你看照片都在这儿，后边地址都写得明明白白的，这是真事，不是闹笑话。"我养父母家的弟弟妹妹也不知道我是日本人，他们也吓了一跳，他们说："怪不得咱妈对你那么好，又不敢说。"第一个想来日本的是我丈夫，他说："有这个机会去看一看，待两年再看看，不行咱们再回来。"他跟他的家里人说："我就去两年，然后我就回来。"他比我还积极。我带回中国一台小收音机和一些学日语的书，他天天跟着收音机学日语。他来日本的时候，简单的话都能说一些，但是发音还是不准。

刚来日本的时候，就是语言上有困难，工作方面还可以。我开始时在一家药厂干活儿。我身体不好，后来就生病了。住院以后我就不能干活儿了。身体好了以后，我就去安定所找活儿，看哪个合适。后来我就找了清扫的活儿，在一家工厂，只有我一个人干这个活儿。我认为这个活儿挺好，一个人干好活儿就行了，也不和谁打交道，和人打交道也挺不好办的。

这个工作只需要干半天。我一开始身体不太好，就想着干半天就干半天吧，以后再说。后来就一直在那儿干了，就只扫两栋楼，一栋楼是女宿舍，一栋楼是男宿舍。男宿舍的活儿就是把外边清扫清扫，楼梯和走廊、窗户，一进门那儿还有一个厕所、一个澡堂子，这些都要清扫。女宿舍的活儿就是扫扫楼梯和走廊，别的都不用管。男宿舍里还有三个空房间得天天清扫。这儿是总公司，除了总公司以外，还有分公司，分公司领导来开会的时候在这儿住。他们在这儿住的时候，我把被套、褥子、枕套给换一下就行，不用洗。

后来有时候我还去别的地方工作，有清扫的临时工作时就做一做。那时候孩子小，孩子上学的时候，我就星期天出去干一些清扫、搭楼板之类的活儿，挣得还多一点儿。那时候孩子上学需要钱。我爱人做闭路管理工作，上一天一宿休一天一宿，休息的时候他也去干点儿清扫的活儿，挣点儿钱。因为那几年我公公婆婆还活着，我的养父、养母他们都在农村，都需要钱。他在家是老大，我在家也是老大，在中国时，他们家和我们家都是我俩负担家里的零花钱。我们到日本以后，也得给他们钱，隔几个月就得给他们邮点儿钱，我们就过得节省点儿，还是挺辛苦的。

我大弟弟在农村，他们把旧房子拆了盖新房子，我也给他钱。我说："你盖房子我出一部分钱，你们自己再凑一部分钱。这房子必须得给我养父母他们俩一间。你们在一起住，但是做饭各做各的。他们有病有灾了，你们就管一管。我为什么拿钱给你盖房子？就是这个原因。因为我离得远，不能照顾，你们是最近的。"反正我们挣点儿钱也没攒下，除了养家就是给两家的老人了。

最终我也没有跟生母见着面。因为我生母又结婚了，她跟她丈夫结婚时没说过这件事，后来她也不好说了，她就没认我。再后来我亲生父亲去世了。他去世以后，我户籍没有办法落，因为我是在中国出生的，在日本没有户籍。日本要落户籍必须有自己的亲人做证，我没有亲人做证了。我继母她挺伟大。她找到我生母，说："她父亲去世了，现在她来不了日本，咱俩都有责任的。你不给她出证明，她恢复不了户籍，来不了，你必须得给她出这个证明。"她逼着我亲生母亲出证明办户籍。我生母只是出证明，还跟我哥哥和继母说："我出了这个证明以后，你们马上把户口给迁走，不能说我在哪儿住，我的状况也不能说，保密。"后来我生母去世销户口的时候，她儿子在户籍上看着我的名字了。那个弟弟就这样来找我了，他知道还有个姐姐吓了一跳。他说："不知道我还有个姐姐，要早知道多好啊！"然后他告诉我，母亲去世了，在户籍上看到我的名字了，他说："以后咱们来往吧，咱们还是姐弟。"

当我养母知道我生母一直没有见我的时候，说："怎么这么狠呢？自己的孩子都不认？"我养母来过日本，我养父也来过。我养母来日本时还说："这回我来日本，她还能不见我吗？"我说："不一定。"

我养母去世的时候，我没在她身边，是突然去世的。她那时候已经糊涂了，小脑萎缩，不知道吃饭，就得家人喂。喂的时候，她不知怎么就呛着了，一下子就去世了，什么话也没说。现在已经去世十多年了。

我经常跟中国的妹妹联系，前天还跟她打电话了。她和我养父在一起住，我回去就在她家住。我们家孩子都和我们一起回去。我那些孩子也是离不开姥爷，回去都跟姥爷在一起。

我非常感谢中国的养父母，没有他们就没有我的今天。我今天能坐在这里，完全是我养父母的功劳。他们那个时候生活也不富裕，还收养我。他们特别善良，特别令我敬佩。他们也不图什么钱，就因为善良平白无故地收养了一个外国孩子。他们说："收养她，就是为了救一条生命。不管她是哪国人，我不能见死不救。"他们那时候自己生活都很困难，但依旧对我不离不弃，我那时候都十七八岁了，我们附近有的人就跟他们说："你姑娘长得那么好看，你把她嫁到山沟里，他们都有粮，就把你们全家都救活了。"可我养父和我养母却说："我们死也要死在一起，我们决不能卖我的姑娘。"有的父母为了生活真那样做了，但我养父养母绝对不干，尽管我不是他们亲生的。他们把一生的心血都给我了，钱全给我花了。哪有这样的养父母？我一生都不会忘记他们，连我的孩子们都不会忘。孩子们每次回去都给姥爷买这买那的，姥爷不吃都不行，就爱围着姥爷转。

因为新冠疫情，养父去世我没能回去。我心里特别不好受。那些天我也不知道该干什么，干什么都静不下心，出去走走也是稀里糊涂，有时候信号灯变没变我都不知道。我姑娘拽我，说："没变信号你怎么就走呢？"那两个月特别难熬！如果没有疫情，我每年都回去，不管机票多贵我都回去，心里总像有牵挂似的。我就是害怕，怕留有遗憾，所以每年都回去，我姑娘她们也跟着我回去。孩子跟姥爷特别亲，孩子们也说，趁姥爷在的时候咱们尽可能回去，哪怕是待一天、两天、三天，就为活着的时候能看看。孩子们听说姥爷去世了都呜呜地哭。她们跟老姨特别亲，以前总跟老姨视频，现在她们说不想跟老姨视频了，因为看到老姨就会想起姥爷。她们小时候常在我养父母家住，一到星期六晚上就往那儿跑，等到星期天晚上再回来，每个星期都是那样。我们走了以后，我养父母想她们想得就像得了精神病一样，一到星期六就喊我弟弟去开门，说孩子们来了。我们到日本的第三年，我养父母来看我们了，说想我们了，心里总惦记着三个孩子。这三个孩子回去了，就在姥爷那屋里待着，就跟姥爷一块儿滚啊闹啊，搂着姥爷晃啊。

退休以后，我的生活也挺好，区里面也有归国者活动中心，也有老年人活动的场所，组织的都是 65 岁以上老年人可以参加的活动，比如跳舞、卡拉 OK、太极拳。反正什么活动我都参加。我一个星期差不多能在家休息三天或四天，有一半的时间都在外面参加活动。我们家老头儿在介护所那边，条件也挺好的。外边还有辆车，有时候买东西不方便，用这辆车也不用花钱。看病不花钱，这是个大事。你看我这些盒子，全是药。我每天都得吃药。岁数大了，这病那病的挺多。

其实，我小的时候，大概 13 岁吧，有人来外调，我就在厨房听人家说："你们家要的那个日本小女孩是不是挺大的了？"听到这句话我就有感觉了，然后我就问我养母，我养母说："说的不是你，是说别人。"我都听清楚了，但是我也没追问，就有点儿怀疑。长大以后，我看弟弟妹妹们长得都挺高，都是一米六十几，我就长一米五十多。我就问我养母："为什么我长这么矮，他们都长那么高？"她说："你小时候累着了，总拿个大筐在头上顶着，压得你不长个了。"但我自己心里已经明白了。我那时候挺恨自己的亲生父母的，我那么小的时候就不要我了，我特别恨他们。当时我就想，不管怎么样，我也得报答我的养父母，无论我怎么困难，我有的就得让他们有。那时候在县里，每年只能吃一顿猪肉炖豆角，我就把猪肉给他们买回去。我有的他们就得有，宁可我不吃，我就是这样想的。我要是能吃着，我养父母他们吃不着的话那可不行。

我养父母虽然去世了，但我觉得他们没死。我有时候做梦梦见他们，我就抱着我养母哭，我就说："哎呀妈呀，你上哪儿去了？这么多年我找不着你呀，你可回来了。"我好几回都是做这样的梦，总想着如果他们还在该多好，在我身边养老该多好，我离不开他们，他们也离不开我。

我衷心地希望世界和平，不要再有战争了。我们这些遗孤就是战争的受害者。如果没有战争，就不会有那么多人妻离子散，就不会有人有家不能回，有国不能归。希望我们这些日本遗孤，不要忘了中国的养父母，一定要永远记住我们的养父母，感谢中国人民收养了我们，让我们在中国长大成人。那个年代生活确实困难，那是当时的真实情况。他们自己本身生活就很困难，但是在那么困难的情况下，他们还收养了我们，给我们生活的出路，供我们上学，让我们认字。我想在别的国家，可能不会存在这样的养父母。

023

我到日本三十多年了，生活方面还是挺适应的，就是语言方面还是不行，孩子们都很适应了。我们这一代上班的时候还可以，现在退休回家了，也不接触日本人，说不上来、听不懂的也越来越多了。现在每天就是在家看看电视，用手机跟朋友聊聊天，出去走一走。我每天都出去走一个小时再回来。过去我经常去打太极拳，和我聊天的都是中国的朋友，都是日本遗孤，以前差不多每个星期我们都在一起活动。

附：陈晓望的中国妹妹陈晓曦

陈晓曦：日本遗孤陈晓望的中国妹妹，养父陈贵
文、养母宋云芝的亲生女儿。

我大姐的小名叫福生，我爸的意思是说，让她来到老陈家也不遭罪，要幸福地生活，同时连带着给家里带来幸福；生福，把家里这帮人也带起来，交点儿好运。她是 4 月 6 日那天晚上被抱回来的，第二天又被抱回去了。但她亲生父母回日本带不回去，就又被抱回来了，然后就一直由我父母收养着。我大姐三岁以后我妈生的我大哥，大家都觉得是大姐给我家带来的好运，她是我们家的福星。

在我童年的记忆里，我父亲是最遭罪的，他每天早上得起早去给人家搬煤块儿。在我童年和少年时期，我爸没享过福，而且我爸天天还要做饭，早上起来照顾我妈。我母亲身体不好，还有心脏病。父亲下放到农村的时候，我们家大的孩子都挺大的了，但我小，还不太懂事。我母亲生活不能自理，家里全指望我大姐。她为家里付出不少，我父母是救了她的命，但她对这个家庭贡献也不小。我们姊妹之间相处得很和谐，虽然我父母文化水平不那么高，但是对我们子女教育特别严。首先一点就是尊卑有序，老有老样，少有少样。我们在小的时候，比如来客了，小孩都不可以上桌儿，都得站一边儿去，客人走了以后我们才能回

▲ 陈晓曦小时候

来，这是起码的礼数。其次，就是大人说话小孩不能抢话。

我打记事起，就是姐姐带着我。我一直到 6 岁还不会走。我什么都明白，但就是不会走，也不会爬，不会动。等到八九岁才像正常人一样。大姐比我大 17 岁，我 9 岁时大姐结婚，我们感情特别深。在我的印象中，大姐对我来说既是姐姐，又是母亲，既给我姐妹之爱，也给我母爱。我 4 岁出水痘，全身都是泡，当时也不知道啊，农村大夫看不出来那叫什么病，上医院也看不出来。到哪儿都得我大姐背着，农村有大河，她背着我过河。我长得大，她长得小，她背着我，我的腿都能耷拉到地，她又没多大劲儿，一下子就栽倒了。我姐气得就抓了我一把，又不忍心，抱着我就哭，说："你能逃过这个劫就好了，挺住！"我那时高烧不止啊！这个事我记得特别清楚，所以说我和大姐的感情比较深。人家说没有血缘关系的人不亲，可我们一点儿都没有这个念头，就像亲姐妹一样。我的童年是幸福的，这幸福都是她给的。别的兄弟姐妹都贪玩儿，也不管家里那些事儿，只有大姐忙。大姐持家从来没有过怨言，这个我不撒谎。假设吃一个鸡大腿，她都得给我妈，我家这些姊妹和她一比真不行。我父母也是把大姐完全当成自己的孩子看待，一点儿都没有二心。我们家兄弟姊妹五个，除了我大姐的三个女儿是父母给照看的，剩下这些孩子，父母没有一个给看的。大姐在我们家挺受累，但是得到的父母的爱也多一些。我就不算了，父母对我大哥、我二姐和对我大姐的爱相比，那就是没法比。当时我二姐说："咱们怎么也不行啊！"我说："那你能咋整啊，再说了大姐上咱家也不容易，对不对？"

我母亲是 2005 年走的。我母亲去世的时候 81 岁，大姐知道了但回不来。因为我大姐是 2004 年回来的，她刚回日本，再返回来就不行，因为有什么签证啊，涉及什么环节，就没回来。2006 年他们就都回来了，回来祭拜。2008 年又回来了，给老母亲下葬。紧接着就是年年回来。我母亲是在家过世的，我母亲过世前我爱人在给她喂饭，她就死在了我爱人怀里。我母亲走以后，我大姐他们回来都是以我这儿为主。虽然母亲不在了，但我要让她觉得到这个家还是挺温馨的，虽然没有了母亲，这个妹妹代替不了母亲，但是该代替母亲所做的事一定要做，要让她感到温暖。母亲能做到的，我一定做到；母亲做不到的，我也要为她做到。

从 2004 年到 2016 年，这期间大姐无论从日本回来，还是回日本，全是我接我送，后来家里姊妹们也都有车了，我就不管了。我没车，但是我可以坐出租车去机场接，从机场平平安安地把他们接回来，再平平安安地把他们送到机场，每年都是这样。这样，我姐回来就有个奔头：我妹妹对我可以，我还可以回去。我是这么想的，也是这么做的。我大姐对我们各方面也都很好。我没有去过日本，挺遗憾，我大姐总问我啥时候能去。我护照都有，但是我出不去，因为我父亲在这儿啊！我母亲来到我这儿就卧床，伺候了一年半送走了。紧接着是我父亲，他跟我共同生活了 17 年，后期完全不能自理，十几年都是我爱人在照顾。我就是想得再好，背后没有支持我的人，我也挺累，所以我也很感谢我爱人，他为这个家付出很多。即使做不到最完美，但我们努力去做，姐妹情谊就是这样保持下去的。人家说夫妻要白头偕老，我觉得姊妹也要白头偕老。

父亲是 2020 年去世的，我大姐因为新冠疫情回不来，只有我在父亲身边送他最后一程。我父亲走的时候是凌晨 4 点。我说我最没功，老两口来的那天都是活蹦乱跳的，结果都让我给送走了，想起来真的有点儿扎心，毕竟十几年整天面对面。父亲在我这儿住，我们家不管来多少人，来多么尊贵的客人，我父亲都得是首席。我们共餐，没跟他分过餐。不管怎么埋汰啊、咳嗽啊，就是不让他分餐，我怕分了，他就会想多了，怕他受刺激。我父亲过世之前我有预感，我就说："咱们上医院行不行？"我爸说："我不去，医院哪儿有家里条件好啊！"我爸这一句话让我很欣慰，我爸说："我的丫头啊，你治不了的病谁也治不了，上医院还遭罪，我哪儿也不去。"临走前不到一个星期，我问他还有什么想说的，他说："想看看你大姐。"我说她因为新冠疫情回不来，要不视频吧。就只能视频看一看，去世前一天还和我大姐视频了。他走的时候可明白了，我们问他："还有什么想说的吗？"他说："没有了。"我问他："跟我在一起感觉遗憾不遗憾？"他说："不遗憾。"我问他："幸福不幸福？"他说："我幸福，现在也幸福，我要在农村，没有你我活不到96岁。"我父亲又说："我够本了，没有你我都活不到90岁，我够本儿了，你什么都不用想，就是我死了你都不用哭。"我说："好，我不哭。"临走前他还嘱咐我："你最小，你大姐离得远，这些姊妹之间，你爱怎么处就怎么处。"老父亲最后走得挺安详，也没有遭罪，我和姊妹间处得也很好，姊妹和气就比啥都好，我什么都不求。父亲一去世，我马上就告诉大姐了，因为她头一天还和我视频了呢。我告诉大姐："有你妹妹在，你妹妹的家永远是你家，随时来，随时回。"但日本的政策是80岁以后就不让自己回来了，得有儿女陪同，据说今年改革到78岁。她说："要改到78岁，我还能回来两趟。"我说："你管它两趟还是几趟，你就在家哪儿也别走，新冠疫情防控期间把身体保养好，啥时候能回来啥时回来。"她想回来，她跟我比较亲。

027

过去因为老人我哪儿都走不了，明年以后我要是不忙了，我就去日本看我大姐。

二、池田澄江

池田澄江：日本遗孤，1944 年出生，中国名叫徐明，曾用日本名今村明子。1945 年被黑龙江省牡丹江市的徐本治、刘秀芬夫妇收养。1981 年回日本寻亲，1982 年入籍日本。1987 年，就职于樱花共同法律事务所，从事为遗孤入籍的工作。1994 年，在东京代代木中心巧遇亲姐姐，知道了自己的出生年月日和真实名字。2002 年，池田澄江等人成立残留孤儿东京联络会，作为一号原告起诉日本政府，要求日本政府给予日本遗孤国家赔偿。2008 年，池田澄江成立"中国归国者日中友好协会"，任理事长。2009 年，池田澄江率领"日本遗孤感恩团"回中国看望养父母，在中南海受到温家宝总理的接见。

我觉得我养母是世界上最好的人、最伟大的人，也是我最崇拜的人。虽然养母不认字，而且裹着小脚走路都不是那么太稳，就是这么一个传统又普通的女性却做了那么伟大的事，她所做的一切事都在我的眼里和心里。我小的时候不太明白，现在回想起来，觉得我养母太伟大了，太好了，如果像她这样的人多一些，社会将会美好成什么样？

第一，她教我的是绝对不能说谎，人要说谎了，就什么事都做不成，没有人相信你，这样的话你会痛苦一辈子，这是养母教我的。我小的时候，养母就告诉我不要撒谎，不管遇到什么事，不能说你就别说，但是说谎的事绝对不能做。第二，就是要帮助比自己弱的人，一定要帮助他。不要觉得自己挺好，见到生活不好的人你就嫌弃他或者欺负人家，这是不可以的。这都是有实例的。

▲ 池田澄江（中间）与中国养父母徐本治、刘秀芬的合影

029

因为我家就我一个，所以养母一直把我捧在手心上都怕化了那样，对我特好，每次出去的时候都要拉着我的手，从来不撒开手。可能是在我 5 岁左右，家里突然来了个小孩，一个小男孩，比我小。以前所有的好吃的都得给我吃，好玩儿的都得给我玩儿，我喜欢什么他们都会想方设法买给我——因为我父亲是做买卖的，卖布、卖棉花，我们家就三个人，生活条件特别好。可这个孩子来了，我就觉得我妈怎么把好的都给他了？怎么就不给我？其实

也给我，但是给我的少，好像偏向了，当时小孩的那个心理就是感到不平衡。有一次，我妈给完他东西就出去了，这个时候我就寻思，这回我该报仇了。我一把就把那东西给抢过来了，那孩子"哇"地一下就哭了。我养母刚出去就赶快进来了，忙问："怎么了？"一看我拿着那个东西。我养母也没骂我，也没打我，就问我："你为什么把他的东西抢过来？"我说："都是咱们家的东西，为啥都给他？给他那么多，给我那么少？"我养母就说："你知道他是怎么回事吗？"我说："我不知道。"她说："他妈妈死了，他爸爸上班，他家就他一个，他多可怜！他妈妈、爸爸都见不着，而且这么点儿。你看你妈妈、爸爸都在跟前，要什么有什么，像这样的孩子你是不是应该帮助他？"我妈妈教导我，不是说像别人那样训斥你、说你，她不是那样，她是慢慢地、一点点地跟你说明道理，让你心服口服。后来她老这么教我，我就觉得妈妈说得对，以后有东西我也不跟他抢了，有时候也会多给他一些。这样的话，我妈就表扬我，说："这就对了，见到比你困难的人，不如你的人，你要去帮助他。"所以，我从小就有这么个想法，就是不能欺负别人，见到有困难的人我一定要帮助他。妈妈的善心影响了我，让我也像她那样做。

那个时候我们家住在牡丹江市东一条路的下边儿，上面那趟是繁华街，有很多做生意的，卖什么东西的都有。我们家上边儿有卖点心的。那家卖的点心特别好吃，尤其是那家的江米条我特别乐意吃，有时候我妈给我点儿钱，我就去买江米条。后来我妈没给我钱，我还想吃，怎么办？还不好意思直接要钱，回家就跟我妈说我肚子疼。我妈发现我是为了吃江米条专门装肚子疼，小孩那点心眼儿，大人一看就看明白了。我妈妈就说了："你想吃不要紧，咱家不是缺钱，不是买不起，但是你要这样说谎，你第一次说谎我相信你，给你了；以后你跟别人说谎，你老说谎，别人就不相信你了，你说话就没有用了，而且别人就会说你是爱说谎的人，大家就都不理你了。"她就是这样慢慢地教导我。所以，我小的时候就不敢撒谎，一撒谎脸"呼"地一下就会变得通红，老师、同学都知道我是这样的。就是到了现在，要想让我撒谎也很难，说出谎话来就是心里不得劲儿。

我们家来了客人，拿来好东西，妈妈都先给我一点儿，然后就把它们搁在高处。我问她："为什么搁得那么高？我够不着。"她说："我就是不让你吃，这个吃多了没有什么好处，这是甜食。"她继续说："咱们家经常来客人，来了客人，我拿给他们吃，客人也高兴。"她就是这样教育我的。所以，我现在也知道有东西的话和大家一起吃，分给大家，大家高兴，自己也高兴，养母就是这样教导我的。所以我觉得，养母虽然不识字，但是她在为人处世方面，比那些有文化的人要强得多。我的养母非常正直，非常好。现在一想到我的养母，我就觉得我能到这一家，真是幸运。虽然他们不是我的亲生父母，但是胜似我的亲生父母。我的亲生父母不一定能教会我这么多的道理，使我具备这么多优良的品质。

我生父是日本军官，被苏联俘虏后送到西伯利亚。我生母领着我们五个孩子，当时我是最小的，最大的8岁，我才10个月，从宁安一直走到牡丹江。那得多远，没办法就是为了避难。我们白天在高粱地里头躲着，到了晚间开始赶路。最大的姐姐8岁，背着大伙儿的东西；我二姐6岁，背着10个月的我。一个6岁的小孩避难，本来她自己都够呛，她再背着一个孩子，太艰难了。我母亲背着我哥哥和我4岁的姐姐手牵着手走。背着我的那个姐姐就老跟我妈妈说不愿意背我。没有吃的，我得喝奶，那时我刚10个月，我妈也没有奶。我妈妈没办法了，就抱着我从滞留中国的日本人临时收容所里出来，顺着大道求人家收养我，对着路过的人说："帮帮忙，把这个孩子给养大，求求你。"但是，这条路上的人谁能突然要一个孩子？走了很远的一段路，她碰见一个男的，这个男的叫李成义，他家有三个孩子。我母亲就跟他商量，说："你帮个忙，你要是不行的话，哪怕帮着我再找个人。"他说："那你就跟着我走吧。"我母亲就跟到他家，正好他家旁边有一个叫王曙光的女的就出来了，看见他领着一个日本女的背着孩子，就问怎么回事。他说："她要把孩子给出去，没人要。"王曙光说："我有一个朋友没孩子，你先给我收下来，我去让我朋友把这孩子领回去。"这个李成义就把我收下了。王曙光就去找我养父母，跟我养母说了这件事。我养母都已经40多岁了，她不能生孩子，但她很喜欢孩子。我养父和养母就花了500大洋，把我买了下来。

我小的时候，养母领着我从来都不撒手的。后来有一天，王曙光上我家来，那时候我5岁。我养母突然说："你去，上那边儿跟小孩去玩儿。"我们家就像一个大院，是个四圈的楼，四圈房子里头有个院子，小孩都在大院里玩儿。我养母平时不让我和这些小孩玩儿，那天我就去玩儿了。我看到那些小孩都围成圈在那玩儿，我说："也带我一个。"有个小孩就说："不要小日本！"我也不懂什么是"小日本"。"不要她！不要她！她是小日本。"有一个孩子好像算是孩子头，他出来说："你要跟我们玩儿也行，你搁我这腿这儿钻过去。"我就趴地下了，后来就带我玩儿了。我们玩儿的时候，我可能是碰着谁了，又有人叫我"小日本"，我也不懂什么意思。回家我就问我妈，我说："妈，小日本啥意思？"我妈说："小日本是外号。你看他们都有外号，那谁叫'山东棒子'，他叫'小河北'的。"我想，可也是，有叫"山东棒子"的，有叫"小河北"的。她说："那'小日本'也是外号，再叫你，你就答应着。"

但是，我上小学二年级的时候，学校包场领着我们去看电影，电影里日本鬼子出来都戴一个大高帽，骑着马，挎个洋刀，杀人放火、抢东西，一点儿好事都不做。然后，有的小孩、同学就向我吐唾沫，还喊"打倒小日本！"有的还拍我脑袋。那时我才二年级，刚刚7岁，我没办法，就猫（方言：躲）到凳子底下哭了。大声哭还有人不让，后来我就小声地在里头哭。哭完了，电影也演完了，让我们集合，一个班一个班地排好。老师说咱们班缺一个人，一查"缺谁？""徐明""徐明呢？""在凳子底下。"老师过来把我拽起来，一看我两眼哭得通红，就问我咋的了。问我看电影哭啥？我就和老师说这事了。老师"哦"了一声。我们班集合回来的时候，老师就说："你们今天看电影是日本大人的事，是日本军人杀人、放火，但徐明是个小孩，她也没杀人，也没放火。她和你们一样，不是吗？你们欺负她是不对的。"后来大家也就不欺负我了。当时我虽然小，但觉得老师那么向着我，老师真好，我长大了也得像老师一样，得当老师，谁受欺负了就帮助谁，就像我养母教给我的那样去帮助别人。老师和养母是一样善良的，大人都对我这么好——当时我就是那么想的。

1953 年的时候我 8 岁，牡丹江市公安局的人来了。一进屋就说："小孩，你出去。"我那会儿留了个心眼儿，就寻思听听他说啥。我就没走远，在门口那偷听。他说："孩子是日本孩子，现在日本让回去，你得把她放回去。"我听我养母说："不是，那是我生的。"公安局的人说："你不能生孩子谁都知道，她是你要的孩子，是王曙光介绍的，资料咱们都掌握了。"这么一说，我养母就哭了。我养母哭得可难过了，当时就好像把我心都揪出来了似的。我把门打开了，一下就扑到我妈身上去了，跟她说："妈，你别哭……妈，你别哭。"公安局的人一看我们俩抱头痛哭，也没法说什么。最后，公安局的人说："再说也没有用了，我们走了。"他们两个人就走了。养母就抱着我，我问她："我出去，他们老叫我小日本，公安局的人也说我是日本人，那我真是日本人？"我养母就点头告诉我了。我问："那我是怎么来的？"我养母一开始没那么详细地告诉我，后来我找日本亲属的时候，就逐渐详细地告诉我了。我养母当时承认了我是日本人，因为那时我才 8 岁，根本就没什么想法，那时候就觉得日本人坏。我还说："那么坏的人，我咋是他们的孩子呢？"我妈说："你也不知道，

徐 明

女　0才

原別　牡丹江市

現住り　鉄嶺河

母は三人の姉妹をつれて、何処からか牡丹江市内に退避に来た。ソ連軍の牡丹江侵入の8月15日以後のようです。私は母に背負われ、5,6才と8,9才の姉をつれていた。王暁光夫人は、5,6才の姉をほしいと母に勧めたが、結局赤ん坊の私が李家に実られた。母は高背の32-5才位だったと養母は云います。李家から徐家にかり今は徐姓を名来ています。　前別した所は牡丹江市小?廣街の全成義方です。母は李家と覚えているでせう。後母は二人の姉を連れて帰国しました。住所が鉄嶺河にあるが今訳あって北?に来ています。　？?との山?さんも私とよく知っています。私の身先を教えて下さい。

56.11.15
〒241 横浜市旭区東希望ガ丘169
郡　司　彦

▲ 池田澄江个人资料

谁也不知道你家什么情况。所以就别管了，你就是妈的孩子。"

　　我9岁的时候，上小学四年级，老师拿了个地球仪教我们地理。地球仪摆在桌子上，我总想：我是日本人，那日本在哪儿？那个时候就想找找。等下课的时候，地球仪搁在讲台上，我就跑那儿摸去，实际上就是找日本，找日本在哪儿。后来，我就看见在不大点儿的地方写着"日本"。日本在这儿，我就知道了。后来，老师说上北下南，教给我们这个后，我就知道了日本在东边。

因为我养父当时做买卖，卖了不可以卖的铜器、铁器，像走私犯似的被抓起来了。小时候我家特别有钱，他一被抓起来日子就艰难了，他在外头赊了不少账，一到过年的时候，就像《白毛女》里似的，都上家来要钱，真是那样。我养母就没办法了，我们家由大变小，东西一点儿一点儿都卖出去了。后来一进屋，就是一个外屋，屋里头就一铺能睡三个人的炕，就落魄到那个程度了。原来我们家有地窖，地窖里的苹果老多了，住的屋子可大可好了，可漂亮了。当时我们家老得卫生红旗，因为我养母爱干净。最后弄得我们家一下子变得特别窘迫。我养母又不能干活，她的小脚那么点儿。我9岁开始挑水，家里的水都是我挑。我养母没办法，就去卖冰棍儿，推着车子，她只能干这个活儿。冬天卖冰棍能挣几个钱？我们两个人吃饭都不够，还有来要账的。人家过年了，小孩都穿新衣裳，我们家三年没给我买过一件衣裳。我趴在窗户瞅外头的小孩可羡慕了。我养母一看我那样，就把她结婚时的衣服找出来，她把她那件小黑缎子棉袄卷起来一点儿，改小了让我穿，我长个了就一点儿一点儿往下放，还能继续穿。我小的时候长得也挺快，后来就不怎么长了。

有一次晚上我睡着了，突然一睁眼，我养母就这么坐在旁边瞅着我。我问："妈，你干啥？"我妈说："白天你上学，上外头玩儿，我都看不着你，晚上看得清楚，我看你好看……你睡吧……睡吧……"我就睡了，第二次我一睁开眼，我养母又那样坐着看着我。我问："妈，你还看我，还没看够？"然后我养母说："看不够……"就这样，我又睡了。当我第三次醒来的时候，我养母不在我旁边了。我喊："妈，哪去了？"我就想她是不是在外屋呢，然后我就下地出去看，一看我养母在锅台——中国的东北都是那样的大锅台——在那个锅台顶上放了一个凳子，她在上面挂了一条绳子。我一看，就知道我妈要上吊。这时候我"哇"的一

035

下就哭了，我哭着说："妈，你干啥？你要死了，我呢？"我妈说："我不是在这儿寻思呢吗，我要死了你怎么办？你本来就没有妈，没爹没妈。你是我要的，我养大的。我要死了，你才这么点儿，你怎么办？我在寻思，我死不了……我不能死……我要是死了你就完了，你才9岁。"我妈妈就抱着我，我们俩就哭了起来。那个时候我就觉得，妈妈为了我再苦再难也要咬牙把我养大，所以我绝不能辜负妈妈对我的一片心意。

那个时候，我总是早晨出去捡煤核儿。冬天别人家都能买煤，我们家没钱，我就得去捡煤核儿。捡完煤核儿挑水，才那么点儿的孩子就开始干重活。我觉得，如果没有我养母，我才那么大点儿肯定就完了，我肯定活不到现在。

我养父蹲了两次监狱，一次是因为黑包工，一次是因为投机倒把。我特别小的时候家里生活非常好，那个福简直是没人能比的。我上学的时候穿烫绒衣、烫绒裤。那个时候哪儿有啊？大人都很少能穿得起。我养母把我打扮得特别干净利索，特别好。但是，从8岁半以后生活就一落千丈了，一直到五年级我就住宿了，因为家里条件实在是不行了。

我养母是在81岁去世的，她正好来日本待了100天，因为我养父还在，她就总不放心我养父。她来的时候都不想回去，她说："我一直跟你住，我就在你这儿住了，咱们母女相依为命。"后来，她就老惦记养父，怕养父离开她生活不了，怕他吃不好，就回去了。

1981年我第一次来日本，实际上是我养母让我来的。"人都是父母所生，谁不想知道自己的亲生父母是谁？"这是我养母跟我说的话。她说："你找吧孩子，我不介意这个。"她还说："你找到了咱们一起过。"后来，北海道的吉川先生找到我以后，养母就说："你看看去，带着孩子去看看。"我来的时候本来就请了6个月的假，正好赶上孩子放假，我打算待够3个月我就回去。没想到后来遇到那么多问题，就没法回去了。

我找亲人的时候是 1979 年。我是在牡丹江林业学校工作的，林校离牡丹江市里很远，回一趟家特别不方便，没有车，就学校有一台解放牌汽车，是拉学生上学放学的，不让我们坐。我就觉得，我干脆转到我养母身边工作，有时间我就回家来看看，没有时间我就搁我养母家住。我就跟我的一个同学说，你把我弄到牡丹江市里，我到市里工作。我同学帮我安排到了粮店，在粮店里收款。我那天收完款，去银行交钱，银行行长是我同学。正好我到银行了，公安局来了电话。我同学告诉我说："公安局把电话打到你们粮店，粮店没有找到你，又打到了银行，公安局让你今天晚上去北山宾馆，日本来人了要见你。"当时把我吓一跳。然后我就到宾馆去了。日本人里边就有《朝日新闻》的记者菅原幸之助。当时他说日语，我们也听不懂，大家就只能乱比画，结果什么也没说成。我回去一想：他明天就走了，他见我的目的是啥我也不知道。我想让他帮我找亲人，于是我就写了一个我当时被留在中国的情况，家里都有什么人。我赶到火车站，正好他们靠着火车窗户，他就坐在窗边。我看到火车要开动了，赶快把我写的那封信从窗户扔给了他，也怪，他也真就接着了。你说也巧，如果他接不着，也就没后面的事了。他回去以后，把我这事登在《朝日新闻》上了，不久，北海道的吉川先生就给我来信了。他问我当时是什么情况，我就把情况跟他介绍了。我们俩经过十几次的互相来信、交换相片，他又问我是什么血型，我为了这个特意去验了血型，之后他说："你是我女儿。"我们长得特别像，真像，那个相片邮来以来，就连我养母都说像，就说他肯定是我父亲，我们俩血型又一样。那个时候哪有 DNA（脱氧核糖核酸），不懂，就是看血型，他是 AB 型，我也是 AB 型。然后他就认定我是他女儿了，他就让我们来日本，说要给我作保证人。这个情况我得问我养母呀，我问："我怎么办？我去吗？"我养母说："你去吧，连孩子都带着看看自己的父亲，然后你就赶快回来。"我就开始办理探亲手续。

来日本一开始见的时候还蛮好的，吉川也真把我当女儿，我也把他当父亲。后来，他要给我登户口，他说："我的女儿必须得加到我的户籍里。"那就登吧，要登户口必须经过裁判。当时裁判官就说，就凭这些材料不能证明你们是父女关系。裁判官说，你们要做 DNA 化验。DNA 化验是什么我也不懂，就随着他去做了化验，做完 3 个月才能出来结果。我是 7 月份来的，做的时候是 8 月份，最快也得 11 月份出来结果。那个时候就一直跟他们住在一起。但还没等到 3 个月，也就一个多月的时候。那天是 10 月 1 日，吉川在上班时突然打来电话说："你不是我女儿，你回中国！"我心里在想，他怎么这样？我就害怕了，到底怎么回事？他回来以后就吵吵，就叫唤，就变得和以前不一样了。他在二楼住，我们在下边住。他以前没有这么喝过酒，喝酒也是晚上下班以后喝一点儿就高高兴兴地上去睡了。现在一大早起来就喝得酩酊大醉，酒味冲天，把我带来的那些东西都给砸了。咱中国那个时候生活多困难，我一个小学教师的月工资才 36 块 5，我爱人是 45 块多，我们俩加起来还不到 90 块钱。第一次见父亲，咱们中国人还爱面子，我来了不能空手，得带点儿好的给人家。不像日本人给点儿小礼品，给点儿咱都看不上的东西，他还当好东西送给别人。咱中国人都得拿好东西给人家。我当时净买好东西，玛瑙项链、玛瑙戒指、贝壳画，我花了那么些钱，把我家的缝纫机、电视——我爱人自己做的电视和自行车，还有手表什么的都卖了，买的这些东西，我还借了那么多钱。然后他都给我摔了，都给我扔了。当时那真是叫天天不应，我又不会日语，跟谁也交流不了，我又不认识谁，出门往哪儿走我都不知道，我怎么办？

这个时候我突然想起来，裁判所有一个翻译，这个翻译当时给了我们一张名片，可是当时让吉川拿着，我没有。但我记得，吉川领着我们上过他家，当时是带着礼物谢他去了。他是中国人，是台湾地区的，他早就来日本了，自己开了家书店。我只能求他了。怎么找他呢？我那小孩说："妈妈你不是还有钱吗？"是啊，我们从中国来的时候，一个人换了一万日元，我们四个人一共有四万日元，我给他们买礼物什么的，花了将近一万，我还有三万多。他说："你有钱，咱坐出租车，你招呼它过来，它就停那里了，你坐上去说上哪儿他就拉你上哪儿。"我就觉得行，我和那两个大点儿的孩子说你们俩在这儿别出屋，在屋里等着我。我带着孩子准备出去找他。我们俩就到外头一伸手，出租车真就来了，问我们上哪儿去，我就大概记着他家是在什么大楼里，跟司机也沟通不明白，他就拉着我转，也找不着这个地方。我当时急得直看那个表，那个钱数，一会儿蹦了一千多，一会儿两千多、三千，我心想我可不能再坐了，我就这么两个钱，我再花没了，更啥都没有了。我就拍他，说我不坐了，我要下去。他也不懂，还往前开，后来我一下抓住他的脖子，比画着告诉他我要下去。他开不了车了，就把车停在道边，我们就这样下来了。我就站在道边，正想该往哪儿走，往道边一瞅：广播大楼，你说巧不巧？当时真的想都没有想到，我就奔那栋楼去了。那栋楼外写着：席占明，二楼五号，就写着他的名——我可找着救星了，我就赶快上去。我领着孩子上到二楼五号，怎么敲门也不开，我想这下完了。后来那边出来一个人，应该是告诉我他家里没有人吧。他看我听不懂，就走了。我坐在台阶上，把这个事在字条上写清楚了，塞他家门缝里去了。回家的路该怎么走我也不知道，正赶上有一个女的骑着车子去买东西，我就领着孩子跟在那个女的后边走。我就觉得吉川领我来这买过菜，当时是坐巴士来的，顺着道走就能到他家。然后我们就等着巴士，巴士来了，看巴士往哪儿走……知道是哪条道，再等下一趟巴士，再看往哪儿走，后来终于找着家了。到了晚上9点多钟，席占明真就来电话了。他说："没承想你到了这个境地，太可怜了。"他安慰我："你千万千万不要寻死，我愿意帮助你们，如果我帮不了你们，也会有人能帮助你们。"他给札幌市的中国领事馆打电话求助，告诉他们说我现在是中国人，我拿着中国护照，我遇到了麻烦，他们有权保护我。第二天一早起来，领事馆真就来电话了，告诉吉川必须把我给领到中国领事馆来。那个日本人胆小，一听就怕了。他家老太太又去给我买的衣裳——好几个月没给我买一件衣裳，又给我买的鞋，领着我上领事馆。终于到中国领事馆了，大家都说中文，这可是见着亲人了。有一个日本妇人也在那办事儿，离我们家挺近，她说她愿意帮我。她来的时间挺长的，日语也挺好。后来我就在她的帮助下，又找到了几位热心的日本人帮助我从吉川家搬出去，大家又帮我找了一座小房子。后来席占明说："你在札幌找不到亲属，因为札幌地方小，电视台就是给你播，也就那么点儿人看。你还是去东京吧，要是东京广播，全国的人都能看见，对不对？"后来他们给我联系了菅原先生，12 月 17 日他们就来接我上东京了。我本来应该回中国了，因为我的护照 1 月 20 日就到期了。他们就说，我要是走了的话就再也回不来了。我想那是的，强送回国，犯法对不对？他们说，我得到国籍以后就好办了，我毕竟是日本人。他们就给我出主意。我一想，那我就等国籍吧。这个时候报纸又登我的事了。河合弘之先生就看见报纸了，他觉得我也太可怜了，虽然我没有找到父母，但我毕竟是日本人，往外撵我是不应该的。他表示愿意帮忙。这个时候，河合先生开始帮助我得到国籍。

在这之前，我给菅原先生写过一封信。大致意思是，吉川不是我的父亲，那我的父母肯定还另有其人。即使我的父母没有了，但我还有姐姐、哥哥，因为我养母告诉我了，我还有兄弟姐妹，不是我一个孩子。我就这么回中国了，灰溜溜的，中国会不会说我是冒充的。万一我要是因此蹲监狱了，那么我的孩子将来就没有出路了，我不能影响我的孩子呀。为了这个，我也要坚持不走，我也给我养母、给我爱人写了信，告诉他们我的情况。我告诉他们我不是不想回去，但是我现在不能回去，我必须得到日本国籍

▲ 2024 年，国赔诉讼期间，池田澄江在某小学做演讲

才能回去。我要是得不到日本国籍，我回去算怎么回事？我是中国人还是日本人？我没法解释了，我就是有十张嘴，有一百张嘴也辩不清了。

我就给菅原先生写了一封信向他求助，我告诉他："我本来想自杀，我走投无路了。"我来的时候知道日本药贵，带了不少药，各种各样的药，特别是我睡眠本来也不好，我带的安眠药比较多一点儿。吉川不承认我是他女儿，他撵我的时候，我感到走投无路了。我到日本法务局去，但我连回中国的路费都没有，当时的路费是一个人 14 万日元，我一共就换了 4 万日元，还花掉了一部分，也就剩不到 3 万日元。但法务局说我不能待下去了，到这个时间我必须得回去，不回去就强送回国。我告诉他们我有中国政府的遗孤证明。法务局的人把遗孤证明拿过去，连看都没看就甩给我了，说："这是中国政府的证明，你现在是在日本，中国证明你是遗孤，日本不承认你是遗孤。"我问为什么，他说："在日本你有亲人吗？你有父母吗？你找着了吗？你有哥哥、姐姐吗？你现在谁都没有，谁能证明你是日本遗孤？"听他说完了以后，我真的感到走投无路了。当天我一晚上写了七封遗书，给

我中国单位的，给中国公安局的，给我养父母的，给我爱人的，给我同学的，给孩子的工作单位的，给日本政府也写了。写完以后，我都准备好干脆死了得了。日本不留，中国回不去，孩子又小，我谁都不认识，话也说不通。正在我要死的时候，我就看着这三个孩子，我怎样也得跟孩子说声"再见"吧。我就瞅着三个孩子的脸，睡着的小脸多么可爱，看着女儿，看着大儿子，看着小儿子，我突然间就想起来小时候我妈要上吊，我是什么样的心情，虽然我死了就解脱了，但是我这三个孩子怎么办？我当时怎么求我母亲的，现在又轮到我要丢下他们了，"你要没有我，你怎么办？"这是我妈的话。那要没有我了，我的孩子怎么办？不是一样的吗？所以我就觉得我不能死，我要活着。用咱们汉语讲，"好死不如赖活着"，就得坚强地活下去。我把这七封遗书都撕了，我不死了。然后我就给菅原幸之助写信。现在我就记着大概内容了，我记着我说，我去法务局的时候，札幌的大马哈鱼回来了，成群结队，人们都在边上看。我在那桥上过的时候，我一看两边都是人，你们都这么欢迎鱼，但我是个人，你们就是这么对待一个活生生的人的？日本人真是像电影里演的那样，无情无义——当时我确实是那么想的。我说你们的血不是红的，是黑的。当时的我别提有多难了，走走不了，停停不下，上上不来，下下不去。

那个时候我真难呀，我能坚持到现在真不容易。我给菅原幸之助写了这么一封信，写得反正不太好听，怨气挺足的。

北海道那些中日友好人士特别好，最后我走的时候，是北海道区役所派人送我的，札幌市市长还给了我 20 万日元。是市长个人给的还是代表组织给的捐款我也不清楚。来了东京我就把钱给菅原先生了，我说这是北海道那边给我的，因为我觉得那都是冲着菅原先生他们给我的，我算个什么？所以我不能要。我养母经常教导我，不要看见哪个东西好了就往自己那儿划拉，是你的就是你的，不是你的就不能要。我现在觉得我养母特伟大的地方就在这儿，她这个"人"字站得特别正，她一直在教我做个真正的人，一点儿歪心眼儿都没有过，无论她自己多难，她都帮助别人。我记得有一次我们俩去江边洗衣服，漂过来一条手绢，我就捡起来了，她把那手绢挂在树上说："这不是咱的东西，谁丢了谁会来找的。"在那个年代有这种情况吗？很多人都是捡了就想要。但是我养母从来不干那种事儿。就是在生活最困难的时候，她也从来没有那样做过。

正因为受养母的影响，我想要堂堂正正地证明我的遗孤身份。中国政府证明我是遗孤，日本不承认我是遗孤的话，那不就在说中国政府错了？好像这样对中国政府是不利的。我的公证书是法院开的，当时咱们公证处是在法院，法院开出来的代表中国政府。我认为我必须证明自己的清白，否则那等于在给中国政府抹黑。

说句良心话，我觉得河合律师是个地地道道的大好人，在日本没有第二个。从我办国籍开始，我们根本不认识，那个时候他一直在帮助遗孤。当时办国籍，日本政府不出钱，你要是申诉就得交印息费。另外，生活在中国的遗孤都只会中文，你都得翻译过来，你不给人钱行吗？那全是河合律师一个人拿的钱，他个人的钱。当时我到事务所的时候，也没有什么钱，他就把自己的存折给我扔在这儿了：这里有一千万，你拿这个钱给遗孤办。他把他的存折都交给我们了。

不是说因为他是律师，他才帮助我们。他是从心里头想要帮助我们："我也是从中国回来的，我的弟弟是在回来的船上死掉之后扔到海里的，如果不是我妈妈把我领回来，我和你们是一样的。"——他是出于这个想法。另外，他也是有正义感的，他认为：日本政府应该帮助我们，却不帮助我们，那他会帮助我们。这么些年，他给遗孤拿出了几个亿都有了。

那片墓地是他给他爸妈、给他岳父岳母买的墓地，然后献给遗孤的。那片墓地买的时候花了多少钱我不知道，但是建那块碑花了2700多万，基本上都是他拿的钱。像我们这个事务所，现在已经运营14年了，我们的房租什么的都是他拿的。我们裁判的时候在新桥有个办公室，新桥办公室裁判了6年，那个办公室的押金都是他拿的；另外事务员的工资一个月都要20多万，我们原来有3个事务员，这些费用都不少。

我第一次见他的时候，我领着我的小儿子，我小儿子还小，还没上学。他特别喜欢我小儿子，当时他的腿还受伤了，瘸着腿领着我们去吃饭，给孩子买吃的，就觉得他挺有人情味儿的，不像个大律师，非常亲切，非常和气。但是到裁判的时候，他挺认真的，挺威风的。我是1987年的2月3日进樱花共同法律事务所的。当时有一个遗孤得癌症了，那个时候刚听说有"癌症"这个词，这个遗孤住在很远的农村的山里。河合先生知道了，就给我10万日元说："你去看看他，把这10万日元给他，他回家了，让他吃点儿好吃的，他可能没几天活头儿了。"然后我就去了，给他送去这10万日元，告诉他这是河合律师送给他的。可能这个遗孤连河合律师是谁都不知道。我也不认识这个遗孤，我也是到他家才见到他的，也不知道河合律师是从哪知道的，就让我给送去10万日元。河合律师对自己要求特别严格，还很节俭。你跟他公出，就是急急忙忙跟着跑，到中午了，看到哪儿有便当，就买来站着吃，吃完了就走。

河合说帮助了 1250 个遗孤落户，实际上是 1350 多人。他总说 1200 多人，我也不给他纠正了，他愿意怎么说就怎么说——其实是 1350 多人，因为我每办一个都有记录，所以我的数据是准确的。有一部分找到家了，还有一部分是家里不承认的，比没找着家的还难。得上他生父生母的家里去做工作，有的做好了可以另立户口本；有的做不好了，家里头就是不承认，生父生母不承认也不行，裁判所会要求他们作血液鉴定，如果是亲生的就要加到这家的户籍里头，然后再迁出去。

河合先生可以说是给我第二次生命的救命恩人，如果他不让我来他的事务所工作的话，那我也没有这么好的工作。这个工作我干了 22 年，干得特别开心，也特别受教育。这 1350 多人的人生经历，他们的身世，每一个人的资料我都看了，甚至有的资料看了两遍、三遍，我的眼泪都不知流了多少……如果没有这个工作，我能知道这么多人的身世吗？这些人的经历都挺坎坷，那些资料上都写得很清楚，有的残留妇人当时是怎么和日本人在一起结婚的，然后又怎么离婚的；有的是日本的丈夫死了，她又是怎么嫁给中国人的。日本侵略中国，给中国人带来深重的苦难，同时，他们的国民也体会战争带来的恶果，他们的人生因此改变。相比有些人，我比他们幸运很多，因为我在养父母的爱和关怀下长大。我 8 岁之前生活特别好，我特幸福，就像个小公主似的，穿的也好，吃的也好，什么都好。

同时，我感到很幸运的是能参与到国赔诉讼案中。因为我在樱花共同法律事务所工作，我是社员，有年金，所以我根本就没想老了以后的问题。日本人 20 岁到 60 岁交国民年金，我回来的时候已经 37 岁了，已经 17 年没交了，对于要不要补交，我也没有什么想法。再后来，日本政府突然说我要补年金，我跟河合商量，河合说还是补的好。我和他说要补的话我没钱呢，得一百好几十万，他说他借给我，让我一下子补上那些钱。我就画了一张表，计划一个月还他一万块钱，我说："我一开工资就给你一万块钱，直到这个还完。"他说行。我58岁快退休的时候，到年金事务所查看，一算我一个月可得厚生年金8万多，国民年金6.6万，也不太多。不过我家老李也上班，也有年金，我们俩加到一起也够了。后来，相本礼先生给我来信，他说遗孤将来生活困难，没有年金生活不了，他为此给我发来好几封信。我就想再去问一下这个事。结果，不但没有8万年金了，而且还降了。有好几个人都来找我，都说这样的话将来不行。我就把认识的牡丹江的遗孤都找来了，开了一个会。有的说，吃生活费可难了，买一点儿东西还得看着邻居的脸色，觉着抬不起头。还有的日本人说吃生活费就是吃日本人的血汗钱，大家觉得这话不好听。怎么能是吃日本人的血汗钱呢？要不是因为日本政府发动侵华战争，战败了又不把自己的国民带回国，如果不是日本政府抛弃我们，我们能这时候才回来吗？后来找我的人越来越多了。

每年我都和牡丹江的一个遗孤上菅原家给他拜年，感谢他。好像不是1998年就是1999年，我们俩去给他拜年，老先生就说："现在遗孤这么困难，一个月好像是补2万，还得从生活费里扣下去，假如说是8万生活费，国家给你补2万，生活费里再扣除2万，你还是6万。这个不合理。有的人想签名给厚生省，希望厚生省重新考虑如何支援我们。"我表示愿意参与。后来老先生说："在东京肯定不行，我在横滨先成立一个组织。我是那里的理事，孙桂荣也是那里的理事。"他说我们现在都上班，没有时间，他就找个不上班的，在这个地方多找几个人，把这事办好。好像是2000年，他们就成立了一个养父母谢恩会，这个是在横滨成立的。

成立了养父母谢恩会以后，我们就开始联合遗孤签名。我一到星期天就领着东京的遗孤去签名。去一回两回还行，来回一趟

046

一天 3000 来块钱就没了，谁也不能坚持下来。后来我们在东京的干脆不去了，自己在东京成立一个。就这样，我们集合了一拨人，共 17 个人，成立了牡丹江会，后来改成东京联络会。后来人越来越多。一开始签名给厚生省。但厚生省根本就不理，签 3 万多也不理，10 万多也不理。我们就组织大家游行，最后那一次差不多有 1000 个人参加了，连埼玉县的、千叶县的都发动来了。到日比谷公园的时候有个遗孤喊：咱们也告日本政府，咱们也上法庭。那个时候，我是东京联络会的会长，他们都是我们的会员。他这一喊，就把矛头朝向了我。当时有好几个人说："行吗？告政府，咱们如果告不成，就

▲ 2008 年 5 月 8 日，池田澄江在胡锦涛总书记访日欢迎会上

连生活费都吃不上了。"有个遗孤二代当时知道了，就给我来电话说："我告诉你，池田，不用你美，我们要告不成，我妈没有生活费，我们要你全家性命。"反正有很多人就觉得没什么胜算，

不敢告。还有江东区那几个回日本比我们早的遗孤，过来跟我拍桌子，跟我吵架说："你算个什么东西，你领着造反，你下去，这会不用你当会长。"我说："那会长也不是我要当的，大家选的，你有能耐你们也去成立，对不对？你自己可以成立。"那时吵得可激烈了，当时也真不容易。我说"我不干了"，河合就说："你不能不干，你得干，因为只能你干。你负责办国籍，大家都认识你，你在大家心目中有好印象，大家信任你，我给你当后台。"

全国各地都是我去串联的。因为我有一个好条件，我在樱花共同法律事务所工作。我说我今天上鹿儿岛，事务所就给我出路费；我说我今天回不来，事务所就给我拿住宿费——不用我花钱。所以，我就仗着有这个方便条件，各地都是我去串联的。串联也不容易，那会儿到广岛，广岛有位梳小辫的女同志，那家伙把我汰得够呛。在仙台的时候，我坚持要支援金，他们都不要，没有人配合我。还有位志愿者是日本人，坐在遗孤那边还哭了，好像是为遗孤在争辩。你说我怎么办？我只能自己回到旅店，第二天我又回来给大家做思想工作。后来，有个代表还真不错，他先表态："既然池田这么苦口婆心地给我们做工作，我相信她不会害遗孤的，我愿意听她的。"他这一说，那个事务局局长也说："既然我们代表相信你，那我也相信你。"这些遗孤就不吱声了。

当时安倍接见了我们，答应给我们支援金了，但是他们还想要更多，一个人想要 3300 万。我说："你们要 3300 万，他们也不能给你们，哪个裁判所你要多少钱就给你多少钱？咱们赢了一个，神户赢了，最多的才给 660 万，还有几十万的，还有没有的。根据你的情况，你要 3300 万能给你吗？再说 3300 万就是给你了，国家什么都不管你了，你住房、看病，什么都得你自己拿钱，3300 万能用多长时间？你到老了，钱花没了你们怎么办？你现在就安安稳稳地一直到去世，每个月都给你十几万，也够你花的了。咱们老了还花什么？住房不花钱，看病不花钱，喝水不花钱，看电视不花钱，路费还给报销，这还不知足？"

我们从 2002 年的 12 月 20 日第一次交到法庭诉讼，在这以前就是辩护，又是写材料，又是准备，一直坚持到 2007 年的 7 月份。7 月 10 日那天，安倍终于答应给我们支援金了，我们把 8 个地方的诉讼撤了回来。不打了，和解了，前后差不多用了 7 年的时间。我们在裁判的过程中也都是出去撒传单、签名、游行，得到了日本 113 万人的签名，113 万人都帮助我们，支持我们。另外，各地的志愿者也都发动起来了，已经掀起社会活动了，没有反对的，都在支持我们、同情我们，认为应该给我们补偿。国会最后做决议的时候，我们在上边二楼看着，下边是议员开会。他们说，同意的举手——没有一个不举手，全体议员都举手。别的决议都有多少个同意的，多少个不同意的，就是我们遗孤这个议题，没有一个不同意的——这就是人心所向。当时，我像有一只小兔子揣在心里头，想着：千万别反对，别反对。一看都举手，我激动得都蹦起来了——那个时候真高兴，我们终于赢了。

049

我其实根本就没得到这个支援金，我现在的厚生年金是 6.2 万，后来我和我爱人加在一起，扣了我们 9 万 5 千多，还多扣了。但是，我觉得没白干，因为大多数人得到了，为大家做成了这件事，我这一生也值得了。而且日本政府有一个比较明确的态度——以前总是含含糊糊对这些遗孤。在小泉当政的那个时代，他们说：让我们吃生活费，不愿意吃生活费的，嫌苦就回中国。我们听到这话啥心情？安倍说："你们受苦了，我想让你们回到日本，感到回到日本真好。"安倍见我们时是这么说的。安倍有他的政治目的，咱们不说那个，我们只讲我们自己的事。他为什么同意，我们不知道，不过这个政策对我们来说，安倍做的是对的。

得到支援金后，原告团没有解散，在河合律师的帮助下，我们成立了遗孤之家。在找到了房子，要改装之时，我想用我们自己的手来建成自己的家。河合律师怕我们建不好，不合乎日本的改造规定，所以一开始他不同意。我气哭了，我说："你还是不相信我们孤儿，没看得起我们。"他说："好吧。"他给拿钱，我们就把房子改装好了。现在这里全是遗孤归国者及日中友好人士，每天有 50 多个人参加活动。我们逐渐地都得考虑养老问题。现在我跟政府还是这样要求，有的人不愿意进养老院，愿意自己在家，这样的话，他一个人如果有什么事了，是不是很危险？我跟政府也建议了，我们都是住在都营住宅，都营住宅有好多，有的地方有很多空房子，假设把我们集中一下，不用集中到一个地方、两个地方，一个里头给集中五六个人，十个、八个人，我给你打个电话，早晨你怎么样，还活着是不是？这就挺好的是不是？互相之间来看看，互相帮助。我一直跟厚生省说，跟律师说，跟区役所说。我就想，如果能达到这一点最好，毕竟我们人员太分散了。有的住宅只有一个人，他不认识别人，话也说不通，见面打个招呼就拉倒了，也说不上心里话，也求不上办啥事。有个团体把大家集中在一起，别像一盘散沙似的，谁也不管谁。你在这个地方，他在那个地方，晚上他起不来谁都不知道。躺在冰凉地上起不来的老人也是有的，一摸冰凉了，是不是？我老有这么个想法。但是不一定能实现，我也不敢说能实现。

我觉得，哪个家我都离不开，中国是生我养我的地方，日本是我父母、兄弟姐妹的家。我在中国待了 37 年，回到日本已经 41 年了。我不知道自己到底是哪国人，但是我又觉得两国人我都是。

三、席静波

席静波：生于 1942 年 5 月 15 日，1945 年被东北抗日联军教导旅解救后，先后被中国养父母张克山、王玉兰和席君山、郎淑媛收养。1961 年 7 月于勃利师范数学专科毕业；1961 年 8 月至 1963 年 9 月在黑龙江省依兰三中任教；1963 年 10 月至 1964 年 7 月，在黑龙江省林口县刁翎中心小学任教，1964 年 8 月至 1987 年 3 月在刁翎中学教数学课，当班主任，后任教导主任、副校长、校长；1987 年 4 月在黑龙江省林口县教育局（后改为"教育委员会"）任教育局党委副书记，后兼任副主任。现住在黑龙江省牡丹江市林口县。

我三四岁之前的经历已经记不清了，也都是听别人说的，我就按别人说的讲一讲吧。

我的亲生父母估计就是加入"开拓团"来到中国的。因为日本向中国东北大量移民，可能我父母就是其中的两位。1945 年日本战败投降之后，"开拓团"回国的路途非常艰难。我父母所在的这支"开拓团"在溃逃途中感到回国无望，在中国活着更困难，所以不如死了吧，这些人就选择集体自杀，这是很残酷的事情。我父亲当时已经应征入伍了，"开拓团"里的男人、年轻人，就是预备军人、准军人，国家需要的时候就上前线了。我应该感谢我的生母。母亲在集体自杀的时候把我紧紧地搂住了，我侥幸活下来了——所以我首先要感谢我的生母，我能逃过一劫我得感谢她。接着我要感谢东北抗日联军教导旅。东北抗日联军教导旅在行军途中看到这么惨不忍睹的场面大为震惊，在死人堆里，他们发现我还活着，是一个小孩在哭啊，他们听到了，发现了我。日本把我遗弃了，但是东北抗日联军没把我遗弃，他们抱着我，跟着他们一起行军。大概行军到刁翎镇，部队要休整。带着我行军是个很大的负担，为了我能活着，就得把我送人。有一个不是战士就是个小官儿的人，他领着我在街上走，就想着能遇到什么人，让他们把我领去。正好我的第一位养母没事在街上溜达，发现了，就说："你领着个孩子，给我行不行？""行啊！"他看我养母这个人长得非常憨厚、忠诚、善良，一看就看出来了，所以就把我给我的第一位养母了。我这个养母叫王玉兰，养父姓张，叫张克山，他们家的生活比较殷实，做小买卖。当时他俩没有孩子，急切地想要孩子，所以抗日联军战士看他们家这个情况，可能觉得把我给她养很放心吧，就把我送给这家了。在他家生活了大约有三四个月吧，我生活得还挺滋润的，也长得挺健壮的，挺活泼的。

后来怎么就到了我的第二个养父母家呢？我第二家养父姓席，叫席君山，养母叫郎淑媛。老席家和老张家是邻居，原来就是比较好的邻居。我的第二家养父母有一个姑娘，比我大两岁。我的第二位养母以前身体就不好，经过多方治疗，说不能生育了。所以她就愁啊，光有姑娘，没有儿子，那个社会得有

▲ 席静波的第一位养母王玉兰

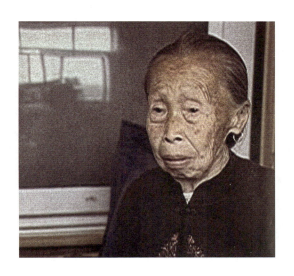

▲ 席静波的第二位养母郎淑媛

儿子啊，养儿防老嘛。她听说好邻居老张家要了个孩子，巧的是要了我之后呢，我的第一位养母怀孕了。我的第二位养母就对第一位养母说："咱们两家关系好，你挺年轻的，将来你还能有孩子。我不能生了，没有儿子，你把那孩子给我吧。"老席家两口子也是善良人家，经不住人家总去缠着，没办法，为了成全老席家有儿

053

子，老张家就把我送给老席家了。这样我就有两个养父、两个养母了。把我给了老席家之后，这两家关系更好了。第一个养父母家就在隔壁，我小啊，闲着没事儿就偷跑到我第一个养父母家。因为他们家生活条件比较好，有啥好吃的都给我，小孩就好吃，谁给吃的就跟谁亲，所以我跟第一家养父母感情也很深。这两家因为我，搭上了更加深厚的友谊的桥梁。我叫第一位养父爹，养母叫娘；第二位养父叫爸，养母叫妈。就这样，我很幸运地有两个养父、两个养母。我成长的条件好像比以前更加优越了，张克山、席君山，父爱如山，我靠着两座大山，那我能成长得不好吗？

我第二位养母的娘家在依兰县，依兰道台桥。她有了儿子了，得向娘家报喜啊！所以好像是在秋天吧，我们就上我姥姥家去了。那时候交通不方便，道路也不好走，我们坐了一辆马拉的木轱辘车，走走停停地终于到了。我们到依兰我姥姥家住了一段时间。我养父母还得回来生活，还得种地，他们就张罗着要回来。但我不愿意回来，因为我姥姥对我挺好的，她家生活条件也挺好的。

我养父母就让我在姥姥家生活了一段时间。我姥姥挺有远见，想着我光玩儿不行，总不能待着没事干啊，就把我送到私塾去了，私塾的先生和我姥姥家有亲戚关系。姥姥说："把这孩子送你家去，你给我看着。"我学习的功底比较好，是我姥姥帮我打下的。在那个私塾主要学语文，很简单。"一个人一个口，一个人两只手"，就学这样内容的课本。我在那儿生活了一段时间，学习了一段时间。到了要上学的时候了，应该是 7 岁左右吧，我养父母就把我接回刁翎了，在刁翎"完小"（现在叫刁翎中心小学）学习。我很顺利地就小学毕业了，那时候学业非常轻松，不像现在，我们边玩边学习。我小学毕业就考到了林口一中，整个林口县就这么一所中学，每年招收 4 个班。我也没太用心，稀里糊涂就考上了。考的成绩还行，数学得了 100 分，我这个人好像在数学方面有天赋。但我语文不咋地，我从上学开始到最后毕业，语文成绩就是赶不上数学成绩。作文更差劲，那时候是 5 分制，我得 4 分的时候都很少，一般都是 3 分。我考上林口一中之后，交学费就有点儿困难了。那时候的学费很低，一个学期就 5 块钱，但是伙食费贵，伙食费每月 8 块 1 毛钱，我参加工作开始才挣 31 块 5 毛钱，8 块钱相当于一个月工资的四分之一啊！俺家就有点儿承受不了。困难到了什么程度呢？如果不交伙食费，就吃不上饭了。有段时间暂时就没有饭吃。哎哟，那个难的，人家都吃饭，我没有钱吃饭，就只能在寝室待着。后来俺家就弄炒面，连糠带谷皮的都弄进去，给我捎来了，就吃这些。住宿不花钱，吃饭花钱，后来没办法了，我爸妈只能把房子卖了。我们家就一间半草房，那时候的住房都是东西屋，三间房，东边一家、西边一家，一家一间半；有时候住两家，有时候住四家，我们家有时候北炕还有人住呢！父母觉得怎么也得把学念下来，到初三了，没办法了，把房子卖了 150 块钱，150 块钱在那时候是很多的钱，总算把我供到初中毕业了。房子卖完之后他们才告诉我的，当时没有住房的话就给生活带来很大很大的困难。好在因为邻里关系比较好，人家有南炕、北炕，人家住南炕，我父母就借住在北炕，就这样换着住了几家。当时我感动得眼泪都流出来了。卖了房子，我母亲身体又不太好，总有病；我父亲当过兵，留下残疾，左胳膊抬不起来，在生产队干活不算整劳力，后来生产队让他发挥特长当老板子赶车，他始终在生产队当老板子。我参加工作以后每月往家里邮 10 块钱，家里就把钱攒下了，后来我转到刁翎工作之后又买了间房子，很便宜，

055

▲ 席静波（右一）和妻子的结婚照片

▲ 1986 年，席静波（前排右一）去日本寻亲时在东京都拍照留念

一间很小的小屋，花了 100 多块钱吧。

刁翎到林口 140 里地，有的时候通车，有的时候不通车，只能靠走。就那么一辆客车，很不像样，动不动就熄火。车费很便宜，就两块钱，就那样咱也坐不起，舍不得啊。怎么办？放假的时候就和跟我差不多一样穷的一起结伴从林口往回走。140 里地，半夜 12 点就起来走。想早点儿回家，高兴啊，睡不着觉啊。走了有三四次，有时候走两天，有时候一天就走到家了。有时候都没顾得上买吃的。记得有一次没带干粮，走到西北棱中途的一个地方，也买不到吃的，那还得走。走着走着，走到建堂，前面有个靠山村，村南山上有条小道，走到山顶我们就走不动了。我还有一个同学，俺俩都挺小，我俩饿昏了，躺着起不来了，在那睡了一会儿觉。

我们同行的还有一个大点儿的同学，他把我俩叫起来了，到了山下靠山村，找到一家要点儿饭吃。吃了饭有劲儿了，我们又走到建堂，实在走不动了，只好找了家旅店住了一宿，第二天再走。就苦到这个程度。不管怎么苦吧，初中毕业了。当时林口一中成立高中，只有念高中，将来才能升大学。初中怎么念完的我自己知道，我可不能上高中了，念不起。那时候中专招生比较多，念师范吧，师范学校对学生优惠，国家实行免费教育，食宿国家都管，学费也管，只管念书就行，平时生活费用也就买个牙膏，买个毛巾什么的，家里还可能供得起。我觉得这个挺好，就报考勃利县刚成立的师范学校。结果没用考试，保送的，保送我上勃利师范学校学习。全校就那么一个保送学生名额，我就摊上了，我这人总是遇到好事。在勃利师范学校念了三年中师，勃利师范学校有初师和中师，我念的是中师。三年念了一年，到第二年出事了。我得病了，开始就是感冒，后来就不知道怎么变成了紫癜。当时学校也挺好的，没通知我们家，直接把我送到医院，公费治疗。住了一个多月，快到春节了也不见好，好像越治越重。什么症状呢？拉血，肚子特别的疼，就是疼到你感觉受不了，吃点儿饭就疼。有一段时间，将近 10 天一口饭都吃不了，但是能喝水，喝那个滚开的水。你说怪不怪？按理说喝那样热的水都能把食道烫坏了，但没烫坏，就喝开水把我的命延续下来。后来看实在不行了，我父母也知道了，我记得是在春节之前我父亲到医院把我接回家了。当时我父亲和我的想法一样：不能死在医院，还是回家死吧。从勃利到我们家刁翎，坐火车先到林口，然后再坐汽车到刁翎。到林口那个晚上，春节前车票非常紧张，买不到车票。我当时疼得在候车室地上直打滚，又打滚又叫唤。又遇到好人了，同村里有个叫宫宝喜的，他有票，他看到这个情况，把他车票改了给我们。一张车票两个人坐，是晚车，天亮总算到家了。到家等死吧，我当时就这么想的。但是父母不甘心啊，就是有一口气怎么也得

057

把我救活啊！老天有眼啊，当时我们家所在的刁翎镇胜利村，下放来了一个全国非常著名的大夫，他针灸很厉害，可能是全国数得上的名医，医术相当高。他下放到刁翎胜利村，我父母没管他什么右派不右派的，跟他关系处得特别好。当时他正好抽调到刁翎卫生院去了，因为他医术特高，医院需要人啊。到了刁翎卫生院，他看到这情况，说怎么能这样啊，让我养父赶快想办法吧，没有钱向生产队借两个钱呀，怎么也得给孩子治病。这个叫张缙的大夫就接手治我的病。奇迹终于发生了，没到一个月，好了！我后来看他用的药，跟勃利医院用的药差不多，但是他用药量大，还采取什么方法咱就不知道了，反正他治好我的病，使我起死回生。我三四岁时是死里逃生，这回是起死回生，所以说我总是遇到好人，

▲ 2015 年，席静波（中间左一）与家人的聚餐照

这位名医把我从死亡线上抢救回来了。当时的医疗条件很不好，得了紫癜，十个得有九个死啊！

好了之后我的身体非常虚弱，也不能上学，就在家休养。但跟别人不一样，我不是就在家待着。因为我家里非常困难。我到生产队找队长，求他帮忙给我找轻一点儿的活干。还真有！我们生产队正好放蚕，放蚕的活儿轻，就让我跟着放蚕去吧。离刁翎有12里有一个叫草帽顶的地方，到那儿去放蚕。放蚕的活儿挺轻快，能挣工分啊！那儿正好有牛有马的，所以还负责放牛放马，我就边养身体边在那儿挣着工分。后来我的身体越来越好，到暑假了，下学期就要开学了，这时候又有事了。生产队队长说："你看那个孩子，文化水平挺高嘛，胜利村缺会计，让他当会计吧。"会计是生产队中比较好的活儿。我想也行啊，家里挺困难的，这活儿挺好，我父母也要答应了。但是张缙不同意。在关键时刻，在我人生的十字路口，我遇到高人指点了。他说："你们千万不能让他在这儿当会计！"因为他跟我家关系特别好，把我命都救了，所以我父母就特别听他的。我就没在生产队当会计，又回学校念书去了。

中师三年有一年我基本没念，但我又遇到好老师了。这个老师叫李凤山，我的名始终在他的班上挂着，我就始终是他的学生，回去念书的时候也没让我降级。到了中师第三年，又遇到好事了。当时中学教员特别缺，中师主要就是培养中学教员。当时办数学专科，我虽然有一年没念，但数学好啊，一办数学专科，就又把我成全了。中师第三年的数学专科，我学得很顺利，数学分析、解析几何，老师一讲我就会了。我总是提前预习，先预习后听课，基本一听就能听懂老师讲的。我很顺利地就毕业了，数学专科毕业相当于大专毕业生，我感觉学历又提高了，不是中师是大专生了。幸运之神总是降临在我身边。中师毕业之后我们在整个合江专区分配，不是全省分配，我虽然是林口的，但是不能回林口，

059

合江地区把这些人留住了。我就要求去依兰县。就这样，我分配到依兰三中，主要是教数学。在依兰三中，头一年一个月挣 31 块5 毛钱，第二年挣 41 块 5 毛钱，我除了每月定期给家里邮 10 块钱，剩下的就是生活用。10 块钱也不算多，但是时间长也负担不了，父母也不能跟着我上依兰，所以我就想回刁翎，回林口。我又遇到好人了。我跟我们校长透了点儿口风，我不好意思直接说。王柏峰校长对我非常好，他挺同情我，就同意了。整个调转手续我一点儿没费劲，都是我这个校长联系的林口教育局、依兰教育局，两个局得同意，这边同意放，那边同意接。整个手续都办好了，让我拿手续回林口。王柏峰校长帮我办了一件大事，能转回林口，我得感谢他。回到林口也没办法到刁翎中学，当时中学编制满了。但是，不管满不满我就要回刁翎。当时教育局管人事的姓迟，叫迟连信，他问我到刁翎小学行不行。我说："行啊，只要能回刁翎就行。"我就这样回到刁翎小学工作了一年。这一年我可受益匪浅，因为这一年语文、数学都教。教数学我当然不在话下了，但教语文我有点儿吃力，我就下了功夫。我把《成语词典》看了三遍，通过半年左右的努力自学，整个小学学段的知识点我都弄通了。我在学校干得挺好，我教的五年级的那个班成绩越来越好。第二年刁翎中学要请数学老师，校长张义祥相中我了，把我调到刁翎中学，这是 1964 年的事。我接手刁翎中学 13 班、14 班这两个班的数学课，还担任 14 班的班主任，挺幸运的这两个班的学生素质都很好。1966 年，我正在教初中二年级，"文化大革命"开始了，但是 14 班的学生没整过我，按理说我应该是重点挨批对象，我出身不好，还是日本人——大家都知道我是日本人。为啥知道呢？因为在把我给第一个养父母家的时候，那是刁翎的一个重大新闻，那么大点儿的地方很快就传开了，当时人们都知道我是日本小孩儿。就这么个出身，这么个背景的我，在"文化大革命"的时候安然无恙，也没人批我，也没人整我，我也没受苦——

▲ 2012 年 9 月，席静波（右一）赴日旅游期间做客日本家庭

これは

这就是我的学生。

　　我在刁翎中学一直工作到1987年，从普通老师干到教导主任、副校长、校长。刁翎中学是一所完全中学，初中3个年级，每个年级4个班，一共12个班；高中是两年制，每个年级2个班，共有4个班。到1987年4月1日，我突然接到县委组织部的调令，要把我调到林口县教育局，让我当教育局党委副书记，我一点儿都不知道，来了调令才知道。没办法，只能服从组织安排。说实话，我真不愿意来林口，为啥不愿意来呢？1987年我养父已经去世了，我养母、我三个孩子、我老伴儿，就这么一大家子人在刁翎过得挺好的。我一个月挣41块5毛钱，这在刁翎是高工资，生产队社员工资低呀，我们家在那儿算是富裕户，如果我到林口来，生活可能要困难些。但是不管怎么样，县里有令，我作为共产党员，必须服从组织安排。4月1日我到林口县教育局报到上班，10月1日我把家搬到林口。把我调到林口，是林口县教育局局长宋兆文提出的。宋兆文到刁翎中学视察过两次，相中我了，非要把我调来。在县里常委会讨论研究的时候，很多常委不知道刁翎中学还有席静波这么个人，但是宋兆文就说我这人如何优秀，把那些人都说服了，县教育局一致同意把我调到林口县教育局当党委副书记。调来之后，我又赶上了盖最后一批公房，当时一共就盖了三户，其中一户分给我了，解决了我家的住房问题。我在教育局从1987年4月1日一直工作到1996年3月9日。3月9日这天县里开会，要精简机构，正好卡到我那个年龄，我就在本单位退居二线了，改个名叫调研员。1996年我退到二线之前，是教育局党委副书记，林口县教育委员会第一副主任。到了2003年1月1日，我正式退休。

　　我对自己的身份没什么包袱，整个社会也接纳了我。我很早就知道自己是日本孩儿了，虽然我养父母只字不露，但也会有人透露的，身边的小孩儿有时候也会冒出来一句："他是日本孩子。"

所以我小时候就知道自己是日本人了。我也知道自己不是老席家的亲生孩子，但我知道归知道，在心里还是把自己当成他们亲生的孩子，我的养父母也把我当成他们的亲生孩子。我的身啊、心啊完全就融入中国这个大家庭中了。"文革"我也不害怕，因为我没干过一点儿坏事，我对中国政府、中国人民没犯下滔天罪行，我心里没有负担，没有政治包袱，很轻松。我能完全地融入中国，我感到很幸运。

我跟张家养父母的联系始终没断，我赡养的主要责任是在老席家。我离开之后，我第一位养母又生了一个姑娘，两个儿子。姑娘后来出嫁了；大儿子后来在刁翎信用社工作；二儿子高中毕业，是我教的刁翎中学首届高中毕业生。我在刁翎中学当班主任时，就教张家我的这个二弟他们班，他后来被推荐到牡丹江师范学校上学，毕业后分配到牡丹江十六中做中学体育教师，后来当副校长，他们家过得还可以。我经常会去看一看我的第一家养父养母，现在这两家关系都挺好，直到现在还有来往。我养父母里第一个去世的是老席家的我爸，1972 年 2 月 21 日去世；接着就是我爹张克山，他是 1987 年 11 月 11 日去世的；接下来就是我妈，她在 2007 年 10 月 8 日去世了；我娘是最后一个去世的，是在 2009 年 2 月 7 日走的——我的养父母都离我而去了。我娘活着的时候吧，就剩下她一个老人了。这时候我因为工作关系经常下乡，我下乡去刁翎就必须去看我娘，顺便给她几个钱。现在我和老张家还保持着来往，只要我活着这份感情就不会断。

我是在 1967 年 9 月 29 日结婚的，我老伴是标准的家庭妇女，勤劳节俭，过日子是一把好手。我怎么选择她了呢？我当时的择偶标准，有工作的女的再好我也不要。为啥呢？没有工作的，她能在家做做饭，操持家务，我养父母生活就能好一些，就是这么一个出发点。我老伴叫张淑兰，我们一直过到现在，日子过得也挺好的。我有三个姑娘。大姑娘今年 50 多岁了，在林口县聋哑学校工作，做特殊教育教师，教美术。二姑娘在林口县第五小学当老师，在我们家旁边住。三姑娘在林口县教育幼儿园当幼儿教师，也在我们家旁边住。我这三个姑娘，最远的 10 分钟就能到我家，最近的 5 分钟到我家。三个姑娘都挺好，都是先立业后成家。我的三个姑娘又很争气，又都各生了一个姑娘。大姑娘的姑娘已经大学毕业了，在北京工作；二姑娘的姑娘在西安音乐学院，现在念研究生；三姑娘的姑娘，在林口县高级中学高二念书，都不用我操心。

我 1986 年 2 月份随着第十期日本寻亲团到了日本。我原来也没有寻亲的想法。很巧的是我有个学生在公安局工作，这个孩子跟我们家是邻居，他跟我的第二位养母关系挺好，他把这个信息告诉我了，说有回日本寻亲这个事儿。整个事儿都是他给帮忙办理的。在这之前我的第二位养母就有想法了，她担心我寻到亲属就不回来了，所以一开始不想让我去，我也就没回去。但是我这个学生知道这个事儿之后就帮我做工作。这孩子来了和我养母一沟通，我妈思想就通了，就同意了。我是一点儿寻亲线索都没有，虽然做了很多努力，但是无功而返，很扫兴地回来了。当时按照日本的协议，找我谈话的时候问我能不能回日本定居。当时回日本定居挺容易的，只要你同意很快就能回去了。但我说我不能回日本定居，他也没问什么理由。要是问我理由呢，很简单，就是我养母还活着呢！养母活着，把她扔了吗？我要走了，她的精神支柱就没有了，没有活的希望了。为了我的养母，我说啥也不能回日本定居呀！

林口县公安局外事科有很全面的档案：在林口县，谁是日本遗留下来的孤儿，那里都有档案，一翻就知道了，就能认定我是日本遗孤了。而且公安局里有我的学生，还有我的同学，他们对我的情况很了解。我的同学叫陈宪友，他帮我办了一件好事：正式加入中国国籍。那是 1965 年最后一批，由中国国务院发的证书，有周恩来总理的大章盖着，上面写着同意席静波加入中国国籍——我是合法的中国公民了。

很多日本遗孤都有父母留下来的一些东西能证明这个孩子是日本孩子，但有的养父母把这些能证明是日本遗孤的证据都销毁了，还有些养父母把孩子带到外地去了。林口就有一个这样的人，他本来是在林口，后来被带到莲花乡去了，他养母去世之前才告诉他是日本孩子，但是啥证据都没有了。县里公安局外事科没有档案，日本的认定渠道也找不到线索，所以这个人虽然是日本人，但无法认定是日本遗孤。这样的人在中国还真有一部分，据说哈尔滨还有一个人，在咱们中国认定他是日本遗孤，但是按照日本的认定标准是不认的。我听说，这个遗孤的生母已经回日本了，回日本之后说她没有孩子。她本来有孩子，却说没有孩子，这样就没法认定了。

我短期回日本有 10 次了。2009 年我娘去世后，我第一次短期回日本，到 2019 年为止一共回日本 10 次，当然这不会是最后一次。日本组织我们这些人回日本探亲观光旅游。有亲人的可以探亲，找到亲属的可以在那期间回到亲属家住两天；没有亲属的就在日本观光旅游，一切费用由日本政府负责，从中国启程一直到日本，再从日本回来，整个经费都由日本政府支出，而且还给你 4 万日元买东西。日本政府 20 世纪 80 年代末就开始做这个事。我是比较晚的，2009 年才开始短期回日本，在这之前有的人都回日本十多次了。日本厚生劳动省专门负责在华日本遗孤定期回日本观光旅游，日本还有个组织叫中国残留孤儿援护基金，他们负责接待、援护。现在在中国的遗孤，我那天算了，差不多也就二十多个了吧。现在这个活动每年分 3 批，以前分 4 批，6 月份一批，9 月份一批，12 月份一批。你提出申请，说你想在今年哪个月份短期回日本，日本厚生劳动省一看比较合适就批准了，如果不合适就给你挪到下一批，或者是和别的团队并到一起。本

065

人申请，由日本厚生劳动省批准，日本中国残留孤儿援护基金负责接待。人数最多的时候，我那个团是 15 个人，最少的时候也就三四个人。援护基金那些人从领导到援护员，我大部分都熟悉了，有的还成了朋友。我 3 个月份都回去过，我和日本在华遗孤基本上都有联系，都认识。现在每年回日本的 3 批人加一起也就是 20 人左右吧，很多日本遗孤都去世了。我们这些人，有的今年去日本了，来年就见不到人——这个人去世了。还有的呢，想去又去不成，身体不好，去不了了，再想去得有人陪护。现在我每年去得我家里的直系亲属陪护，不管是谁，只要他身体好可以陪我去就行。陪护的费用也都是日本出，基本上都是我老伴陪着我。我的三个孩子都在岗工作，请不下来假，不能陪我。回去一般都在东京附近转，太远的地方一般不去。

我对中国共产党热爱得不得了，现在、将来都热爱中国共产党，这是一点儿没有瞎话的。1961 年，我就开始写入党申请书，那时我刚参加工作，在依兰三中参加工作的时候开始写入党申请书。因为在依兰三中工作时间短，组织上看不出我怎么突出，所以没有入党。转到林口刁翎了，我还写，1963 年 5 月份写一份，1964 年又写一份。那时候有些人认为我就是共产党员了，都说席老师是共产党员，但那时我真的不是，我还没有加入中国共产党，但他们都说看我就像中国共产党员。像，也不是啊！我是到什么时候才入党的呢？直到 1983 年 9 月 27 日，我才光荣地加入了中国共产党。我感到十分光荣。什么原因呢？还是因为这个出身问题。我是一个日本人，加入了中国共产党我感觉特别光荣，比我是中国人加入中国共产党的感觉还要好，我是特殊的中国共产党员。所以我才说我对党的事业非常忠诚。我在刁翎中学当领导的时候，一心一意为刁翎中学好，一心想着怎么把它建设好，怎么把工作干好，费尽心血地干，一点儿也不掺假。

我的人生在一开始是很不幸的，但是到了中国这片土地之后，特别是有了养父、养母之后，幸运之星总是在我脑袋上面晃着，很幸运，非常幸运。关键是我遇到的贵人特别多，我那天算了一下，可以称作我的贵人的能有将近 20 个。我遇到的贵人多，好人也多，能够在关键时刻给我指导的人也有很多。所以我这一生能过得这么好，自个儿努力是一方面，与这些好人愿意帮助我、扶持我也有很大的关系，我的成功，自己努力占 15%，剩下的 85% 是有这些人帮我。我这两家养父母就更好了，给了我第二次生命。好人都让我给摊上了，他们对我比对自己的亲生孩子还好，特别到了第二家，对我比对亲生姑娘还好。我也能看出来，我姐心里挺不是滋味儿的。我在家没挨过打，骂我的话一句都没听过。我养父领着我出去，我走不动了，他就背着我、抱着我。现在我一想起这些，眼泪都要流出来了。我是不幸的，但我又是很幸运的。

我都 79 岁了，我在日本遗孤当中年龄是比较小的，再活个 10 年、8 年的差不多就故去了。再过几十年这些人就都没有了，这个事儿就被历史湮没了，所以现在挽救、挖掘还来得及，还是时候。世界还得走和平发展的道路，战争可把我们这些人坑苦了。你看我，生身父母是谁都不知道，他们长什么样都不知道，多遗憾。活在这个世上，连亲生父母是谁都不知道，你说这样痛不痛苦？是一生的痛苦呀！这事搁谁身上也受不了。

四、多田清司

多田清司：日本遗孤，1939 年出生，6 岁时日本战败，与"开拓团"一起溃逃，在收容所失去了亲生父母，被与亲生父母有过交集的养父母收养。现居日本长野县饭田市。

▲ 多田清司（右一）与中国养母张淑英

我出生在日本，1939 年生人。到中国的时候，我一点儿也没有印象。我可能出生在饭田市，河那边有一个乔木村（音）。我1 岁的时候，父母参加"开拓团"去中国"开拓"，就把我带过去了。因为我那时候小，又赶上战争的事儿，所以我干脆一点儿印象也没有。日本战败投降那个时候我 6 岁。因为战败了，日本人就溃逃，逃到什么地方呢？ 1945 年 8 月 20 日往黑龙江通河县逃，那有一个浓河镇，我们就奔浓河镇去了。日本人溃逃的时候就奔着一个地方集中，就像收容所似的，到浓河镇一个大仓库集中在一起。到了 12 月正是冷的时候，那个时候冬天温度可以达到零下 30 摄氏度以下。日本战败以后，关东军根本就不管我们这些滞留中国的日本人，我们往哪儿去，他们根本不会管。滞留的日本人们会有个头头儿，领着大家寻找活路，当时就是这样的。冬天很冷，原来那儿是个仓库，里面什么都没有，都是用木头板子搭的床，床上面铺的草，大伙儿就在那个地方睡觉。不取暖都得冻死，取暖搁什么取呢？仓库里头有一个大油桶，把油桶放倒，上面抠个窟窿，安个烟囱顺出去，在旁边割开添些柴火。那么冷，没法上山整柴火，那儿离山很远，好几十里地，整不来柴火。用什么取暖呢？用豆饼，就是黄豆榨油剩的渣子，把渣子烧了取暖。铺的盖的完全没有，穿的更不用说了，吃的也没有，一个人一天给两个、三个饭团子，那点儿玩意也不够吃。原来那里面人很满，后来一点儿一点儿地都生病了。一生病就传染，就像瘟疫一样，吃的也没有，人就一点儿一点儿地没有了。我也不记得是在什么时候我父母也去世了。人到任何时候，父母都是重要的，父母总是不顾自己先顾儿女，先让小孩吃饱饭。就那点儿饭，他们就尽量给孩子吃，他们饿着，那就死得快嘛，肚子里没有食，他们就去世了。去世了以后呢，剩下我自己就没人照顾了。没有人照顾，自己也太小，什么都不能干，后来也要不行了。这个时候，我的养父养母到那儿把我领回去了。

069

　　我的生母是一个大夫，我生亲在佳木斯干什么工作的我也不太知道，他一年回来两次。我母亲认识我的养父养母。我的养父姓王，叫王有才（音），是他哥哥把我背回去的。他哥哥叫王有发（音），他到收容所那儿一看就我一个人了。他认识我啊，小时候我经常在他跟前玩。他看我在那个地方要不行了，把我背起来就领回去了。把我领到我养父母家了。我想，在日本也好，或在哪个国家也好，都做不到我养父养母这个程度。他们本身才结婚三个月，自己都没小孩儿，才 18 岁，我养母刚结婚就把我领到自己家了，就这样把我养大了。我跟日本人讲，你们做不到这一点。是热心的中国人把我救了，我到任何时候都忘不了我养父母的恩情。我养母自己还没有要小孩呢，就捡了一个孩子，要是亲戚的孩子还可以，真是一点儿关系都没有，还是侵略国的孩子。把我捡回去以后，我一般的饭吃不了，因为饿的时间太长了，要是吃干饭的话胃有可能受不了。我养母懂得这个道理。过去大米很少、都是小米、苞米碴子、苞米面子，小米最好，她搁小米煮粥，煮得稀稀的，一点儿一点儿地喂我。我本来身体也没有什么毛病，就是饿的，肚子里有食了，恢复得就快了。这样养了几天呢，一般的饭就都能吃了，因为胃恢复了。

　　过了几年，我的养母生了我弟弟、妹妹。他们现在都在中国，弟弟没有了，妹妹还在世。有四个妹妹，一个弟弟。说实在的，在我心里他们跟我亲兄弟、亲姐妹没有区别。我日本的姓是"多田"，名字叫"清司"，在中国起名叫王广福。我养父是解放军，他当了八年兵，转业回来的第二年、第三年就成立人民公社了，公社就走集体化道路了。那个时候毛主席推广扫盲运动。在公社里，农民大多没有文化，有文化的人很少，所以要扫盲。让我干什么呢？让我到县里上课，要把我培养成群师（群众老师）。我本身就没有文化，让我去的话，我得现学，一开始学的是拼音。就晚上的两个小时学一点儿，我就一点点儿地跟着学文化。当时，人家只看这个人能不能行，人家也没拿我当日本人看，我自己也没有觉得我是日本孩子。后来，政府就培养我让我去学气象。学气象的时候是一个月一考试，我文化水平低，60分及格，我总不及格。但是气象很简单，看风力、看云彩啥的，慢慢地就学会了。20岁我就不在生产队里了，我上桦川县森工局参加工作了。在桦川县森工局干了几年后，我一想还得回去，就把这个工作辞了，辞职后我又回到原来的生产大队。想回来也有原因，当时有人给我介绍对象，对象要求必须得回这边来。

回来了以后，生产大队又让我当会计。我当这个会计的时间就长了，一直当到回日本。我根本没想回日本，我还不知道日本是什么样的。因为我从小在毛泽东思想的培养下，已经三十多岁了，我根本就没想回日本。公社干部说："小王，你要想回日本可以，但是你想一想，日本不像咱们中国是社会主义国家，你都已经三十来岁了，你能适应吗？"他跟我讲，日本与中国是不太一样的，挺严肃，像咱们经常来公社，随便坐着、躺着、闲谈都可以，这在日本不行，到那儿必须规规矩矩跟人讲话。他给我讲："小王，你要想回去的话，把孩子都领到日本去可不行，你再想回来就不容易了。我们给你想了个主意，最好你自己去，你去探一下，如果不好，你赶快回来，别把孩子、老婆带着，你要带他们就不好办了。"我说："对，你说这个对。"我就信了他的话，申请了探亲。我也觉得，探亲的话还比较灵活。如果日本不行的话我马上就回来，毕竟我是中国籍啊，我的护照也是中国护照。头一次探亲，我待了一年半才回去；后来，我就把家搬来了。

我干会计一直干到回日本前。在回日本前这一段时间，我把账整清了，红线一画，把我的章一盖——我记的账如果出了什么问题，由我负责；接我班的人，在我的账下面做错了，那跟我一点儿关系也没有。我领导说："对，小王，你说得对，就这样做。你把账封上，我们找人替你，等你回来接着干。"

后来到了日本，因为语言不通，到哪个地方都干不了。人家日本人不认为你是归国者。所以我一看，根本就不想在这儿待了，我就要回去了。可是后来我为什么还在日本呢？当时中国大使馆给我打了三回电话，最后大使馆说："你是想在日本留下还是想回中国，再给你三个月期限，你好好想想。"这时候陆续有遗孤回到日本了，我想回中国带着孩子过来，问题是那时候没有钱，回中国必须有旅费，毕竟我家人多啊！日本政府说："你如果回去再办，那你自己负担这笔钱；你要是在这儿不回去了，我们直接给你办家族定居。"想来想去，我说："那我就定居吧。"他们给我办了定居，我的中国护照就停了，我就是这么办的日本籍，就是这么回的日本。

我的寻亲过程是这样的。我有个姨先回的日本，要不是我这个姨，我也回不来。我姨在通河县，当时在日本人开的医院当护士。日本战败的时候，县里情报快，"开拓团"的团民收不到什么情报，日本也不管，也不给提供帮助，所以"开拓团"的团民都留到那边了。像我姨这种有单位的，单位知道消息早，她一听到消息自己就走了，先回来的日本。回到日本以后，她知道我还在中国，就回来找我。她记着我养父的名字，但不知道我还在不在，如果在的话，她就想给我办回日本。她是怎么打听到我的呢？我的养父养母从讷河搬到临江村，离通河 18 里地。那个村子有两三个日本人，已经十六七岁了。1953 年，中国就告知了有愿意回日本的可以回去，谁愿意回去就报名。其中有一个人就报名了，他家和我家前后院，姓孙，叫"孙长林"（音），日本姓是"长昭"（音），他现在在市里头住，已经九十来岁了。他当时先回日本了。我姨听说从东北回来一个日本人，就问他去了，结果问正着了。他说："我认识，在中国的时候我们俩经常见面，我们是一个村子的，总在一起玩儿。"他和我姨说我现在还挺健康的，我现在住在什么村，落到谁家了，姓什么，他都告诉我姨了。后来我姨就给我写信，但她的信是日文，我根本不认识。日本来信的信封外面写着我养父的名字，还有双方的通信地址。后来我就找人帮着看这个信。在哈尔滨有一个姓刘的刚好搬到我家附近，他说："王广福，你来的日本信，我给你看，我懂日语。"他说他年轻的时候在大连什么株式会社上班，他16岁参加工作，学了一些日语。五十音字母他能念下来，但是句子是什么意思他也看不懂。我问："老刘哥，这是怎么回事儿你知道吗？"他说他能念下来，但是这个意思他还真理解不了。我说："这下糟了，还是不知道写的啥。"

我认识一个张书记，是大队书记，他说："我给你找一个人，你上讷河镇里去，有一个老太太会日语，到那儿准能看懂。"镇里头有一个老太太，跟一个姓李的中国人结婚了，光复时她已经20多岁了，日语一直没忘，为什么他认识这个老太太呢？张书记的媳妇也是日本人，所以他们有来往。我就拿着信去找她，她打开一看，念得很流利，信里要表达的意思也给我讲了。她说我在日本有个姨，我姨找我，她让我回日本，我姨愿意给我办理手续，给我当保证人。就这样，我才回到了日本。

我回到日本没少参加工作，他们也没少注意我。到日本我不得不注意一点儿，不能说我是残留在中国的日本孤儿，别人可能会有看法。但我心里暗下决心，我要好好工作，不能被日本人看不起。

我回来就是为了孩子，要是只有我自己，日本再怎么好，我也绝对不回来。我在中国也不差啊！我何必来这儿受这憋屈。语言也不通，人家也不拿我当个人看，走到哪儿都好像要饭似的。人家的工作咱想干也干不了，没有文化，还不会日语。我回中国，到县里的各个单位、各个地方就像走平道似的。我在日本一个人受这个憋屈干吗呢？我在中国多好啊！我的私心在哪儿呢？为了孩子，所以来到了日本。我在这个地方挺受屈，我只能任劳任怨地去干，不干就挣不来工资，养不了孩子——虽然日本的生活好，

073

可没有钱我在日本也生活不了。刚回来的时候国家还能照顾一点儿，不然的话，我的工资也低，我也没有工作能力，人家也不给我高工资，就只得省吃俭用。说句实在话，就是为了孩子吧，如果只有我自己，我绝对不能回来。

我来的时候和我养母说是探亲，我当时也没想到会回日本定居。我养母以为我总有回中国的一天，没承想我在这儿留下了——我就后悔在这儿了，如果我把回日本定居的事好好地和我养母唠一唠就好了。

我本想着在日本待两三年就回中国了。但生活都顾不过来，我就挣那点儿工资，来回的旅费都不够。那时候我一个月工资才9.5万日元，我们一家七口人，只够家庭基本费用，根本攒不下来钱，回不去中国。最后有个机会，我给我养母办了探亲。什么机会呢？日本政府感谢中国养父养母，先给一笔钱，大概50万日元，给我养母汇去了。后来又有一次机会，日本政府给我来信了，说我可以回中国探亲，看我养母，国家给我拿钱，拿路费。我如果不想回去，可以让我养母来日本看看，政府招待。问我觉得哪个行。我一想，我不能回去，我回去的机会以后有的是，我还年轻，还可以出远门。但是我养母身体不好，来趟外国很不容易，这是个机会。我决定让我养母来看看日本，到我家看看。我就报上去想让我养母来，我养母就这样过来了。来的时候不是我养母一个人，全国有21位养父养母，我养母是和团体一起来的。日本政府通知我们，什么时候、几点的飞机到。我就奔东京去等着我养母，等了两天。为什么我去这么早呢？要先开个会做准备。见着我养母时我很难过。日本的厚生大臣接见了中国养父养母，说是特别感谢你们中国的这些养父养母，把我们的遗孤给搭救了。我心里可痛快了，我让养母来对了。我养母在这儿待了21天，我接回家待了一个星期。后来又送回东京参观，日本政府那边天天拉着这些养父母到这儿那儿的，行程安排得挺满。我养父早去世了，后来我手里有余钱了，就回中国去探亲，因为我惦记我养母。另外，我的岳父岳母岁数也不小了，身体也不好。一开始我爱人说她先不回去，等孩子大一点儿再回去。后来我一想，不对，我说："你不回去不行，咱俩一起回去。"为什么呢？我老丈人岁数也不小了，应该回去看看了。万一回去以后他老了，去世了，我们也看着面儿了，话也说了，不遗憾。就这样，我带着爱人一块儿回中国看看去，我养母也看了，我岳父也看了。果然，第二年我岳父就去世了。我和我爱人说："你看怎么样？回去看对了吧？如果没有见到父亲最后一面，会有遗憾的。"

回到日本以后，我一开始在面条厂工作。压面条的那个小厂子里有一个日本人叫宫泽（音），他会说中文。为什么让我到那儿去呢？我姨说，我上那儿干，虽然工资低点儿，才给我六万日元一个月，但是为了学语言，就让我在那儿。他的确会说中文，但人家工作忙啊，没有时间教你。所以我就在那儿干了一年半。因为当时每个月就给我六万日元工资，日本不补贴我几万日元，根本就不够生活的。最后，日本政府说我总这样不行，建议我换个厂子。这个面条厂的社长看我干活儿还挺好，就叫我过去，对我说："别跟那个宫泽说，我给你涨四万日元你别走。"十万也不行啊，他那儿啥社保也没有，就这点儿钱也不够生活呀。

来到日本，我受的苦太多了。到电子厂去，人家要我干什么呢？开车。我在学校考了个驾驶证，但是没有钱买车。我就想着干脆买辆摩托吧，几万日元就买了，我就骑个摩托上班。我上班的那个厂子要开车的，送货，就缺个人。厂长问："你有车证吗？"我说："我有车证。但不会日语，就要带个翻译去，让他翻译给我听。"那个厂子的社长不错，说："厂子有车，我找个人领你开一天两天的，你熟悉熟悉，跑一跑道儿。"我说："那行。"他让我取货的话，哪儿都得去啊，这就麻烦了。后来借什么光了呢？日本也用汉字，厂子、街道牌子一般都是汉字多，他给我写下来了，

075

什么什么地方，什么什么厂子，到哪儿取什么货。我就拿一张纸，大概写下来，就去了。人家当地人的车跑得特别快，可是我开快了不行，我得四处看那个牌子在哪儿，就不能开快。人家都超车，但是我也没办法，我就得慢慢开。人家十分钟、二十分钟就能打个来回，但是我三十分钟都回不来。厂长也知道我不会说日语，找路得找一会儿，所以晚一点儿也不说啥，我很感谢厂长这一点。日本人和中国人的脸长得都差不多，他也不知道你是中国人还是日本人，到那儿了，他问我干啥来了，我就把这个纸掏出来给他，他跟我唠嗑我也不答话，让他照着写的那个备货就行了。那给我憋得真是没办法，就这样逼着我把话一点点儿学会了。要在工厂干活儿的话就没有说话的时间，必须得出去接触人，逼着你说话。我后来拿一张纸，有不懂的地方就用笔记起来，回家翻字典，遭的那个罪就不用说了。我在厂子做到晚上十点钟回来，我爱人说："今儿没加班啊？"正常是下午五点十五分下班，我晚上十点才回来，她还说没加班呢。我说："几点了，你看看？我还没加班呢？"为什么到十点了她还说我没加班呢？因为我有的时候回来都到半夜十二点，凌晨一点了。工资低，不加点儿班挣不着钱。无论在哪个国家，人干工作都必须踏踏实实，抱着一种忠心，没有邪心杂念，不搞些乱七八糟的事情，人家总会信任你的。那厂子有三把钥匙，社长一把，厂长一把，我一把。我最后忙到厂里就剩我一个人干活儿，干完活儿了以后我把全厂的烟灰盒、焊烙铁，使电的地方，窗户，全看一遍，安全了再走。社长室里头，办公桌上放了几千块钱，放了一大盒子。钱在这儿搁着，什么意思呢？他是不是测验我？那个钱为什么他不带着？为什么他不搁抽屉里？他摆在那个地方，是不是要用这个考验我会不会动他的钱或者怎么样？我就是分文不动。就这样我在那儿一直勤勤恳恳地干到退休。

退休以后，协会让我上市立病院。因为从中国回来的人越来越多了，看病有困难，不会日语，跟大夫沟通不了。我这个水平的日语能干得了吗？试一试吧。的确困难，干了两个星期我就告诉他我不干了。一个东西做坏了，我能重做一个；人的病要是治错了，那不就坏了嘛，我觉得责任太大了。我不能耽误人家，就不想干了。他们劝我再干一段时间，实在干不了再说。我又重新开始学习。就这样我在市立病院一直干了十四年。

我在病院里做各种各样的工作，刚在那儿半年的时候，总务科科长找我说："我观察你半年了，从今天开始你照你自己的意思干工作就行。"就这么我一直干到退休。直到现在，有的时候市立病院还找我去帮忙。我为什么选择退休了呢？原因还在我养母身上。我养母去世的时候，我已经 70 岁了，人到这个岁数了，不知道什么时候就有毛病，有毛病的时候我就回不去中国了。我有什么想法呢？我养母坟上的碑没立，在我健康的时候，我要把我养母的碑给立上，这是最后的一个想法。我要是不退休能不能回中国？不行，耽误事儿，哪天都有中国人看病，我休不了假，为了这些人看病，我宁可不休也得为他们服务好。市立病院的负责人说："你要退休也行，你要退了这些中国病人怎么办？没有你这个人就不行。"他说："除非你帮着给找个接班人，可靠的。"我说："那行，我给你找一个。我有可靠的人，有一个姓秦的，这孩子比较忠实，干这个工作比较可靠，不能把病人的个人情况泄露出去。我要介绍的这人绝对没问题。"我就把小秦介绍去了，这样我也就退下来了。我交接完工作第一时间就回中国了，我小舅子在威海，我先到的威海，在威海坐飞机回的哈尔滨，几天时间就把那个碑给刻出来立上了。

我们这些日本遗孤也都七八十岁、八九十岁了，领国家生活费，生活不困难。住房不花钱，看病不花钱。但我吃亏就吃到这儿了，努力干了几十年，却享受不着国家待遇。不过就这样吧，总的来讲，自己身体健康就比啥都好。

现在我们的遗孤二代一般都有工作。年岁大一些的遗孤，还有些身体弱的、残疾的二代，这些人在家里种一种菜，有时间了聚到一起唠唠家常，打一打扑克，也挺好。

现在，我在养老院工作，有些遗孤在那里养老。养老院是当地日本人开的，我就是在那儿当翻译，但他们并不都是归国者，那儿有十个归国者，和当地的日本人混在一起。这里的工作人员照顾老人非常小心，不能伤到老人家。老人家再怎么不对，职员也是笑着，怕摔了，怕磕了，哪个地方都有护士跟着，测体温、血压，各方面照顾得都非常不错。

我去"满蒙开拓"和平纪念馆讲过几回，我给当地人讲，战争给老百姓带来的灾难是巨大的，如果日本不发动侵华战争，就不会出现这些悲剧。那些听众都听得挺认真，他们也感到的确是这样的。这都是因为日本发动侵略战争才给国民带来了灾难，他们特别愿意听这个，都在聚精会神地听我讲。

我自己的感想是什么呢？第一个，无论残留孤儿也好，还是被害的中国人民也好，哪个国家的国民都是一样的，只要发动战争，就必须得死人、伤人，死的大多是老百姓。日本发动战争的时候，甚至中学男孩最后都得报名去参军。死的是谁？死的全是老百姓的孩子。打了半天仗是谁遭罪？都是老百姓遭罪，逃的逃，伤的伤，死的死。要是没有战争，世界要是和平的，老百姓过一过幸福安稳的日子比什么都强！来到这个世界一回，过一过太平日子，这多好！人活着不容易，如果是我的孩子战死在战场上，你说我该多痛心？我觉得日本发动侵略战争就是这场悲剧的罪魁祸首。

五、长安伊知子

长安伊知子：日本遗孤，出生于1941年，日本战败后与母亲失散，被中国人收养，1986年回归日本。

▲ 长安伊知子的中国养母杨秀英

刘家和吕家是这里的老户了，几十年住在一起。他们不但各有各的手艺，而且还种着城里地主家的地，大概有一亩多地。打了粮食以后，还得给地主家交上去，自己所剩无几。吕家的老大住在林祥南街的最前面，正好和我家的保姆住在一个地方，互相认识。

我亲生父亲被征兵以后，我亲生母亲为了糊口，出去给人家干点儿活挣点儿钱，我们母女两个要生活啊。当时我们家后面那个兵工厂被轰炸了，母亲听到轰炸声，就从工作的地方急忙往家里跑，但是她跑回来时我已经跑丢了。吕家的人看我自己到处转，就把我领回去送给了邻居刘家做养女。我的中国名叫刘俊英，养父是一个瓦工。领我回来的吕家是做木工的，他们两家是多年的邻居，交好的朋友。

▲ 长安伊知子的中国养父刘兴筠

我养母和我养父说："这孩子咱们要不得。"我养母叫我养父赶快把我扔掉。我养父相当喜欢孩子，也舍不得扔啊。虽然来了只有几天，他舍不得，但他也怕惹祸上身。我养父没办法了，天不亮就把我叫起来了。满天的星星，我睡得糊里糊涂的，他把我叫起来，领着我穿过一片荒地，到了一个打仗时挖的战壕那儿，有一人深，但是能过到对面去。我养父过去以后，把我领到对面的一堵墙那儿，把我安顿在那里。他一扭头要走，我"哇"地就哭了。我养父是个相当善良的人，40多岁了没有孩子。我这一哭，哎呀，他受不了了，又回来了。他说："咱不哭不哭，回去回去。"就这样我又回到了这个家，从此成了刘家的养女了。

我的养父是个善良、温厚的父亲。他对我特别好。我的养母脾气暴躁，因为她没生过小孩，也不太知道疼孩子。一开始时她对我还好，后来渐渐地脾气就出来了。我养父每天出去上班，养母跟我养父吵起架来也是破口大骂，我养父又特别老实，不敢管她。

有一次，周老师上我家去了，他说："今天没有我的课了，

080

我就想着这个孩子。""她每天出去以后都趴到我那个窗台上往里头看。"当时我每天都趴着他那个墙看窗户里头，有十来个学生念私塾。他注意我好长时间了，当时那里住的人很少，他知道我是哪一家的孩子，那天刚好他没啥事了，正好过来看看。老师说："看这孩子，她想上学呢，我是今天没事过来看看，想跟你商量商量，能不能让她上学去。"我养母说："那就让她上学去，但是没钱。"老师说："我不要钱，你叫她来就好了。"老师本来想挣个块儿八毛钱的，结果他一看我的情况就说他不要钱了。他知道我们家穷，拿不起钱。我从那以后就上他那个学校了，学了一阵子《百家姓》。后来他有病了，我一直帮他看着学生直到别的孩子都不来上学为止——我就这样一直守着他，在那地方一边学习一边照顾他。后来就解放了，解放了以后，我们西边开了一所国家小学，他就劝我说："孩子，你是个好学的人，不要荒废了，你上那里上学去吧，你不要老守着我。"他就找人给我家里捎信，我就这样上了公小。这出乎我的意料。

上学以后，不知道他们怎么知道我是一个日本孩子的，我在学校受到一些同学的欺负。有一个男生，跟我不是同班的，他经常领着一些孩子在我上学的路上用石子打我，我还没看见人，他们石子就扔过来了。那时候中国刚解放，好多孩子没上过学，年龄大的都十五六了，有一个女孩子特别能欺负我。她知道我是个日本孩子，一堂课结束以后本来该休息休息了，我坐在教室里靠窗户这边，那窗户很大，她就领着一帮孩子到我这个窗户边儿，骂我"日本鬼子"。反正是受到了一些欺负啊，也没有办法。那个时候，他们对日本很仇恨，但我也不太理解，我也只是个孩子，我就不知道我为什么要受到欺负。上到高小5年级吧，我没办法上学了，就在家自学。再说我一开始上的是私塾，学的东西比较深，不像公立小学，是从很简单的字开始，所以小学那些知识对我来说根本不是事儿，不上也可以。后来我养父支援大西北，他就把我和养母暂时留在济南了。

1951年，我养父从西北回家来了，他感觉在西北生活得还可以，就决定把我们一块儿带上，我就跟着养父养母来到了甘肃省兰州市，那时我11岁。到兰州以后，几乎还是自学，为什么？刚解放那时候西北很落后，没有学校，有学校也进不去，住的地方太远。最后，我养父单位文化程度比较高的人就给我们当老师，一开始不学别的，就学语文，连算术都不学。后来单位就办了子弟学校，小学毕业以后，我在那儿上中学。上初二时，我养父突然得了脑出血，去世了。家里等于是天塌了，养母是小脚，又没文化，养父一去世，家里的生活来源就没有了，我就只好停学了。我停学的时候，我的老师很惋惜，他不想让我停学，他说他给我申请助学金。我要感谢老师呀，我说："你的心情我理解，我完全理解，非常感谢，但是你就是给我领了助学金，我老母亲还是没人养的。"没办法，我停学了。正赶上西北一家毛纺厂招工，我每次路过都能看见。这时候招工要结束了，可是我有了这种想法以后，我就到招工的那里去了。我说："我想到你这去当学徒。"我把自己的情况跟他说了一下，他说："这样吧，我等你一下午，你到学校里去看看老师同意不。"我就去了学校，一说情况之后，老师相当惋惜，眼泪都快掉下来了。我说："我感谢老师，你的心情我理解，但是我不退学是绝对不行的，我还要养我母亲。"没办法，老师只好放了我。我马上又返回招工那里，我说："说好了，我报名。"他说："那好，明天你到厂里来。"这样，我就到了甘肃兰州的第三毛纺厂工作。

我1985年寻亲，1986年回的日本。我是寻亲团第九批第三班的，前面的八批基本上是东北农村的，我们最后这一批都是全国各城市一些零零碎碎的员工，这里一个那里一个，把我们都集中在一起，作为一批，也就是第九批，分了三个班到日本来寻亲。我回日本寻亲的时候，我的亲生父亲从电视上一眼就认出我了。

但是为什么没有认呢？我前面说过，我的亲生父亲在中国时被征兵带走了，后来说他已经死了，还给我们家送了战死通知书。后来，日本又搞了个什么呢？给上几万日元，逼着他国内的家属去签名，说他死了，我也被按死亡处理了，我父亲、我母亲和我都按死亡处理了，实际上都活着。他后来回到日本，又重新成了家，有两个孩子，都 20 多岁了，他后娶的老婆因为我回来寻亲的事和他闹的挺厉害，所以就没认我。这是厚生省的人告诉我的。我问我若要起诉，需要钱吗？他说当然需要钱了，我问需要多少？他说 10 万日元。我一听 10 万日元，我刚来日本分文没有，我上哪儿弄 10 万日元？我心里想，算了，即使让他强认了，他的家庭不安宁，他过不好，我又何必给老父亲找这个麻烦呢？我就想，我也有两只手，国家把我的身份弄清楚了，爹娘都在这里，我回来可以不依靠他们，我可以带着孩子，自力更生。我可以自己劳动，不给那个家庭添麻烦。

083

我亲生父亲临死之前可能他心里非常难受，所以我也梦到他了。我梦到我父亲在榻榻米上坐着，说："我要去东京，我要去东京，一定要去东京。"我猛地就醒了，满身大汗，我心里预感父亲去世了。结果第二天就传来了噩耗，我父亲真的去世了。我的生母一直下落不明。传言说她掉到井里头了，找了好多线索也没有明确的消息。我的妹妹也没找到，一点儿消息都没有。

日本这边已经给我订了机票让我回日本了，但我想叫养母跟我一块儿来，因为养父死得早嘛，我不能把她一个人丢在家。她又没有别的依靠，能一块儿来这儿是最好的了。她开始时答应了，后来又变卦了，说什么都不行，说什么都不走。我这边手续已经办了，她不走我怎么办呢？还有孩子们呢，不光是我一个人的事。没有办法了，最后我和老伴商量，要么我带孩子先过去，再说我对日本也陌生得很，也不知道是什么样的情况，心里也没有数，我也想着先看一看再决定。他也同意我这个想法。所以，我就自已带着三个孩子先回日本了。到日本以后，我想先看看情况，到底在这边生活是个什么样子，能不能生活下去。到日本以后我们就上日语学校学了几个月，学了简单的日语对话，就让我们就业。我的日语水平不行，很多工作都胜任不了，我还要求继续学习。最后就把我和一个南方人送到东京新宿的一所职业学校去了，学经理事务。我开始时觉得经理事务应该不难学，结果事实不是我们想的那样。之前学的那点儿日语根本不够用，老师讲的课我也听不懂，特别是一些术语根本搞不懂。我们两个坐在最后一排，使劲儿让自己静下来听，就想着早一点儿摆脱生活费不足的困境，能够尽早自立。

084

▲ 长安伊知子在日本东京的家中

我们这些遗孤回日本以后，关键是不会语言，不适应日本的生活，处处受到当地人的歧视。我虽然也是日本人，他们明知道我是当年战争的受害者，被遗弃在中国了，但是他们还是歧视我。比如说在外边干活儿，他们把最脏最累的活儿叫我们干，在待遇上，我们要比别人起码少拿三分之一的钱，生活没办法维持。没有人拿我们当日本人，都歧视我们，我们受不了。我认为这是日本政府的责任，日本政府发动那场侵华战争，我们老的少的都为他们牺牲了，弄得妻离子散、家破人亡，把自己的孩子撂在国外几十年不管，他们有责任、有义务来解决我们的问题。但是我们回来以后，他们不仅不给解决，还歧视我们，所以我们心里感到很委屈。最后到了忍无可忍的时候，大家就说，我们要通过法律这个武器争取我们的合法权利，争取我们的自由。

　　我是诉讼的起诉人之一，是诉讼班子里面的成员之一，是议员、发起人之一。刚开始我们只有几个人在做具体工作，我们写文章、开会讨论问题，作了决定以后大家分头去办。最开始发起者还不是我们，应该是住在横滨的几个遗孤。就是因为刚才我讲的那几个原因，感觉生活过不下去了，感觉受气，所以有这么几个人先发起的，然后又跟我们这边、跟东京方面联系，就这样我们合到一起了，最后我们几个人成立了这么一个组织——国赔诉讼联络会。刚开始只有几个人，主要是撒传单，逐渐地通过宣传把队伍扩大了，各个县的都联合起来了。有一个领头的，带着下面这些议员一起工作，我是议员，主要负责宣传、撒传单、搞署名活动。我们都是集体行动的，一片一片地宣传，我是江东区的头儿。我们提出的要求是政府要赔偿我们的损失，政府把我们撂到中国这么多年，本来应该把我们早早地接回来，让我们在自己的国家安居乐业，结果把我们一丢丢了几十年，政府有赔偿我们的责任和义务。聘请到律师团以后，我们每个人要求国家赔偿3300万日元。日本政府刚开始并没有拿这当回事，以为就是一些遗孤出来闹事，就想敷衍了事。我们认清了这一点以后，就写宣传材料，在国民之间引发舆论。我们要从道理上来跟他们讲为什么要求赔偿，我们的要求是合理的。要让人们知道我们这些遗孤为什么要起诉国家，我们不是来吃闲饭的，因为当时好多日本人认为我们回来以后是他们的累赘，所以我们就驳斥这种观点。一开始我们联络会

085

聘请律师，几天的时间就有 100 多位律师主动报名要参与到这个行列中来，就这样一下子全国性爆发了。有些律师一开始并不了解我们这些遗孤的处境，也认为我们都是累赘，他们觉得我们轻而易举地到日本吃闲饭了，是在吃国民的血汗钱。我们跟他们讲清楚我们为什么要起诉，通过和我们接触，他们了解了。他们自己也会找资料，"哦，遗孤是这样子的啊，他们是正当的行为啊"，所以他们愿意支持我们，而且他们对胜诉满怀信心。但是争取赔偿是有难度的。有的遗孤就动摇了："哎呀，我们提这个 3300 万日元，能不能再少一点儿？是不是提得太高了？"我们说："这是律师通过详细了解和计算提出来的，现在变更就意味着妥协了，我们也不是要饭的。"先是大阪败了，可是神户胜了，但不是通过法庭解决的，是国家解决的。

当年我从日语培训学校毕业以后，我找了一个加工信封的工厂，在我去以前还有两位日本老太太在那工作，大概有 60 多岁了。我去了以后，那个老板娘还挺高兴的，年轻、体力好、反应也比较快。我就在那个地方工作了一段时间。先去的还有两位老太太，虽然岁数大了，但她们拿的工资比我拿得多。我那时候干工作都是拼命地干，但是我的待遇还是和日本人不一样。我们去了很多很多的地方，在哪儿工作都是这个样子的，我们自己就感觉到了，他们不把我们当日本人看，他们认为我们是中国人，他们就是要歧视我们，我们也没有办法，只能忍气吞声地在那里干。当时来寻亲的时候都是政府接待的，厚生省按照我们是日本留华孤儿这样一个身份来接待我们的，所以没有感觉到有什么差别，感觉回到祖国还挺好。其实对日本根本不了解，只看到了表面。回来以后在实际生活当中接触到了日本人，我们就明白是怎么回事了，实际上这就是一种歧视。把我们当外国人，不当日本人看待。我们心里感觉不满啊，感觉国家对我们不公平，回到日本的遗孤大多都遇到了这样的事情，平常我们在一块儿交流，都会谈到这些问题，都感觉到不满。我们也是日本人，我们是战争的时候被遗弃的，按道理来说，作为政府你明明知道战争结束了，你明明知道那里有很多的日本遗孤，就应该早一点儿和中国政府接触，把这些遗孤接回日本，但是他们没有，他们把我们放下不管了，我们对日本的这种弃民政策、这种行为感到非常愤怒。再加上回来以后我们受到了不公平的待遇，所以就产生了要讨个公道的想法。我们也不是说要他们给我们多少多少钱，我们只想要平等。所以我们就发起了这个诉讼斗争。

我们一直准备到 2002 年的 12 月份。取证取材、收集资料等工作都由律师来做。到了 12 月的 20 日左右，在律师的带领下我们终于把诉状送上了法庭。我们把日本政府正式告上了法庭，就是要向政府讨个公道，要赔偿、要道歉、要谢罪，就是这几项要求。当时江东区有六七十个人出去签名，让国民支持我们的活动，参加示威游行。这个过程也挺困难的，也有人骂我们的："你们还不死，你们应该死。"我们听了非常生气，但大部分国民还是支持我们的。日本战败以后，日本政府对他们侵略中国的战争根本不宣传，所以很多人不清楚。但是，后来通过我们的宣传，通过我们介绍遗孤的情况，以及我们为什么要打这个官司，把这个情况说给国民，让国民了解我们，理解我们，支援我们，来取得国民对这次运动的支持。那时候他们根本不知道还有大批的日本孤儿遗留在中国，我们的宣传终于争取到了国民对我们的理解，他们也开始支持我们这次诉讼。最后，我们终于胜利了，国家给我们制定了支援政策。

说老实话，我们没有更高的要求，只要国家能够合理地处理我们的问题，能够体会到我们的苦那就够了。住房钱国家给承担，医疗费也不用我们拿钱，生活费也够用，对此我们也很满足。

日本的生活习惯和中国不一样，日本人不喜欢串门。他们都在自己的家里待着，就是到了他家门口，他的门一开，事情说完了门一关。不像在中国，人们见面在那儿唠半天，挺热情的。我现在抽空就整理一下自己过去写的一些东西，现在眼睛也不行了，头脑也不行了，身体也不行了，全身都不行了，总想着自己一旦去世还能给孩子留下点儿什么。

光复济南时，我还很小，每天就躲在地洞里。所谓地洞，就是在土墙上挖个坑，然后弄些高粱秆啊把那盖一盖，算是安全的地方。幸好那是济南市郊区，还好一点儿。我就记得，有一次我奶奶突然把我生母叫出来，日本不是有这么大的那种桌子吗，我奶奶就坐在桌子那面，我妈就坐在这面，我就在我妈的这个门边上站着。我奶奶可能跟我妈说了点儿什么，我也不知道，因为那时我很小，但是我看见我妈总是掉眼泪，又点点头。完了以后，也不知道过了几天，就看见很多很多的日本妇女带着有比我大的，有比我小的孩子，还有背着抱着拿着行李的，和我母亲一起加入了一个很长的队伍，经过我们家门口的那个桥。我和我母亲的手和背都没闲着，我在她旁边，我就抓着她那件衣服，一起过那个桥——那都是到中国去找丈夫的女人和孩子。对于我母亲的印象我就记得这么一点儿了，但是我却记得死死的，一辈子都忘不了。

我写了一本书叫《雨樱》，我希望这本书能翻译成日文正式出版。写这本书的目的就是把这段历史记录下来留给后人。我是个热爱文学的人，很喜欢中国的文化，我在书里面写道：要让后人知道不能再有战争了，战争对双方的老百姓都不好，弄得家破人亡、妻离子散，造成惨重的后果。

如果日本不发动侵华战争，大家就都在家里安稳地生活，我也在我的家里成长，也就不存在这些悲剧了。我现在还能活几年？我希望再也不要有战争了，战争中倒霉的都是咱们老百姓。我再也不希望有战争了！我们是亲身体会到战争带给人的苦难了，确实是刻骨铭心的。

六、佐藤勇吉

佐藤勇吉：1936 年出生，4 岁时随父母来到中国，9 岁时父母在日本人临时收容所染病去世，哥哥为了不让弟弟妹妹饿死，把佐藤送给了中国人王有。他于 1975 年回日本，写有回忆录，已于 2025 年 5 月病故。

1939 年，我父母在日本政府的号召下，把所有的财产丢下，带着哥哥、姐姐和我，来到了中国的东北。

当时我只有三四岁。令我印象深刻的是，日本投降以后，我们依兰县"开拓团"让在中国的"开拓团"团民回日本。有个日本兵上我们那个屯子宣传，让我们赶快回日本。东西、房子什么的都不要了，就整点儿打糕、穿的，背上包，大家一起走。他让我们奔依兰县的松花江逃，说是那儿有船等着我们。老的、少的，家家都还养马，把马也牵着。上松花江还得到依兰县，还有横江，有个小江子，到那马过不去了，人也过不去。后来有条小船，一点儿一点儿把我们送到依兰县的城里。

一到城里就让我们到江边一个像剧院似的地方，挺大的，把我们都圈到那里去了。接着就来飞机了，大伙都往外跑，一看天上，白得就像下雪似的，好像是传单。咱们那时候也不懂，后来听说是他们在飞机上撒的，我一看满天都像白票子似的。这都半夜了，

▲ 佐藤勇吉回忆录

那个兵说没有船了走不了，我们还得回去，又坐小船回来了，大伙这回就往西走了，我还记着往回走到家还让我们回去看看，我们那个屯子离公路挺近的，大伙都到自己家看看有没有啥要拿的。我们走到产煤的地方就停下来了，再往前走也走不了，都说万一人家苏联红军把我们截住，我们都得死。后来没办法了，我们就准备上山走山路。我哥哥没跟着我们一起走，他们都从学校坐同学家的日本车往方正那边走了，结果没到方正就遇着苏联红军了，没招了也上山去了。他说遭老罪了。我们就在山上走山路，还下雨，大伙整点儿树叶子乱七八糟地遮雨，那也遮不住，都浇湿了。还没有干净的水，哪个地方有点儿水，抢着就用手这么捧着喝。我觉得好像走了三四天的山路，走出山就有官道了，这官道挺宽，大伙儿都在这官道走，官道边上的日本车都让人家打得倒到道外边儿去了，我们都看着了。后来，来一个苏联的坦克，我们在道上走着，苏联坦克就停下了，苏联红军下来就给小孩发糖，就是日本兵逃跑时扔下的糖，一包一包的，一个孩子给点儿。

后来我们就顺那个道走了好几里地，走到方正去了，那个地方叫伊汉通，房子可不少，也是日本人之前在那儿住来着。他们走得早，把房子全倒出来了。到了那地方，也不管是不是一个"开拓团"的人，好几个"开拓团"都占着那个地就不走了。给我们领头的那个日本兵也不领了，把我们整到那地方就算完成任务了。吃的也没有了，喝的也没有了，就在那待着，眼瞅着都冷了，到冬天了，啥也没有，谁都不管我们了。脑袋上的虱子太多了，很多人得了传染病，天天往外抬死人。一开始还有日本的什么军毯等日用的东西，后来谁也不管我们了，后来就整的草包和麻袋片子，你说那能好吗？天天往外抬死人，我就在那坐着瞅，看他们把尸体抬出去，用草袋子什么的滚吧滚吧就抬走，也不知道给抬到哪儿。

我母亲可能是先死了，我也没看着。我父亲吧，我还有点儿印象，我父亲就坐在那张

▲ 佐藤勇吉养父王有

床上，我就听我父亲说他渴了，我哥哥就去找水了，外头那么冷，他还没找来水呢，我父亲就死了。他们把我父亲抬走了，抬到哪儿都不知道。我那时候小，也不知道害怕什么的，就像看热闹似的。这时候我哥哥也回来了，就剩我们仨了，那时候我哥哥 17 岁，我姐姐 14 岁，我才 9 岁。我们小孩也不知道啥事，根本不知道战争是啥玩意儿。我哥哥就跟我姐姐说，我们三个人好像是挺不住了，三个人都得死，吃的没有，住的也没有。我听到姐姐哭了，但我还是啥也不知道。

我哥把我们整到车上，可能他觉得把我们姐弟俩送给中国人还能活下去，到那儿怎么也能给口吃的。养父他们是赶车来的，他带着被褥把我们两全盖上了——我们就这样跟我哥哥分开了，他上哪儿去了我们不知道，我们上哪儿去他也不知道。那雪下得可真大呀，再加上给我们都大被一蒙，外头啥也看不着，把我们往哪儿拉也不知道。拉到方正城去了，方正城西门那儿有个人是我养母她们那儿的，姓霍，他让我们下来，在他家门口吃了点儿饭。吃完饭又继续赶路，拉到我们那个屯子去了。

我姐姐给老霍家当童养媳了。她也不上我们家，我也不上她们家。我姐夫后来当兵去了。我姐家的老婆婆有病，啥也干不了。后来待了一年吧，她生了个孩子，她那老婆婆也帮不上忙，我姐姐冬天还得打水，那地可滑了，还没有柴火，她还得整柴火，就这么对付着生活。他们家有三个儿子，老大是我姐夫，老二给他们叔叔家了，还有一个小的十五六岁。第二年还是第三年，我姐姐病了，我养父和养母就把她叫到我们家，没过两天就死了。她本来就是刚到中国人家，语言也不通。其实本来还是小孩，但是担起了大人的事情，家里家外的事都得她自己做，生完小孩也没有坐月子，大冬天再上井边去打水，弄得一身病。

我养母瘫痪，啥也不能干。我养父可能干活了，对我那是真好，啥时候也不带说我的。他要是活着的话，我绝对不能把他撇在中国。

▲ 佐藤勇吉手写的怀念周恩来总理的唁信

他死以后我才回来。

　　那时候我冬天去上学，夏天我下学了还得放牛、放马、喂猪，还得帮着家里干点儿农活，乱七八糟的活儿可多了，都忙活不过来。我在屯子上了三年学，不管多苦都坚持上学，就这样最终也没掉级。小学就三年，三年后就上中学了，毕业了我就回到农村了。我们同龄的都上外边儿去找活儿，找工作。我到屯子了，因为我识几个字吧，村干部就让我当会计。

后来当会计时间长了，我就眼睛疼，我说我得歇歇，就这样歇了一段时间，后来他们就让我干管青年的活儿，当团支部书记。

我在那又当了好几年团支部书记。"文化大革命"时，宣传队上我们屯子去了。屯子人就说我是日本人。宣传队说："那不行，他不能干了。"就这么把我刷出去了，刷出去我还轻巧了。后来公社又把我要去了。其实小的时候公社、县里头都知道我是日本人，

▲ 佐藤勇吉的诉讼资料

根本没人在乎。

我是 1975 年来的日本，一开始是干做家具的活儿，这是日本政府给我找的活儿。

我学了几天日语，后来我还学了一年料理。学料理有了证，日中友好协会就帮我找工作，他们问我想干什么工作，我说："我在中国也是做饭，我想上饭店去。"就这样他们给我找了在新华楼的工作，我在那儿干了三年。三年以后又念了一年书，毕业后就上了太阳园。我觉得还是中国好，我要是在中国，我能挨这个累？

后来，我找着哥哥了，就剩我们哥俩儿了。要知道他过得也不好，我就不回来了。他住在北海道山里头，这老山沟以前有几户人家，现在就剩他们一家了。去的时候是 3 月份，冷得只能烧木头棒子。我们去了实在受不了，他们又买煤炉子，在屋里头放两个煤炉子。他那房子年头久了，是板房，晚上睡觉，往外头瞅都能瞅着天，下雪呼呼往屋里头刮。后来我哥哥没招儿了，我们两一人买了一顶棉帽子戴着睡觉。

当时工厂的机器都是电动的，机器可快了，工作可累了，再加上社长给我的待遇有点儿不太好。那次到年节放了七天假，我哥哥领我上山形县，我回来晚了两天，让那个会长好一顿说我。我本来还在那儿买了点儿果子给他拿去，我一看他这样，我又拎回去了。他说得挺好，让我好好在这干，要干好了给我盖房子，还给我奖金。我本来还觉得他挺好，就这么干了一年，我那次回来看到他的那个态度，我就不干了。

不管怎么说，我来到日本以后，日中友好协会挺关心我。全都是日中友好协会给我安排活儿。

我哥哥是我的恩人，他要是不管我，我也活不到现在。我的养父母也是我的恩人，要是没有我养父母，我早就死了。

我岁数大了，坐飞机也不容易。我家孩子还老叨咕，说要回中国给去世的老人上坟。他可惦记着呢，他想去看看，他想念中国——这小子还行。我最后一次回去是 2008 年，我跟我们姑爷回去了一趟。

我这么大岁数了，以后就得在日本了，中国一点儿亲属也没有了，我的这些孩子，他们都来了，也不能回去了。

我不希望再有战争了，战争是一点儿好处都没有呀。

096

七、徐燕

徐燕：日本遗孤，现居辽宁省沈阳市。1946年出生，1岁时被中国李姓夫妇收养，两年后因故转为徐振富、刘玉娥收养，14岁转为养父侯宝生收养。1997年明确日本遗孤身份，但未找到日本亲人。

▲ 徐燕（右一）与第二任养母刘玉娥

▲ 徐燕的第二任养父徐振富

我是 1946 年农历六月初四出生的。我的第二任养母叫刘玉娥，养父叫徐振富。我 3 岁到大连，在姥姥家待到 1959 年回来的，14 岁又回到沈阳，在沈阳待两年半，1961 年去山东。

以前我就以为自己是老李家的孩子，从老李家到老徐家去这个印象我有。那时候我两三岁，老徐家和老李家是邻居，把我抱到老徐家的时候是半夜，他们玩纸牌，我趴在床上睡着了。等他们玩完了，扒拉我起来睡觉。我坐那儿就哭啊，这一哭，老徐家就又跑到对面老李家，把老李家的那个妈找过来，把我给抱回去了，我脑子里有这个印象。第二天又把我抱回来了，从那以后就再没见到过他们，他们怎么搬走的，我就不知道了，我就这样跟老李家分开了。

老徐家没生过孩子，也带不了我，就把我送到大连去了，所以小时候我是在大连姥姥家长大的。我姥姥家是大连老虎滩那边的。我舅是当兵的，在南方当兵，升政委以后可以带家属了，就把我舅妈接走了，家里还有个儿子，姥姥就带着她孙子，带着我一起生活，我们在大连一直待到 1959 年。

1959 年我养父得食道癌，我就从大连回沈阳了。我养父死了以后，我就跟我养母生活了两年。再过两年就要毕业了，我的毕业证还没下来呢，又把我送到开原一户人家去了。那家离开原火车站不远，一大家子人，好几个孩子，一铺大火炕。隔两天就来个人，看看说，太小啊！那时候我十五六岁，啥都不懂啊！现在有时候睡不着觉时就想，啊，那就是给我找婆家去了。那时候我

▲ 徐燕的第一位养父李凤生（后排中）

还不知道怎么回事。隔两天的时候，山东的那个人来了，他一看一分钱不花还能娶个媳妇，能不同意吗？我丈夫比我大5岁，他同意了。有时候他下班过来跟我说话，这帮小孩儿就说"他看你来了"，我就蒙着头也不吱声。他跟我说会儿话，唠了一会儿就走了。就这样来了几回。我们不像现在谈恋爱那种，那时候不懂谈恋爱。后来他说要过年了，他要回山东老家过年，问我是否跟他去。我说家里给我送出来的，我得回去问问啊！我就坐火车，是那种大闷罐车，坐到沈阳。到家我就跟我养母说，人家让我上山东过年去。她就在家给我找点儿衣服，把她穿过的衣服给我，拿了30斤全国粮票给我。返回开原后不久，我就跟着人家山东了。我丈夫他们在这边儿打工的一共有三个人，他家是山东聊城堂邑桥庄的。到山东以后还没进村，还挺远的，那时候也没有电话，啥也没有，他就说叫这两个人带着我，他先回家。他有爷爷奶奶，母亲死了，父亲在云南，他先回家打个招呼去。也就不大会儿工夫，他带着一个人来了，他说："这是三叔。"我说："啊，三叔。"人家看了看我说："回去问你多大了，就说18了。""嗯。""问你结婚没，就说结了。""嗯。"反正他咋说咋是呗。一进村的时候，一说谁家带个媳妇来，人家能不来看吗？村里呼呼啦啦地人都来了，村领导也来了。"多大了？"我低着头，也不敢抬头："18了。""结婚没？""结了。"那时候咱也不懂什么叫结婚，都是人家事先嘱咐好的。说完了，真的还挺好，户口给落下了，分粮、分地，这么就安下家了。这是1961年的事。

100

▲ 徐燕的第二位养母刘玉娥（左一）

1964 年村里招赤脚医生，我是市里来的，就选到我了。上公社医院学，学什么呢？学的是妇科。但只要有时间我就上病房学去，肌肉注射、静脉注射，我全学，不该学的我都学，因为啥？因为村里的那个医生我没看上。要想当个好医生，必须得心态好，得用心，没有热心能行吗？村里那个医生呢，你要上她那扎针去，她就说："你在哪儿买药的上哪儿扎去。"不搁她这儿买药，她

▲ 徐燕的姥姥（前排左一）、姥爷（前排右一）与家人合影

就不给扎。所以我就想多学点儿。那时候中医不吃香，吃香的话可能中医我也学了。该学的我全学了。学完回来了我就在村里头当全科医生了，啥都管了。人家抱着孩子来看病，我也给看；到后来去抓计划生育，也是我的事儿；老中医下完单子抓药，我也抓，一直干到 1979 年。

1979 年我这个山东老头儿死了。我把仨孩子又带回沈阳了。咋回来了呢？我养母年纪大了，我是考虑到怕将来她老了没人伺候。她又找了个老伴，这个继父得了脑血栓，原来是沈阳市第三建筑公司的。继父单位的领导帮我安排的工作，我能不回来吗？当时会计给我写了一张条儿：助产士 19 级，这是 1980 年的时候。填档案时候他们说："填赤脚医生，别填接生婆，不好听！"咱那时候也听话，你说啥咱就干啥，叫咱咋写咱咋写，我那时候从来不会跟人犟嘴，我一辈子也不会骂人，也没跟人干过仗，我就这么过来的。一直到了 1983 年，我养母得肺癌死了，我把她送走了。我继父半身不遂，又伺候我继父 9 年直到他死。1980 年时我每月挣 20 多块钱，从 20 多块钱一点点儿涨到现在才 2000 多块钱工资。1996 年我退休的时候才 500 多块钱，我就只能又拣起我这行来了。

"三建"给我工作调回来以后，我就在"三建"上班了，当时叫我跑购件儿，那时候也不明白什么叫跑购件儿。跑了俩月，太费劲儿了。什么房梁啊，什么椽子啊，就是那个，你要什么型号得自己去找、去挑，再叫人家来送。我一看不行啊，太费劲了，干不了，我就找领导说我不干。他说："你干啥呀？"我说："我看他们开那个机器挺好，挺有意思。""这可是你说的啊，让你当干部你不干，你非要当工人。"我说："我没那能耐。这么的，我就学卷扬机、搅拌机，就学这个，我干得了这个。"北市场那座百货大楼就是我在"三建"上班时盖的。

1996 年退休以后，我在皇寺广场远东大厦给人打工，老板是韩国人，那家店是给人做美容的。她当时说要给我做美容，一照镜子我就哭了，我说："我这一生别说做美容，我连化妆品都没抹过啊！这是我吗？行，我学。"跟她学足疗、按摩、刮痧、拔罐。过了两个月，我走到楼下碰见一个女的，她说："哎哟，怎么你也在这儿啊？"我当时愣住了。"你不认识我啊？""不认识。""你天天从俺家楼下过，你怎么不认识我呢？""那我也不认识。""你

▲ 徐燕（后排中）与第三位养父侯宝生、长女乔玉环（后排左一）、
长子乔华贵（前排左一）合影

知道你是谁吗？你知道你从哪儿来的不？" "我不知道。" "你
知道自己是要的不？" "我知道。" "你从哪儿要的你知道不？" "我
知道。" "你知道你从哪儿要的不？" "不知道。"我就以为她
认错人了，我也没往心里去。她说完就走了。

　　隔三岔五的我老在远东大厦碰到她，她是给人家印名片的，
总上那儿去。打那以后她看见人就说："你知道她是哪儿的人不？
她是日本人，日本遗孤。"她说了好几回，我没往心里去，这回
她又说，我心里想，你说我天天从你家过，我也不知道你家在哪
儿住啊？但我也不能直接问你家在哪儿住啊，我就问："你家阿
姨身体挺好呗？" "啊，挺好。" "我看看去。"我是想看看她
家到底在哪儿住。她说："你先走吧。"我说："我今天没骑车，

亲属关系证明

沈阳市公证处：

我单位 　　　　男（女）于一九 　　年 　　月 　　日
出生，现住

其本人的亲属关系如下：

与本人关系	姓 名	出生年月日	现住址
养父	徐振寰	1914年5月	沈阳市柱杯子4段4-1号
养母	刘立娥	1916年7月	沈阳市和平区和平大于2段2里
继父	侯宝生	1920年11月5日	沈阳和平区伊宁路205 3-8-2号
养母	刘淑琴	1925年4月	沈阳市东北大马路一段 13号
养父	李凤生	被国民党抓走后下落不明

单位（人事）章

注：没有人事章单位盖章并说明。一九 　　年 　　月 　　日

▲ 徐燕的身份证明

104

我走来的。"那时候我住在和平北大街，实际我骑车去的，我就
想跟她一起坐车，真就坐到和平北大街。我家是正房，她家是西
厢房，进大院大门正从她家过，她家是二楼，她说："我天天看
你从我家窗户底下过。"到她家以后，一个小老太太蜷着腿躺着呢。
"妈，你看看谁来了？"老太太坐起来，一看，哎呀妈呀，那能
不认识吗？老太太看见我就哭了，我看她也哭了。以前养母活着
的时候我老上她家去，我还上她家去找过她呢！和我说话的是她

儿媳妇，我不认识。因为人家隔着窗户在屋里能看到我，我看不着她，所以她认识我，我不认识她。她家老太太知道我家的事。

他们一说这个事儿，我就走心了，原先还没走心。这时候我姑爷的父亲死了，我过去探望。我姑爷他大姐夫是日本遗孤，那几年寻亲的时候人家找着了。他那时候岁数比我大，邻居都知道他是日本遗孤，连派出所都知道。我呢，总搬家，养父母要完我就把我送大连，从大连回来，先住在十三纬路，又搬到这儿、搬到那儿的，从和平北大街又搬到北市这边，以前在二院对面，现在又搬到这边来。所以他们想来找我都找不着。不像他们一找就找到了，他们不用很费劲地找，派出所都知道情况，所以人家就找到了，我姑爷的大姐他们一家三口都走了。我姑爷的父亲死了后，他们家的孩子都回来了，他们就在那闲唠嗑，说起日本遗孤的事。我听着就吱声了："我还是日本遗孤呢！"我姑爷的大姐就过来了："我看看你种的花儿（种牛痘留下的疤痕）！"他们就看我胳膊，有点儿看不清，看来看他们说："你去找找吧！"

我这才开始找的。先上的公安厅，又上的日本领事馆。那几年日本那边都来人了嘛，报社也来采访。我又跑山东了一趟。后来我发现真的不好找。有一个日本老太太，也能给我出证明。可惜呢，我找不着家，没有证据啊。我母亲应该是在南市那边生的我，她因生我而难产死了，我就被抱到了临时收容所，被抱养时还不到1岁。

我知道身世以后就开始回忆我的人生经历。我姥姥说我养母都没带过我。真感谢我的姥姥。有些事我都没法提，我煤气中毒四次，都是死里逃生，产后风、产后热，我都得过，全身都是疱。这要是我自己不搞医，我的手早就废了，我还能干啥呢！别人生孩子，一怀孕都跟个宝似的照顾，没满月能叫你们干活吗？1964年有我姑娘，产后热发高烧，就是睡不醒。婆婆说这回你可劲儿睡吧，睡够了！他们说话我都听得见，但眼睛都睁不了。

烧得前胸后背起的全是泡啊！哎呀，刺挠（方言：痒）就挠啊，那个泡挠破了。就是死不了也脱了一层皮，等到第七天，好了！泡没了，我也不发烧了。我起来上厕所，一看脏衣服还在地上放着呢！只能洗出来吧。生完孩子才 7 天，刚发完烧，就下水呀！水冰凉啊！那邻居看见都不让我洗。我那嫂子就搁那看着，纳鞋底，人家也不吱声，就那么看着我把那盆衣服洗出来。我 1980 年回沈阳的时候，十个手指头关节疼得晚上睡不着觉，就得吃"双氯灭痛"维持。

后来在我最难的时候遇到现在这个老伴儿了。这是第二个老头儿，是个朝鲜族人，别人给我介绍的。我 1996 年得的子宫肌瘤，做完手术刚出院，他追求我。我说我啥条件都不好，不想找了，没同意。我第四次煤气中毒的时候，他去看我，他说："这什么破地方，走！"硬是把我拉到这儿来了。这个老头儿对我也好，有时吃饭，跟孩子在一起喝酒的时候他就哭，说你们都知道自己爹妈是谁，你妈多可怜，她连自己爹妈是谁都不知道。有时候他晚上起来上厕所，先跑我这边给我捏捏背，再回他那边睡觉。他爱喝酒，是得脑出血死的。他死了以后，我整整四年一句话都没有，抑郁的。那时候我都老年痴呆了，出门找不着家，买菜交完钱了起来就走，在这家买完菜又到那边买馒头，买了馒头就把菜搁那儿忘了，那时候就这么过的。

有时候出去旅游，车上的导游让介绍介绍自己，大伙都互相认识认识。介绍到我这儿，我说要真名要假名啊。大家都纳闷这老太太几个名儿。我说："哎呀，我有的你们没有，你们有的我没有啊！你们有家庭的温暖，父母的关爱，你们有父母抱着哄着，我没有，对吧？我这么大岁数了，爹妈是谁不知道，自个儿姓啥叫啥不知道，哪里人也不知道。"

他们问我有没有日本名字，以前倒是有一个，我也记不清了，是四个字。爹妈是谁都不知道，我上哪儿知道我名字去？

找着找不着对我来说已经没关系了。不是中国这边收养了我，我也不一定能活，对吧？还不知道怎么回事儿呢！我姥姥给我带起来了，我在大连老家那儿上的小学，考的医专，在那儿上了两年学，遗憾的是毕业证没下来就给我送走了。我也找邻居问过，打听过，电视台记者也采访过我。现在我的身份确认了，是日本遗孤，但日本那边找不着人，找不着人咱也就去不了。沈阳一共有9个遗孤，有6个回日本的，现在剩俺仨。农学院那个姓汪的，他找着了，但没走，因为他是共产党员，要想走就得退党，他不想退党，但孩子走了。红十字会年年发东西开会的时候，我们都能碰上。还有一个前两年死了，现在就剩我们俩了。我外孙子在日本，考学去的，现在没回来呢，可能毕业了还在那边上班呢，具体干啥的我也不知道。

我考那个按摩师证的时候，原先考的国内的，后来想万一要是走了呢，又考的英文的，想着这样上那边能用得上。考这个证的时候费老劲儿了，那个合格分还挺高。一人一台电脑进行考试，咱别说玩儿电脑了，那几年看都没看到过，哪儿懂这玩意儿。坐在那地方，拿着鼠标，就使劲儿往后拽。老师说你跟它较啥劲呢？头一回都没及格。我还要考，总算把中英文的证都考下来了。能出国了，连护照都办下来了，没走上。

有时候我就想，咱不用说上那儿去定居，咱就上那儿去看一看就行了。不管咋地咱是在中国长大的，都知道我是日本人，可咱连日本都没去过，哪怕我走一圈去看看再回来呢！有一年他们回日本的遗孤回沈阳来了，还上我家来了。我说你们咋找的呢？人家说是在报纸上看到的，一到派出所就把家找到了。到日本那儿也有过得不好的，我看也有捡破烂的。他给我一本书，那书我都看了，都存着呢。他说，去的话房子啥的都有，屋里头的东西都给你，吃的住的啥都有。我说："行了，拉倒吧！"咱也不懂日语，刚跟大家伙儿交上朋友，有时心情不好的时候还能有个说话的，咱上那边，人家嘀里嘟噜地说啥咱也不知道，上那干啥去？跟着旅游团去走走，去看看就行了。来回路费也不少啊，我也走不起，拉倒吧。再说咱现在心脏还不好，算了吧，还是小心点儿吧。不管咋的，我先把身体保养好就行了，多活一年赚一年，是不？

108

八、常松胜

　　常松胜：1945 年出生于中国大连，6 个月大时被中国人收养。1978 年回日本定居，1982 年在日本成立"日中武术交流协会"。多次组织日中武术交流活动，率日本遗孤感谢中国养父母访问团访问中国。现为日本"中国残留孤儿·中国养父母谢恩会"名誉会长，社团法人"日中精武联盟"会长，公益法人组织日中友好协会成员。

　　我叫常松胜，1945 年 2 月 4 日出生在大连，我于 1978 年回到日本。

　　因为当时我年纪小，不太记事，主要是听我老母亲说的，因为我父亲是警察，日本战败后，他被押送到西伯利亚。我家里有姊妹五个，三个姐姐，一个哥哥，我是最小的一个，才一岁多。当时各个方面都挺困难的，所以他们走的时候没有把我带走，而是把我送给了我的中国养父。我从小到十多岁没怎么受过苦遭过罪，因为养父家里就我一个小孩儿，还是挺顺当的。

　　我亲生父亲是当兵出身的，当兵三年以后复员到地方，一直当了十多年的警察。我母亲在家里照顾我们。我姥姥和姥爷在"满铁"工作，大连有一个叫"满铁"的工厂（现在的大连机车厂）

是做机车做火车的，姥爷在那当司机。我的母亲就出生在大连。

我刚出生六个月以后，日本战败了，没有粮食，各方面都很困难。再一个是我没有奶吃，因为我比较小，如果回日本把我带着的话，恐怕在船上我就不能活了。所以我母亲觉得只能带着四个小孩儿走了，就把我送给养父，可能是我姥姥送去的。

我记得我的养母就在家里做家务，身体也不太好，养父做小买卖，给大家伙儿镶镶玻璃，刷一下油粉，给家里的箱子、柜子刷油粉。到13岁之前我还是很幸福的，我小时候就喜欢吃大米饭，但是大米不够吃呀，养父母他们就吃面食。我现在也是愿意吃大米饭，高粱米什么的都可以，反正是米饭我就喜欢吃，这是我13岁之前的生活。

13岁以后养父进了监狱，养母去世，我就一个人生活了，这个时期就比较苦一点儿。我养父信佛，我15岁之前一直吃素，没吃过鱼和肉。正好中国那时候赶上三年困难时期，当时我还没毕业，念到中学二年级，没办法就只能工作了，自己在街道找了个小工厂当学徒。

一开始大家都叫我小日本孩儿，其实，大家都知道我是小日本孩儿，可我就不相信我是小日本孩儿，所以我就问养母："他们说我是小日本孩儿。"养母就问谁说的，领着我去他们家找，让对方赔礼道歉，所以我就相信了我不是日本小孩儿。上学的时候，养母比较节省，老给我剃光头。我一看人家的小孩儿都没有剃光头的，就觉得不舒服，就回家哭闹。她说："你干吗？"我说："人家都剪头发，我老剃光头，他们都说我。"这样养母就不给我剃光头了。养父怕我受欺负，就给我找了一个师父，也是山东平度县（今山东省平度市）人，和我养父是一个地方的人，他们从小离得挺近，所以比较亲近。一开始把我送去学拳，我看老师岁数挺大的，胡子也挺长的，我一看他也不能教我，我也不愿意跟他学。养父又把我送到赵老师那儿，我一看赵老师那儿人多，四五十个小孩儿，很热闹，就这样开始慢慢学下去了。学拳、学武术比较累。我从小喜欢下棋，我的中国象棋下得比较好。走到半道看见人家下棋，我就想下一下，玩一玩。所以我师父就告诉我养父，说我这个孩子好是好，就是老迟到。其实我就是嫌练基本功太累。养父说这样不行，他就跟着我，我走到哪儿他就跟到哪儿。看见我跟人家下棋，他很生气，就跟人家打起来了。人家说你小孩儿下棋和我们有什么关系。以后我就不敢下棋了，放学就去道场。

111

▲ 常松胜的书法作品

我的养父还是比较严厉的。

我的第一个老师叫赵凤亭，他教的拳术叫迷踪拳，就是霍元甲打的那个拳，腿法多，所以基本功比较扎实一点儿。我从小学的基本功，腿比较扎实，我现在这么大岁数，一些套路都没忘，这说明一开始根基打得比较好。赵老师在大连是很有名的，打拳打得相当好，尤其是长枪在大连很有名。可惜的是在我18岁的时候，也就是1963年，他因脑血栓去世了。所以我又拜了第二个老师，通背拳的老师叫于少亭。第二个老师对我也好，我1968年结婚的时候，当时挺困难的，他给了我200块钱。那个时候我一个月才挣38块6毛钱，他就给我200块钱叫我结婚，所以很多师兄弟都羡慕我，说我结婚了还给我200块钱，他们都没有。也是因为我平时对老师很好。当时一个月学费是3块钱，但有时候我就给老师5块钱，或是买烟送给老师。

养母去世了，大家不让我哭，说我不是她生的，叫我不用哭。这样说好像是为了安慰我，但我更伤心了，更哭了，因为家里没有人了。养父在监狱里面，养母又去世了，生活怎么办？那个时候我也小，也不懂怎么为养母办葬礼，就弄块木板子找人钉了钉，把养母埋到山里去了。养母这一辈子是比较苦的。

养父被抓我也不太清楚是什么原因。一开始还不是逮捕，一开始是参加学习班，参加了一年学习班，养父好像没坦白好、没交代好，就这样又判了几年，以后又平反了。但是正好出来赶上"文化大革命"，他又遭了点儿罪，在街道里刷便所、清扫大街。之后考虑到这样不行，干脆下农村去吧。如果去到当地的农村，人生地不熟的，肯定得遭罪，我就给养父送到老家山东平度，因为老家的村民都叫他爷爷、叫他叔叔的。那个时候我学武术已经十多年了，我也二十多岁了。因为我会武术，我在农村教他们武术，所以和他们处得比较好，村上又给盖了三间草房。他们说："你放心吧，叔在这儿没有事，我们会照顾他的。"这样我就放心了。

▲ 2019 年，中国残留遗孤与中国养父母谢恩会的访华成员合影

在山东过了几年，条件好一点儿了，我结婚以后他又过来了。因为当时要有户口，没有户口就没有粮食。他背着粮食来，又不能背很多，住三四个月还得去给他买粮票，也是挺困难的。

养父当年在监狱里，我每个周日去看他一次，那个时候电车票四分钱，坐两次电车八分钱，下车后再走十多里地。家里原来有一些被啊，收音机啊，自行车啊，原来都有，我一个个都给卖了去买粮票。

养母身体不好，只能在家做做饭，她很节约，像煤烧了很长时间还有黑的，她把黑的再拣出来烧，把黄的扔了，她很会过日子。养父进监狱以后养母病情加重了，她说等我爸回来就好了，但是什么时候能回来谁也不知道。养母一看没有收入了，还有我，怎么养活？再加上她原来就有病，她又一直熬着不去医院，我也不会伺候——当时我就想着咳嗽没有什么事，所以就那样拖着。她得的是肺病，老喘，那个时候肺结核也死不了人，但我也不懂，她也不去医院，我就只是给她弄点儿饭吃，也没伺候好她。她死的时候就在我旁边，我都不知道是死了还是活着。早上起来一看，怎么没气了？我就找人问怎么回事，他们说我养母已经去世了。1959年，她才40多岁就去世了。

养母一去世，麻烦事就多了，当时太困难了，我每天卖点儿东西，回来再买粮票、再买吃的。今天要是卖不出去的话就麻烦了。当时大连有个破烂市场，东西卖了以后回来能买点儿粮票，实在卖不出去，天太晚了，我就贱卖了——那是最困难的时候了。

那个时候上学可以申请助学金，但是助学金只够上学用的，生活费还是没有来源，所以当时没办法就把家里的东西，箱、柜，乱七八糟的，反正家里的东西有什么就卖什么，卖完了还是不行，我就告诉学校我不能去上学了。我去街道找人说我想当学徒，这样能干点儿活挣点儿钱。街道说当学徒的话一个月能挣19块钱，19块钱一个人生活就够了。等三四年出徒以后能挣33块钱了，可能就好一点儿了。

这时候我跟师父说了家里的情况，师父说你不用拿钱了，你就来吧，到道场来学习就行了。一开始我去的时候养父也没给他钱，所以我每年过节都会买很多东西去送给师父。为什么当时还想要继续学武术？因为1957年，在小学比赛的时候我还获得过名次，师父就说："你不能扔了，要捡起来，虽然生活苦，我也不要你钱了，你就跟着练。"所以我就觉得还是应该坚持下去，就这么坚持了下来。我上班的时候是倒班制，一、二、三班倒。有的时候干二班就头午去活动活动；干三班的话，下午两点来钟下班了以后去学；要是赶上晚上上班，早上就自己活动活动。

那个时候中国京剧团来招生，他们看我也没有家人了，就让我到北京去跟着学习，去练练。我就问养父，养父说我不能去，我去了就没人管他了，我还要守着这个家；另外他觉得学戏也没有前途，还是想让我学点儿手艺。所以我就在工厂里学手艺，学模具制造之类的。那个厂子小，是个街道厂子，车床、刨床、铣床，我都能使，所以到了日本以后也有一个好处就是这些机器我都能使。

我 1968 年结婚以后日子就稍微好一点儿了，但收入还是少，三个孩子负担很重。多少年都这么熬过来了，现在好一点儿了。当时来日本的时候老母亲说要让我自己努力，不要去领日本的国家生活费，所以我一直到 60 多岁才领的生活费。现在我有时间就教教大家武术，在中国搞了几次大会都是我自己出的钱，那个时候在公司里挣钱比较多，所以我就拿出点儿钱，为了推广武术做了不少事，花了不少钱。我写了三本书，目的也是感谢我的两位老师。我的想法就是尽力把中国的武术宣传出去，这也是为了感恩两位老师。这四十年，我也参与了日中友好协会的活动。日本太极拳联盟也是我和几位武友组织的，一直到现在也快四十年了，日本现在有一百多万人练太极拳。日中武术交流协会是 1982 年成立的，日本太极拳联盟是 1984 年成立的，成立的目的是促进日中友好，主要搞日中友好交流。

115

赵凤亭老师挺爱笑的，但是对于武术方面的要求特别严，所以他教的学生在中国大连市比赛时，前三十名里起码十名都是赵老师的学生。他虽然严厉，但是大家伙儿都挺喜欢这个老师的，因为他的学生都练得好。在我的印象当中，每天晚上徒弟练一套，他练一套，叫大家都看看，一看人家练得那么好，咱们也得想办法练得好一点儿。武术就是这样，我原来在道场也是这种教法，也是模仿老师的教法，我老师怎么教的我也怎么教。赵老师自己也有几个儿子，但是这几个儿子没怎么学武术，他二儿子练得挺好的，和我们在一起练。

我在大连五金厂工作时搞模具的技术革新，比如说现在要做一个水壶，必须要设计，要画图纸，设计出来以后再做；比如说搞了一个医疗器械，要先把零件图纸画出来，设计出来之后再干。

1976 年，我的生母在 NHK 电视台上看到一个从大连来探亲的日本妇女谈归国感想。我生母知道我在大连，就打电话说想见这个女的，拜托她回去帮她找她的儿子。老母亲说了我大概长什么样，大概在哪个地方住，大概什么情况，现在多大岁数。然后这位日本妇女就回来找我了。因为当时大连当地警方登记的残留孩子就三个人，所以他们很容易就找到我了。

NHK 电视台在 1978 年播放了两遍《母亲和儿子的故事》。我刚到日本的时候，从我一下飞机一直到回家拍了 20 多分钟。

其实 1972 年中日建交以后我就觉得有点儿希望了，我就开始找家了。为什么找家呢？主要是因为生活上有困难，各方面的压力太大，如果能找到家的话是不是能帮帮我？当时我是那么想的。找了半天也没找到，只知道自己是日本人，也不知道自己的名字，所以没法找。正赶上我生母托人来找我，把详细地点、各个方面的情况都介绍了，这个人就把我的照片等都发给我生母看了。我母亲看到照片的第一眼就觉得挺像我父亲年轻的时候，我父亲走的时候也是三十四五岁，和我当时的年龄差不多。后来觉得还不行，又做了血液鉴定，来日本又做了法务鉴定，这样才认定的。

认定以后，我于 1978 年回到日本。我回来一开始是探亲，不是回国。探亲的时候我生母就说，我要是回中国了再想来就不一定能保证可以回来了。她说："我也老了，哥哥姐姐不一定能管你，哥哥是哥哥，但是还有嫂子；姐姐是姐姐，姐夫还不一定什么样，你必须得自力更生。你最好不要走了，学习日语，好好工作，索性把家安下。"她是这么跟我讲的。后来我考虑了，我要是回中国的话再回日本可能要十年，又不一定是怎么个情况，没有保证，所以我琢磨了一下就留下来了。那个时候正好我二姐是冈山区役所的人，正好管这个事儿，她说："你愿意留下的话就给你办理。"我就这样留下了。我生母说我在冈山不行，冈山人说的话土——我那个时候日语什么的都不通——她说我在冈山学语言不行，说我还是到东京去吧，东京人说的话标准，如果想生活好一点儿的话就到东京。这样我就去了东京。他们一个人给我 3 万日元，一共 15 万日元，我当时觉得 15 万好多，谁知道连房子都租不了，两个月房租钱再加上别的花销，钱根本不够用。没有办法，我到东京以后就找朋友帮忙。当时有一个从中国回来的人，我请他帮我。我也自己专门找有"寮"的地方干活儿，去干活儿的话给 1 千日元能包住宿，我想找这样的地方。这期间我换了好几个厂，生活就这样一点点儿好起来了。我在工厂每天加班到晚上 11 点，有时候到后半夜 2 点，那个时候日本经济相对好些，活儿也多。本田公司是专门制造摩托车零件的，一天到晚很累。我一个朋友说："你到我公司来吧，给你的钱少一点儿，但是我教你学日语，和中国搞贸易。"这样我就去他的贸易公司干活儿了。等他死了以后——他儿子也是残留孤儿，我和他合不来，我俩就分开干了，我说："你自己干你自己的，我自己干我自己的。"后来我的一个学生想和中国搞贸易，搞研修生，因为日本劳动力比较少。我觉得这个可以干，就成立了一个组合（合作公司），我帮他，干到 2004 年我就退休不干了。干组合的时候是挣工资，工资收入多一些。自己搞贸易的时候，大的公司要 10% 的利润，我只要 2%、3% 的利润就行了。我手下的人少，两三个人，只要稍微赚一点儿就可以，不赔本就行，所以一般的公司都愿意找我合作。

养父希望我找到亲生父母，他能想得开，觉得没有什么事。他说："我一个人，你给我留点儿钱，够我生活就行了。"我回日本经常给他邮钱，四万、五万地给，他在生活上没有什么问题。有时候我出差到中国去看看他。本来想让他到日本来，但是他那个时候有病来不了，他也不想来，我就没给他办。如果他愿意的话就可以给他办来，但是他不愿意。有很多老人想法不太一样，有的愿意来，来了以后又走了，他在各方面都不习惯，觉得不如在中国好。养父去世以后，我在大连给养父母买了一块坟地，养母的坟也没有什么东西了，就放点儿衣服，把他们两个葬在了一起。

孩子们现在都挺好的。老大在日本航空公司工作，女婿也在日本航空工作；老二在千叶县；老三在高田马场，他们都有自己的房子，生活上都比较安定，都挺好的。

我也是为了孩子们，要不我当时就不每天晚上加班了。三个孩子那时候都上高中。老大想上大学，我说我没有钱让你上大学，你毕业找个工作吧。老大也挺有出息的，她在品川，当时有1000多个学生，只有她一个人考到日本航空公司。她的日语好，也会说中文，找了个女婿是修理飞机的，我挺喜欢搞技术的人。老二也是搞技术的，做消防车的。

118

因为生母、姐姐和哥哥都在日本，日本是我的祖国，所以我必须回日本。我刚来日本时也不会说日语，走路的时候人家问我几点我都不知道。小孩儿问我，你的表几点了？我不知道，他就拿我的胳膊扒拉着看表。我就觉得在日本要是不会说日语太痛苦了，所以没事就看小字典，现在那本小字典还在呢，就是在咱们中国买的小字典，我每天背单词。就这么一点儿一点儿地学，再加上我经常和日本人打交道，就这么练会的，也没专门上过学去学日语。

我觉得我还是挺幸运的，原来我不太清楚，我来到日本才知道，有些人即便是找到家人了，但他们就是不肯认亲，这样的事情太多了。

有一个日本人叫山本慈昭，他创立了"手拉手协会"，我当时是东京支部的秘书长。第一次去中国访问就是他领我去的。回来以后我协助他找遗孤，找到了不少遗孤，很多都是我提供了一些线索找到的。我告诉他这个人是什么情况，他就给作证明保回来，经我们协助归国的人不少。

有些时候老母亲说的话有点儿听不清，但是她能写字告诉我，她说："一定不能忘了你的养父，他养了你一场，一定不要忘了。"老母亲的话我觉得挺暖心的，像个母亲的样子，可能是因为她有知识，我挺感谢老母亲说的这些话。她在1991年去世了，享年84岁。她去世的时候在大姐家，大姐、二姐经常给我打电话。这两个姐姐之间也经常打电话。哥哥他总不在家，有时候打电话他也不在家，他是个船长，一年有三四个月基本都在海上。

原来我有一本书，是"手拉手协会"的名簿，一千多名残留孤儿的信息都在上面。他在中国叫什么名字，在日本叫什么名字，回来的，找着的，没找着的，都在上面记录得很详细，是山本慈昭留给我的，会员都发一本。

"手拉手协会"在各个地方都有支部，有一个东京支部长介绍说常松胜是很优秀的，又会武术，就这样把我介绍给了山本慈昭。山本慈昭说要组个团到中国访问，就把我列为东京残留孤儿三个人中的一个人。我们1982年去中国访问，主要是去方正县和长春市。那个时候我第一次回去，四年多第一次又和养父见面——因为那个时候没有钱不能经常回去，这是他们拿钱支持我们回到了长春，终于看到了我的养父。我养父哭了，我也哭了，我很感谢中国的养育之恩。

山本慈昭先生以前在方正县做"开拓团"团长，他自己的女儿也被留在了那个地方，后来好像是找到了。所以他对日本在华残留孤儿的工作特别用心，日本NHK电视台经常报道他的事情。

九、木村成彦

120

木村成彦：日本遗孤。1945年出生，出生七八天后被吉林省敦化市的张忠棉、徐素珍夫妇收养，取名张学彦。1986年8月回日本定居。

我是在中国吉林省敦化市出生的，中国名字叫张学彦，回到日本以后改名木村成彦。我听养父养母讲，我可能在出生一星期左右就被交给他们抚养了，好像是通过一个中间人介绍送到养父母家里去的。因为战败以后，这帮日本人生存也相当困难，我出生的时候长得非常小，我养父说当时好像没有小猫崽子大，后来经过我养母的精心抚养，身体逐渐好转了。

据说我亲生母亲在我五六个月大时最后一次去看我，看到我胖起来，长得也特别好，就放心了。第三次又想去看，我养母害怕她把孩子要走了，她再来的时候，就让别人告诉她我们搬走了，所以我生母第三次没看到我。

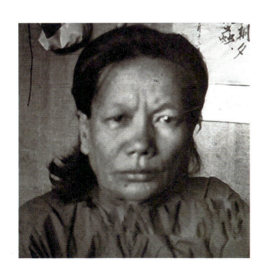

▲ 木村成彦的养母徐素珍

养父母收养我之后，因为养父在外地工作，主要是我养母在家抚养我。当时经济条件很不好，他们吃的也不是那么好，吃糠咽菜的。那时候也没有羊奶什么的，再说她也没有钱去买羊奶和牛奶，没有那个条件。后来老年人告诉她说有一种叫嚼奶布的，可以用那个喂我，最好用高粱米，其他米都不理想，高粱米比较硬，把它煮到八分熟左右，煮太烂了也不行。当时也没有什么工具，那个年代的人觉得只要经过嘴嚼的东西还算是比较卫生的，所以她用嘴嚼。嚼完了以后，把它放在一块白布上，挤成汁，用那个汁来喂我。养母四十来岁的时候牙就基本掉没了，当时我不理解，就问她："为什么你的牙掉了那么多？"后来她把这个事情跟我说了。她说饭热，嚼的话烫牙，就这样嚼奶布喂我，把自己的牙都毁了，四十来岁牙都没了。后来她逗我说："孩子啊，等你长大以后挣钱给我镶牙。"我说："行。"都是为了我，要不然养母哪儿能那么年轻就掉牙。以前我不懂，后来才知道的，养母确实对我太好了。那个年代他们吃的都是粗茶淡饭，她特意找别人到外地去买大米。后来她跟我说，你喜欢吃大米，日本人都喜欢吃大米，所以她通过别人到外地去买大米，专门给我买的。有一个小铝盆，专门为我准备的，保证一个星期最少让我吃一顿大米饭。后来我结婚的时候，那个小铝盆还在呢，我还留着呢。我最大的遗憾是我工作后，想给养母镶牙也镶不起，因为我刚刚工作时才挣三十来块钱，那个年代镶牙太贵了，所以也没办法实现我的愿望。

我的养母长得很瘦小。我记得很清楚，有一年，我好像是五六岁了，冬天晚上肚子疼，疼得受不了了。那时候没有小推车，什么车都没有，她背着我到县医院给我看病，跑了好远，起码有十多里地，全是她一个人背着。那么瘦小的身体背着我，那时候我也挺大了，挺沉的。这些事情我到现在都记得。按照中国传统文化来讲，养父养母的这种做法是爱护生命，这种传统是传下来的，并不是任何人去教育、去宣传的，很多养父母没什么文化，也没有条件看报纸、读书的，就是老一辈一代一代传下来的。不管是谁的孩子，敌人的孩子也一样，他也是一条生命，这种精神是口传心授的，通过给他们讲道理、讲故事，他们心领神会地把这些传统美德传承下来。整个东北有上千名养父母，好几千名遗孤，不都是这些养父母精心抚养起来的吗？我觉得中国人民这种优良传统太令人敬佩了。

我养父是林业工人，叫张忠棉，养母叫徐素珍。我的养父是搞森林铁道建筑的，基本上总在外面忙，全是养母在家伺候我、抚养我。

来日本这件事情，一开始我没敢跟他们说。1972年中日建交，1974年的时候，我一个邻居有一次开大会休息的时候碰到我了，他跟我说："现在有好多日本孩子都回日本找自己亲人去了，你

▲ 木村成彦（中间）接受日本媒体采访

去找一找吧。"我说："你别胡扯了，我父母都在这儿呢，我找什么找？"他说："你不知道——我比你大五六岁，你抱来的时候我们都知道，你确实是日本孩子，你通过日本大使馆，给日本大使馆写信可以寻找自己的亲属。"就这样，我从 1974 年开始往日本大使馆写信。1983 年，政府那边儿收到信儿了。有一天县公安局的警察来找我，我问："干什么？我是林业局的。"他说："我知道你是林业局的，找你有好事。"我问："什么好事？"他说："日本政府邀请你们回去寻亲。"我问："是真的吗？"他说："是真的，日本政府发来一份文件，邀请你们回去寻亲。"我说："那是好事啊！"就这样通过县公安局参加了寻亲团，我是第四批，10 月份回来寻亲的。

以前上小学的时候，一些孩子打仗骂人，骂我是日本鬼子，那时候已经传出去了，孩子们都知道，但我不知道，我跟老师说他们骂我。老师特别好，也姓张，是名女老师，她护着我。后来我养母也上学校找去了，说："那不行啊，不能说人家日本孩子怎么怎么的。"到了中学以后，一些和我比较要好的同学问过我一回，问我是不是日本孩子，我说不知道。我从来也不敢问这个事，所以关于我到底是不是日本孩子我是不知道的。

我养母没有文化，一个字都不识，她觉得我上高中了，文化水平就很高了，她就用讲故事的方法跟我讲，她说："以前有个秀才，他母亲抚养他长大，学习特别好，后来考上秀才，当上了县官。再后来他要在庙堂立旗杆，立了几次也立不住。没办法找了个先生给看了看，那个先生说，他必须得找到亲生父母的骨头，埋到旗杆底下，这样才能立起来。"我现在理解了，当时我养母的意思是说，我长大后也应该找我的亲生父母。是这个大哥哥"怂恿"我，我才下决心寻亲。确定身世以后，我确实有一种既高兴又不太愉快的感觉，因为那个年代，日本人对中国人也不是那么友好，而且"日本鬼子"说着也不好听啊！

一开始我养父对我寻亲的事是有点儿想法的，他说："探亲是应该的，可以找一找，能找到最好。你生母临走时用张红纸写的纸条，咱家也没保管好，尤其是经过'文革'那段时间，干脆不知道弄哪儿去了。"他大概记得我生母住在九州，后来我来日本寻亲时，发现九州挺大的，包括好几个县呢，到底是哪个县我也不知道，户口都没法查。我是1983年去寻的亲，为什么1986年才回日本？开始我也有点儿顾虑，到底回不回日本啊？我的内心也很纠结。正好1986年中国刚刚开始实行停薪留职，林业系统的待遇逐渐不好了，因为国家开始限采限伐了。1987年以后，整个林业局全停产了，不允许伐了。因此，我就决定回日本了。

我在1983年寻亲时，当时各个电视台都来采访，介绍我当时的身世，问我是否记得家里都有什么人。结果我搞错了，我本来有一个哥哥是两岁，比我大两岁，那个姐姐是五岁，结果我把姐姐的年龄说大了，我说姐姐十四五岁，差太多了。当时我也蒙了，一采访我也弄不清了，就这样阴差阳错。

我生母给我养父留过一张纸条，上面写着她在日本的什么地方住，后来不知道那张纸条弄哪儿去了，找不到了。所以我想回日本寻亲，一点儿线索都没有。我1983年10月份寻亲回来以后，我还在继续找，一点儿线索都没有。刚开始有一个线索，我们坐新干线往京都去的时候，翻译说好像有人要见我。我挺高兴的，不管是谁，见一见也挺好的。但是到京都以后，翻译告诉我这个人说不想见了。我说："那算了，不想见就不见了。"这个寻亲的过程基本也就这样。我1986年回来以后，1987年四五月份，有人往我们家来了两次电话，有一次是我老伴儿接的，她不会说日语，我们俩都不会说日语。有一天正好我在家，是一个男的打来的电话，当时按我的想法，可能性有两种：一是我的姐夫，因为是男的；还有一种可能性就是我的哥哥。他当时简单地问了我几句话，我用日语问他贵姓，他也没回答，问他叫什么名字他也

124

没说，从那以后就再也没信了。没信儿就没信儿了，想在日本生活下去，就靠我自己去努力呗。就是为了我自己，为了自己家庭的未来也要努力呀。

很多和我一起回来寻亲、一起回来定居的朋友，寻到亲以后仍旧无法真正地融入进去。有一个叫小林的回来以后，他父母就把亲属都找来了，让他一定得说家里所有的财产他一点儿都不

归去来 —— 日本遗孤和他们的后代

木村成彦

125

▲ 木村成彦的书法作品

要——担心他回家以后分财产。还有一个问题，因为我们一直在中国，由于习惯不同，相处起来很难融洽，人家可能不想见我们，不想和我们在一起生活。和我们在一起学习的一个人，他家住金泽那边，他回去以后，他的亲属把被子之类好的东西都拿走了，把破的东西都给他了——日本人也存在这些问题，不是很爱惜这些被遗弃的人。

我是1986年回来的，1987年国家招待我养父来探亲。我养父来了以后也就放心了。原来他一直不放心我，他说："如果工作不好、找不到工作或者不适应就赶快回来，咱们中国这边条件还可以，咱们在一起生活还是相当不错的。"我知道他也挺想我们的，更想孩子。我就跟我爱人说："这样吧，我领大的在这儿，让她在日本上学，你马上领两个小的回去上学。"我大姑娘来以后，正好小学毕业，刚考上中学，来这儿以前中国的小学课程都已经学完了，到这儿学日语也特别快。我和我爱人说："你在那边儿

伺候咱爸，让俩孩子在中国上学，把中文学好了，到这儿来学习也快。"回去待了几个月，我养父说："不行啊，我把你们给分开了，这不行。你们趁早回去，我没事，一个人还可以。"因为他有退休金，他觉得他的生活还可以。我说："那行，我该给你寄点儿钱就寄点儿钱。"他说："行，没问题，没问题。"我给养父找了一个保姆。把他安顿好了，我们就准备回日本了。

我家是敦化的，敦化那时候没有机场，必须到北京坐飞机才能走。养父到车站送我，我心里确实特别难过。一是我觉得太对不起老人了，不管怎么样，在一起生活好几十年了，特别难舍难分。在站台上他哭了，哭得特别难过，我也特别难过。我回去一个是为了寻亲，二是为了孩子，但也总觉得对不起养父母。我的一些朋友，有好几十人，都来送我。

后来我爱人经常回去，我有时间的话就回去一次。所以邻居说我们还行，两年回来一次也够意思了，他们在国内的孩子有不少好几年也不回来一次呢。我这还算有点儿心安了，起码我们没有完全丧良心吧。

刚来日本的时候，孩子们上学，也都说他们是中国人，因为咱们根本不会说日语，就算你学点儿日语，在发音各方面都不标准，别人还是会把你当成中国人。当时我就有这个想法，把我当成中国人，我就要为中国人争气，我绝对不给中国人丢脸，所以我在各方面都特别努力。我在银座一个学习班学习的时候，有一个朋友考驾驶证花了五十多万日元，考了很长时间也没考上。我心想怎么能那么费劲儿呢？后来我工作了，在横滨户塚那边上班，川崎有一个驾校，我就在那个驾校学习。我一看考试题目对我来说还是挺不容易的，所以我有时间就去驾校练习答题，这对我学习日语也有很大的帮助。我一共考了三次，其中第二次打了89分。按中国人的想法，跟老师说说情，就差1分，将就过去得了。这里的老师却说："不行，不行！"我第三次把这个考下来了。到警察那也是考了三次。日本片假名像天书似的,不像平假名有汉字,胡猜乱蒙也能差不多,结果第二次考试时我看到这个片假名都傻眼了。后来我跟那个监考的警察说:"对不起,我看不懂。"他说:"你不明白可以问我,我可以告诉你。"但我忙着答题也没时间去问,所以第二次也没考过。第三次终于考过了。很多人考了很多次,所以才花钱多。我考完以后,和我在一起工作的一个日本人,相当于中国的车间主任,他媳妇考很多次都没考过,他回去骂他媳妇:"人家外国人都考上了,你日本人还考不过!"因为我要为中国人争气,所以我一直在努力。

我于 8 月份在所泽定居促进中心学了四个月,一直学到 12 月末,有点儿基础了,然后才搬到东京。到东京以后还有一些学习班什么的,像银座、万字会办的学习班我都去学习过。后来我参加日本的训练校学技术。我的担保人的侄儿在那边是厂长,他让我学木模型制作,我就在训练校学木模型制作工艺。学了一年以后,就去他们厂工作了。干了三年,厂长说了几次要给我涨工资,但都没给我涨。我这个人有一个最大的毛病,就是做事比较粗心,不细致,所以也不好意思再跟他说涨工资这个事。后来我就自己独立工作了,因为我有驾驶证了,日本很多工作都需要有驾驶证,有了驾驶证我就可以自己去找工作了。

我在中国时烧过锅炉,还做过管道修理、自来水安装等工作。后来我就找修理排水设备的工作,还有在建筑工地直接干安装的工作,因为对这一行我比较熟悉,图纸跟中国的一样,我都能看明白,所以我就一直干这个工作。那时候工资还特别高,正好赶上日本经济景气时期,一干就干到下半夜。后来泡沫经济来了,单位效益有点儿不好了,我们社长跟关系单位打高尔夫球回来时车开快了,出了事故,这个公司逐渐就倒闭了。后来,我又找了很多工作。过了一段时间,正好赶上中国归国者支援交流中心成立,那里缺人。一位叫千野诚治的老爷子一直为遗孤做工作,他组织国籍取得支援会，专门为没找到亲属的人办入籍手续。这老爷子为人特别热情，为遗孤做了很多工作，他给我介绍到支援交流中心去工作。

▲ 沈阳"九一八"历史博物馆的"感谢中国养父母"碑

在沈阳"九一八"历史博物馆里有一块"感谢中国养父母"碑，陈列着一座铜铸雕像：一对农民夫妇领着一个男孩，母亲慈爱地凝视着孩子，孩子依恋地仰望着母亲。千野诚治老爷子觉得沈阳"九一八"历史博物馆是反映日本侵略中国的博物馆，他说我们把"感谢中国养父母"碑立在那儿，可以吸引很多日本人到那里去参观，一是可以看到咱们感谢中国养父母，二是可以看到当时日本的罪行，人们到那里参观时就把"九一八"的历史都了解了，了解了日本侵略中国的历史。

我写了"感谢中国养父母"碑的碑文，去的时候我把这个书法作品赠给博物馆了。参加开幕式时我代表归国孤儿发言，我和我姑娘、我儿子一起去的，养父从敦化那边儿也过去了。我姑娘当日语翻译。遗孤代表好像东北三省都有。我觉得这件事的意义非常重大。主要是让中国人知道，我们这些遗孤回到日本以后没有忘记养父母的大恩大德，而且可以世世代代地把这份情谊传下去。中国人抚养了我们这些侵略者的孩子们，这些孩子们没有忘记中国养父母，这对今后的两国关系也起到了桥梁和纽带作用。

129

建立"感谢中国养父母"碑是千野诚治的想法和心意，但只能让遗孤代表去感谢中国养父母。所以老爷子是站在建设者、提倡者的角度去发言的，我是代表归国孤儿来感谢中国养父母的，以此表达我们的心意。我大概介绍了养父母当时收养我们的情况，并把我自己的身世简单地说了一下，我站在归国孤儿的角度，表达了我们应该怎么样感谢中国养父母、感谢中国人民。

我养母1918年出生，1970年去世。养母身体不好，流产次数太多了，后来干脆坐不住胎。邻居说有日本人要把孩子送人，就送给我养母家了。原来想给别人家，但人家刚结婚，不想收养孩子。我养母后来得了肺气肿。肺气肿这个病的症状是晚上睡觉躺不下。老太太还抽烟，我说："你都咳嗽成这样了，怎么还抽烟呢？"她说："没办法，睡不着啊！怎么办呢？就得抽烟啊！"就这样，一直坚持着，确实太不容易了。我总自责，当时应该早点儿结婚，伺候伺候养母。说句不好听的话，日本孩子这个名声出去了，找对象太费劲了。问题是我还碰到一个不好的邻居。原来的老式房子是三个房间，中间是厨房，对面是另一家。对面这家的老太太为人不好，到处说我是日本孩子。别人给我介绍对象时，一听说是日本孩子，谁都不愿意嫁了。中国那时候搞空检，培养飞行员，在高中生里选。1964年，我在县里检查合格了，然后到延边朝鲜族自治州医院检查。这老太太听说我能当飞行员了，就到处说："不行，他当飞行员不得开飞机跑喽！"后来我养父听说了，说她不是个东西，还老乡呢，有别人说也没有她说的啊！她这么说我能好吗？那时候讲家庭成分。后来介绍的这个对象还行，她哥哥人还挺好，说不在乎这个。当时大家都瞧不起老师，因为工资低。她哥哥说行，两个人能生活在一起就不错。他哥哥就去做她妹妹的工作，她就嫁给我了。

130

1974年我们俩结婚时，养母已经去世了。我养母之前给我讲那个故事的时候，她就有这个想法，她觉得我应该寻根。但我不敢问养父，直到开始寻亲时，养父才知道。后来县公安局把我养父找来了，做他的工作，县公安局的人对我养父说："放心吧，他不能忘记你。"后来养父也想通了，我就走了。我有时候写信和养父互相交流一下。我老伴儿的公司有带薪假，可以把休息日攒到一起休息，所以每次可以休40多天，这样她回去能待一个多月，两年回去一次。养父一直活到92岁去世的，在中国，我还有一个抱养的妹妹，也是我养父母他们老两口抱养的。养父那天发病了，我妹夫给送医院去了，早上送去，晚上就去世了，一点儿没遭罪，做好事确实有好报。

以前《北京青年报》采访我，问我的身份，我说按照现在的说法来讲，我的硬件是日本人，我的软件是中国人。就像一台电脑，硬件是国外的，但程序输入的都是中国的，我的感情、语言、习惯各方面全是中国的，所以我才说我的硬件是日本人，软件是中国人。端午节了我就会包粽子吃，这些全是中国的生活习惯，始终没改。

从我自己的内心深处讲，儒家思想讲的是爱人，敬畏天地，爱护人民，这种传统是中华民族几千年的文化积淀下来的，所以中国人才能做出这种感天动地的事来：好几千个日本侵略者的孩子，如果把这些孩子杀了，你也不敢有任何怨言，因为你们侵略我们了，我杀你也是应该的，但他们没有这样做。这就是中华优秀传统文化所起的巨大作用，日本人都说中国几千年的传统文化太伟大了，这真是人类最伟大的爱，无疆大爱。我参加工作以后，有些日本老人也说，反过来日本人不一定能做到，他们十分钦佩中国养父母这种伟大的精神。

131

十、望月芙美枝

望月芙美枝：1945年，8岁的望月芙美枝和爷爷奶奶一起随"长野开拓团"来到中国东北。在1945年的逃亡途中，爷爷、奶奶、姑姑先后死亡。母亲病死于勃利县的临时收容所，5岁的弟弟被中国人领走后不知所终，7岁的大妹、3岁的二妹走散后均被中国人收养。20世纪80年代，丈夫去世后，望月芙美枝带着两个孩子回到日本。

▲ 1945年日本战败前，望月芙美枝全家人在一起的合影
（左二为望月芙美枝）

　　我听我妈妈说，1944 年美国要进东京来，为了阻止美国到东京，我爸爸抓阄被抓去当海军了。当了海军以后，家里面包店就黄了，因为我爸爸走了，我妈妈一人支撑不了，不能做面包了，就把面包店卖了。我妈妈领着我们上长野，到我爷爷奶奶家去了。到了长野以后没几天，我爷爷就说跟长野县的人一起去中国，我们就这样上中国去了，是坐船去的。那时候我 8 岁，上小学二年级。

　　到了中国以后就打仗了，为活命就得跑，我跟爷爷奶奶他们一起跑，当时妈妈生病住院，往哪儿走我也不知道。走到中途，苏联红军就开枪打我们，我们跑到了屯子休息，停了四五天。也不知道日本人在哪儿弄的枪，他们就开始交涉，这屯子有城墙，苏联红军在外边包围着，日本人不让他们进来，打得很厉害。后来我妈领着我们四个单独在一个房间，其实就是在马圈里。我们几个在一起，在地下趴着，用个毯子蒙在身上，大口喘气。后来我也不知道怎么回事就叫了一声"疼啊"，我妈就把我从那头拽过来了。不一会儿苏联红军就进来了，叫我们出来，我们就出来了，我后背受伤了。我站起时看到躺的地方正好对着一扇窗户，是扔马粪的窗户，那窗户坏了，估计是从那地方打进来的枪，把我后背打伤了。

　　出来以后看到外边有五六个妇女躺在地上起不来，我也不知道怎么回事。一个小男孩还不会走，只能扶着妈妈走，扶着他妈妈的身子来回转，他妈妈说孩子想尿尿，就求别人把着让他尿尿。我们走了不到一里地，前边有个屯子，我们在那个地方站下了，前面路上都支着枪，我们在马路中间走。我妈妈说："我有病，我走不了，我就死在这里吧。"我妈妈看着我们围着她，妈妈知道她必须活着，一边说"走吧"，一边哭着说："我们还得活着，走吧。"最后是一个苏联红军领着我们慢慢地走，坐车到了勃利县临时收容所，我们在那待下了。临时收容所都是病人。我妈妈有病也治不了，也不知道待了几天。我这后边伤口还淌着血，衣

133

服都是血。我出去到大门口，这是学校的大门口，都是栏杆门，我就蹬栏杆门往外看，有一个中国老太太，她是卖小吃的，卖些糖球什么的，她给我一个糖球，我高兴得要命。我拿着这个糖球就回去给我妈妈看，我说是一个老太太给的一个糖球，我把这糖球给我妹妹吃了。

不久以后，临时收容所要搬家，从现在的桥东搬到桥西去，有管事的人告诉我们赶紧走，但我们也不知道怎么回事。我们出来一看，也不知道什么时候把我妈妈给弄到外头来了，妈妈坐在一个四方箱子里，两头有绳子吊着，坐在里边还直张嘴，最后一口气还没有咽。我们也不知道咋回事，蒙头转向的，别人还老催，让大家都赶快过桥。我们就在那看着我妈妈，想哭也不敢哭，那些大人都是男的，我们害怕。后来没办法了就跟着他们一起走，也没跟妈妈告别就走了。妈妈当时心里头很难过吧，估计她这口气没有咽，是因为她惦记这一帮孩子。后来不知道谁给她抬走了，也不知道抬哪儿去了。后来看到过长野县的头头，他说你妈妈在那地方送葬了。

我们到了桥西，一进那座房子就坐在了地上。中国人都围着我们，他们是想要小孩还是在看小孩，我也不知道。有的人就管我要我的小妹妹，还有的人要我弟弟。有一个中国男的，把我弟弟抱走了。有一个年轻人要我小妹妹，我没给，还不如那时候给要我弟弟的那个男的呢。第二天还是什么时候，我都记不清了，日本人让我们坐马车，不能都在勃利县里，要到外县去，要分散开，分散容易养活，要不然没有人能养活。我背着妹妹到了车上后，日本人坐在边上就说我："你坐别的车去吧。"我听那意思是不让我上这辆车。听他这么一说我就害怕了，就乖乖地坐上旁边那车了。车开始走了，走了就下不来了，我妹妹看到我就喊，她用日语讲："姐姐、姐姐……"我下不来，她也下不来。我弟弟叫人抱走了，我小妹妹在那辆车上也与我失散了。我还有一个大妹妹也不见了,我们以后见面才知道,她自己跑出去了,后来叫别人领走了。那不就剩我自己了吗?到杏树车站休息时,我下车以后就找小妹妹,前后怎么找也找不到,一个日本妇女领个孩子有十来岁,她问我找什么,我说我找我妹妹,在这车上一起过来的。她说:"没有了,没有人了,你就跟着我走吧。"我就跟着她走,进屋一看有一帮人在那,我就跟大伙在一起。后来这辆车又走到委肯区的一个道德会那,就是信仰佛教的地方。到那里以后,日本老太太就把我领出来,送到老倪家,当时养姐看到我后觉得很有缘分,就对养母说要了我这个日本小孩吧,就这样我到了养母家。

生母去世的时候 32 岁,我生父 35 岁当海军去了。就这样,我们全家都分散了。

135

在养母家我成天想弟弟妹妹,有病了躺在炕上就掉眼泪,我养母就说:"你别哭了,那时候那么乱,可能死了吧,不然你就上勃利县去看一看。"大约 10 岁时,我还真到勃利县去找了,我自己去的,到勃利县也没有找到亲人,就是看一看而已。以后再也没找到我小妹妹和我弟弟。

分开的时候我小妹妹 3 岁,我弟弟 5 岁,我大妹妹 7 岁,我那时候是 8 岁。后来我大妹妹通过勃利县外事科知道的我家地址,带着她三女儿来哈尔滨见我,我们见面后唠唠过去,后来她们就回到七台河了,没过几年她就生病去世了。

现在打开电视一看到战争,我这心里都直突突,就害怕。就想起来我小时候遇到战争,大伙都得遭殃,一战争就要死人,战争破坏了我们的幸福生活,我家里再破烂,不管咋地平安啊。

前几天晚上我睡不着觉,老想我妹妹,想我弟弟,我弟弟妹妹那时候跟着走,一定很累吧。我这当姐姐的罪过很大,没有把弟弟妹妹照顾好,当时我也确实没有能力。我们三个人要是能一直在一起,就好了。但当时在中国一家人也养不起三个孩子,没办法。

到了日本以后我的身体也不好，就靠区役所给的生活费抚养两个孩子，很辛苦。我每天只好骑自行车出去买便宜的东西，给孩子做包子、馒头、饺子，他们初中的时候在学校吃饭，高中的时候带饭。

至于再结婚的事，我根本没想。因为不可能有结婚的机会，找不着合适的，所以我也没找。两个孩子我都忙不过来呢，我现在就是一心一意地管俩孩子，生活费本来就少，再增加一个人，那生活费额外还得要增加。每月就这么节省着过，还是能节省出来钱的。

我儿子是学医的，到大学四年级必须找实习的地方，老师帮着联系到美国去实习，我同意了。我就上银行取出来我多年节省出的钱给他，他自己也攒了一点儿钱，就够上美国了。他在哈佛大学研究所，距离实习结束还剩一个多月，老师对我儿子说："让你妈来美国看一看。"我儿子跟我说这句话时我就动心了。我姑娘放假了，我跟姑娘说让她领着我，我们两个来到哈佛大学研究所。我孩子在当地租的房子，住在当地人家里，房东让我们娘俩也跟着儿子在那住，早晨可以随便喝牛奶、吃面包，中午和晚上自己做饭。老师还给他一个月房费钱，就是为了照顾我们。我们在那待了半个多月。我儿子现在在东京大田区，平常我不能和孩子见面。他忙，每天都是半夜回家。

我回去以后他们都说我真了不起，把两个孩子都送入大学了，儿子还上美国读书了。后来我姑娘找个对象是哈佛大学的毕业生，他在没毕业之前邀请我去美国，领着我们旅游，世界各地几乎都走遍了。

回到日本后，我的亲属一点儿也不帮助我。日本的亲人有我姑，她在北九州，我姨在冲绳那边，还有我大娘，寻亲的时候都见面了。但是没给我什么东西，就给我一个小箱子，里头就装了点儿衣服啥的，都是旧衣服，他们生活也很贫穷。我回来定居，我姑她们都不同意。我姑说："你别回来了，你还是在中国吧，在中

▲ 望月芙美枝在哈尔滨市松花江边与儿子和女儿在一起

国生活挺好的。"我不能听她的，我得按照自己的具体情况来考量。我说："不行，我要回来，不行的话，我就请别人把我办来。"我没请她们当保人，她们担心我分她们财产，或者是给她们添麻烦。后来我在中国跟保人讲了我要探亲去，探亲以后我在这找了一个日本人作保人，因为他在东京，这样我能到东京来。我原来那个保人在神奈川大和市，我不想上那边儿去，我想到东京来。孩子在东京上学的话比较方便，在外县的话还得花钱，所以什么都赶巧，机会还挺好，就办成了。

我现在对自己的生活比较满足，我没有那么大的能力，就按照自己的步子往前走。我们这楼都知道，我孩子上大学了，上东大了，上美国了，他们都很高兴，不歧视我。这就很好了，能走到这一步不容易。

我现在什么兴趣也没有了，视力不好，牙口也不好，脑袋还不好使，腿脚还不利索，走路也慢。除非他们上哪儿去带着我，我才跟他们走。跟以前比可不行了，岁月不饶人。

十一、董利峰

董利峰：1942 年出生，3 岁时被养父董永祥、养母宫蟾收养。现居辽宁省凌源市。

我第一个养母叫宫蟾，我不知道她具体是干啥的，反正她会日语，会翻译，好像没听说有什么工作，就跟我养父在牙医诊所里头干活儿。日本人经常到那儿看牙去，因为养母会日语，所以和日本人交流起来比较顺畅。他们也知道老董家没有孩子，就这么把我寄养在那儿了。后来他们离婚的时候，我那时已经超过 18 岁了，法院要征求我个人的意见，是跟养父还是随养母，我养父就把我的身世告诉了我，这个时候我才知道我真正的情况。

▲ 董利峰亲生父母的结婚照

如果不是因为他们要离婚，我还真不一定知道。

当我听说自己是被领养的孩子，第一反应还是很复杂的，毕竟跟这个家庭已经融为一体了，另外也听说亲生父母都死了，我只能依靠养父了。我这个人吧，喜怒哀乐不太容易从脸上看出来。我知道身世以后，每逢过年的时候，就比较悲伤；他们在屋里的时候，我可能就在外头台阶那儿坐一会儿。但我又觉得挺幸运的，有老董家抚养我。当时把我给他们的时候我好像也就一岁多点儿。现在我日本话一句也不会，都是说中文，毕竟养父母给我养大了，我得感恩。我养父老实厚道，我的性格基本随他。人们都说，谁养的孩子，性格随谁，真是这样。我上大学政审的时候还是受些影响的，沈阳农业大学是我报的第十三个志愿，也是最后一个志愿，如果这所学校不录取我，很可能就上不了大学了。养父母家里条件还可以，我和养父母还有爷爷奶奶一起生活。我父亲比较老实

140

▲ 董利峰养母宫蟾和养父董永祥合照

厚道，很少批评人。但是我这个人就是会看眼色，你有点儿不高兴，或者说话声音重一点儿，我就能觉察出来。我轻易不惹他生气。

▲ 1988 年赴日寻亲时，董利峰与亲人的合照（前排左起亲父、董利峰、继母）

　　高中之前我就听说自己不是父母亲生的，那个时候总觉得寄人篱下，心里不太好受，但我表面上也不表现出来，只是自己默默地想，想想就过去了。我上大学那个时候，我们生活费是每个月 12 块钱，我养父一个月给我 20 块钱，当时在我们班我的条件算好的。星期六了回家看看爷爷奶奶，回家的时候都多多少少给我爷爷奶奶买点儿东西。我奶奶的性格挺温柔的，我爷爷特别严厉，经常跟我瞪眼睛。念高中的时候只要回去晚一点儿，他就问我干啥去了。他在屋前后还种点儿地，经常端着水盆浇浇菜地。但我养父的性格随我奶奶，特别温柔，老实厚道，好了坏了他从来不说你，但是我一看他眼神，就知道哪个做的不对了。我奶奶也从来不说。就我爷爷，有的时候还打人。养父跟我的第二位养母赵瑞芝下放到西丰的时候，我爷爷跟我养父在一起生活。我成家后，我们一家5口回去，我掏了10块钱给我爷爷，给他高兴够呛，那时我工资才40多块钱。回去一趟，再买点儿米面肉蛋的，那个时候都凭票，买什么东西没有票你买不上，要么我为啥准备点儿米面？那可真是像过去所说的逃荒的时候，前边、后边搭个袋子回去的，那时生活是挺困难的。

142

▲ 董利峰与中国家庭的合影（前排左起继母赵瑞芝、妹妹董照、养父董永祥，后排董利峰）

　　知道自己的身份以后，我总觉得自己不是中国人，我是日本人，心里就有这么个疙瘩。对于我是日本人这件事，我不接受也得接受。我要好好报答收养我的中国家庭，报答中国，所以，以后各方面工作我都是尽量往好了做。

　　后来，他们都劝我去找一找亲生父母。我要找他们特困难，因为我不知道关于他们的一点儿信息。他们当时把我送给老董家了，肯定知道养父家的情况，所以他们要找我是比较好找的。

▲ 董利峰在家中接受采访

　　1988 年的正月十三，辽宁省组织第 17 批赴日寻亲团。在这之前，公安局就通知我，让我办护照，说是省里组织寻亲团。我把户口本、身份证都给了他们，寻亲团的事都是他们帮我办的。后来就通知我正月十三到沈阳集合。到沈阳集合以后，我从沈阳坐火车到了北京，然后从北京到了日本。

飞机中午 11 点多起飞，下午 1 点多就到日本了。到日本以后，有一个中国记者马上告诉我，说找到我父亲了。我当时挺震惊的，我不太相信。后来就把我们接到东京的接收地点，到那以后先休息。后来我亲生父亲、继母、姑姑、表哥，还有大爷家的大姐一起去接我的。在招待所吃了饭以后，他们就开车直接带我去老姑家，到那边住了两天。当时也有中国记者去，因为我不会说日语，我的日本亲属也听不懂中文，有个记者就帮着翻译。我记得其中发生最有意思的一件事儿：他们日本生活比较简单——他们当时从外边订了点碗面，就是碗装的面条，上边有点儿黄瓜丝和其他的配菜。这就算是招待了。这个记者就跟我说："这要是在中国的话，还不得好好地摆宴席欢迎你，但在这儿简单地吃碗面就可以了。"按照要求，第三天就得返回寻亲团，我们是有时间限制的，后来我就回去了。回去以后上了大阪，还有其他地方，就算是旅游了。当地好多的日本居民欢迎我们，演节目啦，跳舞啦，赠送东西啥的。反正来回是 12 天，因为护照是15 天之内有效。最后跟我父亲分别的时候，我父亲问我需要啥，要给我买一样东西作为纪念品。我要了一台东芝牌电视机，他就给我买了。当时去日本的时候，我也不知道买什么纪念品，他们都说买一些花布、折叠扇，我买了不少。他们又说买乌龟，因为日本人把乌龟作为长寿的象征，我就在寻亲团中一个抚顺的女人手里买了两只，给亲生父亲和继母一人一只。

当时是别人向我介绍说："这

▲ 董利峰与丈夫范垂绶

是你的父亲。"我当时就问我父亲："爸，你认为我是你的女儿，有什么证据没有啊？"他说记不清了。我说："身上有什么特征啊？"他说："我都不记得了，因为你毕竟跟你母亲时间长一些。"男人可能心比较粗，我后背有手指甲这么大一个黑痦子，相当明显，我问他，他却说不知道。可能事先是通过血型，还是什么判定的；另外就是把我送到养父家的过程、情况都能对上，中国这头可能也把材料寄过去了。当时还有一张《朝日新闻》报上也写了一些情况。因此，我比较顺利地找到了我的亲生父亲。

离开日本后，我觉得我更喜欢中国，毕竟孩子也在中国，都参加工作了，小的还念书呢！我在中国生活 40 多年了，对中国还是有感情的。

我的亲生父亲和家人住在北海道，属于农民，以种稻田为生。我父亲跟继母结婚以后，生了一个弟弟，还生了一个妹妹，我也没看到他们。我回中国以后，刚好我们单位有一个人上日本做劳务输出，我就买了两个好被面儿让他给捎过去，给那里的弟弟妹妹做个纪念。我始终没和他们联系，毕竟在语言上，以及其他方面都不同，同父异母，还是两个国家，没有什么感情。但见到父亲时，我激动了，毕竟见到亲生父亲了，我们俩抱到一起，我当时没哭出来，但是眼睛含泪了，要是见到母亲会更激动吧，跟父亲的感情我总觉得是不一样的，是更含蓄的。我这个人特别内敛，喜怒哀乐别人一般看不出来。我以后再也没回去过，开始时是通信联系，我写中文，他写日文，收到以后再找人翻译。通了几年信后再没有来往了。父亲去世，日本那边的亲属都没告诉我。日本政府经常来信，说准备定居吧，准备旅游吧，因为当时我走路也费劲，丈夫工作也忙，也就打消这种念头了。定居我是根本不想。

我和我爱人是 1961 年入学的，考到沈阳农大，当时叫沈阳农学院。1968 年毕业前，我俩在沈阳结婚，仪式很简单。结了婚以后，他分配到凌源，我分配到叶柏寿，我俩就是星期天的时候见见面。

145

我在叶柏寿县城待了两三个月，要接受贫下中农再教育，我们就上白山公社锻炼去了。跟社员在一起待得挺愉快的，我们这些毕业生在一起做饭，住在老乡家里，平常干活的话就跟社员们在一起。后来我们是通过农口的一对夫妻兑换的，男方当时在叶柏寿，女方在凌源，我就跟他媳妇兑换，我回到凌源，她上叶柏寿了。到这以后，先通过农业局分配，1969年到瓦房店兽医站工作。1974年3月份上的县城，当时还叫凌源县（今辽宁省凌源市）动物防疫站。我们学的是兽医专业，给大牲口治疗，当时没有宠物，都是大牲口，我们的工作是搞治疗、搞化验，一直工作到退休。退休以后，我本应该回家，但我爱人当时当站长，他非得要我再帮他干，又干了5年。到60多岁的时候，换新站长了，换新站长我也不能说撂挑子不给人干了，人家什么时候说不让我干我再不干，就这样一直干到66岁。66岁得退了，再说化验室又来了好多新生力量，我得给人家让道。就这样正式退下来了。他61岁到退休年龄以后，新站长也是让他帮着干。我们工作挺顺利的，因为我们学的就是这个专业，同志们也都挺努力的，在化验室也开发了几个新项目，在省站、农业部都获得了奖励。我这个人就是不管你把我放到哪儿，就是让我当个清洁工，我也能好好干，有了这个思想境界，做什么都能好好做。

在瓦房店的时候，他先入的党，我是1982年入的党。当时他是站长，他就跟党支部书记说，好好考验考验我。入党的时候我没太受影响；但入团的时候受了影响，因为同学都知道，人家要考虑日本特务了什么的，所以就有同意的，有不同意的。总的来说，这些年来，同志们对我都很好。我1988年不是去日本了吗？回来的时候，我给男同志买的烟和打火机，给女同志买的丝袜，给他们做个纪念，同志们没有歧视我的。

我上大二的时候，我的父亲跟赵瑞芝，也就是我的第二位养母结的婚。养母是沈阳市第四医院的儿科大夫，当时是儿科主任。

▲ 董利峰养母赵瑞芝与养父董永祥

她是右派，"文化大革命"的时候，被下放去扫厕所。1967年的时候又下放到西丰县松岭子公社——1973年我还回去一次，那儿周围全是大树林。他们到那儿以后，可能是当地政府给盖的房子，四壁透风，房子挺高的，上面是瓦。她在那里遭了些罪，我养父跟她也受了牵连。我在那儿待了两天就回来了，因为当时孩子太小，老二不到2岁，老大4岁。

我第二位养母结婚时是39岁的大姑娘。跟我父亲结婚以后生

148

▲ 董利峰的第二位养母赵瑞芝

了个女儿，后来又有一个男孩儿，男孩儿由于早产夭折了，毕竟农村的生活条件还是不好的，那男孩儿要是活着的话，比我大儿子也就大两三个月。大学放假的时候，我星期六下午回家，星期日下午又回学校，基本每个星期都回去一次。"文化大革命"的时候待的时间长点儿，因为学校也不管了，所以在家陪着父母待了一段时间。养母大学毕业还留日一段时间，有资历，又是第四

医院的儿科主任，但性格比较古怪。我这人就是看她不高兴我就不吱声了，我回家的话就多干活儿，洗衣服做饭，不惹她生气。

我的养父是 2005 年去世的。他年纪大的时候有心脏病。他们俩的性格不一样，我养父比较老实，不爱说话，但是我养母说话像机关枪似的。他俩处不到一起去，我养父一生气就脸冲着墙，也不跟她说话，两三天不吃不喝的。他工作非常认真，一直做牙科医生，同志们对他都非常尊重，但他就是不善交际，也没好友。我父亲就这个性格，所以就落了一身病，最后得了老年痴呆。2005 年腊月十七八的时候，我回去了一次，在家里待了一个多星期，因为要过年了，我惦记孩子，我说我回家看看去。我回来不到一个星期，那头就来电话了，我马上就跟我老伴儿还有我儿子回去了。回去的时候养父已经咽气了，没看着，没说上话。走的时候嘴里全是溃疡，也吃不了东西。因为他是老年痴呆，给他东西吃他都害怕，说怕给他下毒药！有的时候明白，有的时候糊涂。他走的时候已经 87 岁了。我继母也有病，肾炎，心脏也不太好。她现在 95 岁了，比我大 16 岁，现在也有点儿老年痴呆。我跟我养父沟通很少，我养父本来话就少，我处于那样的家庭，事事小心，所以一般不需要说的不说。但他不说是不说，对我各方面的要求很严格，所以我努力学习、各方面都做得好一些，不让他生气。我考上大学那年，他是亲自给我送到沈阳农学院的，看看住处，给我整理整理行李，后来自己走的。那时候也没有出租车，都是坐公交车，那年给我的感受特别深。1988 年我准备上日本看看，我先到的沈阳。走时我爸给了我 8000 块钱人民币，又给我装点儿吃的，给我送到公安厅——因为这些人都到省公安厅集合。当时他心脏就不是很好，走几步路就要停下来休息一下，所以那次让我特感动。

我从日本回来，养父也不打听，我就挑主要的介绍介绍。他可能也明白，要想回去我早就回去了，所以从来没问过我想不想回去。

　　当时我妹妹，也就是继养母生的女儿，陪着我上太原街买了一身西服，又给我打扮打扮。我妹妹挺热情的，没因为我要回日本刻意流露出伤心的感情。"文化大革命"的时候，我还在学校呢，我领着她上我丈夫他们家串门，到太原街溜达溜达，那时候她才四五岁。后来我工作的时候，从凌源回家，到省站学习了，只要我到省站办事，她要在家，都特意从自己家到我妈那儿，给我做

▲ 第 17 批赴日寻亲团在大阪的合照

点儿好吃的。我从日本回来的时候，给我妹妹买了一台录音机，买了首饰，我们姐妹俩相处得很融洽。

我跟丈夫是同班同学，1966年我俩处的对象。我们相处得比较融洽，经常在一起，"文化大革命"时，我俩一起上北京、上大连。我俩处对象的时候他二嫂在辽宁博物馆当解说员，我到那儿去过，见过面；他二哥是特意到学校去看的我，那可能是同意我俩处对象了，不同意的话那不早就告诉他弟弟拉倒了？他们都知道我是日本遗孤，我丈夫家成分也不好，富农，他高考的时候也受成分影响了。我俩是1968年5月18日登记的，登记就算结婚了呗！都没操办，那时候条件差，粮票、布票、油票，各方面都要用票啊，也没有条件来办，两边父母见见面，完了之后就结婚了，很简单，不像现在。

1968年7月1日，他去凌源，我去叶柏寿，我俩分居一年多。1969年9月份我调过来的。调来以后就分到瓦房店，临时在一个寡妇老太太家住，那寡妇老太太有一个男孩儿一个女孩儿，她一个女的带着两个孩子，生活来源各方面比较困难。我大儿子是在沈阳生的，我生完孩子回到丈夫家那儿住，在沈阳住了40多天。他把我送回去的，没待几天，可能也就两三天，他就回凌源了。生完42天的时候他又回沈阳，接我们娘俩。当时交通也不方便，坐车到小窝堡又走了好远才回的家。那个时候可真冷啊，回到家那屋里才冷呢！生个小铁炉子，小铁炉不大，这孩子白天睡晚上闹，我28岁有的这个孩子，本来我俩人生活就比较困难，又添个孩子，多亏人家房东帮我哄孩子，我才能白天上班。后来从小窝堡又到了瓦房店，搬了两次家。第一家是老两口领着两个孩子，那家臭虫才多呢！孩子一哭，醒了一看，孩子边上有好多臭虫在爬。他们出偏方，说撒什么羊粪治臭虫。那也没法住，我又搬到老崔家去住的。老崔家的条件还可以，因为他家男的在硼砂厂上班，条件要好一些，在那儿一直住到1974年3月份，我们才来到凌源。

151

来凌源以后，第一家房东姓梁，那家房东对我和孩子都挺好的。我们叫她嫂子，那家嫂子给孩子做鞋、做衣服，但是住的时间不长，第二年的 5 月份，人家二儿子要结婚，没办法，我们又离开了。后来上的老张家，老张家岁数比我们小，到现在我们关系还挺好的，还有来往，有什么大事小情的都来往。1978 年单位盖平房了，我们才搬过来的。等到 2007 年的时候，平房这边要拆迁盖楼，我们又租的房子，在文化小区住了不到两年吧，2010 年的 6 月 6 日搬到这儿来的。这边条件确实不错，各方面都挺好的。

1989 年老大高中毕业以后考大学没考上，就到"凌钢"当工人。那也得考试啊！这里还有个小插曲，那天考试拿着准考证、户口本去了，平常他名字都写"东方红"那个"东"，实际上是"彤"，红彤彤的"彤"，念白了，就念"范士东"。他考试的时候试卷上就写了个"东方红"的"东"，跟准考证的名字不一样，当时就把他给撵出来了。回来以后，我说咋回来这么早？他问："谁给我改名了？"我说咋改名了？闹了这么个插曲，后来没办法又求人入的厂。他在厂子里的模型车间工作了几年，工作环境太危险，有的孩子把手指头都弄掉了，做模型嘛！后来就让他考东北农学院的函授班，念的专科。以后就从那个工厂调出来了，调到兽医站来了，就跟我们在一起上班。他是东北农学院的专科毕业，有点儿业务基础，他爸再督促他点儿，他自己再学点儿，在门诊时能单独工作了。后来他又上了沈阳农大的函授班，考试合格，2017 年转正高级兽医师，挺顺利的。他对象后来调到畜牧系统，在动物卫生监督所工作。老二呢，1997 年考到辽宁省交通学校，那是专科学校，念了 3 年，毕业以后他也没跟家里商量，自己就留到沈阳了。现在在市政部门工作。他学的是道桥专业，就是修桥修道的。他现在也是副高职称，项目经理，工作还可以吧，就是比较累，常年上班，就是过年放那么几天假，常年在外头忙。他也是 30 岁的时候才结婚的。这孩子在生活方面也是非常随性，

别人给他介绍对象，他准备去看的话，得收拾收拾吧？哎，不是，他就随随便便、满身泥点子去了，你说哪个女孩子看到这个样子会喜欢？后来是通过一个老师给介绍的，这个女孩子在一所私立学校当老师。认识以后处得很融洽，30岁结的婚，33岁才有的儿子。二儿媳是收电费的，除夕的时候也得值班；今年正好除夕值班，就没回来。那两年都是值班完了再来，初三初四就得上班。另外我这孙子初四就得补课，所以他们除夕下午到家，初三早上就走，总是急急忙忙的。父母都在，回来就是过个团圆年。头两天给他爸过80岁生日回来的时候，我让他商量商量，孩子也上高三了，挺忙的，能不回来就不回来，实在想的话，我们老两口去跟他们过年。

153

1988年去日本的时候，两个孩子才知道我是日本人。原来没说，因为我不想让他们有什么心理负担。我当时就觉着心里不痛快，尤其是过年的时候。我也不在屋里掉眼泪，实在忍不住了就在外头待一会儿，挨过这个劲儿再进屋。我孙子知道，我孙女知道不知道，我也没问过。我没有过想去日本的想法。二儿媳妇曾经有这个想法，当时计划将来让她孩子留日，后来这个想法也就打消了，我不积极他们也就不想了。

我还是觉得中国好一些。我从3岁开始一直都生活在这儿，七八十年了，对这儿还是有感情的。小时候在哈尔滨阿城县（今哈尔滨市阿城区），没有大人带我，我养父给我送到一个俄罗斯的幼儿园，别的事我不太记得了。等到后来上沈阳，我们住的是皇姑区，皇姑区的五一小学，我在那念书。当时准备考十一中学，十一中学没考上，后来考的辽大附中，后来改称三十三中学，我在那考的大学。我们高中同学2014年还在沈阳聚会一次；大学毕业50周年的时候，我们大学同学也聚会了。后来只要我俩回沈阳，告诉他们一声，在沈阳的同学就聚到一起。

跟着养父养母生活多年，我对他们充满感恩之情；另外，我庆幸生活在这个家，是他们把我培养成人了。一开始我俩准备到新疆工作，后来分到辽西。辽西当时是比较困难的地方，来的时候那真没法说，相当困难，结婚的人是倒骑着毛驴，赶着毛驴去结婚。我们分到这儿的时候，县政府才是2层楼，其余全是平房。交通也不方便，到了以后还得走好长时间才能到地方。到这以后，逐渐适应了，我俩都尽自己的努力好好工作，领导或者同事们还都挺重视我们夫妻的，我还被推选为两届市人大代表。我挺庆幸，我的姑姑把我给了老董家，要是给别人家不一定能这样。另外，我确实感谢中国共产党给我一个好的成长条件，这是发自内心的，我到哪儿都是认真工作，就想好好工作，报答中国的亲人和中国共产党。我觉得挺幸福的，成长在老董家，生活在和平强大的中国，这真是发自内心的。

附：董利峰的中国妹妹董照

> 董照：董利峰的养父董永祥和第二位养母赵瑞芝
> 的亲生女儿。

　　我父亲毕业于哈尔滨医科大学，是一位口腔科医生。随东北解放来到沈阳，在东北局的医务所工作并担任所长职务。我妈妈

▲ 董照在家中接受采访

是儿科医生，曾留学日本，抗日战争爆发后回国，并插班到沈阳的中国医科大学。她是新中国成立以后的第一期毕业生，也是中国医科大学建校后的第38期毕业生。

　　作为医生，爸爸妈妈一生勤勤恳恳，忘我工作。爸爸在80多岁的时候，还被曾经救治过的患者认出来，并诚挚地表示感谢，可见他给患者留下的印象是多么深刻。在我的记忆当中，爸爸从

来没有按时正常下班，无论多么晚都是把最后一个病人诊治完才回家，也从未因为家里的事情而影响工作。我妈妈更是如此，甚至从来没在家里过一个团圆年。那时候医院不像现在有这么多的先进医疗设备，完全是靠一把听诊器和实践经验看病。儿科的诊治工作就更为复杂了，因为医生与婴幼儿不能准确无误地进行交流，对医生的医术更是严峻的考验。记得妈妈说过，有时候就连新生儿打头皮针都需要医生亲自操作，可以说父母为医学事业无私奉献了他们的一生。

几十年来，我一直为父母的工作而深感骄傲和自豪，并在父母的光环下受到亲友的尊重和照顾。有些亲属、同学及同志的孩子因被妈妈抢救而起死回生，有的经妈妈的精心治疗而健康成长，每每同学或朋友聚会都会收到热情洋溢的感谢，遗憾的是，我没能考入医科院校继承父母的事业。

姐姐董利峰是爸爸收养的日本遗孤，是由其姑姑几经周折送到我们家的。她的生母和胞妹在战乱中丧生，生父下落不明或已回到日本。因为我和姐姐年龄相差20多岁，所以我只记得姐姐读大学之后的样子。小的时候姐姐和姐夫领着我出门，路人还错以为我是他们的孩子呢！由于我们家的出身不好，在那个年代，姐姐读大学的专业受到了限制，万不得已才学了农科。然而，她选择的畜牧兽医专业在当时还是很受欢迎的。姐姐和姐夫是大学同学，毕业以后结了婚，妈妈为他们操办了婚礼。后来两个人就一起被分配到农村去了。

妈妈性格比较耿直，无私无畏，医疗技术在当时也是比较拔尖的。1957年被打成右派后下放到农村，我们一家人也跟妈妈下了乡。姐姐这个时候在农村工作而且有了两个孩子，但他们还是千里迢迢地从喀左到铁岭西丰去看望我们。虽然是没有血缘关系的母女和姐妹，但是在那个艰难的岁月，他们的到来还是让父母和我倍感温暖。记得我们当时穿的都是灰色的棉袄，两个小外甥就叫我们"大灰狼",那些往事至今想起来还历历在目。

中日邦交正常化之后,中国政府每年组织日本遗孤回国寻亲,但是我姐姐却无意回日本。1988年正赶上最后一批寻亲团,妈妈积极主张她参加,为她准备了材料报名,还为她备好了行装和礼物。姐姐回日本后,顺利地找到了她的生父、继母和异母弟弟、妹妹,并且找到了她在日本的户籍。当她返回中国的时候,恰巧是我大学四年级的实习期,我还特别请假从天津到北京去接姐姐。

姐姐和姐夫都是"文革"前的大学毕业生,两个人都是共产党员。在我的印象中,姐姐和姐夫都是坚定的"布尔什维克",对中国有着非常深厚的感情,姐姐从来没想过回日本定居。虽然当时允许把未成年的孩子带回日本,但是姐姐和姐夫坚持自己和孩子都留在中国。他们的小儿子大学毕业以后,我还是希望这个外甥回日本的。但是,姐姐和姐夫却坚决不支持孩子去日本,后来我也只能作罢了。

157

我爸爸是1919年出生的,现在活着的话已经100出头了。记得在我很小的时候,爸爸总是喜欢开玩笑地问我是谁生的,我就会兴奋地大声说是爸爸生的,然后爸爸就面带微笑地继续陪我玩。我小时候不爱吃饭,无论爸爸怎样着急上班,我都要把小猫、小狗等玩具摆一排喂饭玩儿,一直到喂完它们我才能吃饭。因为那个时候我妈妈是右派,回家的时间比较少,基本上就是爸爸和我在一起。还有一个令我难忘

▲ 幼年时期的董照

的情节，爸爸平时只会做萝卜汤，而且味道总是苦涩的。为了让我顺利地吃下去，爸爸经常在汤里加一点儿白糖来掩盖我不喜欢的味道。最令我刻骨铭心的是我考大学的时候，大雨把马路都淹了，爸爸就背着我过马路，他那时候都快70岁了，还不顾年老体弱背着我去考大学。每每忆起，总是泪水盈眶！

从家庭主妇和母亲的角度看，我妈妈对家庭照顾得不多。小时候我觉得很多事情都是爸爸在做，妈妈总有着忙不完的工作。半夜我经常被"咚咚"的砸门声惊醒，因为医院来家里接妈妈出诊、会诊，时间总是刻不容缓。另外，无论是我们下乡那个地方的老乡，还是医院里贫困的患者，我妈妈都是竭尽全力救治，对于生活困难的患者不但垫付医药费，甚至自己掏钱接济他们的生活，我的大学同学也有受到我妈妈接济的。现在妈妈已经95岁高龄了，还能看看书，看看电视，甚至还能议论议论她喜欢的时事，这可能是上天对她一生热心为患者服务的一种赏赐。

爸爸和妈妈之间就是那种老式夫妻的样子，面对彼此都很真诚。我们家比较平凡，姐姐一家在外地工作和生活，我从小也听话，正常念书，大学毕业，结婚生子，普普通通，从没让父母操过心。在我的记忆中，偶尔爸妈也会意见不一致，有的时候俩人高高兴兴地出去了，却满脸不悦地回来了。父母离休后就帮我照看小孩，妈妈严格地让我从医生的角度科学育儿，爸爸虽然非常喜欢外孙，但是他不善于表达，更不会喜形于色。

爷爷一直跟我们生活在一起，跟我们下乡，跟我们回沈阳，是在我们这里去世的。爷爷是一个非常精明能干的人，也是个牙科医生，因为他年轻的时候以开牙社为生，所以我爸爸也子承父业，学了口腔科。

我学的是化工专业。可能是因为我和医学的缘分太浅，考大学的时候报了4个儿科系的院校，唯一的第四志愿报的是化工专业，最后竟被这个第四志愿录取了，没能学医成了我终生的遗憾。

所以我40岁的时候还想再自考一个"高护"，但是随着父母年事渐高和身体羸弱，就放弃了这个梦想。随后照顾卧床四年的爸爸，他去世的时候我的头发一下子就白了，再也没有缓过来。

随着年龄的增长和生活环境的变化，我现在有了更充裕的时间，可以与同龄人一起读读书、写写字，生活比过去轻松愉快了很多。随着社会的不断发展进步，我的感慨也与日俱增，尤其是看到祖国日益昌盛、国泰民安，一种自豪和幸福感油然而生，在经常回想父母那种忘我奉献精神的同时，也催发了自己贡献社会公益事业、为社会的和谐进步添砖加瓦的强烈愿望，想尽自己所能让人生更有价值和意义，并回馈国家！

159

十二、二田口国博

二田口国博：日本遗孤。1934 年，二田口国博的父母作为日本"开拓团"成员从熊本县"移民"到中国黑龙江省鹤立县。1939 年，二田口国博出生于佳木斯，父亲在邮局工作，母亲制作和服。1945 年 8 月 13 日，被征兵的父亲在战争中身亡。二田口国博被中国养父母收养，取名陈先国。1960 年考上了北京钢铁学院，1961 年养父病逝，1975 年养母去世，1989 年二田口国博带着妻子和儿女从沈阳回到日本。

我父亲是 1934 年去"开拓团"的，当时他们住在鹤立县，他在邮局工作。我是 1939 年出生的，3 岁之前，我家在鹤立县住了一段时间。当时和我们在一起住的全是日本人，都是一排排的房子，可能住了几十户人家。在那我经历过一些事情：有一个小孩，当时十几岁，他小学毕业时来到我们住的地方，没有父母，也没有什么亲人照顾，后来得了精神分裂症，整天在

▲ 二田口国博少年时期

▲ 二田口国博养母

马路上跑，有很多小孩跟着跑。我那时刚3岁，刚会走不长时间，我就跟在他后边，听说他是由于没人照顾，自己太孤单了，就得了病了。

我3岁的时候，我们家搬到佳木斯附近，离望江车站很近。那地方新成立一个"开拓团"，周围全是铁丝网，铁丝网里边是"开拓团"。还有一座望楼，用木头架子

161

搭的，上面有站岗的，我一看就知道了，这不是在自己国家，这是别的国家，外边都是中国人，院里头全是日本人。"开拓团"和周围的人经常产生矛盾。"开拓团"有的房子就叫人家给烧了，可能是东北抗日联军把"开拓团"的房子给烧了，可能是知道谁家对他们有仇，也许是因为占地占什么的有仇，所以就把那家房子给烧了——我就知道这不是自己的国家，我对这个印象很深。

后来我的妹妹出生了。我母亲是做和服的。父亲领我上邮局去过几次，他每天就是收信和收报纸，我的父亲还是个什么邮局的局长，下边管理不少人。他有时候带着我到机场去取报纸。报纸最初从东京往这边发，但东京离"开拓团"很远，后来把印报纸的地方搬到新潟，印刷后再运到"开拓团"，这样距离比较近。

到了1945年的时候，"开拓团"开始紧张了，在"开拓团"里头，很多人在一起到了晚上没事就唠嗑，有些人就已经知道日

本要投降了，都痛哭流涕的，一边说一边拍大腿，说日本要完了。他们每天晚上吃完饭以后都在外边说这事。当时我不太清楚，但是通过他们说话的表情，我全看出来了。后来苏联红军开始从北边打进来了，有很多人从黑龙江那边溃逃，逃到我们那个地方。当时没地方住，就住在外边的空地上，后来他们就走了。

　　大约就在那个时候，我父亲出征了。凡是15岁以上，45岁以下的男性都要上前线，他就跟着别人一起去了。可能去了也没有几天，由于苏联飞机轰炸，连扫射带扔炸弹的，父亲所在的部队就死伤一大半了，我父亲在那期间就死了。是8月13日，战争还有两天就结束了。一开始我母亲也不知道，我问："出征的人都已经从前线回来了，我爸怎么没回来？"后来想想可能不是一个部队的。过了好几天还是没有消息，就问别人去了，当兵回来的那些人也不说，问了就说不知道。我母亲就一直追问，最后他们只好如实说了。他们实际上是一个部队的，包括团长在内的人死了很多。他们光复以后就回来了，回来时候挺狼狈，走的时候都穿着军服背着枪，戴着帽子的，回来时候什么也没有，就是穿着一身衣服回来了。后来通知日本人准备回国，我母亲就准备了一个箱子，准备一些衣服以及生活用品，要往回走。装了一次，东西太多装不下，把行李又减少一点儿，直到能拎动为止。我们住的那个地方离车站还挺远，早晨走的话时间来不及，就在头一天下午到车站附近找一家中国人，这家的老头、老太太是做糖的，我们和他们说明情况以后，他们就留下我们在那住了一宿，吃的高粱米饭，这是我第一次吃高粱米饭。第二天早晨，我就背着我妹妹，我们三个人往车站去了，开始等火车。过去很多火车都不停，装的人都满满的，挤不进去。一直等到半夜大约12点的时候，见到一趟火车，我们和司机说一说就上车了。在车里头一直坐到一个车站下车，来了很多人，他们上来以后，就把能拿的东西都拿走了，我母亲的箱子也没有了，就剩下穿的衣服。我穿的短袖衣服，穿了一条裤衩。第二天中午到了沈阳，在铁西的一所小学校里头暂住。因为我们去得比较晚，那所学校里边都住满了人，我们就住在一进门的一大块空地上，那都是水泥地，第一层是水泥地，第二层和第三层是木板地。一般大家都有被子、褥子，我们啥也没有。后来就通过认识的人，把我们带到二楼去了。我的小妹妹，第一次吃饭吃的是小米，其实就是带皮的谷子，特别扎嘴，她吃不了，不是难吃，而是咬一咬嘴都咬破了。第三天，我小妹就饿死了。

到了冬天的时候，看着外面的雪一直下，我们也不敢出去，就在那个期间，我的母亲去世了。她一开始还能坚持，后来就开始发烧，大约也就十来天时间就死了。我在那喊、叫，他们也不吱声，后来旁边的人就告诉我，你不要哭了，你母亲已经死了，你快去找人，把她抬出去吧。我就到一楼找新潟县的一些亲戚朋友，和他们说了情况。他们来了几个人把她拖走了。当时特别冷，

163

不让我出去，不让我看，就扔到外边了。据那些朋友说，那时候死的人特别多，大约每天往外抬三四十人。后来我看到那个场面了，宽度大约也有十米，长度至少有四五十米，那么大面积，得有两三米高，那里头全是死人，全在那堆着，也没有土，外面全

▲ 二田口国博结婚照

是雪，东北冷，也没地方找土去，就这么一个一个堆着。就是在那个冬天死的人太多了。后来没办法了，小孩死的也太多了，就开始把小孩送人，中国人谁要愿意领的话就领去。当时去了好多人，每天都有中国人到那儿去。当时我已经六岁了，我养母去了，看我不大不小正好，觉得好养活些，就把我领回去了。

养母第一次给我背走的时候，外边雪下得很厚，雪下完了以后就结冰，那冰都很厚。我也没什么衣服穿，我胳膊、腿都在外边露着。离家还挺远的，我冻得脚都红了。养母就这样费了很大的劲儿勉强把我背到家。到家以后，养母特别细心地照顾我。开始的时候，能有大约一两个月的时间，我吃饭的时候也不敢多吃，一顿就是一小碗稀饭，每天就吃两顿饭，还是起不来床。后来身体慢慢就恢复了，能起来了，能上外头去玩了，我母亲才一点点开始做稍微黏糊一点儿的饭。我母亲那时候从商人那买些大米给我吃，她自己不吃，都给我吃。当时中国人都吃苞米，吃高粱米、小米。后来有一段时间，东北抗日联军教导旅先到沈阳，就住到我们家，他们就和我在一起唠嗑，有时候在一块玩，他们都是年轻人，知道我是日本小孩。还给我一把手枪，那把手枪坏了，不能用了，让我拿着玩，他们对我挺好的。

我养父母家里一直都挺穷的，养父母没有文化，没有上过学，也没有正式工作。我养父是做买卖的，卖菜或者卖一些商品，冬天特别冷的时候不能出去卖东西，就出去打柴，夏天卖点儿水果。我的养父是山东人，他十几岁的时候就逃荒到东北，从山东步行到东北。到东北就开始种菜，干农活，他原来也是农民。我养母也没上过学，但脑子还是比较灵活的，办什么事如果想干的话都能干好，性格挺直爽。养母家好多亲戚，还有周围的邻居都反对收养我，尤其收养的是日本小孩，说将来我要是回国的话，还能管我的养母吗？就不让她收养我。养母说不管是哪国的孩子，要是养就得养好，不能把日本人的孩子当劳动力，他能念书就让他

164

念书，供到他不能念了为止，所以养母的态度一直很坚决。一直供到我上大学，那阵家里特别困难，还是让我上学，一般的人做不到这点。当时很多人把小孩养到十二三岁以后，就让找工作去了，去种地或者放牛、放猪，就是干这些活。我养母就一直坚持让我读书，说我能念到几年就供到几年，如果是我自己不爱念了那没办法。我记得养母给我买过一个文具盒，小学二年级时候买的。一年级那阵还没有钱，舍不得买。我的铅笔就装在书包里头，什么保护也没有，铅笔尖一下就折了，没有头了，总削总削，太浪费了。到了二年级的时候，她好不容易攒了点儿钱给我买了一个文具盒。我特别珍惜，从小学二年级，一直用到我大学毕业，工作以后又用了好几年。文具盒底下的四个角全都磨漏了，直到实在不能用了我才扔，用了 20 多年。那时真的是家里挺穷的，开始的时候穿的草鞋，鞋都买不起。书包都是我母亲自己做的，从小学一年级一直背到中学。我使劲儿念书，要不好好念的话，感觉自己对不起养父母。

　　刚开始我还不太会说中文，说不全，书上的意思都不明白，后来一点点学，慢慢地理解，大约过了两三年时间，语言各方面逐渐理解了。初中毕业，我就不想去上高中了，想上技校或者参加工作，因为家里条件不好。但当时所有的技校差不多都没了，就剩下高中了。我和养母说我高中毕业去工作。因为高考完事以后到发榜之间还有一段时间，我就去做临时工，我做临时工的时候，那工厂的负责人就看中我了，说："你干活儿干得挺好，你留下来给你五级工。"五级工当时就是 63 块钱，那阵就挺多的。我和养母说："上大学不能挣钱得花钱，供我上学也挺困难的，我工作去吧，我工作这五年也能挣不少钱。"养母说："你还是去上学吧，你怎么想办法也得把大学念下来。"我就这样决定要上学了。当时我报了北京钢铁学院，能考上就上，考不上我就工作去。养母本身没有文化，养父也没有，好不容易培养出来一个学生，全力以赴地让我好好念下来。

我养母以前和我提过，说："你是日本人，你将来可能要回去。"她唠过这个话题，但是我把话题岔开了，不说。养母还和我说：

▲ 二田口国博在家中接受采访

"你家那边还有好多亲戚。"在收养我的时候她就知道了，因为新潟县"开拓团"的人给她介绍我的情况时就已经说了我还有亲戚。关于日本的事我从来没说过，我怕对她刺激太大，我不敢说，什么想法我也不跟她说。他们的养育之恩我不能忘，所以只要他们活着，我就不能想回国的事。我从工作开始，从第一个月工资开始，一直到他们去世的时候，我的钱都给他们，兜里几乎不留多少钱，因为养育之恩不能忘。等到养母去世以后，中日开始建交了，这时候我才开始考虑要回国的事。

我养母是 1975 年去世的。当时有好多遗孤研究要回国的事，一些残留妇人开始准备回国，中国政府也开始帮助这些人办一些

手续。我 1986 年时第一次回日本寻亲，那时候我才知道家里头在
熊本还有一些亲戚，我日本的父亲和母亲的亲戚那时候都在。

我那时工作挺紧张的，正好在出差的时候，沈阳市公安局往
我单位去信，单位就打电话通知我，让我赶紧回来办手续，准备
寻亲。挺急的，我出差走到一半的时候——我准备到广州，结果
走到洛阳的时候——就叫我赶紧回来办手续。我是 1986 年的 10
月份回日本的，在日本待了半个月。那是我们第一次见面，我大
伯的两个儿子、我姑姑他们去见我了。大伯的两个儿子现在还健在，
小时候我生母领着我去过他们家一次，我就记着我们要坐火车，
坐了很长时间才到，他们也是在"开拓团"。日本人投降以后他
们就回日本了。

那时我对日本的情况一点儿也不清楚，有什么亲戚都不知道。
我就记得自己的名，对于能不能回来都是画问号的。我是第十三
批寻亲的，前边还有十二批，大约是从八几年开始寻亲，每年都
有一两次的寻亲活动。1986 年是个高潮，那一年就回来好几个班，
一个班 50 人，一共是 650 人。后来还有一些回来的。当时留在中
国的大约有四五千人，但是寻亲的总共也就 3000 人。

想回日本，得到日本的警署去登记自己是遗孤，需要手续，
需要有证明人，找亲戚、朋友做证明的话，起码得有四份，材料
提上去，公安局经过研究以后才能确定。有的人材料不全，虽然
他是日本人，但是他周围的亲戚、朋友没有了，没有人给他出证明，
也回不来，到现在也有因此回不来的，他们要求挺严的。我真正
回日本的时候是 1989 年。我从日本寻亲回中国以后，和老伴研究
到底回不回日本，当时还有两个孩子，要问问他们是否同意。他
们都同意回来，但回来还得找保人。像我这种日本有亲属的情况，
当时政策就是只要有亲属的话，亲属就应该负责，日本政府一概
不管，不管住房，不管工作，不管生活费。这样的话，一般的亲
属不敢保证。一大家人消费那么老些，到时候政府一分钱不管，

167

有的亲属比较富裕的行，像一般的老百姓根本没有那么多钱，都靠亲属的话他负担太重了。我的情况也是那样，我决定要回日本了，但是那些亲人谁都不给作保。后来我自己找的愿意给遗孤作保的人。他是县里边福祉厅的一个退休的老人，原来也是个干部，他给 20 多个遗孤做了保人。他挺有能力的，住房、工作这些事他都愿意负责。

当时我在沈阳工作 20 多年了，我那时在单位的研究室工作，做室主任，下边还管着 30 多人。工作挺好的，但是因为当时遗孤差不多都回来了，在那种情况下随大流就跟着回来了，回来以后自己也挺矛盾的。

我们一家四口人回来，都住在大宫附近，那有一个培训中心。规定培训时间是半年，但实际不到五个月的时候学习就结束了。当时就告诉我们必须工作，要是不工作的话，就不给你生活费，就给你最多半年的时间。我们是七月初回到日本的，七月中旬去了学习班，星期一到星期五每天培训两个小时，到年底结束，第二年初就开始找工作。

我第一次工作的地方是铝制品厂，但那个单位 57 岁就退休。我在那干了几年以后又换了工作。当时工作比较好找，我又开始干粮食加工，干了几年。后来又换了几个工作，工作时间都不太长，有的企业不太景气，工资特别少。

2006 年年底，新支援政策规定，如果有工作的话就不再享受优惠政策，工资都给你算到生活费里边，就等于白干一样了。我就决定先退休。退休时是 67 岁。会社要求我干到 70 岁，我说不能干了。

刚回日本的时候，我和日本的亲人还有联系。我生父的妹妹得了癌症，她家住在大阪，我去看了一次，没几天她就去世了。来日本三年以后，那两个叔伯哥哥来找我。本来他们想给我作保，往中国那边去信，一联系得知我已经回日本了。老大比我大 10 岁，他弟弟比我大5岁，后来他们上我家去过一次。我那个大的叔伯哥哥，头两年得病死了。最后他们决定不给我作保，我就不再和他们联系了，我回日本也没告诉他们。

日本政府一直到1995年才把这个政策改了，不用亲戚作保，改到政府作保，政府出生活费。以前让个人作保，亲戚都不敢。从1995年以后，遗孤基本上都回来了，亲戚作保的事没有了。

我几乎是每年都回中国一次，就是最近两三年我没回中国，没有给我养父、养母上坟。

现在日本政府对待遗孤有专门政策，生活费和住房都有了保障，我的孙子是2001年在日本出生的，孙子去过中国，小时候在上海待了好几年，现在中文说得相当好，他看了很多中国古典小说，最爱看《三国演义》。

169

我从小就开始经历各种波折，各种痛苦，经历的事太多了。战争给人们带来很多痛苦，对于这些事我也只能埋到心里头。大人死了也就什么事都结束了，但是对于小孩来讲，从小就开始经受这些事，他这一辈子的遭遇都将和战争有关系。所以得考虑，战争带给我们的到底是什么？

第二章

日本遗孤和他们的后代

一、石丽丽

石丽丽：1984年生人，奶奶为日本遗孤，20世
纪90年代随父母去日本。

我奶奶是70年代允许归国之后第一批回日本的，她在中国大概待了30多年。回日本三个多月之后，她回来接我爷爷过去，随后我爷爷奶奶的后代又跟着去的。因为有些人已经成家了，就先把单身的没结婚的亲属带回去了，然后逐渐地把成家的给带过去了。我父母大概是在1993年的时候第一次去日本探亲，大概待了三个月，然后又回来了。直到1997年，我们整个家庭成员就都过去了。当时我们都住在农村，从来没走出过国门，就连县城都很少去，第一次去日本时觉得什么都不一样，大开眼界。爷爷奶奶觉得应该让我们受一些不一样的教育，所以就把我们都申请过去了。

去日本之前我是满怀期待的。在那之前，我妈去过日本了，回来后给我讲了一些日本与中国不一样的地方。她描述这些的时候，我在想，原来还有这么一个不一样的地方。当时我还没走出过我们这个县城，哪儿都没去过，所以就特别期待。到那儿的第一个星期跟做梦似的，完全就是迷迷糊糊的状态。来到一个陌生的环境，语言也不通，哎呀，我在哪儿呢？一家人在一起的时候才觉得是在家，但是我对这个家也不太熟悉。过了一周之后，才

确认我是真的来到日本了，我梦想成真了。刚到日本的时候，我们住在东大阪市。我们家住的那个地方中国人很少，那个区域就我们一家中国人。去当地的区役所、市役所登录报到，他们告诉我这个区除了我家没有中国人。大家都是那种表情：啊，来了一个外国人！就像我们小时候看见外国人一样，就是那种感觉，特别好奇。我父母在那个年代也没有上过学，我姥姥重男轻女观念很严重，认为女孩就是不能上学，所以我妈完全没受过教育。在我的记忆当中，我妈一直干体力活，特别辛苦。我妈我爸去了日本之后，刚开始没找到工作，后来找到了工厂的流水线工作。她再也不用大冬天在外边干活了，也不用挖地窖了，更不用去卸货了，这样日子就过得比较轻松了。

▲ 2014 年，石丽丽与爷爷

我是 1996 年去日本的，那个时候我上小学六年级，到日本之后就马上直接申请上了中学。我去的那个年代比较早，当时日本的中国人特别少，他们很少能见到国外的人，特别是中国人。在我们那所中学里，我是唯一的一个中国人。大家都觉得特别好奇，都到我的班级来看我。因为语言不一样，我也听不懂他们说什么，就觉得大家都在关注我，好像我是挺特殊的一个人。但是日本人比较热情，比如说我听不懂日语，他会用文字的形式或者绘画的形式来表达，一直跟我说到我理解为止。有一些同学每天跟着我，用他们认为我能理解的语言教我说日语，老师和校长对我也特别照顾。当时我以为由于语言不通，我可能很难适应日本的环境，但他们对我的那种热情态度让我逐渐地适应过来了，也是从那个时候起我开始学会了日语。大家并没有因为我是中国人而排斥我。他们之前也认为中国人可能是完全不一样的人，等见到我了才发现原来长相都跟他们是一样的，只不过就是语言不同。他们知道我是遗孤第三代。我入学前，日本学校就把我的个人情况跟大家说了一遍，跟老师、同学都讲了大家应该给我什么样的帮助。就是为了让我不觉得新环境很陌生，让我不觉得自己很另类。沟通时还是会有一些障碍的，比如共同去做一件事，我这么做，他们会那么做，他们就会觉得：啊，可能中国人就是这种方式。我是从农村出来的，跟他们生活习惯不太一样，他们觉得我这样的习惯就是中国人的习惯。但是后来我日语越来越流利了之后，我才明白原来这件事并不是我个人的问题，也不是他们的成见，而是由于语言不通，所以在沟通上会有一些问题，造成了大家对我产生了一些看法。日本的老师特别有耐心，我一开始语言不通，根本就理解不了他们上课讲的内容，老师课后就会给我一篇一篇地补习一遍，还单独请了一个专门教我日语的老师每周来给我上课。老师和同学都对我特别照顾，我的中学、高中很顺利地就上完了。

175

　　我高中毕业之后没有选择上大学，而是选择了去广东发展，因为当时日本政府在广东珠三角那一带成立了很多日资企业。我在中国待的时间比较短，正是学语言、学习中国文化的时候就到日本去了，中文底子特别差，对于很多中文、历史知识都不懂，错过了那一段学习时间。我听得懂中文也听得懂日文，简单的都听得懂，但是如果说更深层次的就理解不上去了，因为没有文化嘛，所以我当时就决定到广州那边的一家日资企业应聘。我的第一份工作是日语翻译，因为当时我在语义表达上有问题，语法颠倒现象比较多，我就在广东又实习了一段时间。从基础开始学，学语法，学官方语言，每天都看报纸，为了提高中文能力。我是2005年考的日语一级证书，当时是日语能力测试的最高级。这一段工作经历让我见识到了不一样的城市，见到了更多小的时候在农村，还有在日本的时候没有见到过的东西，知识也好，环境也好，完全是不一样的。可能就是因为我的这种身份让我有了更多的选择。原来我认为去日本之后，就很可能跟其他人一样在工厂流水线工作，但没想到这个身份让我有了更多的选择机会，见到了不同层次的人，这对我来说是比较有意义的。

在广州待了6年，我该学的基本上都学到了，也积累了一些经验，然后我就又回日本工作了。在日本的公司里也是做翻译，做一些文职工作，选择了在日本发展。第二份工作是看报纸招聘去的。报纸招聘启事上面写着日本遗孤的后代优先、在日本定居优先、"日语一级"优先这几个条件。我一看，这些条件我都符合呀！我就打电话过去应聘。当时是个日本人接待的，因为我的口语可能比当地学生的口语要好很多，就顺利被录取了。同事们都知道我的身份，因为我会跟他们说。他们很好奇，说："啊，你奶奶是日本人！——你怎么会回到这儿呢？"就是那种异样的眼光，相处的时候觉得有一些工作、生活上的习惯与中国不太一样。日本的工作节奏比较快，国内的人可能慢一些；再比如吃东西什么的，很多生活习惯都不太一样。

我来日本之后，直到结婚时才回方正县，我28岁结的婚。第一次回到方正县，发现每条街都不一样了，楼也多了，环境也变了，我挺惊讶的。走了这么多年，真的是发生了天翻地覆的变化。

我跟我爱人是通过介绍认识的。我当时二十五六岁了，到了该找对象的年龄，却连个对象都没有，家里比较着急。身边的那些朋友已经该结婚的结婚、该生孩子的都生孩子了，只有我还单身。我家亲戚给我介绍的他，我们就这样认识了。我一开始还觉得，不能找一个中国人，因为担心他到日本之后很难适应日本的环境，语言沟通有障碍，他还得像我一样从头适应，对他来说可能是比较痛苦的一件事儿。但我大姑说她刚好在日本留学，很适应日本的环境，正好符合我的要求。一开始我们就是用QQ沟通，那时

177

▲ 石丽丽在家中接受采访

还没微信呢。我觉得我们俩的想法挺对路的，虽然说他在国内长大，我在日本长大，但是因为他在日本留学了好几年，比较了解日本社会和生活习惯。我觉得我们还是很有共同语言的，我觉得这个人可以，谈了两个多月就闪婚了，然后我就把他带到日本去了。

　　多年之后，我们两个又一起回来了。我们家老大是在日本出生的，生完了几个月大就带回来了，因为他奶奶想看孙子，但奶奶去不了，我们俩就带着孩子回来了。回来待了一段时间就开始想，是让孩子在这边受教育，还是那边受教育。我觉得如果孩子生下来就在日本受教育，以后再去学习中文会更困难，因为中文非常难学。所以我们俩就决定让孩子先在中国接受教育，等到有了一定的中文基础之后再返回日本接受教育。孩子现在还不会说日语，平时我有事没事也跟他说一两句。现在有一些孩子，日本的父母也带，中国的亲人也带，结果日文、中文都学乱了，说话颠三倒四的。所以我想让孩子在国内先学好中文，中文学得比较扎实后再学日语。

　　我们去了日本之后，我的学杂费全免。入学之后，校服之类的正常应该要交制服费的，但由于我们刚到那边经济挺困难的，他们就把别的学生闲下来的衣服免费给我。他们会定期地派一些老师进行家访，跟我沟通，问我学得怎么样，开不开心啊，给我进行心理辅导。在生活和学习方面给了我很多照顾。我们刚到日本时融入不了那个社会，因为无法与人正常沟通嘛！找工作就是问题，像我父母，那个年代的都不会日语，没有办法去工作。他们就可以申请一些补助，还有保险，自己交一部分钱，其他的费用由国家承担。买药或者去医院看病，政府给报销70%。我奶奶回到日本之后，因为年龄比较大，已经不能工作了，所以她申请生活补助，国家给她生活费，医疗费等都是全免的，不需要个人花钱。我奶奶生活不能自理之后，国家给她护工费，如果住院的话，可以雇护工照顾她。我奶奶那一代到我父母这一代基本上都是享受医疗全免的政策。我们生孩子之后，日本也会给一些补助。即使有能力工作，如果只靠工资养不了家的，日本政府也会另外给一些补助。

　　我父母现在不是日本籍，我也不是。主要是我觉得加入日本籍的话，回国会比较麻烦。如果我回中国，要去入境处提交申请等，不太方便。人都有一种思想，落叶归根，所以总要定期回来看一下，这是家乡啊。经常回来看看，看一看熟悉的人。我和小学同学基本上都有联系，我会看看能不能在我的能力范围内为他们做一些什么事情——我对家乡比较亲。

　　我觉得我的身份挺奇怪的。我在日本，人家觉得我是中国人；我回来了，中国人又觉得我是日本人。我在日本的时候，就按照那边的方式；在这边的时候，就按照这边的方式——现在我是两边都适应了。

二、长山鹏子

长山鹏子：日本遗孤二代。生母长山秀子出生于
1945 年，被中国人收养，1986 年回日本寻亲。

在我很小的时候，总是听人家说我母亲是日本人。邻居们去
我姥姥姥爷家的时候，周围一些爷爷奶奶都会这样说。但是那个
时候我还没有觉得我母亲就是日本人，我也问过我母亲："妈妈您是日本人吗？"我长大以后，母亲就开始寻亲了。直到我一直听母亲和父亲说她要寻找日本的爸爸妈妈这件事，我才真正知道我母亲就是日本人，是日本遗孤。

我母亲寻亲的时间应该很早。我父亲的师傅的妻子——就是父亲的师娘——是日本残留妇人。1979 年，她回日本的时候，

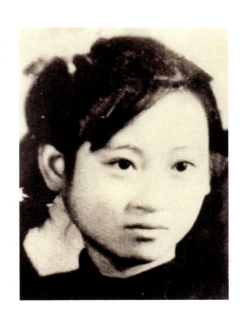

▲ 1959 年，长山鹏子的母亲长山秀子
14 岁时在长春拍的照片

我母亲请她帮忙寻亲，同年就在日本登报寻亲了。然后日本政府就到中国来调查日本遗孤的情况。大概是 1980 年前后。我听说，在我母亲两三岁的时候，一个叫韩姥姥的人，日语翻译，是她把我母亲带到姥姥姥爷家的。姥姥姥爷没有孩子，就收留了我母亲，并且一直把我母亲养大。当时我母亲有证明自己是日本人身份的证据，但是姥姥姥爷没有把这些东西保留下来。姥爷一直在世一堂药房熬药，所以，对于母亲是怎么到姥姥姥爷家的，当时一起工作的人，还有邻居都是知道的，所有人都知道我妈妈是日本孩子。当时外事办、公安局进行了各种核实身份的

▲ 长山秀子于 1986 年回日本寻亲时拍的照片

调查，不只是跟姥姥姥爷调查，就连带我母亲去姥姥姥爷家的韩姥姥都找到了，还有知情的同事、邻居，他们都是证人，然后根据这些线索、证据确定了身份。

1983 年，母亲随长春的日本遗孤代表团回日本寻亲，这是我母亲第一次回到日本。但是我母亲没有找到日本亲人，当时也有拿照片出来认的，但是后来就没有消息了，可能是没有对上。

从 1983 年到 1988 年，我母亲都是通过日本政府在寻亲。日本政府一直在帮助这些没有找到家属的日本遗孤寻亲。记得那年我还是上小学的时候，大概 1981 年吧，日本朝日新闻电视台到长

春来采访日本遗孤，在长春一共采访了三家，其中就有我们家。当时我们都在家，电视台对我母亲进行了采访，大家还一起合影留念了。1988年我们全家回日本的时候，日本政府委派一位姓山城的先生做了我们家的保证人。那个时候日本政府规定，没有找到亲戚的日本遗孤想回日本的话，只要由日本政府作担保就可以回到日本了。

回日本的日期已经确定了，但真正到要回日本的时候，我的心情还是挺复杂的。因为我刚毕业，说实话还是想留在中国的。但是我父亲做了我的工作，说我母亲最后的愿望是想回到日本，我们要支持我母亲才对，都应该跟妈妈回去。我也纠结了一段时间，但是最后还是下了决心，因为家里人都要去日本，那我也去吧，就这样去日本了。我当时真的是没有太多的考虑时间，因为没有去过日本，不知道日本是什么样子，当时非常舍不得离开中国。1988年7月，外事办的领导一直把我们送到北京，亲自把我们送到飞往日本的飞机上。我到日本那年20岁。

我们为什么于1988年回日本呢？因为那时我中国的姥姥姥爷已经过世了。我母亲一直照顾姥姥姥爷到过世，才觉得可以回日本了。我母亲的养父养母，都是善良老实的中国老人。在我的记忆中，他们身体都不太好，尤其是姥姥有哮喘，平时在家里就坐在炕上。我母亲在大家眼里就是那种脾气很好、善良贤惠的女人。我长大了，朋友们都说我像我母亲。我记得，母亲休息时带我们去姥姥姥爷家，她一定先把姥姥姥爷家里里外外打扫干净，该洗的都清洗干净再做晚餐，我们常常和姥姥姥爷一起吃晚餐。姥姥姥爷生病那些年，他俩轮流住院，我母亲就一直陪着，对我母亲来说，是姥姥姥爷把她养大的，直到现在我母亲都有这种感恩之情。收养了我母亲以后姥姥姥爷家又有了我舅舅，我母亲也一直照顾舅舅长大，每次回来都去看我舅舅，现在我舅舅也过世了。以前每到过年的时候姥姥姥爷都会给我们红包，姥爷爱买冰棍给我们

181

吃……每次想到他们都感到很温馨。

1988 年 7 月 1 日，我们飞到名古屋。下了飞机就直接去了名古屋归国中心，然后在归国中心学习、生活了 4 个月。这 4 个月对我们来说还是很愉快的。每天都有日本老师给我们上日语课，假日还带我们去名古屋的名胜古迹观光游览。当时我母亲在一家制作西装的服装厂工作，服装厂的老板把他们的宿舍给归国者中心利用，我们每家分一个房间，我觉得条件挺好的。在这里生活期间，日本人对我们照顾得还是很细心周到的。住在那儿的都是遗孤和家属，在长春时大家也几乎都认识，就没有感到太寂寞和孤独。八家住在一栋楼里，年轻人相处得很融洽，除了上课、观光，休息日我们还可以出去溜达

182

▲ 1989 年 12 月，长山秀子去日本神户旅游时拍的照片

溜达。服装厂的老板还把我们一家一家地、分批次地请到他们家里做客、吃饭，老板娘会做一桌很丰盛的日本料理请我们吃，大家都特别开心。虽然语言不通，但还是能感受到他们对我们的关心。我们住的这个地方，有日语老师，有生活指导老师，所有的事情都有老师指导我们。我们不是第一批归国者，在我们之前已经有好几批归国者了，当地人还是很欢迎我们的。

　　4个月后，我们就跟随保人去了兵库县伊丹市。第一年我们主要还是以学习日语为主，每天去上课，有日语老师，还有生活指导员。日语老师也会组织一些活动，比如学习做日本料理，或者大家在一起包饺子。在学习日语的过程中也可以去找工作，找到了以后直接去工作就可以了。就这样，我们在这里住了一年，我父亲和弟弟在大阪找到了工作。然后，我们就全家搬到大阪了。这一年零四个月的生活费都是日本政府给的，什么时候参加工作了，有收入了，日本政府就不再给了。

　　那个时候找工作没有想象中的那么难，之前我还担心日语不好会找不到合适的工作。毕业后，我就找到了工作。我的第一份工作是在咖啡店里打工，咖啡店是那种很精致的小店。我来到这里打工主要是想学习日语，这里有很多跟客人交流的机会。1990年我找到了第一份正式工作，是在松下电器的一个附属工厂里检查电路板，白天工作，晚上去夜校学习。这里无论是领导还是一起工作的人，都非常认真、非常热心地教我，我和大家相处得很好。因为我晚上要上课，所以上班时间有时会犯困，他们有时看到了会带我去楼上喝杯咖啡，大家一起聊聊天再下来工作。就这样过了有一年的时间吧，我在学校附近找到了另外一个工作，是朋友介绍的，一个企业的办公室正好需要一个办公室文秘，需要女生，我就过去了。母亲在日本的工作一直都很辛苦，打扫卫生，剪树枝……工作虽然辛苦，但是和同事相处得很好。我母亲就是那种任劳任怨的人，从来没有因为辛苦抱怨过。父亲一直做正式工作，

183

交了养老保险、社会保险等，直到退休。但是由于他们回到日本时年龄已经很大了，工作时间比较短，所以年金不够的那部分由政府补贴。

我觉得日本政府对遗孤照顾得还是挺到位的。退休之后，他们看病是不用花钱的。年龄大了，不能自理，需要护理的话，医院都能安排护工来照顾他们。我父亲前几年身体不好，政府就派车到家里来接，把父亲带到大阪归国者中心，那里有老年人的全日托管，在这里有介护士照顾一天的生活，一般下午4点半左右

184

▲ 2018年4月，长山鹏子（左二）和福田设计师一起在长春做文化交流

就送回家。我在回国前，也就是 2000 年的时候，姐姐带着我一起去学习并考取了介护士二级，也叫自力支援士，我做了一段时间后又考取了一级。我做这份工作也是想了解一下日本人的生活状态是怎样的，一直做了 5 年的时间，直到 2006 年离开日本。

我是 1991 年回长春结婚的。我先生和我是一个学校的，他大学毕业后过了两年我们就结婚了，婚后我把他带到日本了。我们有三个孩子，一个女儿两个儿子。儿子是双胞胎，现在都毕业工作了；大女儿也结婚有孩子了，孩子一岁多了，现在在京都生活。

2006 年我先生因为工作原因回到苏州，我们全家就一起回中国了。孩子们先在苏州的日本学校学习，之后我们就回到长春了，3 个孩子都读到大学毕业。回长春读书，是为了让孩子们学习中文，大女儿被吉林大学录取了，两个儿子也选择在长春读书直到大学毕业后才离开。

我们这代人对中国是有着深厚情感的，我希望我的孩子也和我们一样。他们有在日本生活的经验，也有在中国学习生活的经验，未来他们有自己的选择，是生活在日本，还是回到中国，这个就交给孩子们自己去选择了。但是我们给孩子们的建议就是：如果在中国和日本之间能充当桥梁和纽带的话，希望他们能发一点儿光。

这么多年我还是愿意在老家生活，骨子里其实还是中国人。我是这里土生土长的人，回日本时也有 20 岁了，虽然归入了日本国籍，但也没有觉得自己就是日本人了，这几年因为要陪孩子们学习，所以我又回到长春。在日本生活工作的那些年里，我的生活和工作压力很大，这几年在长春才真正做了一些自己喜欢做的事情。在长春这些年，因为有在日本生活、工作的经验，身份比较特殊，所以大家对我还是很信任的。去年我又把在长春生活、工作的日本人组织起来，开展了工业长春、文化长春两项文化交流活动，进行得很顺利。

185

我从1988年到2006年在日本生活的18年里，除了学习、工作、照顾家人和孩子们，也参加一些社会活动，每天都很努力，在事业上也取得了一些成绩，能为老家做一些事，并得到了大家的信任，我感到很高兴。

以前我只跟母亲交流过遗孤的事儿，跟其他人很少去谈这种事情，既然历史遗留下来的问题不能改变，那么就只能改变自己。我母亲那一代人虽然已经回到了日本，但是他们毕竟是在中国受教育的，是中国的父亲母亲把他们养育成人的，我不能代表所有的日本遗孤，但就我母亲而言，她是非常感恩我的姥姥姥爷的。他们对中国的感情依然是深厚无比的，他们内心深处还是把自己看成中国人，而非日本人。我们到底是中国人还是日本人，该用怎样的心态来面对，似乎也没有那么重要了。在日本找工作或者和陌生人打交道时，由于日语不是母语，人家马上就会问我是从哪里来的，开始我会有一些想法，时间长了我觉得我努力学习日语就好了，感到自己没有必要总去纠结这种事情。

这些年因为大环境的变化，我又回到了长春，回到了我成长的家乡。我从开始做事业到为中日友好交流贡献自己的一份力量，都是在长春实现的。日本和长春是有历史渊源的，我作为日本遗孤的二代，有义务让更多的中国人了解日本，也有义务让更多的日本人了解中国，了解我的家乡长春。我希望中日关系越来越好，只要有利于中日友好的事情，我都会竭尽所能去做的。

三、佐藤凯

> 佐藤凯：画家，日本遗孤二代。曾就读于中国鲁迅美术学院、中央美术学院，2009年定居日本。现为日本美术家联盟会员、日本元阳会委员、东京凯艺源画室负责人。

我的中国名字叫吉凯，来到日本以后随母亲姓"佐藤"，叫佐藤凯。我于1969年3月出生于黑龙江省牡丹江市。

我母亲出生在山东掖县（今山东省莱州市），是从山东来到牡丹江的。我母亲在中国的名字随中国的父亲姓董，叫董素芳。来到日本以后就随了日本的姓氏，只留下最后一个芳字，叫佐藤芳代。

从我有印象的时候起，就感觉我们家日子一直过得很紧，是很潦倒的一种状态。后来，我母亲和我父亲离婚了，带着我和我弟弟两个人生活，经济是很拮据的，家里各个方面的生活都比周围的邻居、朋友差很多，所以我母亲就想改善这种状态。我母亲是很能吃苦的一个人，当年正好赶上改革开放初期，可以做一些小生意。当时我们住在印染厂家属宿舍，都是单位分的住房。我母亲就从单位里进一些布料，拿到村子里或者县城、乡里去卖，偶尔我母亲也会带我和我弟弟去乡下卖布料。

我母亲每次都会带很大的一包布，大概得有 60 至 70 斤，那些布很沉，我母亲挎在肩上背着，走路的时候还需要哈点儿腰，走一段时间就得放下来休息一下。当时我跟我弟弟比较小，我们两个人挪动那一大包布都很费劲。我母亲年轻的时候比较瘦弱，扛起六七十斤重的布包是很吃力的。但她就这么背着，往返于家、车站和乡村之间。

▲ 佐藤凯在工作室

在绘画方面，我母亲对我和弟弟影响很大，后来我从事的都是跟美术有关的工作。我母亲从小就喜欢画画，因为早期我姥爷家的条件还是不错的，自己做一些小生意，但到后期因为很多事情，经济也很拮据了。当时买不起纸，她就拿根木棍在地上画。她看到当时有很多以前的老艺人给人家画家具，她就在旁边看。在她们那个年代，搞专业绘画的人很少，都是一些民间艺术家画一些家具上的玻璃画呀，或者烫画什么的。

我母亲从老家来到东北以后就进了丝绸厂，做图案设计工作，后来又被单位送到鲁迅美术学院进修。当年我母亲一个人带着我们哥俩，如果幼儿园放假了，她就会带着我们两个去设计室。我看到有笔有颜料，就非常高兴，便会拿一张没用的纸，拿笔在那儿自己描，就这么一点儿一点儿画起来，一步一步走向美术专业。后来我母亲也会给我一些资料，让我去临摹。临摹完以后，会给我一些评价，告诉我哪里哪里画得不是很好，所以我母亲也算是我的美术启蒙老师。在我的记忆里，她几乎没有一次说我的画画得不错，每次肯定都是这儿不行、那儿不行，很严格的。前几年来了日本以后，我画的这些画，她都会给我挑出很多毛病，到现在还是这样。

我正式学画的第一位老师是李明，他是鲁迅美术学院版画系毕业的，上学期间他就是班里的素描课代表，他素描画得特别好。李明老师是我母亲的朋友，也是我母亲让我跟李明老师学画的。

我来日本以后，考虑过画残留孤儿系列，但是还没有画成。因为这个难度比较大，如果我想画好的话可能需要看大量的资料，要深入地了解那段历史，不像我画一些我熟悉的人那么简单。但我将来肯定要画的。

我母亲也是后来知道自己是残留孤儿的，因为她发现自己种的牛痘和别人不一样。日本和中国种的牛痘是完全不一样的，这是标志性的特征。那时候就有人看了她的牛痘后问我母亲是不是遗孤。我姥姥临终的时候才承认了这件事，她跟我母亲解释，当时一大家子有七八个孩子，因为怕牵连到家里，所以一直没敢说这件事情。当时中国实行改革开放很多年了，大家的心理状态跟以前大不一样了，要再早上十年或者二十年问这个事，我姥姥是绝对不会说的。另外，当时姥姥感觉自己身体也不行了，也必须让我母亲知道这个事情，所以她就承认了。

我姥姥有七八个孩子，一般在中国的话，像她那个年纪的人都会宠着家里最小的孩子或者儿子。我母亲家里最小的是我老舅，但相对来说我姥姥最宠的是我母亲，可能是因为我母亲是日本遗孤。这也正体现出了我姥姥的善良。她是不会虐待养子什么的，她不会做出这种事情的，除非她当时不收养你，只要收养了就会好好地照顾的。

我对姥爷的印象不深，我就记得我们好像在一张桌上吃过饭，我的姥爷长得什么样都不记得了，只是后期看那些照片的时候还有印象。因为在我特别小的时候他就去世了。

为了学画画，我先去的哈尔滨，在哈尔滨待了一些年以后又去了沈阳，在沈阳待了几年以后又去的北京，在中央美术学院学习结束后就留在北京了。从沈阳去北京的时候，我就已经决定将来在北京生活了。打算在北京找个对象，成个家，买个房子。如今，我的梦想也实现了。

当时在北京的时候，我们生活各方面都很好，也不太想来日本。我弟弟他们先来了，当时是政府给出的钱，是公费。后来因为我母亲年纪越来越大了，并且我们家孩子也该上幼儿园了，所以就决定过来。

日本的环境比我们老家要好，生活条件不错，住房条件也很好，我感觉比较适合养老，比较适合我母亲过来。我母亲自己也感觉挺开心的。我母亲以前几乎每天都要自己出去遛弯，去公园转转，到各个地方转一转。当然，困难也是有的，我母亲来这儿以后最大的困难就是语言问题。我来日本以后的困难也是语言问题。后来我就开始办美术班，教的也都是华人，都用中文去教学，这样语言对我来说可能不算什么障碍了。我偶尔也会跟一些日本画家交流，一些简单的语言还是可以交流的。其实大家互相欣赏画的时候，不需要说很多的话，只要看就行了。

在国内，虽然说我的美术培训班办得相当好，学生也很多，成绩也很好。但是，有一点没有在日本这边好，那就是在中国办高考班的话责任很大，需要每一天都跟学生在一起生活，在一起教学，甚至一个月只休息一天，其他的时间基本上从早到晚跟着学生，所以没有机会画自己的作品。而来到日本以后，第一是因为语言有障碍，第二是因为对日本的高考了解的也不多，也没办法再去办美术高考班了，只能办一个针对华人的美术兴趣班。这样就轻松多了，而且时间很宽裕，一个月有 8 天是培训时间，剩余的时间都是我自己的，这样的话就可以全身心地投入到画画上，有时间大量地创作，有时间参加各种展览。虽然没有在国内钱挣得多，没有在国内条件好，但我也感到挺轻松自在的。

　　2009 年 10 月我来到日本，学了一年的日语，从 2010 年我就开始搞创作了。2011 年开始参展，当时画了一幅山西老汉的肖像画，第一次参展就获得了一个新人奖。这个新人奖在初级阶段算是一个最好的奖项。第二年画了一幅表现"311"地震题材的，获得了优秀奖。第三年的时候画了一幅自画像——也就是第三年的时候，我突然一下心里就有特别怀念老家的感觉，所以画了一幅我在雪景中拿着一支烟的自画像。就这样，我基本上年年参加画展，年年获奖。尔后又参加了日本 FACE 展，获了奖，作品被大塚国际美术馆收藏了。后来在日本的残留孤儿也举办了几次美术展，东京的、大阪的等各地都有美术展，也邀请我去做了评委。我也会去做一些关于残留孤儿的、华人的画展，以此为促进中日文化的交流尽一点儿绵薄之力。

四、山本丽波

山本丽波：日本遗孤二代，出生于1968年，现为黑龙江省方正县日本商会副会长。

我是1968年出生的，方正县是我的故乡。我在中国的名字叫张丽波，来到日本之后加入了日本国籍，因为我父亲是日本人，姓山本，所以给我起了现在的名字。我母亲是中国人。

在我的记忆当中，我隐约知道父亲是日本人。我爷爷最开始是跟我们生活在一起的。我爷爷是山东人，在我要上小学的时候，我爷爷回到了山东。我出生的那个地方的左邻右舍都知道我家的情况。最早的时候，我家很贫困，我父亲去外事科，说明一下家里困难还能领100多块钱，在那年代100多块是金额挺大的一笔钱。

因为我家生活在山村，不像大都市，有一些排外，好像我舅舅对我父亲有一点儿排斥吧。但是朋友或者同学什么的对此也没什么感觉，都知道我父亲是日本遗孤，但没有什么别的想法。

据我父亲回忆，好像在他还很小的时候就被我爷爷抱养了，但是他还不知道自己姓什么。据我大爷回忆，当时我爸他们家好像有三个孩子，我亲伯父，我亲姑姑，还有我爸，他们逃到得莫利的时候就分别被三家收养了。我亲伯父在我父亲很小的时候，总去我家看我父亲。我爷爷就会告诉他这是你亲哥哥，你是日本人。

后来，我爷爷为了让他忘记过去，给我爸起了一个小名叫小迷糊。
我 16 岁的时候，我亲伯父一家先回日本了，回日本的时候就一直
说哥兄弟要一起回来。我们是通过日本政府回来的，是公费，日
本把钱汇到哈尔滨，哈尔滨再汇到方正县，再通过外事科转给我们。
回来的时候也是方正县外事科把我们送到哈尔滨，我们从哈尔滨
坐飞机去北京，之后直接回到日本。

▲ 山本丽波在哈尔滨太平机场提取捐赠给国内的口罩

　　我爷爷和我奶奶是山东人，闯关东的时候收养的我父亲，收养了我父亲之后我奶奶就回山东了，我爷爷跟我们生活在一起。

　　我父亲当时是哥三个分别被三家抱养了。我父亲原本是被另一家抱养了，但因为那家孩子比较多，那家就问我爷爷说："你要不要小孩？"我爷爷说："那我要吧。"就这样，我爷爷收养了我的爸爸。

　　我父亲被收养时，按正常年龄来说应该已经会走了，但是他还是爬，因为营养不良。我奶奶就一直用米糊和米汤一点点儿地给我爸养大的。

▲ 山本丽波在方正（左三）

我爸挺幸福的。我爷爷一直陪伴着我们,我爷爷一直说:"这是我的儿子。"是他一手把我父亲养大的。在我上小学的时候,我爷爷身体不太好,说不想流落到异乡,就回老家了。我爷爷临终前,我父亲带我和我哥回山东老家,见了我爷爷最后一面。我还有两个姑和一个叔,我大姑就感觉很委屈,感觉我爷爷奶奶都很偏向我家——我爸是被爷爷奶奶亲手养大的,但是我大姑从小就被寄养到别人家,她感觉她才是外人。但我的两个姑姑都很宠我,每天都抱着我,我想吃什么马上就给我送过来了。

我们回日本的手续办下来的时候,我爷爷已经不在了,那时我奶奶已经80多岁了。我父亲给山东去信告诉我叔,我家要回日本了。老太太着急呀,一看我家要走了,就每天跟我叔和我姑姑吵吵要上东北,磨了三个多月,每天都那样。有一天,她打扮得利利索索的,就坐在床上了,说:"我今天必须得回东北,我必须得看我儿子去。"给我叔吓得都不敢往她那儿去,我叔一去她就闹。他们就只能躲着,待了几个小时过去一看,我奶坐在那个床边去世了。

当时我叔也没敢跟我爸说,后来我叔到东北的时候才跟我爸说。我爸挺伤心的。后来我叔一直在东北陪着我们直到我家来日本。我家来的时候属于公费,不用花钱,我家把剩下的钱还有我们穿的衣服什么的都给我叔了,我叔带着我家的东西坐上飞机回的山东。

我父亲到日本打了点儿零工,我们又凑了一点儿钱,两年之后我父亲回山东了。山东那个县政府还是很重视的,他们那边好像第一次见日本人回去。政府特别批了一块地给我爷爷、奶奶建了一个墓地,立了一块碑。还给我叔在农村盖了四间砖房。

我那些姑说看不出来我爸是她家抱养的,现在我两个姑姑还在,我大姑90多岁了,如果这次新冠疫情结束的话,我会回山东再看她的。我叔不在了,但是我婶婶还在,我和她家孩子经常微

195

信联系，她经常问我什么时候回来。所以，对中国我们是有深厚感情的，是有牵挂的。没有山东这些家人，我爸不会这么幸福，我们也不能在那么好的环境下成长。

那个年代虽然很穷，但是我爷爷奶奶始终让我父亲接受教育。我爸还在学校当过老师，在那个年代能有知识是离不开父母的教育和培养的。我父亲给我们的那种教育，我感觉还是超越一些人的。我父亲的思想是很超前的，对孩子上学这方面特别重视，只要你上我就供，但你要真正不想上了，就没有办法了——我有这样的父亲还是感到蛮幸运的。

有一次，我父亲给我讲了一个他小时候的故事。在他大概八岁的时候，农村种黄豆，秋天的时候都要捆成捆，然后再往牛车上装，拉到家里再打。我爷爷用叉子叉一捆一捆的黄豆秧往车上扔，我父亲在车顶上给它摆平整，摆平整才能拉得多。我父亲那年才八岁，摆得有一点儿慢，我爷爷就生气了，用叉子打了我爸两下，嫌他弄得慢了。

回家的时候我爸就有点儿生气了，他从车上爬下来，找了个小树林边儿猫了起来。那个时候东北农村还很荒凉，过了一会儿他听到狼叫了，他就吓得躲在玉米堆里头不敢出来。我爷爷到家之后，卸完车一看，孩子怎么没在车上？我爷爷就着急了，赶紧把左邻右舍的人都发动起来，到地里举着火把到处找我爸，终于给我爸找着了，我爷爷抱着我爸就哭了。

在家里，我爷爷都是把好吃的留给我爸爸。我们回山东我爷爷家的时候，我爷爷都把藏起来的钱拿出来偷偷地给我们买好吃的。我大姑，还有我老姑、我老叔，他们对我爸特别重视，我姑和我叔都是围着我爸转，哥长哥短的。我爸一回去就说老张家的大公子回来了，大摆宴席招待——那个年代很穷，但是也会为了我爸桌上桌下地张罗。山东人是很讲究礼节的，他们坐哪个位置都有讲究，吃饭的时候——那时候我爷已经不在了——除了我奶之外，我爸都是在上座，就是坐在首位，下面是姑姑、叔叔，还有那些老张家的堂兄弟姐妹。那种浓郁的亲情，我现在回忆起来，还是感觉很幸福。

在新冠疫情暴发之前我哥回了一次山东，我看到他们拍的那些照片，就感觉这才是真正的一家人，那种浓浓的亲情是不一样的。我16岁来到日本，现在来日本已有35年了，但是我做的梦全是中国梦，我从来没做过日本梦。虽然在日本的各方面生活及福利待遇都比较好，虽然我拿的是日本护照，但我感觉自己跟日本好像有点儿格格不入，我感觉自己还是中国人。

我刚来日本的时候挺迷茫的，那时候中国和日本的经济水平有一些差距。我们一家人拖家带口迷迷茫茫地就来了。那时候我上的"短期大学"，白天上学，晚上在饭店打工，一天忙忙碌碌的，第一次拿到工资的时候，感觉挺幸福的。我就想在日本挣点儿钱，攒点儿钱我好回中国去，一点儿也没有在日本定居的那种打算。后来跟我老公结婚加入日本国籍的时候，我主要也是考虑到孩子将来上大学比较方便，怕如果是中国籍在日本的话，孩子也会受到排斥。但我老公始终没加入日本国籍，这样以后我俩回中国的话至少有一个人保留了中国国籍——我心里总想着回中国。但是，现在一个现实的原因让我回不去了，因为孩子都已经大了，已经留在日本了。我周围的朋友、国内的同学，一年一年地年龄都大了，有很多身体状况也已经不行了。我们的保险福利是在日本加入的，这种回国的欲望被现实一点儿一点儿地磨得不剩什么了。我婆婆如今还在世，已经90多岁了。有的时候，我感觉也蛮遗憾的，就是因为回不去了。所以，现在我比较喜欢中国历史，喜欢回国旅游，总想看看中国的大好河山，中国的壮丽风景在日本是看不到的，我也只能通过回去旅游让自己得到一点儿安慰。

我毕业之后开始做电脑软件，做了8年。那是我在日本最开心的一段时间，那个公司对中国人特别好，他们当时想在广州建厂，所以招了我们这些比较年轻的中国人做翻译。后来好像是那种设备比较先进，国内没有引进。那个公司福利待遇特别好，每年有两次旅游，而且奖金特别高。我那时候已经做到系长了，在日本一个女人能做到系长，那简直是不敢想的。

后来，我老公就认为我不管家，老大生完了就留到国内了。我也感觉孩子不能离开自己太久，于是，在孩子四周岁的时候，就把孩子带过来了。我老公说不管男孩女孩，我们家必须得生两个，为了生二胎我放弃了事业。我辞职的时候，我们公司同事还给我送别，我大哭了一场，我就感觉我的人生已经跟白领告别了。但是我考虑到女人嘛，还是应以家庭为重。

生完了老二之后，我跟我老公成立了一家装修公司。但是，夫妻两个在一起工作，难免出现意见不统一的情况，有的时候也会磕磕碰碰、吵吵闹闹的，我感觉自己挺疲惫的。对于两个小孩的教育，我抓得很紧，每天都忙忙碌碌的。我小儿子上高一的时候，我就不想跟我老公在一起开公司了，这些年总是为了家为了孩子，我希望以后能为自己活两天。

后来我接触到奢侈品行业，那时候我们国内还没有代购行业，于是我就在方正开了一家奢侈品店。接着，我又开了一个古董茶楼。我喜欢逛二手拍卖市场，去淘一些古董。往茶楼一坐，好朋友聚一下，喝点儿茶，谈天论地的很惬意。有时候我给他们做点儿日本料理，喝点儿小酒，心情真的是太好了。我一般回中国待三四个月再回日本进货，进完货再回中国。正在兴头的时候，新冠疫情就来了，我就回不去了。我注册了一家农业公司，日本农业公司可以做就职劳务，可以把国内的人聘请过来。后来我又经营了一家花店。

咱们中国新冠疫情暴发的时候国内缺口罩，我就建了一个爱心群，群里的人都特别支持我。咱主要是缺口罩，他们就三盒五盒地上药店去买，买完了都邮寄到我们商会，我们商会收到后统一打包。我们方正商会是第一批把口罩运到哈尔滨的，咱哈尔滨还是蛮重视的，都在宣传报道此事。

国内疫情暴发的时候，我们商会马上组织了视频会议。我们商会有千叶的、群马的，日本各县的都有，我们就分兵布阵，每个县都有一个指定点，直接建了一个爱心群。二维码一发，大家扫二维码就进微信群了，我们有基金账号统一管理捐款，我们强调主要是要口罩。这些人真的蛮让人感动的，都去排队买，哪怕只能买到一盒、两盒，就这样积少成多，把买来的物资往指定的地点去送。我们会长都是亲自到各乡镇比较偏远的药店去买，我们仅用了三天时间就筹备了两万个口罩。

我们商会就我一个女的，当时正好我手腕骨折了，开车不太方便。他们都比较忙，我就负责往国内邮物资，但是物资也邮不过去了。我就感觉这一刻我应该回去，我们商会的人都说要回去，我说："你们不要跟我抢了，这次我回去吧。"能为家乡人做一点儿事情，心里那种自豪感满满的。第二天，我就买好机票准备回去，我都没有告诉我家人。我感觉我老公肯定支持我，但是我又觉得，万一我被感染了出现意外，挺对不起他们的，所以我没敢说回国的事儿。后来都快到晚上 12 点了，我才跟我老公说我明天要回国送口罩去。我老公也没有说什么，就问我："决定了？"我说："决定了，机票买了。"他说："明天用我送吗？"我说："不用你送了。"当时，对于我的家人，我其实感到很内疚。

第二天一早，我老公还是坚持给我送到了机场。各商会的会长把各地方汇集的口罩都已经打包好了送到机场。就这样我带了两万个口罩，给哈尔滨一万个，给方正一万个。当时口罩很紧缺，所以我一下高速公路，方正县县长和卫生局局长都去接我了——他们感觉这是雪中送炭。

到国内我也没敢多停留，也没敢跟外界接触，往返只用了三天，我就回日本了。回日本的时候，我儿子看到我了，我说我还是先自己在房间隔离吧。能有机会为家乡做一些事情，让我感觉挺荣幸的。

第一批口罩是随身携带回去的。后来隔了一段时间，我们又准备了第二批物资，差不多有100箱吧。因为医院的物资也比较紧缺，所以隔离服还有手套这些东西我们筹备得比较多。那些东西都比较沉，我们会长跟机场沟通，机场帮我们免费发回去了。

日本新冠疫情发生的时候，哈尔滨市政府也给我们邮寄过来口罩，还有方正县政府也给我们邮寄来很多口罩，我们心里也是暖暖的。我们商会出钱，以抽签的方式，把这些口罩，一袋20个邮到大家的手里。我感觉那段时间真正体现了中日两国的友谊，他们拿到口罩的时候，在群里发"谢谢，收到口罩！""谢谢，收到口罩！"在日本疫情最严重的时候，中国还给我们邮了一些药过来。

方正属于侨乡，遗孤二代比较多，我们回国投资的人挺多的，在日本，方正人就有7万多，这个群体是很大的。现在三代已经挺多了。今天早上我去进花时候，那个花市有一个老板，每次我在他家进货都特别多，他今天帮我往车上送花的时候问我是哪里的。他说他媳妇儿是遗孤二代，一半是中国人的血统，一半是日本人的血统。我说我也是，一半是中国人血统，一半是日本人血统。

我家老大是做建筑行业的，我小儿子是学校老师。在日本长大的孩子跟日本人的思想是一样的。我这边儿忙的时候，我老公和儿子会过来帮忙，力所能及地帮我包一些花，帮着送一下花。我感觉这样各做各的比较好，要不然在一家公司可能有意见不统一的时候。

我的孩子是在日本长大的，从上托儿所开始一直都是在日本上学。我大儿子4岁时从中国回来的，我都不知道他从什么时候开始不说中文了。有时候我跟我小儿子用中文说话，他都用日语回答我，我始终都没听他说过中文。我感觉他对中国不是那么很想去了解，顶多见到中国的舅舅来了、姨来了，他觉得这是中国人来了，并不想去深入了解。有的时候我会跟我大儿子讲，他是在鞍山长大的，在那一直长到4岁。我大儿子对鞍山特别亲，对他姑姑，对那些奶奶比我要亲一些。他对中国感情比较深，所以有时候我俩聊天，我会跟他讲一些中国的事，他还比较感兴趣，很爱听。而我小儿子相对要淡一些。

我父亲很幸运地被我爷爷奶奶这一家收养，我爷爷奶奶给予了我爸爸很好的教育，所以我爸对我们的教育是受我爷爷奶奶影响的。我自己的亲嫂子，她的父亲也是残留孤儿。她父亲讲，他有四个爹四个妈。我问："怎么四个爹四个妈？"原来是他被这家抱养了，他养母死了，他养父又带着他找了一个养母，到那家他养父又死了，他养母又把他带出去，就这样轮了四家。我感觉他的命运就挺惨的，左一家右一家的，没有我爸爸这么幸运。

我们中国人特别善良，像在方正，以及在东北，很多人家都有日本小孩。像我大爷就是被另一家抱养了，我大爷受到的教育更好，他后来也成了老师，我大娘也是遗孤。我去他家的时候，

201

▲ 山本丽波在自己经营的花店中

感觉他家特别温馨，三代同堂。在家里，看不出来我大爷是抱养的，我父亲就更受宠了，他在家里的地位可能比我姑姑、叔叔还要高一些。我感觉我们中国人的那种亲情、那种感情，在日本是永远找不到的。这就是这些年我一直特别喜欢中国的原因。我父亲的晚年是在中国度过的，虽然他是日本人，后来回到日本了，但他还是喜欢中国。在国内有老友相伴，喝点儿小酒，有那种浓浓的亲情，他还是喜欢中国。我爸满满的都是中国的回忆，我们小的时候什么什么样，都在我爸的记忆当中，他回忆日本的事情特别少，他回忆的都是中国，做的也都是中国梦。我这些年做梦也都是做的中国梦。我父亲性格特别开朗，特别活泼，爱唱爱跳的。我父亲是特别聪明的那种人，不管什么场合，马上就能融入。我父亲对我的教育，对我们家兄弟姐妹的教育，在我们生长的小乡村，在那个年代，跟别人家是不一样的。

我们兄弟姐妹四个，我爸给我们排成队，哪个犯错了不管大的还是小的一起收拾（方言：教训，教育），不偏不向，但对我却十分溺爱。有一天下雨，我跟同学吵架了，我把人家按泥堆里一顿揍。还没等我到家，我爸正在吃饭呢，人家提着个衣服找到我家去了——那个年代买件新衣服挺不容易的，我心想这下完了，我爸一定会收拾我的。结果给我爸乐够呛："我大姑娘太厉害了！"他拿盆水马上把衣服给洗干净了，对我一顿夸："大姑娘太厉害了，你比你哥厉害多了，你哥净被别人打，你终于厉害了。"

我特别感谢我爸。我今天的幸福生活跟我爸对我的教育有很密切的关系。我更感谢我爷爷奶奶能把我爸教育得这么好。

我的姑姑们给我们的那份浓浓的亲情，在日本是感受不到的。现在我们怀念中国，怀念山东的姑姑，还有我的那些弟弟妹妹。虽然我们没有血缘关系，但是我们这份感情比那些有血缘关系的要亲得多。

五、三上贵世

三上贵世：日本残留妇人三代，东京板桥区"一笑苑"介护所负责人。

新年聚会的时候，我妹妹说前两天见着她的日语老师了，日语老师跟他们说，残留孤儿现在已经到了需要照顾的年龄，需要照顾的人很多，但是因为语言障碍，而得不到相应的照顾。我一听就想到，我在医院上班的时候，有的人也是因为语言不通，本来应该做手术或者应该住院，但医生担心照顾不好，就只能开介绍信把他们介绍到别的医院。老人身体不舒服，又不想给儿女添麻烦就不去就医，结果导致病情恶化，甚至死亡。这种事情很多，所以，我就比较有感触吧。那个时候我决定改行做介护，就是因为想照顾中国老人。

我奶奶活着的时候，我也建议她去日本的日托中心接受照顾。但是我奶奶说，和日本人合不来，其实她本来也是日本人，去中国的时候已经20多岁了，日语本来就很好。就是在日本和日本人都合不来。那些生长在中国，出生也是在中国，来日本时大约都已经四五十岁的人，日语不通，也不适应日本的生活习惯，他们的处境很困难。他们的儿女也不容易，因为他们从小吃了很多苦，所以不希望儿女也吃苦，有病也瞒着，需要照顾的时候他们也不会说出来。像奶奶老了之后，生活比较孤独，她心里也明白大伙儿都工作，没有时间陪她，她会说："我不能给你们添麻烦。"但是，当我们工作或者休息时，她会一个又一个电话打过来，没事找事似的，和我们说她今天哪里病了，或者是心脏不舒服了什

▲ 东京板桥区"一笑苑"介护院

么的，其实就是感觉很寂寞，总想找人聊天。但是大伙儿每天二十四个小时去照顾的话也不现实，毕竟大家都有工作，都有自己的生活，所以我觉得儿女也挺不容易的。残留孤儿完全指望儿女照顾是不大可能的，所以我开始想要做这个工作。

我姥姥也是日本人。日本战败的时候，我妈妈的远房舅舅才三四岁，他和妈妈、姐姐一起逃亡，最先是妈妈病死，姐弟俩就只能跟着大人们一起逃。他姐姐感觉自己快不行的时候，就用针在弟弟胳膊上刺上字。弟弟虽然很小，也觉得可能要发生什么事情，

虽然很疼，但一点儿也没哭。两天之后姐姐就去世了。后来他和日本人一起逃，但是碰到苏联的军队了。因为他是小孩，是最先抓到的，就被扔在坑里头，之后接着就扔日本大人，坑里装满了人之后就用枪打，还用枪上面的刀刺。因为他在最下边，运气还算好，只是脚后跟受了一点儿伤。等外面一点儿动静都没有了，连狼叫声都没有了差不多到了第二天早上了，他才从那个坑里头爬出来。他害怕人，就只能藏在山里，秋天的时候还好，吃树叶，喝河水。冬天冷的时候没有吃的，他就去山上吃庙里头的供果。如果看见人的话，他就会藏起来。有的时候实在太饿了，就去村里偷狗食吃。他也是命大，一冬天就穿件单衣服也没被冻死。到春天雪化的时候，村里人上山，说以前供的东西经常会没有了，可能是狼下山了。但是，他的养父就想，应该是有日本小孩或者什么的，于是他一直都注意着。他常去河边喝水，他养父连着都注意他好几天了，趁机从后边抱紧他，就这样给他带回家去的。因为他害怕人，所以他一直想逃，他养父害怕他逃了，就把窗户、门都关得严严的，到吃饭的时候给他饭吃，还给他买衣服什么的。渐渐地，他就觉得这个人挺好的，就不想着逃了。

205

我奶奶是残留妇人，她当时有 3 个小孩，最小的还在吃奶，她本来是和丈夫一起的，丈夫是兽医。日本战败，"开拓团"里男的也去当兵，只剩下女的和年纪比较大的男的了。她带着孩子跟团长一起逃的时候，因为没有吃的，她没有奶，所以吃奶的孩子就活活被饿死了。几天之后，实在没有吃的，只能随便吃点儿生东西什么的，三四岁的那个孩子也因为消化不良死了。

他们大路都不敢走，都是在山里走，害怕碰见苏联红军。女人们都剃了头，不让看出是女的。每天都会去世很多人，刚开始，有人去世人们还会念念经再给埋了。后来就没精力念经了，在哪儿去世了，人们就那样放着走了。秋天的时候还好，能吃树叶充饥，等到冬天逃到方正的时候已经一点儿力气也没有了。刚开始屋子里去世的人还可以被挪到外边，再后来大家连把他们挪到外边的力气都没有了。旁边的人就和死人躺在一起，每个人都不知道自己哪天会去世。后来团长就提议，让大家去中国人家待一个冬天，等到天气暖了再回日本。其实团长当时也不确定能回去，就是不想让大伙全都死掉。就这样，大伙到中国人家里。奶奶后来嫁给了中国人，然后才有了我爸爸。我姥姥也是去了中国人家之后生了我妈妈。

我从小是在奶奶身边长大的，姥姥身体不好。在我妈妈眼里，我奶奶既是婆婆，又是妈妈，对奶奶倾注的感情比较多。所以，当我一想到像奶奶一样需要照顾的人得不到照顾的时候，我当时马上决定辞职做介护。我姑姑是经营料理店的，一直都是她出资，直到现在经营的费用也没有挣回来，但是姑姑还在出资支持我做介护。

介护所里日托的现在有50人左右，去各区家里访问的有20人左右。这里边有百分之二十左右是纯中国人，比如儿女结婚到日本，或者是在日本做生意的人的父母，都是在中国没有人照顾之后，投奔儿女来到日本的老人。还有就是残留孤儿或者配偶，还有遗孤二代。现在二代需要照顾的人也很多了，还有二代的配偶。还有一种是纯日本人，由于对日本的设施不大适应，所以上这儿来了。

一般介护所，周围都是日本人的话，都是3公里以内的人才去接。3公里以外经费上不合算，日本的介护所是不会去接的。但是我们这儿，需要照顾的中国老人比较多，我们也希望尽量能照顾好，能照顾尽量多的老人，所以3公里以外，甚至10公里以外的也要去接。而且中国老人住得比较分散，所以我们车的费用和司机的费用比设施要多出几倍。但哪怕是一个人来回要3个小时，我也要去接，这在日本是根本不可能的。如果一辆车能接满还好，但是偶尔也会一个司机一辆车去接一两个老人。明明是赤字，但是为了遗孤群体，我想说我会帮到底，不能把经济利益摆在首位。这以外的事情我们也会做，老人家里如果有信件看不懂了，或者去医院的时候没人陪，需要翻译了，我们也会给他们做，做了很多分外的事情。

日本遗孤老了以后面临的最大的问题是需要住的地方。因为他们语言不通，所以日本的机构很少会接收他们。前两天我们有一个老人需要住的地方，东京帮介绍的人说打了160多家电话，但是人家没有收，最后没办法，送到群马那边新开张的一家，那里空位比较多。如果都是上东京都周边的话，有什么事儿女也能去。但是，因为中国老人语言、生活习惯都和日本人不同，所以接收他们的地方比较少。去医院的时候，需要叫救护车，要是没有翻译，医院是不接收的。他们其实去了生活也不习惯，吃得也不习惯，可能几天就会瘦得不得了。而且认知上不便利，与人没法交流。所以日本的机构不大喜欢接收中国来的老人。他们也想照顾好，但是因为语言上的障碍，所以他们没法照顾的事情也很多。我们板桥一笑苑也是，如果离得实在太远，有的单程就要两三个小时，老人身体也受不了，我们也会因现实情况而拒绝。

残留孤儿几乎没有和儿女在一起生活的。自己根本没法生活的，儿女会过来照顾，就像我奶奶也是大伙儿轮流去照顾，或者去儿女家接受照顾。

张阿姨是残留孤儿的配偶，她现在需要监护，不管是吃，还是别的什么都需要我们照顾。她刚来的时候一点儿表情都没有，什么都不懂，来了之后我们努力去照顾她，她现在至少知道去和人家说话了，会笑，会找人唠嗑，而且能够扶着步行器走几步了，我们就觉得特别有成就感。她的女儿没想到送这儿来恢复得这么好，因此特别感激我们。他们觉得幸好有我们这个地方。在他们人生的最后一站能够与我们相识，我们照顾他们了，能够让他们幸幸福福、快快乐乐地走，对我们来说也会感觉很幸福！所以，我们尽量满足他们的要求，尽量把每个人都照顾好，比如给这个人喂一口了，那个人也要喂一口。对待他们就像对待小孩一样，我们也会逗一逗，哄一哄，他们会非常开心地笑。别人照顾不了的事情，到我们这儿来，我们能照顾好，能照顾得周全，他们能够依赖我们，这一点是我们最大的成就。所以，这里的老人几乎每个人都比较依赖我们。不管是上医院，还是其他什么大事小事都会找我们，他们经常会问：等到我们老了，比现在还老了，怎么办？你会不会管我？这是因为他们信赖我们，依赖我们，才会这样问吧。"到最后一定要管到我老，我哪个地方都不去了，我老后就指着你们。"有老人这样说。

老人终究是会逐渐老去的，晚上他们没法自理的时候，比如换尿不湿、吃饭等都需要人，这在日托中心是做不到的，所以我们最大的目标就是再办一家养老院。要有做操，要有游戏，要有倾听他们心声的人文环境。特别是这两年，他们老的速度要比以前快得多，去年唱歌，大伙唱得特别齐特别好，现在都是自己唱自己的，听起来就好像第一次唱似的，现在轮椅也根本不够用。这几年去世的人也很多，如果算上已去世的老人的话，从开业到现在，我们已经接收一百多人了。

人生就是生老病死，他们在年轻时候受了挺多苦，所以希望他们老年时能够过得开开心心、快快乐乐，所以我们尽量照顾好他们，尽量满足他们的要求，希望他们能够多活一天是一天吧。在饮食上、在健康上，我们都是非常尽心尽力的。每天我们都一定要请护士，如果谁有病的话，我也会坐救护车带着他们去看医生。

因为一笑苑的老人住的地方离我们这里比较远，所以一般早上八点之前，我们就开始上各家去接，从远的开始，往近的一个一个接过来，大约到的时候是九点半。来了之后，带他们上厕所，给他们倒茶，护士给他们量体温、血压，观察他们的身体状况。身体没问题的，介护员就按顺序带着他们洗澡。没有洗澡的人就和比较要好的朋友们在一起说说话，打打扑克，还有玩玩跳棋、象棋什么的。十一点左右开始做集体操，由于新冠疫情原因，最近不做口腔操，以前做完集体操之后就做口腔操，不仅能预防异物性肺炎，还能提高口腔功能，预防口腔功能退化。之后开始午餐，午餐之后带着每个人去刷牙、上厕所，等等。然后根据每个人的需求进行安排，有午睡的，还有打麻将的，还有去散步的，还有玩扑克的，属于自由活动时间。大约两点半之后开始吃零食，零食是我们厨师手工做的各种各样的点心，吃完零食之后做集体游戏，接着开始准备回去的工作。大伙儿准备就绪之后，就开始一个一个地被安全送到家。如果有需要照顾的，没法做饭清扫的，我们还会派介护员到家里面去给他们做清扫，或者是给他们换衣服、换尿不湿等，周日也会去的。

我在中国的时候，人家说我是日本人。到日本我说日语，他们会说，你日语说得怎么像日本人一样好。好像我无论在中国还是在日本，我永远都是外国人，所以我尽量做到不想自己是什么身份。也没有因为自己是从中国来的而有什么心理负担，只要自己努力工作，努力生活就行。奶奶是先来的，我是1989年和父母、弟弟、妹妹一起来的。那时候我18岁，白天工作，晚上去日语教室学习，之后考的训练学校学习会计，学完会计之后，把临时工辞掉，做日本的正式社员，做经理事务。第二个孩子出生之后，日本的朋友把我介绍到他们的医院做医师事务。我刚来日本的时候，有时上街，有人跟我打招呼，那时候日语说得不好，他们就非常轻蔑地说："原来是中国人。"但是我想，反正他们也是和自己没关系的人，只要自己过得好就行。不管怎么说，再也不会有像战争那样痛苦的事了。可能是小时候听奶奶讲战争的苦太多了，所以想着自己开心就好，只要活着就好，就是幸福。

209

第三章

日本遗孤和事件亲历者

一、石金楷

石金楷：哈尔滨市日本遗孤养父母联谊会秘书长，
从事帮助和研究日本遗孤相关工作至今。出版有《中
国养父母历史档案》《华夏扶桑架彩虹》等多部著作。
1946年，石金楷的父母收养了5岁的日本遗孤小林义
明，取名石金峰。1986年，石金峰回日本定居。

我父母在1946年的春天收养
了我的日本大哥小林义明。当时
我父亲以修鞋为生，我的母亲没
有工作，跟我的父亲刚刚结婚时
间不长，还没有自己的孩子。

家里那时候生活比较贫困，租
了一所小偏厦子（东北地区居民
的一种，依主屋山墙搭建的斜顶
棚屋，用于储物，也可住人）住，
开春下雨，房子漏了，我爸爸到
哈尔滨的市场找木匠帮他收拾。
这个木匠找了一个帮工，这个帮
工是日本人，30多岁，长得比较黑，
会说中文。因为那所房子很破旧，

▲ 小林义明（石金峰）5岁时的照片

收拾起来比较麻烦，他们一共收拾了三天。头一天因为一直下雨，挺冷的，日本帮工只穿一件很单薄的衣服。第二天接着干活，我妈妈就把我爸爸的一件棉坎肩儿拿出来给这个日本帮工，说："天这么冷，您穿上吧。"日本人说："谢谢，谢谢，非常感谢。"他很高兴地把衣服穿上了。那时候虽然生活比较贫困，但是我母亲竭尽所能地给他们做一些好吃的，给他们烧点儿热水。他感觉到我父母挺善良的，就打听我家有没有孩子，我母亲说："我们刚结婚时间不长，暂时还没有。"他补充道："那我给你要个日本孩子吧。"他补充道："我住在日本人临时收容所。"那个临时收容所在哈尔滨道里区兆麟小学校，原来是在中国的白俄军官住的地方，现在变成学校了。当时哈尔滨有很多日本人临时收容所，这些临时收容所都设在哈尔滨的寺庙、学校、医院。我爸爸晚间修鞋回来了，我妈妈就跟我爸爸说："这个日本帮工要给咱要个孩子，说那个孩子很可怜，有病了，希望有中国人能够收养他，救孩子一命，咱家要不要？"我爸爸说："咱们将来也会有自己的孩子，咱们生活也挺困难的，要个孩子会增加很大的负担。"当时就没定这个事。第三天要完工了，他再一次跟我妈妈提这事，这时候我爸爸也回来了，听他一再地说："这孩子你们收养了，就等于救了他的命，这孩子真的很可怜的。"我爸爸妈妈一商量，那咱们去看看吧，如果真像他说的那样，咱就抱回来，孩子也挺可怜的。

我爸爸妈妈商量完之后，就和那个日本帮工约好了，第四天他领着我的母亲到日本人临时收容所。那是一个很大的院子，院子中间架了一口大锅，里面煮的是高粱米稀粥，旁边有很多日本人，大多是妇女，还有一些年龄比较大的老头儿，还有一些孩子。他就领着我妈妈到了里边儿一个屋，屋里有挺多人，我大哥在床上躺着。我妈妈一看这孩子是真可怜，脏兮兮的，很瘦很瘦的，跟他说话，有气无力的，一摸脑袋发烧了。就这样我父母就把我大哥抱到我们家来了。

到家之后，才发现他得了急性胃肠炎，上吐下泻，给他吃点儿东西就往外吐，拉稀。我妈我爸就把他送到医院找大夫调理，大概半年多才彻底给他调理过来。听我爸我妈说，他一听见飞机响就非常害怕，非常慌张，就往我妈我爸怀里扑，他非常害怕飞机的声音，可能是由于当时受过惊吓吧。

按理说战争结束之后，中国人对日本人是应该充满仇恨的，这个问题我也问过我父母，我问："收养我大哥的时候，当时他们侵略中国，你们恨不恨日本人？"我爸爸说："怎么不恨呢？我在外头修鞋摆摊，还给我抓劳工呢，都上矿山挖煤去，很多人

215

都死了，大家凑钱贿赂管事儿的才把我放回来，恨哪！但是你看这孩子这么可怜，孩子是没有罪的，有罪的是他们的父母，当时把恨都忘了，就想救一条命，小猫小狗你看着可怜，你都要救它一下，何况是个人呢！"当时他是这么回答的。那个日本工匠帮我母亲把孩子接回来以后，就再也没有见到他了。当时我的父母问这个日本人孩子叫什么名字，日本工匠说是叫铃木，实际错了，后来找到他家才知道他姓小林；问那个日本工匠孩子多大，说是5岁，实际是4岁——后来我大哥找到他生父才知道这个情况。

我大哥7岁就上学了。我们家当时生活是比较困难的，我爸爸是从山东闯关东过来的，很多从山东来的老乡把我们家当成了联络点，因为我爸

▲ 小林义明（石金峰）青年时的照片

爸非常乐意帮助别人，不管谁来都投奔我爸爸，我爸爸给他们找工作，帮他们租房子，等等，所以我家里生活比较困难。由于总有客人，总有老乡，所以我家平常买煤都是十斤、二十斤地买。我大哥小学毕业以后，正好赶上哈尔滨电碳厂招工，他就背着我父母自个儿报名了，说要参加工作，分担家里的困难。当时我妈我爸说："这不行，你现在是上学的年龄，你怎么能够去工作呢？家里再穷也不能耽误你的学习。"我哥哥说："我已经报名了，我决定了，因为我是男人嘛，我有责任。"那时候我二哥已经出生了，他说："弟弟又这么小，家里生活这么困难，我一定要参加工作，我已经决定了。"我父母再三跟他说，他也不改变主意，坚持他的观点，后来说那就尊重他的意愿吧，我大哥就这样参加工作了。

我知道我哥哥是遗孤这件事情是在中日邦交正常化以后，以前父母不说这些事情。那时候我们家住哈尔滨道外区，道外区是哈尔滨这座城市最早的一个区，都是平民百姓住的地方，一般有钱人都不住在这个区。当时很多人家都收养了孩子。我们那边的一个老邻居，和我家离得不太远，我家在一条街的中间住，那个邻居在这条街的头上住，他是个中医，收养了一个日本女儿。中日邦交正常化以后，这个女儿就找到日本的家了。她回来以后向大家介绍日本的情况，大家听后都感到很新奇，就成了一个小新闻了。我父母就动了心思了，说应该把这些情况给孩子说清楚。其实我哥哥他自个儿有印象，而且有时候邻居小孩打仗骂他"小日本"，我父母就上人家去找，跟人家大人吵架说："你不能这么说，这是不可以的。"我的父母就把这些情况跟他说了，我哥哥很难接受，虽然他听别人说过，自个儿也有这个印象，但是一旦父母直接跟他说了，他也接受不了。我父母跟他说："你看人家刘医生女儿找到父母了。你跟父母分别这么多年了，回不回日本，爸妈完全尊重你的想法，但希望你找一找。看看他们还在不在，也好知道你是谁，回不回去随你，你找一找吧。"我知道这事以后，也感到很惊讶，我上学时候的第一个文具盒，我背的书包都是我哥哥给我买的。他上班的单位离我们家很远，住独身宿舍，但是每个周六晚上他都会回来，有时候会辅导我写作业。他是日本人，我感觉很奇怪，但是并不排斥他，因为我们处得非常融洽，我很快就接受这个现实了。

　　我哥在单位住，那段时间生活比较困难，尤其是"文革"期间，一个人一个月只能凭票买半斤肉，我父母都留着等哥哥回来再吃，我觉得我父母对我哥哥比对我们哥俩都好。后来我听说，有一次大哥发烧有病了，正赶上我二哥出水痘，都是要命的病，都是很着急的，当时家里又没有钱，两个孩子同时有病了怎么办？后来我妈妈就把他们结婚前的旗袍拿到当铺去当了，抱着我大哥上医院了。我们老邻居有个叫张婶的，她会放血，小毛病拿针一扎就能扎好，我父母就商量，找张婶给老二治吧，他命大就该他活下来，如果救不过来，那也没办法。保大的——就这样把我大哥送到医院了，我二哥找邻居去扎针治疗。可能是母爱感动了上天吧，两个孩子都从死神手中挣脱出来了，并且很快康复了。我觉得他们对我大哥非常重视，他们感情非常深。我爸爸是山东人，他平常脾气很大，也没有什么文化，常年在外面修鞋，受了风寒，得了胃病。他一旦犯病以后胃疼得厉害，不能吃不能喝，谁劝他让他吃饭也不吃。我妈就给我大哥打电话："你爸又犯病了，赶紧回来。"我大哥回来一劝，老爷子也吃药了，也吃饭了，就好了，别人谁说也不行。我爸爸经常冲我和我二哥发火，大发雷霆，跟我日本大哥却从来没有过。我爸爸修鞋，一年四季风雨无阻在外面，推一辆小车在街口，我大哥参加工作以后，每到星期天就让爸爸回家休息，由他来干活儿。他修鞋比我爸修得还好，他年轻，可能眼力也好。他在单位做钳工的，可能修鞋对他来说是触类旁通的，我爸爸修了几十年鞋还没有我大哥修得好。后来我爸爸病重

217

的时候，我大哥把我爸爸的头搂在他的怀里九天九夜，我们说："大哥你休息休息，我们换换你。"他说："你们去休息，用不着你们。"我爸爸是在我大哥的怀里闭上双眼的，那是1976年。

那个时候我哥哥正在张罗着回日本找家呢。当时大哥知道自己是日本遗孤以后，从感情上是很难接受的，但是后来也就慢慢接受这个现实了。我母亲领着他到哈尔滨市公证处，还有两个老邻居是证明人，作了一个收养日本遗孤的法律公证，我母亲写了一些记录，然后连同公证书寄给了中国红十字会，由中国红十字会转交日本驻中国大使馆，在日本《朝日新闻》上登照片和我母亲介绍的收养情况。但是一直没有消息，一直没找到，因为当时把姓说错了。实际他姓"小林"，但是当时不知道什么原因那个工匠说他姓"铃木"。

当时有一些日本遗孤知道自己是日本人，知道我大哥在找家，我们家就成为他们的据点了。其中有一位姓田的先生，他找到了日本的生父。姓田的这位先生经常到我们家，跟我的父母很熟悉，跟我哥哥是好朋友。他的生父找到了儿子很高兴，把朋友们都请来了，开了一个庆祝会。我大哥生父跟田先生的生父是好朋友，就说他当年也有一个儿子，丢在哈尔滨。我大哥的生父当时在哈尔滨糖厂做技术工作，苏联红军进来以后，把日本糖厂占领了，让他们继续生产白糖，供苏联红军用。糖厂在江北，他们居住在江南，他被苏联红军给留在那儿了，回不了家，我大哥的生母带着我大哥在江南住。那天我大哥的生母领我大哥出去打水，苏联红军骑着大马过来了，我大哥的生母很害怕，领着我大哥就跑了，他们娘儿俩就跑散了，我大哥就找不着家了。可能人家以为这是日本人临时收容所跑出来的孩子，就把我大哥送到日本人临时收容所了。后来我大哥生父回到家中，问我大哥的生母怎么回事，我大哥生母说看见苏联红军骑大马，她带着大哥就跑，孩子不知道跑哪儿去了。当时找了很长时间没有找到，因为哈尔滨日本人临时收容所很多。我大哥的生父对田先生说："你回哈尔滨以后，能不能帮我问一问，有没有我这个儿子的消息。我们家有个遗传特征，都是羊毛卷头发，而且我丢的这个儿子脖子底下有个疤。"田先生一看我大哥的生父，跟我大哥长得一模一样，而且我大哥就是羊毛卷头发，但是有没有疤痕他不知道。他说："我有个好朋友石大哥就是羊毛卷头发，瘦瘦的，长得也像你，但是有没有疤痕我不知道，我回去给你看看。"他回来的当天晚上就到我们家来了。上我们家来之前他给我大哥打了电话，因为我大哥在电碳厂上班，我大哥也回到家里了，田先生一看我大哥脖子底下真有个疤痕——但是我父母都没注意，因为原先他说在这个位置，可能随着小孩成长，疤痕移位了，在脖子下面了，仔细一看确实有。田先生马上就把这个消息返回给我大哥的生父了，我大哥的生父说："非常感谢，希望能把他的血型和头发给我寄来。"

那是 1981 年。大概不到半年吧，我大哥的生父就来了，确认了这是他儿子，就来认我大哥了。我大哥的生父是 1982 年来的，那时候我父亲已经不在了，只有我母亲健在。我大哥的生父当时情绪很激动，表示非常感谢，当时那么点儿个小孩丢了，现在已经是一家五口人了——当时我大哥有两个姑娘一个儿子，一看到儿媳妇、孙子、孙女，我大哥的生父太高兴了，当时我大哥生父就跪下了。我母亲说："这不行，赶紧赶紧，受不了这大礼。现在你们父子团聚了，作为母亲我也非常高兴，我还有两个儿子，没有问题，有人为我养老送终。你想接你儿子走，只要儿子同意我就热烈欢送。如果儿子不想回到日本，在中国，还跟我的亲儿子一样，中国永远是他的家。"

他们父子相认以后，不到一年他的生父就在日本为他恢复了国籍，然后把我的哥哥一家人接到日本去探亲。待了半年回来以后，我哥哥就跟我妈妈商量，他说日本的发展趋势比国内要好一些，最关键的是，在那边孩子上大学是很普遍的，不像国内，千

219

军万马过独木桥，考大学这么难。日本的社会福利各方面都挺好，他想要回去定居，但是他有个要求，让妈妈跟他一起去。我妈妈说："谢谢你的孝心，妈妈领了。等你回去以后打下基础，条件成熟了妈妈自然而然就去了，这次不能跟你同去，不能给你添乱。"他在1986年4月回日本定居。他回到日本以后，他生父也不在了，他生父到中国来认我大哥以后，在哈尔滨就感觉胃不得劲儿，还以为可能是到中国水土不服，不习惯。回到日本以后一检查才知道是胃癌晚期，做完手术活了不到一年就死了，我大哥回去以后

220

▲ 1984年，养母刘淑琴（前排中间）与养子的生母小林女士在一起

就跟他的生母在一起住。但是毕竟语言不通，生活方式也不一样，半年多以后他们就分出去单过了，但离他生母住的地方并不远。

1972年中日邦交正常化之后，有些人通过类似山本慈昭这样的民间力量在日本找到了自己的亲生父母。当时中国的警方、公证处和红十字会是怎么做的呢？可以以我大哥为例简单介绍一下情况。

我大哥回日本之前，我的母亲先到公安部门去问："我收养了个日本孩子，他要找家怎么办？"派出所的工作人员说："你到哈尔滨市公安局，有个外事科，你到那儿去具体问。"到那儿以后，他们工作人员说："首先，你要做一份公证，当年你是怎么收养这个孩子的公证，做这个公证需要有两个邻居作为目击证人。做完公证以后，你把这个材料交给中国红十字会，由他们跟日本方面去协调，帮你养子在日本寻亲。"大多数都是这样的过程。

但是在1980年前后，由于大批量的日本遗孤开始寻亲，所以从1982年开始，日本政府开始组织第一次日本遗孤寻亲团。这些事情必须通过中国的公安外事部门，中国公安外事部门就开始了解这些日本遗孤的情况，这时候中国和日本已经通过协商有

▲ 1984年，刘淑琴在日本

了一些具体的标准和方法了，然后由中国的有关部门带队领着这些日本遗孤回日本寻亲。

当时听说我大哥的生父要来，我母亲很高兴，但从她内心来

说，也舍不得这个儿子。平时有儿子、孙女陪着，一家人多热闹。而且我的二哥在大庆工作，不在她身边，我当时还在上学。她心里也不得劲儿，但她又觉得：儿子总算找到自己的亲生父母了，战争造成的生离死别终于结束了，他知道他是谁了，能叶落归根，他能回到他的祖国，也是了却了她作为养母的一个心愿了。从更长远的角度看，她也希望自己的儿子有更好的生活，自己的孙辈有更好的发展，所以，她义无反顾地送他们回到自己的父母身边，回到自己的祖国。

222

有些养父母担心失去这个孩子，就不愿意告诉自己的养子女他们是日本人。有的收养日本孩子之后就开始搬家，甚至搬了两三个地方，就是不想让别人知道。他们的心情是很复杂的，他们救这孩子一命，但是又怕这个孩子知道不是自己亲生的，怕他们在感情上陌生，他们想要保守这个秘密。但是很多事情只能是大家一时不知道，时间长了不可能不知道，很多养子女虽然他们的养父母没有说他们是日本孩子，但是其实他们自己是知道的。像哈尔滨有一位女士，她的养父母是高级知识分子，收养了她以后，也没有自己亲生的孩子，只有这一个收养的日本女儿，将她视为掌上明珠，培养她上大学，之后再将她培养成一个主治医生。但其实她知道自己是日本遗孤。她跟我说，她一直想问父母，但是又怕伤着他们的心。她和我说："他们把我当成他们自己的孩子，我不能问，最后这个秘密被他们带到棺材里去了，现在我该怎么办？希望你能够帮我出个主意，告诉我怎么去寻找我的日本亲人。"我回答："那只能尽最大努力去找你的老邻居，找目击证人，讲述你当初被收养的一些经过，越详细越好，否则以你的情况没有其他更好的办法。"直到现在这位医生还生活在中国，因为她打听不到了解当时情况的老邻居，当时她的养父母带着她搬这儿搬那儿，就是怕大家知道。因此，她现在找不到人去问，至今不知道自己是谁，真是很遗憾。

▲ 1990 年，刘淑琴在日本

223

　　我大哥的生父来认我大哥以后，在哈尔滨一共待了一周就回去了。但我哥和我母亲的感情实在太深了，我哥哥每个星期日回来看了我母亲以后，她就喜笑颜开的，高高兴兴的。我大哥决定回日本的时候，我看出来她心里是难以割舍的，不像原先那么开朗了，总是心事重重的，毕竟在一起生活那么多年，感情是非常深的。我那时候小，为家里分担不了什么，我二哥在大庆工作又那么远，这个大儿子是她心目中最重要、最有分量的。1988 年，日本民间团体邀请我母亲以日本遗孤中国养父母的身份上日本去友好交流，也到我大哥日本熊本县的家待了 3 天。我大哥家他们兄弟姐妹 7 个，整个家族一百多人举行了一个盛大的仪式欢迎我母亲。我大哥的日本母亲看见我母亲也很激动，一再表示感谢。我大哥说："妈妈你就别走了，手续我来办，跟我在一起生活吧。"我妈妈说："我现在还能自己照顾自己，国内还有你的两个弟弟，我在这儿还会想起你那两个弟弟呢。将来妈妈老了，动弹不了了我再来，你有尽孝的机会。"我母亲其实就是不想给他们添麻烦，知道他们在日本工作很辛苦。

大哥回日本以后，我家最难过的时候就是过年，一家人都要团聚，我二哥要从大庆回来，后来我也成家立业了。一家人在一起吃年夜饭的时候，我妈拿个盘拿个碗放在给大哥留的位置那儿。我说："这么多年了，人家那边儿也不过这个年，你一整这个，心里又不得劲儿了。"我妈说："别说别的，放那儿！"这都成惯例了，过年一定要给他放个盘放个碗，说这就算是在一起过年了，我妈在心里一直无法割舍和我大哥的感情。平时我们从来不当她的面提我大哥这个事，但是一到过年回避不了，年三十的晚上她就把碗筷都放那儿了，就好像在等我大哥回家团聚。

我大哥全家回日本定居时，从哈尔滨坐火车到北京，再从北京坐飞机走。大家劝我妈别到车站去送了，那天还赶上天气不好，像今天似的下着雨，都叫她别送了。我母亲说："我得送，我儿子走了，啥时候再见面不知道呢。我得送，必须得送……我这个年龄了，万一有一天没有了，我不能留下这遗憾，我得送送儿子。"那就送吧，别人劝也劝不住。到车站以后我看到我妈掏了好半天，掏出来一个手绢，里边包的全是日元，我们都不知道她攒了这么多钱。她以前上过日本——在我大哥回日本定居之前她就去过一次日本，后来我大哥回到日本定居以后她又去过一次日本。她第一次去日本是日本千叶县感谢中国养父母实行委员会邀请的，人家给了她一些零花钱，她就把这些钱攒着了，我大哥上火车的时候掏出来给我大哥了。她说："一点儿零花钱，妈妈一直给你留着呢。"我大哥说："妈妈你留着用吧，我走的时候也没给你什么，你怎么能把这钱给我呢？"我妈妈说："儿子，别推辞，这是妈妈的心意。"当时很多的亲属、邻居，还有我大哥的同事、我的同学，大家都来车站送他，大约有五六十人。临上车前，他抱着我妈妈，说："妈妈，您千万千万保重身体，儿子永远忘不了您，儿子一定会来看您，来接您跟我一起上日本生活。"我妈妈说："儿子，你的心意妈妈全领了，赶紧走吧，回你的日本家去吧。"车站铃响了，必须得上车了，大哥向我们招招手就走了。大家都向我大哥招手，火车很快就看不见了，但我母亲还在站台，她自己站在一边，下着雨，刮着风，头发很凌乱，不知是雨水还是泪水淌在她的脸上，也许是混合在一起吧。后来她就蹲下了，风一刮，我就感觉母亲一下子老了很多很多，特别苍老的感觉。也许是冷，也许是她心里正在经历感情的折磨，她一直在颤抖。大家说让她稳定一会儿吧，站在那谁也别走，不要打扰她。大概有 10 分钟，我记不得多长时间了，后来一个老邻居说："大嫂，儿子已经走了，回家吧，你不是总说要落叶归根，要让他跟他父母团聚，这不是你的愿望吗？"母亲缓缓地站起身来，一声不吭地回家了。

225

一个月左右的时间，老邻居们总来陪她唠嗑，她才缓过来劲儿了。我记得当时我大哥回去有 20 天左右吧，收到他的来信了，他的父亲已经没有了，大哥把他的妈妈、他的兄弟姐妹照的相片寄过来了。我妈一看，跟邻居说："这是我儿子，这是我儿子的妈妈，这是他兄弟姐妹。"这些中国养父母，包括我家在内，他们真是把孩子从养育到送走，经历了戏剧般的人生，他们的晚年注定要在思念和孤独中度过，对于一封越洋而来的鸿雁传书，一个期待已久的电话，这些养父母们都会像过年过节一样高兴，这种血浓于水的感情，一件件一幕幕，他们永远忘不了，这种感情是永远割舍不掉的。

中国养父母以德报怨收养侵略国的遗孤，他们出于一种朴素的人道主义精神收养了侵略国的孩子，真是太伟大了。他们这种博大胸怀源自中华民族的传统美德，是人性最善良的一面的充分体现。我也感到很自豪，我有一位伟大的母亲，有一位伟大的父亲。他们经常告诫我们，人要有善良之心，人要帮助别人，在别人困难的时候一定要拉一把，要服务于社会，要遵纪守法，要勤俭持家。他们这些教诲对我们的成长起到了很大的作用，我们努力实践着他们的教诲，按照他们的要求去做。老一辈的人从苦难的日子走过来了，他们的经历，我们是体会不到的，但是他们说的这些人生道理让我们受益匪浅。这些养父母们干了感动世界的事，他们就是一句朴朴实实的话：孩子们是无辜的，无罪的，作恶的是他们的父辈，我们不能把父辈的责任转移到孩子们的身上，"恨生恨"是永无宁日的，"爱生爱"天下就是一家。这些中国养父母真的很伟大。

▲ 石金楷与养母张云芳合影

▲ 石金楷与中国养父母在长春中日友好楼前合影

因为我家里这种情况，我更加关心和关注日本，这可能是上天的安排、命运的注定吧！感觉这就是一种机缘，一种巧合，也是偶然当中的必然，这种缘分落在了我的父母身上，落在了我的家族里。在父母的支持和教导下，我全力以赴地投入到了关心并研究日本遗孤和中国养父母这个志愿工作当中，通过和更多的养父母接触，我更加深刻地认识到了这个特殊群体的重要性。在中国养父母身上，承载着一种有特殊意义的中日友好情谊，不是一衣带水、唇亡齿寒之类，那都是不具体的，是一种理想化的。在中国养父母和日本遗孤身上，体现的是实实在在、看得见摸得着的，是真正地超越了民族仇恨，体现了人性的大爱、大美。

日本政府虽然说对这些日本遗孤给予了力所能及的一些关爱，一些帮助，但是我感觉日本政府对这些日本遗孤的很多工作做得还是很不足的。有众多的日本遗孤，就像我刚才说的那样，知道自己的身份，但是怕伤了养父母的心，不能去问这个事情；作为养父母，明明知道自己的儿女长大成人了，而且中日邦交正常化了，也有机会让他们去认祖归宗，但是他们又不想把这个事情说出来，怕失去自己的儿女——在这种情况下，很多的日本遗孤最后无法确认身份。我刚才说的只是一种情况，另外还有什么情况呢？一个日本遗孤被送到这家了，这家后来又生了他们自己的孩子，又把这个遗孤送到另一家，在那家又因为种种原因把遗孤送到第三家，他怎么能够说明当初自己是怎么来的？哈尔滨有一家人家收养了日本孩子以后，直接搬到河南去了，离开东北了。后来养父病故了，养母在临终前才将情况告诉她的养子了，养子回来找老邻居了解当时自己的情况。但因为他是从这家到那家，有的情况只是听说，提供不了准确的信息，没有目击证人，日本政府认为证据不足。虽然中国政府和日本政府在30多年前达成了一种协议，一种标准，但几十年过去了，养父母大多已经作古了，他们这种认定标准已经过时了，日本政府应该与时俱进地进行一些更改，不能教条化。比方说要求必须有养父母声明，但他的养父母已经不在了，谁去声明这个事情？比方说要求必须有目击证人，几十年过去了，很多的目击证人、老邻居找不到了，或者不在了，怎么认证他们的身份？现在有这么一批人，他们在申请确认日本遗孤身份这件事情上，日本政府并没有为他们去做政府应该做的事情，而是用人为的条条框框去限制他们。我觉得这不是一种负责任的态度，更不是一种对战争忏悔的态度。当初日本对战争造成的恶果，从而产生的历史遗留问题，作为政府难道没有责任？而让战争受害者承担？

227

哈尔滨有一位女士，她的生母到中国来认她了，认完她以后把通讯地址都给她了，但她生母回到日本以后就中断了跟她的联系。她给生母写信，过年寄纪念品，也都被退回来，她生母就这样跟她中断了联系。她没有办法，只能找日本厚生省的中国残留遗孤支援室，因为他们负责这项工作。他们说："你的生母原籍地不清，我们无法协助。"实际上不是这样的，事实上是她生母在中国认完她，回到日本以后跟厚生省进行过接触，她生母跟厚生省的工作人员说："我到中国去了，看到我的女儿生活得很好，我也就放心了。我现在不想让她回到日本，因为我回到日本以后又重新组建了家庭，如果突然又出现了个女儿，我没有办法向我现在这个丈夫交代，当时没有跟他说。而且她回来会改变我的生活方式，所以说我不想跟她接触了。"作为日本政府来说，是知道这个事的，但是这位女士她不知道这个情况，厚生省一直没反馈给她这个信息，致使她这二三十年来不断地想办法，无数次地给红十字会写信，无数次地托日本民间团体去寻找自己的生母。人都是有隐私的，可能她的生母认为个人的隐私很重要，但是现在她的生母已经去世多年了，应该把这个情况向当事人说清楚，但厚生省还是向她反馈原籍地不清，无法协助——这件事情让人不可理解。

哈尔滨有一个人，她母亲在生她的时候得了产后风，三天以后就死了，现在她将近 50 岁了。她老家是黑龙江省巴彦县的，她回老家去看望亲属，听说几年以前有日本人来找过她生母，但她生母已经不在了。她不知道当时来的日本人叫什么名字，就让我帮着问一问，她说："我舅舅来找我妈妈了，现在我想找舅舅。"我就以哈尔滨日本遗孤养父母联谊会的名义，给日本厚生劳动省写信，但对方根本就不搭理我，也没有任何回复。我只能找长野县"满蒙开拓"和平纪念馆，跟现任馆长寺泽先生说明情况，因为他是日本政府认定的肉身调查员，在判定日本遗孤身份、调查取证上有一定资质。通过他查明了有关情况，也找到了哈尔滨这位张女士要找的日本舅舅，但舅舅已经不在了，舅舅的后人对这件事情又不感兴趣，所以这事又是不了了之了。我个人认为，对于政府来说，如果它的调查方式更好，它的力度更大，就完全能够确认这位张女士母亲的日本遗孤的身份，对张女士的诉求应该给予积极的回应。另外，我听说日本厚生劳动省残留遗孤援护室（现在叫支援室）的工作人员是每隔三四年轮换的，年轻人根本就不了解这些情况。现在绝大多数日本遗孤已经回国定居了，日本遗孤问题已经到了尾声了，很少再有新的日本遗孤出现了，这些工作人员对这段历史也不太了解，我感觉他们好像也没有兴趣去更详细地切身地去体会这段历史，只是按部就班地做着工作，并不积极主动去做工作。对厚生劳动省来说，他们最大的工作就是发生活支援金、发年金，经济上有所保障，对历史遗留问题没有一种承担责任、认真努力去解决问题的态度。对此，我感觉挺遗憾的。

229

2005 年，我母亲病故，当时病很急，因为她本来就有心脏病，又由于突发急病，到医院一晚上没抢救过来就过世了。当时家里很忙乱，我也及时地给我日本大哥发信息告诉他了，但是因为我哥哥这边儿有点儿特殊情况，赶不回来。于是他只能委托他在中国的内弟，他们三个弟弟代表我大哥大嫂出席了我母亲的葬礼。我母亲整个葬礼的费用都是由我大哥承担的，在这一点，我还是很感谢他的。

哈尔滨道外区是当年贫民聚集最多的地方，也是整个哈尔滨市收养日本遗孤最多的区域，当时都通过红十字会找，红十字会在道外区成立了哈尔滨市日本遗孤养父母联络小组。一般都是养父母领着遗孤去找，介绍自己收养的日本孩子的情况，他们作个记录。我大哥当时也登记了，但在没找着的那段时间也跟他们有来往，他们这边就经常组织这些养父母们开个会什么的，有什么信息随时通知这些养父母。有时候我就跟着我母亲去，所以比较了解这些事。后来各个区也都听说道外区有这么一个组织，就都来找。于是 1991 年就成立了哈尔滨市日本遗孤养父母联谊会，由哈尔滨市红十字会工作人员胡晓慧任名誉会长，负责全哈尔滨市的有关工作，我就给他们做志愿工作者。因为我原先在单位做文秘工作，他们有什么信息，整理一些文件，我帮着写写，这样我

▲ 2017 年，石金楷和日本遗孤及其后代的合影

就进入这个群体当中。在这个群体当中，各家有各家的故事，各人有各人的经历，我觉得这件事情挺好，这些故事我得记录下来，这挺有意义，当时只是出于很单纯的想法，也没往中日友好、博大博爱方面想。到了 2001 年，他们就推举我，让我做秘书长，因为这些年我一直干的也是这个活儿。我说既然大家这样信任我，那我就做吧，就这样我做了这个哈尔滨日本遗孤养父母联谊会秘书长。这些年联谊会每年都接待大量的日本人来慰问中国养父母，他们到方正拜祭中国养父母公墓，都由我们联谊会配合，所以我接触了很多日本人、日本的民间团体等，交了很多朋友。

这样，我也有意识地收集了大量的资料，通过跟这个群体的深入交流和日本民间团体的交流，我觉得有必要把这段历史让更多的人知道，因为毕竟这是中日友好关系中不容忽视的浪花，而且这朵浪花随着岁月的流逝，或许慢慢就会消散在人们的记忆中。因为我们的家庭有这种经历，我对此有刻骨铭心的感受，我觉得这段历史太感人了，它闪烁着人性的光辉，那是了不得的，所以我就想建一个养父母纪念馆，把这几十年收集的大量资料，包括我跟日本的友好团体写信向他们要来的资料等展出来，以供大家来研究。然后我就跟省内的、省外的很多馆联系，大家都说这事挺好，问我能拿多少钱。因为要布展的话，得需要费用。我说："我没有钱，我只有资料，我没有场地。"他们的回答基本上都是："我们没有预算，我们又不是专业管这个的，实在是爱莫能助。"后来有一个叫盐田隆造的，是一个日本僧人，他经常到哈尔滨侵华日军第七三一部队罪证陈列馆来祈祷亡灵，绝食，谢罪。我知道这个信息，也过去看了，参加了这个活动，跟侵华日军第七三一部队罪证陈列馆的金成民馆长见面了。原先我没打算要在他那办展，我一开始想找的是东北烈士纪念馆、沈阳"九一八"历史博物馆、黑龙江省博物馆等。没想到我跟金馆长一说，他很爽快地就说："行！你有资料？""有，我有将近 30 年的积累，

231

我什么资料都有，完全可以。""那好，说准了，你写展览大纲，在我这儿办专题陈列展，永久性的，费用我们全力支持。"我就给他写了个大纲，大纲上详细写了日本"开拓团"的情况；日本战败投降之后滞留在中国的日本遗孤是怎样进入中国家庭的；中日邦交正常化之后，日本遗孤怎样寻找日本亲人，日本政府对日本归国遗孤的政策；日本遗孤跟中国养父母之间深厚的感情等，这些都有具体的事例。他一看说："太好了，但我不是专门研究这方面的，我建议你找黑龙江省社会科学院的专家，让他们再把一下关。"我找社科院的领导，同他们一说，他们被我感动了，说一定要帮这个忙，然后就请了两位历史研究所的专家帮我在历史这方面把关。人家确实是专家，咱们有些提法不准确，专家又重新帮着梳理。展览大纲完成后，侵华日军第七三一部队罪证陈列馆还找专家进行论证，包括省内的各个博物馆的馆长，还有省参事室的那些参事，以及省文化厅、市文化局的一些专家学者都参与论证了。

2012 年 8 月 16 日正式开展，哈尔滨市的市长给剪的彩，《读卖新闻》《朝日新闻》来作了报道，中国红十字会也参与了报道，黑龙江电视台、哈尔滨电视台都来报道了，当时场面挺轰动的。我来到日本这边生活以后，继续大量地收集有关资料，不断丰富展览的内容，今后我的使命就是收集更多的资料，征集更多人的证言，丰富我们的展览内容，把这段历史保管好留给我们的后人。希望以此告诉我们的后人不要忘记战争给人类带来的灾难，不要忘记战争给普通老百姓造成的生离死别，呼吁人们珍惜和平，珍惜中日友好，在和平年代共同繁荣发展造福于民。希望通过这个展览，开创更美好的未来，让中国养父母身上的人性的光辉，不断地传承下去，发扬光大，让更多的人知道。

以前母亲跟我说过："这些日本遗孤遭受的苦难，都是战争强加于他们的，这些养父母年龄都大了，而且很多人都是因为当时没有生育能力，或者种种原因收养了日本孩子，他们的晚年也挺孤独的。儿子，你一定要把这份工作好好坚持做下去，能帮他们做啥就做啥，有经济能力你就多出点儿钱，没有经济能力你就多出点儿力，你们养父母联谊会这个活动一定要坚持下去，这是妈妈对你的要求。"从我个人来说，通过跟这些特殊人群的接触，使我感觉到这项工作是非常有意义的，它既是对历史负责，也是对未来负责的一项工作；无论是从中日友好关系的方面，还是从人性善良的角度出发，我都感觉这是非常有意义的，所以我非常

233

▲ 石金楷接受采访

热爱这项工作。1996年我的单位由于国企改制，我下岗了，有偿买断工龄了。我有的是时间和精力，我把我的全部精力，包括买断工龄给我的17000元人民币，全部投入到这个养父母联谊会工作当中了。凡是在国内能找到的日本遗孤，在国内生活的遗孤，我都找了一遍。这些年我到过广州，到过内蒙古，当然了，黑龙江省是遗孤最多的地区，这里的情况我最了解。我觉得这是一件

非常有意义的工作，既记录了人性的光辉，又记录了战争的残酷，他们的人生经历更凸显出和平的珍贵，这是我的体会。

很多人不理解，这些中国养父母为什么要收养日本人的孩子？我这样回答："老百姓只是战争的牺牲品，你看见一只小猫小狗受难，你是不是也会有点儿怜悯之心，更何况是一个活生生的儿童？"中国养父母当时就是出于人性的善良，发自内心地去救助孩子，不分民族，超越了仇恨。我认为中国养父母收养战争遗孤，体现了人性的光辉，对于他们的伟大善举，我赞赏，我敬佩。

234

二、河合弘之

河合弘之：律师，日本共同法律事务所法人代表，NPO 法人"中国归国者·日中友好会"顾问。1944年生于吉林省长春市，1946 年与父母回到日本。20世纪 80 年代，通过徐明落籍诉讼案，在日本率先开始通过法律手段帮助日本遗孤取得日本身份落户，至今已帮助上千名日本遗孤取得日本国籍。

我第一次知道徐明的事是在《朝日新闻》的报道上，具体来说，是 1981 年 12 月 22 日的报道。我看到报道的时候，觉得她好可怜啊！中国残留遗孤以为找到了亲生父亲便可以回来了，但血液鉴定后才发现他不是自己真正的父亲。她被要求回到中国，弄不好会被强制遣送。那里写着支援委员会的电话号码，我当时一边拿着报道的报纸，一边给菅原幸之助和徐明等人打电话，我说："我帮你取得国籍，别哭，请把这件事交给我吧。"

我出生在以前的"新京"，也就是现在的长春，1944 年 7月 18 日出生的。回到日本是在 1946 年的 9 月、10 月间，所以我也是中国残留遗孤，只要走错一步，就有可能变成她那样。我好不容易平安归来，因此对于中国残留遗孤的事，也当作自己的事看待。我是非常幸运的，我的父母为我回日本努力想办法。但是，在东北的偏僻地区，比如"开拓团"里的人，即使到了"新京"，能在学校或公民馆里寄居，生活也非常艰难。这些人的亲生父母认为，与其让孩子死掉，不如把孩子托付给中国人让他们活下来，这样有一天可能还会回来，于是就产生了留华日侨。他们和我生存在同一个空间里，"新京"有很多这样的战俘营和避难所。在同样的空间中，我得救了，而他们却留在了中国。所以，我无法把他们的事等闲视之，作为律师，无论如何都得帮忙。

236

中国残留孤儿
国籍取得1000人
達成の記録

中国残留孤児の国籍取得を支援する会

▲ 图书《中国残留遗孤国籍取得1000人达成的记录》的封面

　　徐明拼命地寻找父母，以为找到了自己的亲人，可以在札幌开始新的家庭生活了。但为了慎重起见，试着作了血液鉴定，结果被自己认为的"父母"说"滚出去"——这简直是从天堂坠落到地狱般的感觉。她真是太可怜了，我尤为强烈地感受到这一点，她还是带着孩子来的，我非常同情她。因为自己是律师，所以我一边想着会不会在法律层面有什么方法可以帮助她，一边给她打去了电话。徐明是日本人，国籍是中国，如果她取得了日本国籍，就可以留在日本了。在尝试帮助她进行辩护后，才发现有许多"啊，这里好难啊""嗯，比想象的还要难啊"的问题。她缺乏亲生父母是日本人的证据，类似于亲生父母用文字写下来的，告诉中国养父母这个孩子叫什么名字，或有什么遗留物之类的证据，如果有这种证据的话，辩护就变得非常简单、非常容易了。可是她完全没有这样的东西，当时她有的只是公证书。"这是中国的残留遗孤公证书，证明是日本遗孤。"那是中国的公证书，是中国的地方政府发的徐明是日本人的孩子的证明。虽说有这么个文件，但那是老式的手写文件，尽管有印章，但法院也并没有马上相信这个文件，他们说："哎呀，好像不知道是哪里的谁写的。"

　　当时日本和中国的交往还没有那么密切，对于外国提交的文件，法官都持怀疑态度。我没办法，只好拿着证明书去中国大使馆，希望能开具公证书等可信的证明文件。我说："这份文件是可信的吗？如果可信的话，请给予证明。"理所当然地，我得到了"这是中国正式的国家机关地方政府的文件，其上所言非虚"的证明公文，也就是说，它的确是日本遗孤证明书。于是法官说："啊，是吗？"看到证明他明白了，终于承认了这个公证书。我为了取得这个结果，花了大概1年，从申请到领取，直到拿到这个国籍为止。日本法院既不懂中国的地方制度，也不知道什么是有效的证明书，所以法官很难一下子就断定。

　　取得日本国籍的手段有两种，一种是以国家为对象提出国籍

237

确认请求诉讼，另一种是向家庭法院申请户口，也就是申请国籍。但是，国籍确认诉讼是非常严格的、规模非常大的程序。一旦起诉，国家机关就成了被告了。一般来说，应该由国家对国家。原告是徐明女士，被告是国家，那么，法务省和法务省的官员，比如法官或是握有权力的人等，很多人就都成了被告了。那样肯定不行，一定会朝着被否定的方向发展。如果变成一场很严重的官司的话，要花上 5 年，甚至 10 年时间，而且败诉的例子很多。所以，我没有采取那个方法，而是向家庭法院提出了户籍申请，因为没有国家出场，没有人会否定，就会变成没有对手，单方面请求法官审理的情况。因为原告、被告不是处于那种对立关系中，法院就会说："那个人真的很可怜，国籍是日本吗？"就会从温和的角度来帮助我。所以，我认为家庭法院是最好的选择，绝对要走这条路。我打过各种各样的官司，日本政府一旦被提起诉讼，不管情况如何都会说"不行、不行、不行"，所以没必要特意走那条路去受苦。虽说是家庭法院，却是爱的法院。离婚啦、孩子的监护权啦、保护孩子的权利啦、保护夫妻权利等，只要看到可怜的人，家庭法院都会给予帮助。事实证明，我的计划果然是正确的，如果没有采取这种办法，我想其余的 1250 人是不可能取得国籍的。

如果需要确认国籍，就要拿出徐明是日本人的证据。如果她说的是真的，有什么能证明吗？名字叫什么，是怎样被寄养的？我记得案情里写着，她一直在村子里长大，周围的人都知道她是日本人，如果只因为大家都知道就说那就是证明，这很难让法官信服。即使有遗孤证明书，即使大使馆也做证说那是真的，但以国家为对象提出国籍确认请求诉讼，还是很难的。如果把养父母当作证人，把邻居也当作证人，就可能要把那个人带走进行证人审问。日本政府不会将非日本人认定为日本人，日本绝对不允许那样的事出现。日本秉持纯正的血统主义，现在日本也严格禁止双重国籍。其实，在国际上对国籍的认可比较宽松，双重国籍又有什么关系呢？不管是双重国籍还是三重国籍，只要在各自的国家尽到国民的义务不就行了吗？当前，承认双重国籍已经成为世界普遍趋势。如果说双重国籍有什么麻烦的话，可能就是那两个国家之间进行战争的话，那个人选择支持哪个国家会变成双重麻烦吧？哈哈！不过如果真的出现了很少有的那种情况，让那个人自己选择所属的国家不就好了吗？如果因此就全部禁止双重国籍的话，会很奇怪吧？你只要向国家如实缴纳税金就可以了。其实，日本人的祖先里混有很多来自朝鲜的人的血统，还有很多从中国来的人的血统，日本人只有源于日本人的血统，这是幻想吧。

日本战后繁荣起来，打着"自由、富裕"的口号，但同样是日本人，说想见父母，却不叫他们回来，这不是很荒谬吗？

当时关于中国残留遗孤落籍，徐明女士是第一号人物。那个法官经常说他很困惑：是否用了什么假证据？这个人证真的没问题吗？他很困惑、迷惑，因为这是史无前例的申请，所以那个法官要格外地集中精力，如果前面有三例相同的案例的话，那么这个案件顺势而为即可。虽说法官说了他很为难之类的话，不过因为我说过中国残留遗孤是多么不容易，是多么可怜，所以在我的努力下，法官还是对徐明抱有同情心的。

当时好像也有人说，依照日本的国籍法，根据本人的意愿加入其他国家国籍，就等于放弃了日本国籍。但加入中国国籍并不是本人自愿的。养父母们知道，如果没有中国国籍，在中国生活是多么不方便，于是他们为孩子取得了中国国籍，这并不是遗孤自己申请的。我这么一说，法官马上就明白了。

徐明女士的案子对中国残留遗孤的命运、对我产生了非常重要的影响。在日本，如果没有国籍，一切都无从谈起：不能登记结婚，不能找工作，领取生活保障金也很困难，上学也很麻烦，如果不知道是哪里的人就不能上学，也很难加入国民健康保险。总之，户籍是所有社会生活的基础，如果没有日本户籍就无法进入日本社会。从这个意义上说，为未判明父母的人取得国籍，对他们来说是非常有意义的事情，或者说是必须做的事情，能帮上这个忙我感觉很高兴。

如果问我为什么能做到，我想徐明女士的工作是各种各样的因素中非常重要的一个。徐明女士在取得国籍后没过多久就到我们事务所工作，之后我说要继续帮申请者办理申请手续时，她非常努力地帮助我去做这项事业。我和我们所的律师因为不会中文，所以无法胜任一些工作，所以我让她用中文打电话、进行书面记录、准备各种证据。她非常热心，如果不能用信件或电话解决的时候，她就会亲自去作记录，并将证据提交到家庭法院。她非常热心地帮我做了很多工作，虽然我给她发工资，但她付出了比报酬更多的努力，这让我非常感动。还有就是中国残留遗孤证明书和中国残留遗孤名册，都是中国政府和日本政府共同制作的，这是极其重要的，如果日本政府和中国政府都认定这个人是留在中国的遗孤，那就没有怀疑的理由了。

另外，我们也遇到了一些困难。徐明的案子结案后，厚生劳动省，也就是当时的厚生省来找我，他们说：厚生省虽然可以呼吁让中国残留遗孤回到日本，可以促进落实他们在日本生活，但在帮他们取得国籍一事上，并不允许厚生省按照法律手续设立申请代理人向法院提起诉讼，所以我们非常感谢河合弘之先生做的事，今后再有这样的事就都转到你公司来。我接受了这个请求，但是这项工作进展很慢，刚开始的时候来办这件事的人很稀少。就算徐明成功了一次，也只有这一个案例，如果有5件、10件、100件的话，法院也会快速审理，进展就会很快。厚生省虽然跟我说"辛苦您了"之类的话，但厚生省并不会特意为我找案子。如果想从根本上解决的话，就必须由中日两国政府合作。结果池田女士一下子找到了1252个人。

20世纪80年代日本经济发展速度很快，做3K（辛苦、污染、

240

危险）的工作，清洁工啦、经营餐车啦、做护理工等就能拿到钱，可以维持基本生活。但是，日本泡沫经济崩溃后，经济就不景气了，大家都被解雇了，遗孤因为不会说日语，还都是中老年人，就成了最先被解雇的对象。大概有 80% 以上的人都因此没有了生活保障，后来就演变成提起诉讼了。在国家赔偿诉讼中，当时成立了大原告团，其中中国残留遗孤占了组织成员的 90% 左右。这个组织成立本身就意味着已经接近胜利了，如果只有 10 个人、20 个人、100 个人的话数量太少了，但 90% 的中国残留遗孤都参与了，特别是回日本后被草率安排的人坚持要求国家进行政策赔偿。

池田女士在这次起诉中非常活跃，她一手促成了原告团的成立。因为在取得国籍的过程中，她一直和分散在日本全国各地的残留遗孤保持着密切联系，并取得了他们的信任。所以，池田女士说要去打官司，想要成为原告时，大家都响应了。如果没有池田女士，是不可能有 90% 的人参与的。中国残留遗孤中的 90% 都参加了国赔诉讼这件事本身，就非常明确地表明日本的国家政策是错误的，也说明了团结起来是非常重要的。很多人能团结起来的原因，就是池田女士制作的这个非常重要的名册，她在名册的搜集阶段和这 1250 人建立了紧密联系，并拼命地为他们取得国籍，获取了他们的信任。虽然一直败诉，但是当时的政府看到这已经演变为必须解决的政治问题了，所以便推出了新政策，进行集体和解，通过制定制度上的救济措施来解决这个问题。但是，这并非意味着结束，由于新政策中有保留，虽然生活保障费增加了五成能自由使用的钱，但规定中限制太多，这也不能做，那也不能做。她跟我说这远远不够，但还是获得了一定程度的金钱和自由。

241

不过在我看来，这能说是圆满结局吗？不，不能。即使有了一定的能力维持基本生活，但大部分人只会中文。因为无法融入日本社会，弄不好连和家人的关系都不好处理，兄弟姐妹也好，甥舅关系也好，即使在父母还活着的时候也都是很别扭的，这还是因为语言不通。除了语言问题，还有一个原因就是没有小时候的共同体验，"那个时候很开心""在那条小河里逆流而上""去郊游吃便当"之类的共同回忆都没有，兄弟俩总是聊不下去。虽然不用担心基本生活了，但是这能称得上是幸福的生活吗？不，我不这样想。我现在想，如果让六成、七成、八成的人认真学习日语来融入日本是不可能的，那为什么不把中国残留遗孤聚集在一起呢？创建一个能够互相鼓励、安慰，或者只是能够吃到可口饭菜的地方？于是有了现在御徒町的"中国残留遗孤之家"。那些东京近郊的遗孤们经常聚在一起包饺子、学日语、跳舞、唱京剧，又开放了电脑教室，做了许多事。在新冠疫情防控期间情况很糟糕，但现在差不多又恢复了。语言的障碍既然已经很难排除，虽然其中也有学得很好的人，但那只是一小部分"精英"，大家在一起用中文交流，和睦相处，最后去世，这也是一种幸福。我也是留华遗孤，他们几乎和我同龄，有的年龄比我再大一点儿。被遗留在中国时他们大概 1 岁、2 岁、3 岁的样子，这样的孩子是带不回日本的，所以就留了下来，现在几乎都到 80 岁了。这些人聚在一起才能快乐地生活。如果没有一个遗孤无论什么时候去都有同伴的地方是不行的，所以我说要建立中国残留遗孤之家。比如，今天累了，或是想见谁的时候，有这么一个地方不就可以过去了吗？如果一直开着，就一定有同伴在。现在这个活动进展得很顺利。由于涉及护理的问题，也出现了集资筹建一个能用中文交流的护理院这样的项目，现在东京就已经有了这样的地方，听说横滨还有一个，其他地方还会陆续出现。

中国归国者日中友好会与其说是我成立的，还不如说是大家一起成立的。我越做这个事情就越觉得，中国残留遗孤能够成为日中之间友谊的桥梁。两边儿都爱的人，就是中国残留遗孤。他们非常喜欢中国，"将本来死了也无所谓，把被抛弃的我们拉扯大，救助了我们的不是中国人吗？"但他们也喜欢日本，因为日本是他们的祖国，所以我觉得这样的人可以成为中日之间友谊的桥梁。另外，我一直在感慨中国人民有如此博大的胸怀。毕竟是别国的、侵略者的孩子啊！而且是记录的侵略者。中国人是那么胸怀宽广，那么温柔善良，他们明明刚经历了苦难，生活极其艰难，但还会因为孩子很可怜就先养着，在抚养孩子的过程中产生了感情，彼此都把对方当作亲生的父母和孩子。让孩子回来也是很不容易的，辛辛苦苦养了 30 年、40 年的孩子和自己说"再见"，一般父母都会生气的吧，但是他们没有。我母亲经常对我说，"中国人很温柔呢！"把侵略者的孩子从小抚养起来，那是很难做到的事。

243

　　我的生父和生母非常赞赏我研究中国残留遗孤的问题。"啊！弘之，你在做好事。"父母很少告诉我在中国时的生活。因为战败后的生活太苦了，刚回来的时候真的很辛苦。所以我想，人啊，大概都不想说太痛苦的记忆吧。因为当时我还年轻，所以没怎么刨根问底，这让我非常后悔。关于我 1 岁、2 岁、3 岁的生活，要是问清楚就好了。对于遗留在中国的日本遗孤啊、战后啊、"满洲"啊，应该能留下更真实的印象，在这一点上多少有些遗憾。不过仔细想想，我之所以要研究中国遗孤的问题，还是受父母的影响很大。

　　我的父亲，在东北沦陷时期是电业部门的职员，"满洲"电力，用日本的话说就是东京电力，是很重要的电力公司。他是京都大学毕业的，在日本国内的话，不想被非东京大学出身的人压着，就去了"满洲国"，觉得去了那里就会变得很了不起。我妈妈什么都不懂，就跟着父亲去了。父亲是个比我想象中还要开明的人，不过，我和父亲有过这样的争论：我认为"满洲国"是日本侵略中国后建立的傀儡政权，那是日本侵略中国的开始。父亲则认为他和侵略者比起来更像是"先驱者"，并不能算是侵略的一部分。他说他不会做那种坏事的，说他很爱中国人——他是那么说的，因为他作为当事人还在一个劲儿地说着"满人、满人"。所以，就连开明的父亲也没认识到那是侵略，父亲认为日本人对中国人非常温和，没有把中国人当作敌人。虽然父亲母亲对我这么说，但在"满洲国""新京"的街道上，我也见过几次军人乘坐马车、人力车，下车的时候不付车钱却殴打车夫的场面，当时日军就是这么干的。我和父母对此是有过讨论的，日本侵略中国建立"满洲国"的时候，日本普通市民的感觉也就是像我父母所感觉的那样的。可是，我是认真学习过历史的，我知道那是侵略，而不是侵略以外的任何东西。不过，作为当事人的我的父亲没有想对中国人做任何坏事，那只是他个人的行为。作为国家的话，则很明确那就是侵略。在这样的情况下，中国残留遗孤当然是敌人的孩子。关于这一点，我觉得中国人真的是胸怀宽广。为什么胸怀宽广呢？还是中国有深厚的历史的原因吧，因为中国有着五千年的文明史，中国人对于"善"的理解，对于"人性"的理解是极其深刻的。

关于中国残留遗孤还有一些问题，那就是和中国残留遗孤一起回来的中国的妻子、丈夫的工作，还有中国残留遗孤们带回来的儿孙在日本社会不适应的问题，或者创伤性的问题还有很多。中国残留遗孤本身的问题基本上得到了解决，但是还存在与之相关的归国的人的养老问题。虽说是叶落归根，不过，想达到归根后变得快乐，最后安然地死去的话，在政策上还没有很好的保障。

244

三、寺泽秀文

寺泽秀文：日本长野县"满蒙开拓"和平纪念馆创始人、馆长。

我开始关心中国残留遗孤方面的问题当然也有我上了年龄的原因，除此之外，也有我童年时代的经历作为前提。我之所以会和"满蒙开拓"有瓜葛，是因为当时父母作为"满蒙开拓团"的人去了中国东北地区。我的长兄去世的地方就是现在的长春，当时称为"新京"。父亲在我小时候对我说过，他们以前以"满蒙开拓"的名义去了中国的东北地区，去了以后发现要"开拓"的地方房屋和田地其实都是现成的，虽然他们当时觉得很奇怪，但是因为当时也回不了国，没有办法就接受了。后来日本战败了，他们想尽办法回到了日本，但是回到日本也没有得到本来应该分给他们的农田和耕地。当时，父母回到日本后其实也没有去处，于是他们就在荒山里开拓了一片地，开始在那里生活。我就是在那里出生的，现在我也住在那里。

小时候父亲跟我说，当时回到日本后，他想真正进行一次开拓，体会开拓的辛苦。实际开拓后，他重新认识到当时中国农民所珍视的自己开拓的农田、建立的房屋被日本"开拓团"夺走的悲伤和不甘心。他认为这就是日本所犯下的罪恶，他真心觉得自己做

▲ 水曲柳"开拓团"

了很对不起中国人民的事。小时候听父亲讲这些事时，我还不太明白。后来，我渐渐长大了，从东京回来后在这附近开了自己的公司，这时刚好听说了中国残留遗孤开始回国的消息，又想到父母的经历，想象着如果我的长兄还活着的话，是不是也会作为中国残留遗孤回国。想到这些，我认为我现在能做的首先就是帮助这些回国的日本遗孤，于是就参加了饭田中日友好协会，开始了志愿者活动。

　　当时，我父母去的是吉林省舒兰市的叫作水曲柳的"开拓团"。我哥哥就是在那里出生的，他是 1945 年 2 月出生的，正好就是战争结束的那一年。接着苏联红军出兵东北，在此之前，父亲已被

247

▲ 新潟东火犁"开拓团"团民合影

征入了军队，所以是母亲带着出生不久的孩子和"开拓团"的人在一起生活。那时都吃不上饭，生活条件也不好，哥哥就染上了传染病，我听父母说，他大概是 1945 年 11 月份去世的，去世时还不到一岁。母亲不像父亲，她不喜欢跟我说当时发生的事情，因为对她来说是痛苦的回忆。我所知道的就是，由于当时没什么吃的，她也就没有足够的奶水，只能眼睁睁地看着孩子在自己怀中咽气。东北地区的 11 月份已经相当冷了，还下雪，食物也越来越少，那时大家都挤在军队的宿舍里避难，一开始就在宿舍外面的空地挖了个坑作为墓地，但是撑不下去的人越来越多，到后来都埋不下了——这些事情我是听别人说的，到后面基本不会再埋了，大部分尸体，包括我哥哥的，都是直接堆在了空地上。

当时，个人都没有相机之类的东西，有张照片是在哥哥出生 3 个月以后专门去照相馆照的，这是留存下来的唯一一张有哥哥的三人合照。那张照片是母亲去世不久在亲戚家里找到的。我之前从来没有看到过那张照片，只是听父亲说过有这样一张照片。他说他当时被征入军队的时候，军队告知他的第一件事就是为了防止被敌方抓住时暴露自己的来历，所有和自己相关的东西，比如身份证明、照片等都要烧掉。父亲说他当时非常伤心，不得不烧掉这张照片。后来，父亲被苏联红军俘获，当了 3 年的俘虏，在西伯利亚过了 3 年俘虏生活，这个期间他一直都在担心自己的妻子和第一个孩子过得好不好。虽然母亲在战争结束的第二年，也就是 1946 年就和"开拓团"的人一起回到了日本，但是因为她不知道自己的丈夫是否还活着，也不知道他在西伯利亚，所以没办法，她就先住到了丈夫的老家。过了两年，苏联这边允许俘虏寄明信片，母亲知道她的丈夫还活着，并继续通过明信片联系的方式，告知他孩子已夭折的噩耗。父亲跟我说，他当时得知这件事的时候真的非常悲痛。这张照片估计是当时父亲在照相馆照的那几张照片中挑了一张寄给在日本的姐姐家中，她一直帮我们保存着这张照片。四五年前母亲去世的时候，亲戚把家中的旧相册拿来，跟我说有这么一张照片，我才第一次看到这唯一一张一家三口的全家福，也就是父亲、母亲和他们夭折的孩子一起照的照片。照的时候我哥哥还不到一岁，所以他当时应该也还不明白什么是活着。我的其他兄弟姐妹也都去世了，现在只剩下我一个人。如果我的哥哥还活着的话，他本来可以拥有更多，比如和父母的回忆之类的，我也本可以和他一起聊这些回忆的，如果哥哥还活着的话该有多好，现在只能觉得很遗憾。

我觉得在公开演讲上应该讲一讲这些"开拓团"的真实的家庭故事，所以，我在自己的公开演讲上就经常会讲我父母的故事，会给大家看照片，然后给听众介绍说这两位就是我的父母，当年参加"开拓团"去了中国，照片里的这个小孩就是在当地夭折的哥哥。我给来听演讲的孩子们也是这么讲的。

我的父亲是一个农民，当时他参加"开拓团"去中国的东北地区，也是抱着希望可以让家人、让自己的结婚对象幸福的想法去的。但是，事与愿违，他们的到来困扰并且伤害了中国人民，不仅伤害了当地人民，就连自己的家人也遭受了不幸。回到日本后，父亲就开始考虑为什么事情会变成这个样子，为什么我们自己也失去了这么多？有一个最根本的原因，这个我在"满蒙开拓"和平纪念馆里也一直都在说，就是在"满蒙开拓"的历史中，虽然我们参加"开拓团"的日本人也遭遇了伤害，但是在此之前，是我们先强迫中国人民做出了很多牺牲，迫害了他们。从父亲的角度来看，这也是一种因果关系，有起因才会导致这种结果，从根本上说，是因为自己犯了错误才会导致自己的家人也受到伤害。所以，从小父亲给我讲那时的故事，就是想给我传达他的这种想法和感受。我父亲相对来说是一个沉默寡言的人，他虽然并没有跟我说太多，但是我认为他跟我一点一滴讲的这些故事就是希望能告诫我。

▲ 京都芦田中队"开拓团"1

250

　　讲到战争，特别是"满蒙开拓"这段历史时，很多时候日本总是会不自觉地强调自己这边当时遭受了多大的伤害，但是在战争中，加害方和被害方是会互换的，因为有加害才会有被害，如果不认识到这一点，那么历史就会重演，父亲应该是想把这个道理告诉我吧。

　　我从东京回来的时候，正好有日本遗孤也回国了，那时有一部中日合拍的电视剧叫《大地之子》，我看这部电视剧时就想，如果哥哥还活着的话，是不是现在也作为日本遗孤回国了，想到这里我就觉得，我也应该出一份力，帮助这些回国的日本遗孤。之后，我参加了中日友好协会，有一个叫"开拓"事项会，这是在全国各地都有的由从中国东北回来的人组成的一个组织，其中长野县（当时全国派去中国"开拓团"最多的是长野县）组织了一个长野县的"开拓"事项会。参加这个会的干部大多是年长的人，因为希望有更多的年轻人能参与进来，而我当时是长野县中日友好协会的青年代表，虽然我是在日本出生的，但是作为"开拓团"二代，所以他们希望我能加入这个"开拓"事项会。在我当这个"开拓"事项会的干部时，当时长野县内当亲人调查员的四个人中的一个，因为高龄希望能找人代替他，所以长野县的厚生劳动部门就委托我去当亲人调查员，这一当就当了20年。我当的时候已经过了遗孤回国最多的时期，即便这样，因为长野县派去的"开拓团"很多，所以回到日本需要做本人身份调查的名单也会送到我们这里，然后会向"开拓团"的相关人员打听消息，或者是问认不认识长得和照片上的人相像的人，当时从"开拓团"回来的人里仍在世的人还有很多，所以最初都是通过这些方式向他们打听消息。

比如，我们这里叫长野县饭田市，从这里派出的"开拓团"最多，活着回来的这些人会成立组织，如果他们那里有消息的话，就会定期去拜访他们各自的组织，告诉他们下次会有这些人到这里来进行调查，如果有什么信息的话就互相通知，并给他们发传单之类的。到我当调查员的时候已经到工作后期了，那会儿回来的人一般能获得的信息都很少，所以很难调查清楚他们的亲人信息。有调查到亲人的人，一般是回日本之前就已经知道得差不多了。看对方回日本之前寄给我们的相关文件，就知道在哪儿，比如说在中国当时的哪里被捡到，就可以知道在那附近的是长野县的哪个"开拓团"，通过调查就能大概确定对方可能是哪家的孩子，诸如此类能调查到的人很多。

251

但对我来说，印象比较深的还是没能查到的人，这些人到最后只能抱着遗憾和悲伤回去，这对我来说是很难以释怀的。

我在这里说一个最近的例子。一个人可能是某个"开拓团"成员人家的孩子，但那家人回日本后，对外说孩子在中国时就因病身亡了，因为他们把自己孩子遗留在了中国，回到日本以后，他们没法对家人或者亲戚说没把孩子带回来。在当时的情况下，如果不把孩子交给当地的人，他们就养活不了孩子，为了活下去，他们不得不将孩子托付给当地中国人。但是，从这些人的亲戚的角度来看，他们很有可能会说："你们这些当父母的就这样把孩子扔在了那边吗？"所以回到日本的有些父母为了避开指责就会说，孩子已经死了。在这种情况下，如果发现本已经"死了"的孩子还活着，并告诉他们的家人说这个孩子还活着的话，反而有可能造成二次伤害，当事人父母还可能会被别人嘲笑，原来他们把孩子遗弃了。所以，我个人觉得将真相告诉当事人的亲戚、家人，对双方来说并不一定是一件好事。告诉当事人这个真相可能会产生新的悲伤和不幸，因此，我时常会犹豫要不要说真相，有时候还是决定不告诉他们，就跟他们说没有调查到。

我作为亲人调查员，给自己定下的一个原则就是"不制造新的不幸"。调查事实真相固然重要，但如果因为得知这个真相会导致新的不幸产生的话，我认为就没有必要让当事人知道真相。当然，我也不知道这种决定是否正确，但我个人的原则就是，不再从"满蒙开拓"这段历史，或者是日本遗孤历史中产生新的不幸和悲伤。我自己其实也没有得出一个结论，或许就算真相残酷也应该告诉当事人，说实话关于这点我现在仍会纠结、烦恼，但我目前为止的想法，还是觉得不要告诉当事人真相对他们更好，不过今后我还是会继续纠结这个问题。因为战争，"满蒙开拓"这段历史至今还有这么多令人悲伤的故事发生，这让我重新认识到，不能让这段历史重演。

一开始我去了父母所在的"开拓团"当时去的地方，在那里和接待我们的人进行了友好交流。去拜访的墓地是唯一被允许建的日本人公墓，所以想进行正式的祭奠是比较困难的，不过我们在公墓也进行了祭奠。当时父母所在的"开拓团"虽然也是侵略者的一部分，但和当地人民也有各种交流，也受到过当地人民的照顾。回到日本的这些人组成了一个叫水曲柳会的组织，这个组织截至目前到当地访问了有十四五次，与当地的人进行交流，也包括对当时照顾他们的人表示感谢。现在他们去访问的地方和原来已经很不一样了，最开始去的时候那里还很贫穷，当地很多中国小孩都没法去上学，所以当时组织成员就坚持做慈善事业，募集捐款并带过去，希望能帮助这些小孩上学。在这个纪念馆建成之后，我们希望不仅能访问我父母去过的"开拓地"，还希望了解更多其他"开拓地"的情况，于是我们就去了东北地区的其他几个"开拓地"开展调查，包括当时日本人住过的地方，或者是访问当地人去了解情况等。不能只听日本人这一方所说，我们也访问了当地的中国人。二十多年前我们去访问时，那些亲身经历过那段历史的中国人大多还健在，从他们那里了解到了当时"开拓团"到来时，将他们的房子和田地夺走的悲伤。诸如此类的调查我们一直都在做。当然，表面上他们都很平静地和我们交流，没有表现出隔阂，但是最初去访问的时候，还是能感觉到气氛有些尴尬。大家一边吃饭，一边喝酒一边聊，我就说我父亲在我小时候跟我说，他以前来到这里给中国人民带来了灾难，对此感到非常内疚，那些老人们听了以后说，原来是这样啊！之后他们的情绪也变得柔和了一些，跟我说了很多事情。我现在感觉遗憾的是，二十多年前如果拿个摄像机把当时的情景全部录下来就好了，但是当时只拿了照相机。现在，中国已经基本没有能给我们讲当时的情况的老人了，所以我一直很遗憾没能保留下那段珍贵的记录。

关于养父母，我除了感谢还是感谢。当时中日正在交战，而我们就是侵略者。虽然当时情况复杂，有各种各样的原因，但是当地人民还是跨越了这层障碍，收养了对他们来说是侵略者的日本人的孩子，并且抚养他们长大，后来还让他们回到了日本，这种事情对于一般人来说是做不到的。

很多日本孩子因为有当地人民的帮助而得以存活，长大后回到日本，虽说我哥哥已经不在了，但我想如果他还活着的话，他也有可能是这些得以回到日本的遗孤中的一个吧。所以，我非常感谢这些当时抚养日本孩子长大的中国养父母，更多的日本人应该更加了解这些事情。为此，我们也在更加努力地让更多日本人知道，很多日本人是因为这些中国父母获救的。尽管中国与日本之间的关系有很多复杂的问题，但最终还是要落脚到人性，中国

253

养父母收养日本遗孤的事，真正体现了中国人的善良。所以不管到哪里进行演讲，我都一定会讲中国养父母的事。

254

▲ 京都芦田中队"开拓团" 2

在长春有一栋中日友好楼，这是专门为那些养父母提供住所的公寓，是由当时一位德高望重的日本人捐资建成的。我也去见了住在那里的当时已 97 岁的崔志荣奶奶，她 2020 年刚去世。和我交流最多的是李淑兰女士，大概 7 年前，每次我去哈尔滨时一定会和她见面吃饭，并且也邀请她来一次纪念馆，这个纪念馆虽说比较寒酸，但我还是会请她来一次，当时从我不多的费用中节省了一些差旅费，邀请她和她女儿过来。参观完后开了欢迎会，开了一个李淑兰女士讲述自己经历的座谈会。战争结束后不久，她 27 岁左右的时候收养了一个已经骨瘦如柴的小孩，当时她周围的中国人都非常反对她收养一个侵略国的小孩。但是李淑兰女士反驳说："我不收养这孩子，那还有谁能救这个孩子的命？"李淑兰女士把孩子抚养长大后又送回了日本。每次我听到这个故事都会感到心头一热，正因为有这些中国养父母，所以才有很多日本遗孤获救，中国人这种行为正体现了人间大爱。我听说几乎所有当事人，收留了日本遗孤的中国养父母都有过痛苦的经历，但是他们还是跨越了这层障碍，收留了这些孩子们并抚养他们长大成人，我认为日本人是不能忘记这份恩情的。

255

这些日本孩子能被救的原因很多，但就算是有各种不同的原因，那些中国家庭能收养侵略国的孩子并抚养他们长大，如果没有爱的话是做不到的。大家经常会讨论并思考，如果是自己作为父母能否做到去收养这些孩子，就会明白这是多么不容易做到的事。李淑兰女士也很感谢我邀请她到日本来，除了我们这家纪念馆是介绍"满蒙开拓"这段历史的以外，全日本没有第二个介绍与日本侵略战争历史相关的场所，所以李淑兰女士称赞我们作为民间组织专门建设了这个纪念馆，希望我们能继续将这段历史真实地呈现给大众。

当初谁都不想去建这个纪念馆，毕竟要从零做起，肯定会碰壁。但是，我一直有一种信念，就是这段历史必须有人去铭记和传递。这段历史中明明有很多中国人受到了极大的伤害，却没有一个机构去介绍、传递这段历史，这就是一个问题，必须有人去解决。既然没有人去做，那就只能由我去做，我认为这就是我的使命。虽然我本人不是什么历史学家或是研究员，只是偶然战后生在了日本，作为"开拓团"的二代，我想这就是必须由我完成的事。如果有其他人去做的话当然更好，我可以去帮忙，但是既然没有其他人去做，那这个发起人就必须由我来做了，我认为这就是我的使命。

　　这个纪念馆是由这个地区的中日友好协会，也就是饭田中日友好协会牵头建立的。这个协会的成员大部分是"开拓团"的相关人员。随着资料的收集和开展各种活动，他们也逐渐明白了一些事情，觉得应该有一个地方来留下并传递这些历史。当初有过各种构想，比如在饭田市建立和平纪念馆，我们也参与了关于这个构想的部分讨论。和平纪念馆的范围比较宽泛，定义有点儿模糊，很难说清楚"满蒙开拓"的全貌，所以我想与其这样，还不如建立一个专门介绍"满蒙开拓"的场所。我认为"满蒙开拓"当时就是国家推行的，所以应该由国家建立这样一个公立机构，不管是国立还是县立的。但因为这段历史对他们来说不光彩，所以没

256

▲ 高社乡"开拓团"

有批下来。既然如此，就只能由民间组织来做了，所以最终发声的还是像我这样的人。还有一个原因让我觉得这件事一定要做，是我希望更多人不光要看到参加"开拓团"的日本人所遭受的伤害，也要看到"开拓团"作为加害方对中国人民所造成的伤害。关于这一点，很多人都不想面对，不愿意去看对自己来说不光彩的地方。如果是第三方指出这点，会有"开拓团"的相关人员感到不舒服，想要去否定这一点。但我是"开拓团"的二代，如果作为"开拓团"二代的寺泽都这么说的话，大家是不是就会多多少少能听一下？这么一想，我就觉得我作为内部人员应该去发声，所以最后我决定来做这个领头羊。

257

当时我们访问了我的老家长野县饭田市、厚生省、外务省、文部省。当时执政的是民主党，所以我们也去拜访了民主党。得到的答复基本都是"啊，这是一件好事情啊，但是就算建起来了，

▲ 寺泽秀文

后面能运营下去吗"之类的话。最终是长野县给了我们支援。在这之前跟县里交涉的时候，县里的负责人跟我们说，这当时是国家管的，应该让国家去做。如果国家支援的话，那么县里也会支援。跟市里交涉的时候也是，如果县里支援的话市里也会支援。就互相推来推去。我一看这样下去没完没了，所以就不去期待有谁会主动去做，如果这么等下去的话，那些好不容易为我们提供了证词的"开拓团"的老人会越来越少，因此，必须尽快开始。

现在，这个纪念馆的所在地是阿智村无偿借给我们的。这个地区的中心是饭田市，这个地方离中心比较远，本来想建在饭田市中心交通比较方便的地方，但由于当时条件比较好的地方都不是那么配合，正在我们烦恼该怎么办的时候，阿智村的上一任主任，也是我高中的学长，给我提议，说找不着地方的话，阿智村有空地，可以在这里建。刚开始，我还纠结了一段时间，不过虽说交通不便，但是可以无偿借给我们这么大一片土地，而且最让我们动心的一点是阿智村的村公所非常积极地与我们合作，那不如就接受阿智村的好意，在这里建纪念馆，直到现在我也非常感谢他们的协助。

没有土地的话什么都开始不了。这么大的地方租金也很贵。所以，非常感谢他们直到现在也是无偿把土地借给我们。事实上，我们有过很多想法。我在这里建纪念馆之前，在饭田日中友好协会组织了一个青年会，开办学习会去听这些原"开拓团"团民讲的故事。在听的过程中我就发现，这些"开拓团"团民会讲很多那时他们有多困难的经历，但是基本不会讲像我从父亲那里听到的他们作为加害方的一面。对此，我感到不对劲儿，当我问他们这方面的事时，他们一开始会说自己也是被牺牲的一方，因为国家政策被派过去结果遭受了苦难。有的人还会说，自己被送到了当时还比较落后的"满洲"，是他们带着新的技术过去才让那个地方发展起来了之类可笑的话。但他们本身过去的理由并不是为了对方而是为了自己，我觉得在这点上不能歪曲事实。再就是当时去的人也不清楚实情：为什么他们会作为"开拓团"被送到那里？去那里后，他们对中国人施加了怎样的伤害？这些"开拓团"的人自己都没有这个自觉的认识。因此，为了让这些人明白这点，我希望"开拓团"的人也一起学习关于"满蒙开拓"这段历史的来龙去脉。所以，在建和平纪念馆的过程中，通过学习，或者听我讲述的各种故事，翻阅收集的资料等途径，大多数人都了解到了他们作为"开拓团"被派过去的原因，逐渐明白当时给中国人带来了多少伤害。从结果来说，这个纪念馆的建立的确成了很多人重新认知"满蒙开拓"这段历史的一个重要契机。从这层意义上来说，"开拓团"的人也是随着纪念馆的建立一同学习走过来的。对我来说，我做这些工作的原点是来自父亲的教导，我本身没有亲身经历过那段历史，也没有在"开拓团"生活过，但我之所以可以面向大众说这些话，是因为我的父亲将他的亲身体验告诉了我，让我确信可以向更多的人传递我的想法。

259

▲ "满蒙开拓"和平纪念馆

当时我的想法是，如果民间团体也做不起来的话，我就个人做私立。我还有父母给我留下的田地，可以把一部分变成建筑用地，建一个小小的纪念馆。退休后我可以当管理人兼馆长，我那时已经考虑到这最后一步了。就算小我也一定要建。幸运的是，现在纪念馆已经持续运营了8年了，当然中途也有过可能办不下去的情况，但是在每月我们开一次的干部会议上，从来没有人对我说过"寺泽，要不我们放弃吧"之类的话。当然，可能也是大家不好意思跟我说，有可能我一说"要不就这样吧"，大家都会松一口气，但我从来没有想过要放弃，而且大家也非常理解办这个纪念馆的必要性。所以我想，虽然这个过程很艰难，但是大家想要建起这个纪念馆的初衷都是一样的。我自己也无法分析清楚自己的这份执念，但最主要的原因来自父母对我的教育，比如责任感，对我来说是理所应当的事情，可能从结果上来说，这是在做一件不寻常的事，但对我来说就很平常。还有就是我有自己的公司，是自己公司的经营者，既有时间也有财力。建纪念馆全部是我自己出资，去中国东北访问也都是自掏腰包，所有的活动费用都是自费。能做到这些也是因为首先我有自己的公司，并且相对来说工作都比较顺利，家人和员工都对我表示理解，所以才可以在工作时间离开岗位去打理与纪念馆相关的事务，如果我只是一个普通的上班族的话可能就没法做到这些，从这方面来说我是相当幸运的。虽然花了很多时间和精力，但到目前为止，结果还是好的，纪念馆汇聚了各种各样的人才，有各种人帮助我，也发生了很多事情。这十年间全靠民间运营，国家没有给过任何补助支援，能做到现在是因为有很多人的帮助和支援，还有各种契机的累积，这是大家一起拼命坚持下来的成果。

有了一个传递"满蒙开拓"历史的据点，这本身就是一个成就，这并不是终点而是起点，重要的是我们要从这里向外界传递什么，从这点上来说，我们还在研究的过程中，虽说还没有达到目标，但建成了纪念馆，至少传递"满蒙开拓"历史的范围已经拓展到了长野县的人民了。我到其他县去作演讲时会发现，从全国范围来看，了解"满蒙开拓"的历史的人还很少，还有很多工作需要我们去做。不过至少在长野县范围内我们做了应该做的。还有就是传递这段历史的同伴、工作人员，或者志愿者，其中还有高中生志愿者会定期来这里举办活动，慢慢培养起来一批可以传递这段历史的年轻后继者，这也是当时建立这个纪念馆的初衷之一。虽然目前仍有做得不完美之处，但我能感觉到我的想法逐渐在成型。

向年轻人说明"满蒙开拓"这段复杂的历史真的是一项很艰难的工作，但我相信年轻人的感知能力，只要我们尽全力向他们传递这段历史，那么能理解这些的年轻人、小孩还是有不少的。我们不可能让所有年轻人理解这段历史的全部，但我觉得十个小孩中，只要有三个能对这段历史感兴趣就很好了，这三个小孩将来又会向更多的人传递。

要向孩子们说明在"满蒙开拓"中日本人是加害方这一事实并不容易，但是我们必须让孩子们通过了解真实的历史而去明白，在战争中我们不仅会是受害者，而且随时都有可能成为加害的一方，如果不明白这个道理的话，战争随时都有可能再次发生。我们如果不想成为受害者，那我们首先就不能成为加害的一方。如何告诉孩子们这个道理，的确是个难题，我的做法是如果演讲会上有时间的话，我会问孩子们，如果你们是当时的中国村民，有一天突然有一群外国人蜂拥而来，跟你们说，从今天开始这片地方就是他们的了，要你们滚出去，想要留下来的话，就当他们的佣人，你们会怎么想？是不是会觉得难以接受？遗憾的是，我们日本政府当时做的就是这种事情，有过这样一段不光彩的历史，大家应该了解这些事情。对年轻人来说，我当然希望他们了解到日本的魅力和美，还有文化，与此同时，我希望他们知道日本这个国家在这150年间到底在亚洲做了些什么，了解自己国家成立的过程和历史。我认为作为大人的我们有义务告诉孩子们这些事。在近代日本历史中，"满蒙开拓"这段历史是非常有必要去了解的，并要以此为契机来思考各种事情。我一直在呼吁，关于这段历史不要事不关己，要当作自己的事情来考虑。如果发生在自己身上会怎么办？怎么想？有很多孩子认真听，演讲后有些学校会把孩子们听完后写的报告给我们，看了孩子们的感想，发现有很多孩子认真地理解了我们想要告诉他们的事情，有些孩子的理解深度超出了我的预期，凭这点我觉得我要相信并期待孩子们的感知能力。首先大人不能放弃，不能断定孩子肯定理解不了这么复杂的话题，而是要一步一步，坚持不懈地告诉孩子们这些事情。

我的宗旨是把这段历史中我们作为加害方的一面展现出来，我需要让更多人来参观这个纪念馆。在介绍时我会从客观的角度，把作为加害方和受害方的两面都展现给大家，不只强调其中的一个方面。将来，纪念馆里关于我们作为加害方的内容要增加。我们建立这个纪念馆的初衷是把"满蒙开拓"这段复杂的历史从市民的角度，尽量简单明了地介绍给大家。

近十年间，我们又收集到了新的资料，还有没展示出来的内容。到了一定时期，这些工作就要开始进行，只是不知道是否能在我当馆长期间开始，还是需要托付给下一代。总而言之，我和纪念馆工作人员的共同愿望就是通过一点一滴的积累来推进这项工作。

说实话，当时建这个纪念馆的一大难题就是没有足够的资料，因为这段历史本身不是发生在日本国内，在日本人看来，是发生在国外的事情，并且"满蒙开拓团"的人从那边回来时也没有余力带回来什么东西。有些去过其他博物馆的人来这个纪念馆时，会抱怨这里展示的东西太少，而"开拓团"的人会惊讶我们能收集到这么多东西，获得的评价截然不同。关于中国方面的证词之类要如何去展示，之前我们也考虑过，如果能找到中国方面的影像资料之类的话，希望可以附上翻译来展示，等再有一些余力的时候，我也在考虑能和中国的研究者进行进一步的交流，交换一下信息，特别是在中国，相当于日本的文部省、社会科学院之类的机构，还有那种历史资料馆、档案馆，这些地方如果没有公开的资料，那么我们希望能找到关于日本侵略的那一段新的相关资料。

在这70年间，关于"满蒙开拓"这段历史基本没有面向大众介绍过，所以很多人都不知道。虽说在我们这个村子，在长野县范围内，在相关人员的传播下，这段历史慢慢开始被知道，但在全国范围内看，你说到"满蒙开拓"还是有很多人不知道的，来这里研学旅行的学生也不知道，带学生来的老师不知道，长野县学校的有些老师来这里之前都不知道原来长野县当年派去"开拓团"的人数是最多的。所以，我们还有很多东西需要向外界传递，为此我们首先得维持纪念馆的稳定运营。非常遗憾的是，我们的纪念馆不是靠国家给钱可以稳定运营的公立纪念馆，所以我们要自己建立一个可以使纪念馆稳定运营的体制，在此前提下争取让更多人来参观，或者想出一个就算不来也可以让大家了解这段历史的方法，让更多的人可以知道这段历史。还有就是要传达的内容，我们自己想要传达的目标内容虽然很明确，但是每个人接收到的信息和感受还是会不一样，所以接下来的十年里，我们需要边重新构思我们想要呼吁的内容，边思考我们要做的工作，这是我们的一大课题。

对我来说这已经是日常工作，我现在的目标是培养可以投入这项工作的下一代，然后把接力棒交给他们，但到时候我们肯定也会一起做这项工作，这是我接下来几年要做的事情了。

我作为日本人，对过去日本给中国造成的巨大伤害有了了解并进行了深刻反省，但日本国内对这方面的认知还有很多不足的地方。我们作为日本人，作为大人，有责任告诉孩子们，让他们

263

了解在过去的 150 年里，日本在亚洲做了什么，今后我们也会继续努力向孩子们传递这段历史。在国家层面上，学校的教育没有做到位，还有相当多不足的地方，这也是我们要继续努力改善的部分。我希望中国人民可以知道，在日本还有这么一个机构，介绍这段对日本来说想要避讳的历史。我知道，在中国，肯定有对日本反感的人，当然有日本人对这段历史认知上的问题，但我希望大家能明白，日本当年侵略中国的事是事实，但现在大部分的日本人都是热爱和平的，因为他们自己也因此付出了巨大的代价，而且知道了和平的重要性。在此基础上，我们会继续努力，希望今后中国人和日本人可以和平共处，互相理解，加深交流。

264

避开不想面对的事情，就会因此变得盲目，或者会重蹈覆辙。如果可以做到去面对想要避讳的历史，就可以从中学到很多。日本过去的历史，就是因为日本去伤害其他国家，结果也伤害了自己的国民。为了不重复这段历史，正确面对这段负面历史是非常重要的。我不会把这段负面历史当成耻辱，我觉得我们应该做到可以去面对，为正视这段历史的自己而感到自豪。有些人会觉得这是自虐，而我完全不这么认为。我认为我们应该为能做到正视这段历史，为能反思自己而感到骄傲，我也希望更多人明白这一点。

四、田中智秀

田中智秀：日本遗孤定居促进中心企划课课长，
从 1989 年开始在所泽中心工作了 8 个月左右，中途
辞职去中国待了 3 年半。回国后又重新在所泽中心就
职，一直工作到中心关闭。

当时有一个做日本遗孤支援工作的志愿团体，因为这些日本
遗孤回国学习日语遇到很多困难，所以想在中国找一个地方让他
们在回国前可以学习日语。于是，在黑龙江省哈尔滨市，日本遗
孤支援工作志愿团体的负责人和黑龙江省地方政府的人商量，在
那边成立一所可以让日本遗孤在回日本前学习日语的学校。学校
建立的第二年，我作为日语老师去了那边，原定是只去一年的，
但因为各种原因没走，最终在那边待了三年半。那所学校是免费
教日本遗孤日语的，同时给这所学校的其他学生教日语。上午我
们教普通中国学生学习日语，下午教日本遗孤和他们的孩子、配
偶等，晚上教白天有工作的。

在定居促进中心工作时，我上的是夜班。当时定居促进中心
有学校和宿舍，我是宿舍的生活指导，值的是夜班。为了取得日
语教师的资格，我白天上培养教师的专职学校，晚上在生活上帮
助和管理住在宿舍的人员，帮助他们解决生活上遇到的问题。那
时候我的工作主要就是这些内容，去中国之前做的就是这些工作。

▲ 中国访日代表团访问日本遗孤定居促进中心（所泽分部）

266

1993 年夏天回到日本后，我又去拜访了中心，他们就跟我说，现在这里人手不足，因为我有在中国做这些工作的宝贵经验，所以就邀请我到他们那里工作。这次做的就不是宿舍管理了，更多的是学校教学相关的工作。

我的工作比起教日语，更多的是偏向职业、生活上的指导，教他们在日本生活所需要知道的各种事情，做了大部分教日语以外的工作。日语专门由一个教师队伍负责，而我们的工作主要是帮助从中心毕业的人能够适应日本社会的生活，教他们在日本各地工作生活所需的知识和要办的手续等。这些工作基本上都需要用到中文，比如这些人中有的本来就有日本国籍，而有些人则没有，这些拥有日本国籍的人有些也一度因为失踪被认定为死亡，所以就需要为这些情况各异的人办理恢复国籍的手续，或者是准备申请日本国籍的手续，还有帮助他们的孩子申请日本国籍的手续。

　　日本遗孤从中心出来要到其他地方生活，会有一些人出于善意愿意作为身份保证人照顾他们，而我要和这些人做一些协调工作，安排双方面谈等；我还要和各县的部门做协调工作，去东京的话就和东京都的部门协调，去长野县的话就和长野县的县长协调，帮助从中心出来的人准备好住的地方。

　　他们中间有些人有户籍，有些人没有。每个人的情况都不同：有些人出生在日本，在日本递交出生证明后才去的中国；有些人虽然出生在中国，但在战争开始到失败之前递交过出生证明的；有些人则因为战败之后没有办法递交出生证明根本没有户籍。有户籍的人因为战争结束后好多年都不知所终，或者在逃跑期间，在一起的人说这个人可能在哪里已经去世了，像这种情况，日本有一项战时死亡宣告制度，假如被判断为在战时失踪，大概率已

267

▲ 日本遗孤后代到日本小学校体验课堂学习

经去世；如果在日本的亲人申报此人已经去世的话，这个人就会被认定为死亡。像这些本来有户籍，但被认定为死亡其实还活着的人，就需要恢复他们的户籍，这就需要收集当时的各种资料，在法务局办一个户籍恢复的手续。法务局的负责人员会问一些相

▲ 日本遗孤到日本工厂实习

关问题，查看各种资料，确定这个人的确就是之前被认定为死亡的人，然后恢复他的户籍。还有一个叫作落籍的手续，是让不知道自己是在日本哪里出生的日本遗孤办理一个新的日本户籍。这个就比较麻烦，也比较费时间，一般需要一到两年。我们要准备办理手续需要的文件，比如要集齐在中国公安局存档的各种资料，还有公证书、各种人的证词等，还要在文件上尽可能地说明本人和父母分离的原因和过程，但实际上很多日本遗孤都是在中国农村生活的，相当多的人不会读写，即便会读写也达不到可以流畅

表达的程度，所以就由我们听他们讲，帮助他们写这些文件。我们要在他们离开中心前准备好这类文件并交给律师，由律师事务所去打官司，让法庭承认这个人是日本人。离开中心的人最快一年，迟一点儿的两年就可以被承认是日本人，办理新的户籍，取一个日本名字，获得日本国籍。像这种所谓"身份不明"的日本遗孤占了大部分，这种找不到在日本的亲人也不知道他出生在哪里的人估计占了六成。

一开始这个中心只在所泽，后来全国各地陆续建起了类似的中心，来我们中心的人就少了很多。光在所泽中心的日本遗孤就有1486人，把他们的家属都算上的话就有5508人。除此之外，在华残留妇人有235人，算上家属有895人。后来还有从中国以外的其他国家回来的日本遗孤，我们叫异邦人。现在俄罗斯的萨哈林州，以前也有很多日本人住在那里，战后因为无法回日本而留在那里，这类人有85人，算上他们的家属有241人。把这些人全部加起来，当时所泽定居促进中心总共接收了6644人。这个中心是由国家建的，最初是专门接收中国的日本遗孤的，后来也

▲ 日本遗孤在学习制作便当

开始接收在华残留妇人，最后扩展到接收俄罗斯的萨哈林州的遗孤。中心成立的时候，由现在的厚生劳动省负责处理战后的各种遗留问题。厚生省是在1984年2月成立的这个中心。一开始中心在学校内部建了宿舍接收遗孤，但后来由于从中国回来的遗孤太多，地方不够了，所以昭和61年，在离学校2公里远的地方专门建了一栋宿舍，平常大家都在那里生活，然后白天去学校学习。

前期，大部分遗孤都是40多岁，二代的话主要就是小学到大学这个年龄区间。随着时间的流逝，来中心的人的年龄段也变大了。到了后期，中心里的日本遗孤有些都60多岁了，腿脚不便利，有些人骑不了自行车，就只能走路往返于学校和宿舍，这种情况我们就会安排车接送他们。

▲ 中国养父母访日代表团赴日访问时
与日本遗孤重逢时的情景 1

▲ 中国养父母访日代表团赴日访问时
与日本遗孤重逢时的情景 2

▲ 中国养父母访日代表团赴日访问时
与日本遗孤重逢时的情景 3

在宿舍，他们起床后做早饭，吃完以后大概9点去学校。上午在学校学习，中午大家吃便当，下午上课上到两三点，和日本的中小学是一样的。学习完以后回宿舍，吃晚饭，一天大概就是这么一个流程。上课的话根据每个班级的情况会有不同，年轻人多的班级课程会多一些，年龄大的人可能中午吃完饭就结束了。

从中国回来进这个中心的时候，首先会做各种调查，调查你的家庭构成，确认你提交的文件有没有错误，还要办外国人登录手续。和现在不一样了，以前是要外国人登录手续的，还有体检报告，在这些事情上就要花费一周的时间。完事了以后要进行一次考试，根据考试结果分班级。关于这个我之前也提到过，很多人在中国的时候小学都没有毕业，那么就会把不会读写的人组成一个班级，学历相对较高的人组成一个班级。我们会通过各种考试来将每个班级细分成5到10人的规模。小孩也是一样，比如小学低年级的、小学中年级以上的、初中生、高中生。还有就是考虑个人的年龄和体力因素，把班级分得相当细。当时光是专职老师就有30人，除此之外还有兼职的老师，老师人数是相当多的。平均下来，人数多的时候有10到15个班级，最多的时候包括家属有280人左右。人最多的时候应该是在20世纪80年代后期到90年代中期，当时日本政府表态，所有遗孤回国之前都不会停止援助，所以在这段时间回来的人最多。在全国各地又成立其他类似的中心，包括北海道、福岛、爱知；还有所泽中心的分支结构，在山形、长野、岐阜、广岛、宫城、福冈、大阪。所以虽然所泽中心每年也就能接收650人左右，但在全国范围来看，当时应该有更多的人回国。后来回来的人逐渐减少，地方的中心慢慢就一个接一个地关闭，最后只剩下了所泽，到了每年只回来一两人的时候，所泽中心也关闭了。接替这项支援工作的机构现在在上野的御徒町，叫支援交流中心。

至于为什么设在了所泽，因为建立中心需要一定面积的土地。

271

▲ 中国养父母访日代表团赴日访问时与日本遗孤重逢时的情景 4

和中国不同，日本的土地大部分都是私有的。当时在所泽的美军
基地被返还给了日本，这是国有的土地，就赶紧在那里建了。

中日建交后，日本政府开始对留在中国的日本遗孤进行调查。每年都有好几批日本遗孤从中国来到日本，希望可以帮他们找到在日本的亲人，于是在日本开展了找亲人的公开调查。当时寻亲时会在报纸上登出那个人的照片，说明他在哪里生活，在哪里因为什么原因和亲人分离了，要写上他所记得的信息，比如父亲曾经在哪里工作过，在日本的时候自己家的周边有什么东西。这些信息全部刊登在报纸上，有时不止一面，会三面、四面地刊登。日本的 NHK 电视台也会播放每个人的详细信息。在全日本范围内搜集信息帮助遗孤寻亲。通过这些方式有成功找到亲人的，也有没找到的。越来越多地参与了亲人调查的遗孤提出希望回到日本，有很多人因此回到了日本，回日本的旅费还有住所都由国家承担，并为他们办理了手续。但问题是，他们突然回到日本后既不会日语，也不了解日本，就很难在日本社会生活下去。于是就把这些回到日本的人聚集起来，教他们日语、日本的生活习惯等，再让他们去各自要去的新地方生活，帮助他们更好地融入日本社会，这是当时我们中心成立的一大目的。

从学习语言的角度来说，十岁基本上是一个分界线。来日本时不到十岁的孩子经过学习，他们说的日语几乎与本地的日本人没有区别，学起来也很快。高中生到 20 岁左右的孩子，虽然没有小孩学得那么快，但两年左右基本就能够掌握日语了。不过，基本上不管哪所小学或中学都会面向日本遗孤的孩子专门配教日语的老师，孩子们可以跟着这些老师学。但到了高中又会遇到考大学这一问题。针对这一点，日本基本上所有学校对从中国回来的日本遗孤的二代也有特别政策，比如考试的时候可以拿字典，考试时间可以更长，考卷上的字全部标注有平假名，还有分数低一点也没关系等这样的优待政策，不过能不能考上大学还是要看本人的努力了。说到小孩，这就当是个闲谈了。不是每个建筑都装有火灾警报器吗？就是那种圆圆的红色装置。有一天我们中心突然响了火警警报，我们赶紧跑过去一看，发现是一个小学生按的，他还一脸骄傲地跟我们说："是我按的！"我们就问："为什么要去按这个呀？"他说因为那里写"按"。他学了"按"这个词，知道什么意思了就去按了。发生这种事情我们也没办法对这个小学生生气，只能表扬他认真学习了。这种事还发生了不止一两次。小孩子因为实际应用了学到的知识而感到非常高兴，但对我们老师来说就比较难办了。

现在日本和中国的关系和以前相比大不一样了。当时外国人在中国住会有各种限制，但是碰巧我在中国时工作的学校没有太多接收外国人的经验，所以我没有任何作为外国人的优厚待遇，和学校里的其他中国老师拿一样的薪水，住一样的宿舍，到秋天会收到 5 公斤苹果，冬天会收到 500 公斤白菜，享受的是和中国老师完全一样的待遇。学校也完全没有制定针对外国人的限制政策，我可以自由地去拜访在中国的日本遗孤的家，住在他们家里，或者去真正的农村见这些日本遗孤，都没有什么限制。所以我在那里看到的不是对外展示的那种，都是非常真实的日本遗孤的生活状况。在东北三省中，黑龙江省的日本遗孤是最多的，我发现越往偏远地区走，不知道他们可以回日本这件事的人就越多。在黑龙江省和吉林省的城市里，会有公安局的人来询问："你是日本来的吧？现在可以回日本了，要回去吗？"但如果到了非常偏远的村子，就算知道那个人是日本遗孤，这个信息也不是马上就能传达到的。我到村子说关于日本遗孤的事的时候，就有人告诉我邻村也有，或者哪个地方也有。我就去见这些人，发现他们虽然知道有访日调查这个事情，但是不知道该怎么办手续，这种人还不少。

做就职指导、生活指导的有不少是从中国回来的人，很多都是很早以前自己回到日本的那一批，有些人在中心正式运营前就回来了，也有在掀起日本遗孤集体回国浪潮之前就自己回来的

274

人，这些人也有在中心工作的。工作人员中了解当时日本遗孤情况的并不多，所以当时中心的人就问我要不要去为那些从中心出来的人做生活指导。我想我在中国的三年半的经验也可以派上用场，就接受了这个工作。从指导如何找工作开始，请 Hello Work（日本专门的工作介绍所）的专业人员来进行说明，包括去 Hello Work 找工作时怎么填那些相关文件，然后会让他们去 Hello Work 过一遍实际流程。除此之外，带他们去参观企业，让他们看看现实中的大企业是什么样子，中小企业是什么样子。比如在所泽，我们经常带他们参观的大企业就是我们中心附近的本田工厂，至于中小企业，我们会带他们去参观制造本田汽车部件的工厂。还有就是去职业训练学校，因为在中国取得的各种专业资格证书，除了驾照，其余在日本基本是无效的，所以大家都没有资格证。为了可以和工作挂钩就要去考一门资格证书。这个职业训练学校是由国家建立的，大家从中心出来以后可以在这个地方学习一到两年，然后用学到的知识和技术去找工作，那么我们的日语老师就会帮这些人辅导职业训练学校的入学考试。不同的职业训练学校教的东西也是各不相同的，比如这所学校主要教的是高楼清洁方面的工作，那所学校教的是木工方面的技术等，有各种各样的高等职业型的学校。我们会带他们去参观几所不同类型的学校，让他们实际看看。还有就是进行地方职业体验实习。我们会把这些离开中心后去工作的人送到地方企业包吃住实习一周，同时看当地人是如何生活的，还可以向已经在那里工作的同是永久回国的日本遗孤前辈讨教经验。我们会制造这种可以去体验实际劳动的机会，希望他们可以了解日本地方城市的生活方式。这有两个目的，其中一个目的就是我刚才说的，向前辈讨教实际工作的经验。

在总共为期 4 个月的学习中，从第 3 个月开始会加入这些活动。基本上就是去一周，包括周末在工厂工作三天左右，我们这边会安排翻译人员，企业方也会把同是日本遗孤的前辈职员调到

275

他们所在的部门。周日放假的时候会带他们去参观那个地区的街道，安排观光之类的活动，让他们看看城市样貌。当然我们不会一次就带所有人过去，基本上是从每个年龄段选一个人去实习，回来之后让他们跟自己的家人讲工作内容和情况。人多的时候 20 到 30 人，到后期人少的时候也就一两个人。即使这样，很多人还是想留在东京，但也有不少人在听了除东京以外的地方生活的日本遗孤讲的情况后改变了想法。还有就是，农村出身的人对城市有强烈的向往，不少人通过在地方企业的实习经历，意识到日本的农村和他们想象中的农村是不一样的。其实在中国，那些像在长春、沈阳、北京、上海住过的人，就会觉得回到日本必须住在东京、大阪、名古屋这样的城市，要转变他们的想法很困难。那些去地方工作的人成为正式职员的人更多，那些去了东京之类大城市的人反而很久找不到工作，就算找到也是兼职之类的，所以在大城市的遗孤比在地方接受最低生活保护的人更多。一开始大家住的都是公营住宅，然后努力工作建了自己的房子，在地方生活的这种人比较多。从某种意义上来说，去大城市的话，同伴会比较多，志愿者也比较多。

在这个中心成立前，学习日语的外国人大多是留学生或者是真的喜欢日本、想了解日本的人，基本上都是年轻人，已经对学习这件事习以为常，而且学习欲望也高。但是日本遗孤并不是这样的情况，所以就需要考虑如何能让他们学会日语，如果有需要就再新编一本教材。从所泽出来的也有要上小学、中学的孩子，这些孩子在中心学一个月日语后，我们就会拜托地方的学校让他们入学，让他们在中心的时候就开始去日本的小学或中学上学。在学校上课没听懂的地方回来以后问中心的老师，第二天继续去上学。在中心的时候，我们这边的老师还可以帮忙，出了中心就不一定一直有日语翻译在身边了，那个时代不像现在用手机就可以翻译，所以，父母也必须具备一定的知识。

日本遗孤真正与日本人在一起生活还是有很多互相难以理解的地方，这就需要我们帮助他们去协调，增进理解，让日本社会更好地接纳日本遗孤。首先是语言不通，生活习惯完全不同，社会体制也完全不同，由语言、文化背景和社会背景的不同而产生的摩擦非常多，但这种状况都在慢慢改善，到最后就都改善得很好了。为了改善这种状况，我们和小学、中学的老师、学生互相拜访交流，使双方互相加深了解。还邀请当地自治会的人参加我们中心的活动，我们也去参加他们的活动。通过这些交流活动，双方就能明白到底哪里出了问题，于是就能找到解决问题的对策，然后互相交流、磨合，慢慢解决这些问题，最后大家就处得十分融洽。比如扔垃圾的问题，对于这些日本遗孤来说，他们大多生活勤俭不能接受还能用的东西就被扔掉。日本那时经济发展非常迅速，所以东西只要稍微旧了不能用了，人们就会毫不犹豫地扔掉。日本遗孤看到这些被扔掉的东西，觉得还能用，就会捡回来，这让当地居民感到不能理解；还有因为说话声音大而产生过纠纷；有些遗孤夏天会穿着很少出门，我在中国待过，所以知道这些在中国是正常的，但对一般日本人来说，会感到惊讶甚至无法接受。日本人不理解他们为什么要这样做。从根本上来说，就是由于双方互相不了解，所以只能一点点地告诉他们。我们当时举行了不少交流会，也邀请当地居民参加我们的日语课，和日本遗孤一起练习对话，中国和日本到底有哪些不同，为什么日本人觉得这个不行，这些问题不单是由老师来说明，当地居民也参与进来，大家慢慢互相了解，在某种程度上达成共识，一旦理解了就没事了。对直接跟日本遗孤有接触的人来说，虽然日本遗孤国籍是日本，但对他们来说还是外国人。当时住在日本的外国人也不是很多，越到偏一点儿的地方外国人越少，所以那个时代的日本人对从国外来的人，有外国背景的人的了解是完全不够的，对那些每天都和日本遗孤有接触的人来说，有些地方还是很难理解的，所以经

277

常会有居民来投诉，真的是有很多事都很难应对。

进行各种指导的时候，比起我们工作人员去说，请专家来说效果更好，所以我们会请警察过来指导交通规则，请市政府的工作人员、消防员、当地中小学校的老师过来一起交流。带我们的学生去参观当地的学校，或者邀请当地中小学的学生来中心，通过不断进行这种交流，加深彼此间的理解，就会在某种程度上达成和解。这些工作真的是以年为单位，而不是一个月两个月的事，需要花好几年的时间才能慢慢消除。中国在 20 世纪 80 年代后期开始改革开放，那边的社会发生了很大改变，中国的生活水平也提高了很多，因此这些矛盾也就少了很多。

当时有许多种交流会，经常办的是和在日本学习中文的人用中文交流的交流会，还有一种是和当地人用自己目前学到的日语交流的活动，还有举办不用语言交流的，比如下中国象棋，或者举办下将棋、做游戏之类活动的交流会。在日本，会下中国象棋的人比较少，所以日本的中国象棋爱好者会很积极地参加。我们会办一些大型活动，人多的时候办的规模会很大，那时日本遗孤大概有 260 人，工作人员有 50 人，志愿者有 100 人，再加上当地人有 50 人。当时做了各种事情，我们的目的就是让双方能互相理解。

五、斋藤恭一

斋藤恭一：日本中国残留遗孤援护基金常务理事长。公益基金财团法人中国残留遗孤援护基金成立于1983年4月，主要目的是取得民间支持，与政府密切合作，实施解决日本遗孤问题所需的各种项目，帮助他们回国后在日本定居、适应社会、促进生活独立和改善福利，为中国养父母提供支持。1984年2月，斋藤恭一代表厚生省在埼玉县所泽市成立中国残留遗孤定居促进中心，负责归国遗孤的具体培训工作。2001年，成立中国归国者支援交流中心，负责为残留遗孤及其亲属在日语学习等方面提供咨询、交流等服务。

中国残留孤儿援护基金是在1983年4月建立的，是得到了当时厚生大臣的认可而成立的团体。日本侵华战争结束之后，许多人还留在中国。1972年9月中日邦交正常化之后，跟中国人结婚的日本女性被称为残留妇人的群体，借着中日邦交正常化的契机，有想回日本定居的，还有想暂时回国的，于是在当时向设立在中国的日本大使馆提交了很多申请。在归国援护的过程中，很多人提到他们其实是日本人，这些人在战争结束前后和日本的亲人们经历了生离死别，这就是所谓中国残留遗孤。随着"我是日本人呀""我也想回日本呀"这样的声音变多，1983 年我们成立了基金，但当时的厚生省从 1981 年就开始了对遗孤的血亲调查。这些人和留在中国的残留妇人相比，残留妇人还懂得日语，了解日本的生活习惯，而遗孤却对此一无所知。尽管有着未满 13 岁的年龄限制，不过这些在中国长大，生活方式已经是中国式的遗孤在回日本后适应得非常辛苦。"想把他们安顿好的话，一定要做些什么吧。"于是当时的政府成立了各种研究协会，包括国民在内，大家的情绪都很高涨，有很多要成立后援团体的声音。团体成立后，为了迎接遗孤回日本，帮助他们进行生活上必要的日语的学习、生活习惯的学习或者提供研修的设施，就由国家机关联合，把这些交给专门运营的基金组织。还有一点，如果遗孤回到日本，那么留在中国的养父母的生活该怎么办？还是有必要支援他们的生活吧，这就产生了所谓赡养费。在那之后，虽然已经有十二三种援护金的机构了，但还是以最初成立的这个为中心。

▲ 中国养父母访日团欢迎会上现场照片 1

▲ 中国养父母访日团欢迎会上现场照片 2

　　1984 年在埼玉县所泽市设立了 6 个中国遗孤定居促进中心，
后来大量遗孤回国，政府又建立了其他促进中心，例如九州，所
泽中心也在当时的长野县和山形县成立了分所。因此，遗孤归国
后，其定居地在日本国内扩展开来。养父母的赡养费是在 1985 年
由日本政府和中国政府商定的。第一次汇款是在 1986 年 8 月，费
用负担的比例是 5 ：5，也就是由日本政府负担一半，由国民收
入中的净资产部分负担另外的一半。第一次是给养父母，第二次、
第三次汇款事宜都拜托给中国红十字会方面处理了，不过，按约
定应该是一对一的，金额定好后，由他们交给养父母。

　　援护基金设立之初，募集基本资金的目标是 10 亿日元，然后，
把募集到的 10 亿日元作为存款，或者做其他方面的投资，得到的

净资产就是运营收益。基金成立于 1983 年，在 1985 年目标就已经达成了。两年时间募集了 10 亿日元，这在现在是无法想象的。包括国民在内，全国都在不断地捐助，听说有一半以上都是由企业捐助的，除此之外，还有个人捐款。

可能因为同情他们悲惨的状况吧，所以大家特别关心此事。虽然战争是不应该发生的事情，但是因为战争，遗孤和在中国的养父母经历了生离死别，虽然有人知道自己是日本人的孩子，但是年龄小的人完全不知道。养父母的心胸比较宽广，将他们抚养长大。遗孤想回到日本，养父母也愿意把他送回日本，已经长大成人的遗孤回到日本，他们也会考虑养父母在生活方面是否有困难，所以为他们的养父母捐款就成了一个很大的目标。

我原本也是在厚生省就职的，遗孤问题开始出现的时候，正好是我就职不到 10 年的时候。

在推进落实方面，我们有过各种各样的组织想法。那个时候我们的机构还叫促进定居对策室，现在叫中国残留日侨支援室。当时人数还不是很多，总共 10 人左右，渐渐地扩大了规模。我第一次工作的时候，正好就在那个部门。国家做了很多事情，所以希望地方政府也能做很多事情。遗孤从中国回来后，日本政府和日本地方反而成了问题中心。本来遗孤应该去血亲所在之处，地方的人们对这个问题也非常关心、理解。不过，回到日本的遗孤以东京为目标，都想迁居到大城市，当时的遗孤们都向往都市，想住在大城市的倾向非常强烈。找到自己亲人的人不得不到了地方的都道府县，但出身情况不明的遗孤，也就是"未判明身份"的，该怎么安顿他们呢？本来就不知道他们的血亲，因此只能由政府决定。

他们的分配还是按照遗孤们希望的去选哪个地方，而不是命令。当时，我们在全国范围内制定了身份保证人制度。先对保证人进行登记，等遗孤们在刚才说的促进中心进行研修时，帮助他们寻找想去的地方，这便是国家的工作。在推进这件事上，我们觉得只在城市里并不好，那样会有安置费问题，之后还有住宅的问题啦、上什么学校等各种各样的问题。因此和集中在一起相比，我们觉得还是分散在各地比较好。

值得庆幸的是，我身为常务理事，在任职的 3 年里被国家指派了各种工作，当然也去过中国。因此，我也和当地的遗孤交谈过，也和政府负责人沟通过。

说实话，他们让我觉得非常可怜，所以我想为他们做点儿什么，希望政府自身也能为他们做些什么。虽然我希望他们能早日融入日本社会，但还是有很大的障碍，比如生活习惯的问题。当然，也有很快就习惯的人，年轻时就回来的人会很容易适应，特别是孩子们，回到日本时还上小学。从这时开始在日本生活的，起初会很辛苦，但慢慢就能熟悉起来，了解社会的方方面面。在这个意义上，我觉得日本遗孤要是能早点回来就好了。不过，只有一部分人能早些回来。

现在的主要问题，还是让他们能在日本正常生活，因此需要有能够进行学习的机构。地方的机构已经没有了，在东京首都圈有两处，比如中国归国者支援交流中心，那个也是由国家创办的，由 NTT 负责运营。在日本，要想解决遗孤问题仅靠政府还是很难的，国家也无法通过政策来解决。所以，促进遗孤问题向前推进，这也是在民间设立援护基金的意义之一。国家不能直接支援金钱，但民间团体在其中却可以干很多事情，如建立日语课堂、交流教育、郊游或者去看风景名胜。为了支援这些民间团体，募捐是很有必要的，这件事从基金还没有成立的时候就一直在做。今年虽然还没有最终决定，但预计会支援 12 个团体左右。另外，最近开始出现高龄化问题，不仅是遗孤，遗孤的二代也一样，从 2006 年开始，护理问题就成了相当重要的课题。除了中国归国者的半日制护理机构问题，还存在语言等各种各样的问题，负担也非常重，本年度共有 14 个团体得到了支援。我们持续支援这些志愿者团体，其主干成员还是地方出身的人。先是出现了公寓看护团，也有举办日语教室的看护团，数量还是很多的，虽然有财政上的问题，但还是尽可能地继续支援。援助金不能用于开设养老院之类的事，在这种情况下，我们能做什么呢？答案是能做什么，就尽量去做。

过去曾收到过不少捐款，最近没有那么多了，每年大概能募集到 300 万日元。很长一段时间以来，我一直在请求大家捐款，希望能得到大家的理解，希望捐款的人们能将这种善行持续下去。不过，因为年龄的关系，这样的人越来越少，新捐款的人也越来越少，因为当前日本财政状况非常困难，说实话，现在处于非常艰难的时期。

行政方面的困难是要制定各种制度，比如说地方政府因为不能浪费补助金，就只能把钱给"请求"支援的团体。但有些团体认为制度本身非常烦琐，过于细致，因此不愿意提交申请文件。虽然有支援制度，但还是没有被活用，这是一个令人遗憾的地方。

日本在华遗孤引起轰动的时间已经过了 40 年了。从现状来看，最重要的还是养老问题。遗孤的年纪已经大了，他们必须接受现状，就像刚才说过的那样，因为是从中国回来的，他们只懂中文，不能很好地灵活运用护理制度，我觉得这不合适也不应该。

最理想的方式应该这样：生活习惯不同也好，不会日语也罢，若有家人的照顾、周围人的理解，他们的处境会好很多。先由家人照顾好，再逐步联系社区等进行照顾，这样的路径不是很好吗？在这种状况下，地方政府也可以开展各种各样的工作、出台各种各样的政策，但理想和现实总是有差距的。关于遗孤问题，虽然处理起来很难，但我认为如果由家人和地方来照顾的话是最好的。这样的话，语言也不是问题了，不是吗？我相信孤将会迎来一个美好的时代。

六、吉崎聆子

吉崎聆子：日本残留邦人后代，本人有日本户籍，常年为归国的日本遗孤做翻译工作并进行中日音乐交流活动。

　　我回来以后除了学日语，东京都的生活指导员（已故的田先生）为我选择了一个学日本传统乐器的地方。那里的人多数还是不错的，老师们多是业余的，他们自己会吹奏尺八（一种日本乐器），且有一定的组织能力和社会关系，组织了很多业余演出活动。他们一边工作一边教小孩。我跟他们关系处得挺好的，他们对我挺友好的，愿意帮助我，对日语学得不好的我也没有偏见。但是有些人就不行了，他们认为我是中国人，所以就会歧视我。有客人来了，我给他们倒茶，他们就说"谢谢"——他们不知道我的情况。但有一次，有个人在旁边说了一句："她是中国人，你们可以不用说谢谢。"他这样说就是一种偏见和歧视，就是瞧不起人。后来，我就告诉社长不要让他再来练习室了。那个人仍存有过去日本军国主义思维，认为日本人就是高人一等，日本政府发动侵略战争是正当的，日本人就"应该"去奴役中国人。这种想法和行为是极其不对的，可笑的——傲慢与偏见太可恶了。我总觉得我们生活在一个地球上，就应该像一家人一样互敬互爱，无论你是白皮肤、黄皮肤还是黑皮肤，无论你是哪个国家的人，无论你是贫穷还是富有，只要你追求真善美，这个世界就是美好的。

我有个朋友是共同社的记者，他介绍我去找3个人，了解日本现状。其中有一位老人叫李泽民（音），他在日本创办了一个中国音乐普及会，希望将中国的二胡等民族乐器普及一下。他的女儿李木兰（音），爱唱中国歌曲，我就给她伴奏，我们一起演出，我们俩就这么开始接触的。这位老人挺有思想的，有一次他跟我说："国会现在讨论说遗华日本遗孤要回来了，快去帮忙。"我说我愿意去帮忙。我是在第一批访日寻亲团来日本时去帮忙的，当时就是在会场上给他们倒茶水，后来厚生省还来信感谢我。再后来就是我妈妈在《东京新闻》帮忙，大概是第三批、第四批回来的时候我才去帮妈妈的忙。但是当时我没有信心，觉得自己的日语只学了10个月，日语水平还不行，虽然中文我能听懂，但是我得把中文的意思跟记者用日语说明白，好在他们可以笔谈，有些事情可以慢慢沟通。就在那个时候，有很多日本老人要寻找亲人，让我帮他们翻译，方便和自己的孩子联系，我就试着练习翻译。翻译完了给我妈妈看，我妈妈看完再帮我改，我就稍微有点儿信心了。工作就是在干中学吧。访日寻亲翻译工作我一直做到第十五批，都是在《东京新闻》

▲ 吉崎聆子（右一）做翻译工作时与赴日寻亲的日本遗孤合影1

做临时工，当时在这儿工作也解决了我好多生活上的困难。

　　不知道是不是一种巧合，我一下子就跟遗孤有了关系。一跟他们谈话，我就觉得自己还不算太苦，比自己苦的人还多得多。我觉得如果当时我被父母抛弃了，或者在溃逃中离散了，那自己也跟遗孤是一样的命运。所以我就觉得自己跟他们是一个藤上的苦瓜，自己应该参加一些有意义的活动，为他们做一些有意义的事情，哪怕挣得少点儿也没关系。所以，在访日寻亲做到十五批以后，厚生省要招人，当时各报社的翻译和记者都支持我，说："你去吧，去吧。"我去了，就谈了一次话就通过面试了，一天给五千块钱。

287

　　我的基本工作还是做寻亲来信的翻译，还在调查班、归国班工作（就是做定居工作的）。我一开始是在调查班工作，后来又给我调到别的班，要是没有翻译来信的工作，就什么杂事都要做。他们对我挺好的。有一段时间我太累了，不想做了，但是我觉得

▲ 吉崎聆子（右一）做翻译工作时与赴日寻亲的日本遗孤合影2

还是得坚持。

当翻译的时候，有一些事令我印象特别深刻。我记得，他们定居后，到厚生省来访问，有一个人突然跑到厚生大臣办公室，进到他办公室就坐在那儿不走了，要直接找大臣谈话，给职员吓得够呛。职员不会说中文，就把我叫去了，给我也紧张坏了，担心要闹事什么的。后来我问了一下，原来他是想让领导给他分配房子。我就跟他解释，房子不是厚生省管理，要到东京都找管理住宅的部门。他怎么也不听，他说："我就要找大臣。"其他人也劝他，希望他能够理解这不是我们的工作范围。我也告诉他了，我们可以换一个房间再慢慢谈。还不错，经过我们的沟通，最后他也理解了。所以，我就觉得翻译工作还是挺有意义的吧。在跟他们交谈当中我发现，他们刚来日本，对日本社会了解得不够，那么日本政府官员应该好好地给他们解释，不是拍桌子就是瞪眼睛那怎么行？中国人的想法和日本人的想法不一样，思维方式也不太一样，虽然脸长得很像，但脑子里想的不一样，社会环境也不一样。后来大家也慢慢理解了。但是有些人还是待不惯，很多人受不了日本人的歧视，就又回中国了。

其实，翻译需要把双方的话安全、准确地传达给对方，让人理解，让人安心。但这个过程比较麻烦，产生冲突的时候太多了。比如有一个遗孤要卧轨，他觉得自己被冤枉了，受委屈了，情绪特别激动。后来，我就带他去厚生省谈了一次。得知他是一名重病患者，但他不会说日语，还没有人帮他翻译，他就只能到中国治疗去了。他在中国待了很长时间，但是日本说你在中国只能待两个月，他待的时间太长了，还拿着厚生省给他的待遇，按照法律规定要让他退钱，那可是好多钱。我前后三次陪他去县厅与职员沟通。最后整明白了，原来是翻译有一年了都没给他做翻译。翻译后来给他写了张小纸条，大意是：没有带你去医院，很对不起。确实一年没给他翻译，他能怎么办？就只能去中国治病了。他当时很激动地说："我要把那个小职员给杀了。"我说："他像你的孙子那么大，他们不理解遗孤的事。你有什么苦恼可以直接说，不能杀啊打的，你讲理就行了。日本是一个法治国家，还是有能够说理的地方的。"最后，厚生省也知道这事了，他们在神奈川又组织了一次理解遗孤的活动，对职员也做了一些教育工作。

很多年轻公务员没有经验，没有切身体会，不知道什么是遗孤，认为他们不干活儿还拿生活保障费，感到不能理解。那些翻译更不能理解了，因为他们没有经历过那场战争。不是说战争打完了就结束了，战争给很多人留下了伤痕，比如心理的伤痕更难以愈合。

在厚生劳动省做翻译的时候，我觉得他们工作效率很低，对此，我特别有意见。遗孤的妈妈、爸爸都是日本人，但是残留妇人的丈夫是中国人，她如果不回来，孩子也回不来。工作做得太慢了的话，许多子女就来不及回日本。有一个老太太，她等了好长时间，最后批准了，批准以后她特别高兴、特别激动，她本来就有心脏病，结果一激动就去世了。本来她活着的话孩子们就都能跟她一起回日本了，她一死就不行了。他们拿着骨灰到了大使馆，得到的回复是："你妈妈死了，就不能去日本了。"我一看到信心里特别难过，他妈妈如果再活得长一点儿，就能带那几个孩子回来了。双亲中单方面是日本人的话很难回日本定居，父母都是日本血统的还相对好办理。这就不太合理，应该快一点儿协助他们回日本定居。后来，厚生省就考虑，遗孤回来了以后到底能不能过得幸福。所以他们就加强做短期归国工作，每年都可以回来，原来是十年一次，然后变成五年一次，后来每年都可以回来看一看日本。让这些遗孤看看日本到底怎么样，在日本生活也有艰难、困苦的，也有不如中国的。目的就是让他们认识到在中国生活挺好，没必要非得回日本。后来我也随援护基金访华调查去做了一次翻译，调查日本遗孤到底是怎么想的。到了大连，我们问他们想要什么样的回国条件。他们要这个要那个，有的说回去的话必须在

289

东京，或者必须给几间房子什么的，但是这些对于日本政府来说都是做不到的。我就跟他们很坦诚地说，他们现在住的条件就特别好，比日本强多了。

现在遗孤的年纪都大了，再不寻亲就没有希望了，也没有人了解情况了，目前只能争取时间了。遗孤们都已进入高龄了，现在不用他们工作就可以拿到生活保障金了。我也鼓励他们多和人接触，做点儿有趣的事丰富一下晚年的生活。江东区有一个日本老师退休了，特别愿意跟遗孤学太极拳。他搞一些活动，我也去帮忙了。他们让遗孤把自己的身世讲一讲，让日本老百姓知道这段历史，让日本老百姓能够理解他们。还会组织他们唱一些歌，中国的歌、日本的歌，都是表达中日人民友好的歌。

我有两个孩子，一个女儿，一个儿子。女儿挺努力的，一直帮助丈夫做日本料理。她不敢说中文，怕影响到丈夫的工作，担心别人说中国人怎么去做日本料理。有时候我说中文，她也让我小点儿声，怕被别人听到。我本来想教孩子中文的，但我女儿不让我教，到现在还有一种压力。她可能是出于一种不想惹事的心理吧。不少遗孤都尽量不说自己是从中国回来的，我不知道为什么会这样。有一个遗孤回日本三十年了，没有给养母写信，也不联系。五年前养母要找养女，我们帮着她找到了，但是她家人说她好像痴呆了，我觉得不像"痴呆"，她的孩子们都不希望人家去采访她了，就说希望安安静静地生活，不想让人知道他们是从中国回来的。很多人都希望不要说以前的事，不知道是什么原因。

七、陈万林

　　陈万林：中国国际旅行社前副总经理，吉林省长白山国际旅行社总经理。

▲ 陈万林在寻找自己接待遗孤的老照片

大家都知道，1972 年中国和日本正式恢复了邦交。中日邦交正常化以后，中国和日本的往来越来越多，急需日语人才。我是 1973 年进入吉林大学外语系日语专业学习的，学习了 4 年，大学毕业以后，于 1977 年被分配到中国国际旅行社长春分社工作。长春分社是吉林省外办直接领导下的一个部门，专门接待外国旅游者到中国旅行，比如欧洲的、美国的、日本的、韩国的。从 1977 年开始到 2011 年我退休，这 30 多年我一直从事旅游行业，当过翻译、导游、领队，日本部副部长、部长、副总经理，最后是总经理也就是社长，直至退休。在此期间，我有机会接触到山本慈昭等许多日本客人，还有日本遗孤、遗孤的养父母。

东北当时被日本占领以后成立了伪满洲国，长春是伪满洲国的"首都"。日本侵略中国的时候，在伪满洲国生活的日本人很多。

▲ 1979 年，第一批访日的中国青年代表团

1945年他们战败以后撤回日本，有些日本人一直想回到过去生活、学习、工作的地方来看一看，人老了怀旧嘛。1972年中日邦交正常化以后，只有少数日本人来，其中就有找遗孤的，但大批涌入是在1978年以后。我参加工作的第二年，也就是1978年，中日签署了《中日和平友好条约》，再加上中国粉碎"四人帮"以后改革开放，大批日本人涌入了中国。到东北来的几乎都是以前在伪满洲国居住过的人，他们撤退的时候有十岁、二十岁、三十岁的，这时候都已经四五十岁、五六十岁了，所以非常想再看看自己以前生活过的地方。到了东北以后，他们就找自己过去住过的房子、过去上过的学校，其中也有一部分人来干什么呢？找自己失散的子女，也就是日本遗孤，这些人里有些是遗孤的亲生父母，也有他们的兄弟姐妹。那时候没有政府的支持，他们都是自己花钱随着旅游团来的，当时没有别的渠道，只能通过旅游。

293

在吉林省找失散子女的，就直接和我们打招呼，由我们去接待。比如说有的到了长春以后，说他过去在舒兰县（今舒兰市）的一个"开拓团"，在吉林市和他的子女走散了。因为当时舒兰县这样的地方还没有开放，他们去不了，所以就委托我们接待，帮助寻找。他们把信息告诉我们：当年孩子多大，有什么特征，在哪儿走散的。我们把材料整理完以后，就交给舒兰县政府，让他们帮助寻找；或者交给省公安厅，让公安厅管户籍的人帮助查找。就这样一点点儿地增加线索。日本遗孤并不是一次就能找到的，因为他们分别了三四十年，这三四十年间发生了很大的变化，有的找了一年、两年、三年，线索不断增加，最后才终于找到对方回到了日本。有些在中国的日本遗孤知道自己是遗孤，也想回国，但是又找不着自己的亲生父母，听说我们旅行社是专门接待日本旅行团的，认为是个机会，就到我们旅行社来，请求我们和日本联系。有的记得自己是日本熊本县的或者是和歌山县的，父母好像住在某个郡，但是说不详细。我们把这些情况整理完以后都传

▲ 日本"开拓团"里的儿童

给日本的旅行社，由日本的旅行社再找遗孤协会，或者有关部门，让他们在日本帮着找，所以是两头都在帮着找。

1990年以后，寻找日本遗孤的工作基本结束了，于是就转向处理养父母的问题了。因为养父母年纪也大了，都已经七八十岁了，这些遗孤该回国的也都回去了，所以又出现了养父母的赡养问题。

日本的很多民间团体也非常关心这些养父母的问题。有些遗孤回国以后在日本待了10多年，又来到中国访问。我们旅行社在这中间帮助他们牵线搭桥，负责他们的吃、住、行、游，给予他们支持与帮助。

虽然我只和山本慈昭接触过一次，但我记忆很深刻。后来他又来过很多次，负责接待的都是我们旅行社的其他人，因为我们经常换人接待。

▲ 日本日中友好手拉手协会第一次赴华寻亲

　　山本慈昭是日本长野县的僧人，他很早就开始关注日本遗孤的问题，很早就想把日本遗孤的身份弄清楚，然后迎接他们回国。他曾向日本政府提建议尽快让遗孤回国，但当时可能因为日本刚刚战败，国内的事情很多，再加上中日没有邦交正常化，所以日本政府一直没管这件事。但是山本慈昭坚持呼吁，联合很多民间团体做这项工作。直到 1978 年签署《中日和平友好条约》，中国实行改革开放了，日本政府也出头支持他的工作了，他们才得以到中国来进行正式访问，调查日本遗孤的事情。

　　山本慈昭被这些遗孤称为おとうさん，就是"残留遗孤之父"的意思，咱们叫日本遗孤，他们叫残留遗孤。这位老人给我的印象很深刻，个子不高，很清瘦，但是显得很干练。穿的僧衣是黑色的，戴的僧帽也是黑色的，总是面带笑容，给人一种很慈祥的感觉，不愧为残留遗孤之父啊。我记得他们在长春好像是停留了三天。他带领的访华团叫日本遗孤调查团，大约有三四十人。日本政府也支持，我记得有日本厚生省的官方代表，另外也有NHK（日本广播协会）负责摄影。因为团员里有很多人都在长春待过，在东北待过，所以也想看看长春市容，但是游览的时间很短，好像就安排了半天时间游览，大多数时间被安排调查日本遗孤的事情。

他们当时住在火车站前的春谊宾馆，春谊宾馆在伪满洲国的时候叫"大和旅馆"，伪满洲国皇帝溥仪、日本关东军司令都在这个宾馆住过。他们租了三个会议室，是我们旅行社帮他们租的，分成三组负责调查日本遗孤。当时有线索的日本遗孤集中到这儿的可能有百八十名，因为具体的调查工作不是我们进行的，所以具体数字我不知道。当时日本遗孤，包括日本遗孤的养父母都围着山本慈昭，这三天他都特别忙，抽不开身，所以我们也没有机会单独接触。这些遗孤情况很复杂，有一些是我们提供的线索，

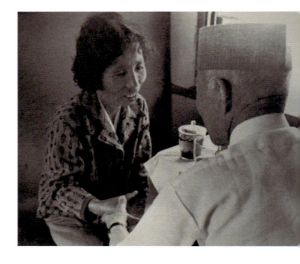

▲ 山本慈昭　　　　　　　▲ 山本慈昭与失散的女儿团聚

有一些是他们知道自己是遗孤。当时政府进行登记，到各地问谁是日本遗孤，当地知道的，就把这些人的情况都搜集到一起。因为日本政府之前向中国政府请求支持寻找遗孤，中国政府一调查，谁是日本遗孤、谁不是日本遗孤基本就清楚了。把这些名

▲ 日本遗孤写给山本慈昭的寻亲信

297

单集中起来以后，直接按照名单进行调查。线索是一点点儿增加的，一两次就马上找到不太可能，都是经过了很多次。

▲ 山本慈昭（前排左一）与日本遗孤及中国养父母在一起

▲ 陈万林（左二）带领日本友人访问中日友好楼，慰问养父母

　　进行了两天的调查，给这些遗孤拍照，询问他们的身份，最后他们再把这些情况带回日本，寻找他们在日本的亲人。三天之后，他们离开长春，当时是坐火车离开长春的，火车开动的时候，我一个人在站台上和他们挥手告别。NHK 的记者在火车上把我挥手告别的情景照下来了，每当日本 NHK 播放这部片子的时候——他们经常播放——认识我的日本朋友就给我打电话，说在电视里看到我了；也有一些日本人到中国来访问，认出我的人就说："哎呀，我们在日本 NHK 播放的片子里看到过你，在火车站，在那里挥手，像特写似的。"这件事令我印象非常深刻，因为有遗孤到火车站送行，但没进到站台，当时站台不让进，他们就在站台外和山本慈昭分别了。而我可以进到站台，于是就有了那个镜头。可惜我一次都没看见过那部片子，因为它没在中国放映，我到日本的时候也没赶上过 NHK 放映那部片子，所以我到现在为止一直也没有看过那部纪录片。

　　矾部荀子是日本长春会的第三任会长，前两任会长我也都见过。她出生在日本东京，三四岁的时候随着父母来到长春，在咱们长春上的小学。伪满洲国的时候长春被称为"新京"，有很多日本人，有专门供日本人上的小学，其中有个白菊小学，就在现在的长春五中那儿。她上了一所"女高"，就是女子中专，叫"敷岛女高"，就是现在西广场老十一高的地方。毕业以后十六七岁就直接参加工作了，就在"满铁"（"南满洲"铁道株式会社），当时她办公的那栋楼我陪着她去过，就是咱们现在的长春铁路分局那栋，火车站站前左手那栋楼。日本长春会第一次访问就是由我陪同的，以后每年他们来都让我陪同，即使我再忙，只要他们来，我都会腾出时间。这二三十年他们每年都要来一次，每次都是我陪同。这位老太太（矶部荀子）对我非常友好，对长春的感情非常深。去参观小学或其他地方，经常会捐赠一些书籍；去幼儿园，就会带一些礼品。1990 年以后有了中日友好楼，她也非常关心养父母、遗孤的事，特别是养父母。他们每年来都要去一次。我们和中日友好楼的刘春明都是老朋友。当时接待这些日本人时都是三四十岁，现在一晃几十年过去了，她也有 69 岁了吧，我都 70 岁了。他们每年去中日友好楼的时候都和养父母座谈，除了送一些礼品以外，还要捐赠一点儿钱（捐的钱也不多，其实他们没有多少钱，因为也都是民间捐款）。捐钱的时候是以个人名义捐的，会长号召大家去中日友好楼，每个人捐点儿钱。最少的拿 50 块，最多的拿 100 块，会长每次自己掏腰包拿个四五百块的，每年都是这样。我们每次去日本访问，日本长春会的会员都会聚集起来举行宴会招待我们，每次都非常热情。矶部荀子家我去了有十几次吧，在她家吃过饭，也在她家住过，她非常热情，所以我对矶部荀子的印象也非常深刻。现在她年龄比较大了，90 多岁了，身体大不如以前了。去年我还自费去过日本，本来要去她家拜访，可是有些日本的老朋友——我认识的日本长春会的人说："别去了，她已经得老年痴呆症了。她现在连我们都不认识，就认识自己的

299

妹妹，你去她也不认识你，而且有时候她自己在家也不开门，还去干啥呀？"所以很遗憾，去年我们访问日本的时候没到她那儿去，从此以后就再也没有见过面。

除了日本长春会之外，也有一部分访华团听说别人去了就也想去中日友好楼参观，想去看望养父母，也带了一些礼品。但具体是哪些团我就不清楚了，因为我们旅行社的日语陪同当时有十来个，大家轮班来，你接待一次，他接待一次。

300

附：山本慈昭情况介绍

山本慈昭被称为"日本遗孤之父"。1902 年出生于长野县饭田市，1937 年担任长野县阿智村长岳寺住持。1945 年以国民教员的身份与 51 名儿童（含他自己的女儿），随同阿智村"开拓团"共 330 人，到中国黑龙江省宝清县。三个月后，苏联红军出兵东北，山本慈昭被苏军俘虏，被押往西伯利亚。1947 年返回日本。1969 年，他从一名即将去世的"开拓团"团民口中得知妻子在过松花江时溺亡，而自己的女儿并没有死，她和许多孩子一起被中国人收养。

山本慈昭决定，为了女儿启江，为了这 51 个孩子，无论如何也要寻找到他们，把他们带回日本。他游走于日本外务省、厚生省、法务省，请求政府出面寻找遗孤，但此时日本厚生省并没有任何关于日本遗孤的记录。1973 年 3 月，山本慈昭联合 45 名寻找遗留遗孤的日本父母，组建了"日中友好手拉手协会"，开始有组织地开展遗孤寻找活动，并通过中国大使馆请求中国政府协助。1975 年，日本厚生省成立专门机构，正式开始调查。山本慈昭提供了一份 2910 人的遗孤名单。

1980 年 7 月 11 日，山本慈昭一行 26 人的调查访问团正式访问中国，进行第一次面对面的调查。1980 年 10 月 8 日，山本慈昭一行归国后，将本次调查结果在媒体上公布，在日本全国引发了强烈反响。日本政府开始与中国政府加强联络协商，就日本遗孤访日调查等工作达成协议。决定由中日两国政府负责组织日本遗孤赴日寻亲，日本政府支付全部费用。1981 年 3 月 2 日，首批 47 人的日本遗孤访日团抵达日本，进行了为期两周的面对面调查核实后，有 24 人确认了日本遗孤身份。1981 年 5 月，一位已找到自己亲人的日本遗孤写信告诉山本慈昭，他那个被中国农民收养的女儿山本启江也找到了。1990 年，山本慈昭去世，享年 88 岁。临终时，女儿山本启江守护在他的身边。

山本慈昭找到了 51 名学生中的 5 名，并把他们带回了日本。

301

八、刘春明

　　刘春明：日本遗孤刘秉忠的中国妹妹，刘秉忠养父刘守义、养母张云芳的亲生女儿，中日友好楼楼长，现居吉林省长春市。

　　以前的事我不太了解，因为分房子的时候我还在上班。杜春玉去世以后，就没人管这个楼里的事儿了，后来大伙儿说，你退

▲ 刘春明在家中接受采访

休了，正好你就管吧。我寻思反正也没啥事儿，也就是有个团啥的来了，我接待一下这帮人，领他们到各家去看看呗。我说行，那我就管吧。

那个时候日本来的团还挺多的，但是最近十年就不太多了，几乎没有了。过去像矶部荀子他们来了之后，捐个百八十块钱的，当时就都给这些养父母了。通过官方来的，一般都是直接把钱给养父母，上谁家去就给谁。一个叫山村文子的老太太，那几年每年都寄来 10 万日元，我们就把 10 万日元换成人民币，给各家平分。然后我们给山村文子做张表，让各家都签上字，代表大家都收到捐款了，邮过去让她看一看。

303

中日友好楼的采暖费，听说是笠贯尚章给付了 20 年，但1998 年笠贯尚章去世之后就全是我们自己交了。中日友好楼施工的时候，有 10 家代表总是来看这个房子的建设情况。笠贯尚章也来过几次。盖好后就分给了 29 家。1 门的 101 室，本来是准备分给一个老太太的，都已经告诉她去取钥匙了，但那个老太太突然去世了，所以就没给她。我们楼上的两家和 6 门的 4 家，现在属于市外办管理，所以住进来的养父母一共是 29 家。当时的规定是，如果养父母去世了就把房子倒出来，后来这事也就不了了之了，究竟咋办我们现在也不知道，反正先住着吧。这座房子剪彩的时候我见过笠贯尚章，那时候房子前面都是土路。原来这座房子准备在市医院后边儿盖，准备盖 6 层楼，但笠贯尚章不同意，他说得选一个离医院比较近的地方，这样养父母看病比较方便，另外楼层也不能太高，最后就选了这个地方，离医院近嘛！原来那些住户就迁走了。笠贯尚章拿了多少钱咱也不知道，咱也不能打听这个事儿啊！笠贯尚章给这些养父母盖房子是在做善事啊。

实际上笠贯尚章的儿子一开始并不同意盖这座房子。东北沦陷时期，笠贯尚章在北安路那儿住，他说当时看到日本战败回国以后，那些孩子被扔到马路上没人要，他就和他儿子说："我要

▲ 住在中日友好楼里的养父母与来访的日本友人合影

是没把你带回来，你也就跟那帮遗孤一样。所以我一定要做这件善事。"后来是因为客车厂的张工程师和笠贯尚章认识，张工程师给打的报告，找的市外办协调，就这么给养父母盖的房子。当时是双方认定，而且必须是长春市的户口，外地的户口不行，还有一些没搬进来的，因为没有那么多房子。笠贯尚章是一个看起来挺慈祥的老头儿，个子很高，后来咱们政府授予他"荣誉市民"称号。他最后一次来的时候好像是 1997 年。

现在这座楼是这种情况：笠贯尚章管 20 年，20 年以后这座房子就归政府管了。我们是承租方，政府有规定，谁住就由谁交房费，但是不能买卖，因为现在没有产权。如今这座房子年头也多了，但地段稍微好一点儿。现在是一年收一次房费，隔一年政府派人来做一次保温防水工程，屋里设施啥的坏了，政府派人给你修。笠贯尚章他侄儿来过一次，另外还有刘锦程也来。刘锦程他们有一个艺术团，来了之后住在中日友好会馆里，把这些养父母全部都请去，为养父母表演节目，请养父母吃饭。刘锦程的母亲是遗孤，他是遗孤二代，最近没有来过。

当这个中日友好楼的楼长也没啥大事，主要就是照看这些养父母。比如赵玉珍的养母关秀兰，她临终前我上她家去，她跟我说："大姑娘，我要是没了，走的那天如果我儿子、儿媳妇不在家，你帮我把寿衣穿上。"我说："你放心吧，赵娘，我指定给你穿上寿衣。"那天我去买菜，她儿媳妇给我打电话，说："刘姐你在哪儿呢？"我说："我买菜呢！"她说："你快回来，我家老太太不行了。"我说："行。"我进屋马上把菜扔在一边，我爱人说："你干啥呀？"我说："赵娘不行了。"我就跑了。我给她儿子打去电话。刚把寿衣都穿上就剩袜子没穿，他儿子就回来了。老太太跟我交代过，我就得给她穿上寿衣。

还有楼下的李淑贤，李淑贤老太太挺可怜的，病了挺长时间。老太太的姑娘回日本以后，老太太的妹妹两口子一直照顾老太太十多年，结果她妹夫也死了——他还是比老太太先死的。后来，老太太的妹妹一直照顾她。她妹妹一开始在这儿住，后来她妹妹身体不好了，得了脑血栓导致半身不遂，让她妹妹家的姑娘接走了。我跟李淑贤的妹妹聊得不多，她说话咱也听不懂，山东口音特别重，跟她聊得挺费劲儿的。她们姐俩说话我都听不懂，我就不咋跟她唠嗑了，就是告诉她说："有啥事儿喊我就行了。"她说："行，有事喊你。"李淑贤病重的时候，她养女从日本回来了。她去世的时候，她姑娘喊我："春明快点儿啊！"我说："干啥呀？"她说："我妈不行了，快点儿帮我把寿衣给她穿上。"我说："行。"那姑娘后来也没了，患脑癌去世的，生病的时候也挺遭罪的。

大家伙儿问："你不害怕呀！"我说："我害怕啥呀？我成天看着老太太，一点儿也不害怕，跟自个儿妈有啥区别呀？"一直为大家服务，能帮多少就帮多少呗。

305

我小时候就知道我哥是日本人，但具体怎么回事我不知道，因为收养我哥时我还没出生呢，这些事都是后来听我爸讲的。一九七几年，公安局到我家来调查。那时我爸身体不好，气管炎特别严重，常年卧床。当时我就听我爸跟人介绍情况，说是日军战败撤退回日本的时候，在现在的胜利公园附近有个日本人临时收容所，一个朝鲜人认识我爸，是他领着我爸去的那个日本人临时收容所。有个 30 多岁的女的，领着一个男孩一个女孩，那个女孩比较大一点儿。这个女的说日语，我爸也听不懂是啥意思，大概就是："我要回国了，孩子带不走了，想送给你。"我爸那个时候没有孩子，就把这个男孩领回来了。我妈和我爸是 1950 年以后结的婚，我爸原来的那个妻子在围困长春的时候被飞机炸死了。我哥哥的一些东西，当时都在他第一位养母身上带着，被炸死直接就埋了，所以哥哥就没有能证明他是日本人的东西。我妈和我爸结婚的时候带着他回老家，离长春三十多里地。他一着急的时候还会用日语骂人呢，那时他大概也就七八岁吧，他比我大十一岁。

因为公安局来问，我才知道是怎么回事。我爸那时病得挺重的，他是 1981 年 11 月去世的。后来公安局的那个人又来找我爸，街道委主任说那个老爷子已经去世了，他就没上我家去。那时候我哥哥不在长春了，他在大屯住。后来我就告诉我哥了，说公安局找你，你赶紧上公安局去吧。他就上公安局外事处去把情况说了一下。那得有证明材料啊！当时我们那个户籍员叫陈志俭，后来调到长春分局去了，我哥的情况陈志俭都知道，外调也找过他。我哥第一次探亲回去也没找着父母，他的生母有没有回到日本现在都不知道。但双方都认定他是遗孤了，后来他就申请回日本了。我哥有三个孩子，一个男孩俩姑娘，他们都回到日本去了。

大概是 1986 年，我哥回来过一次，当时他要给儿子娶媳妇，在长春给他儿子娶的媳妇，又把儿媳也带到日本去了。

后来他又回来一次，回来的时候护照就到期了，他倒是等签

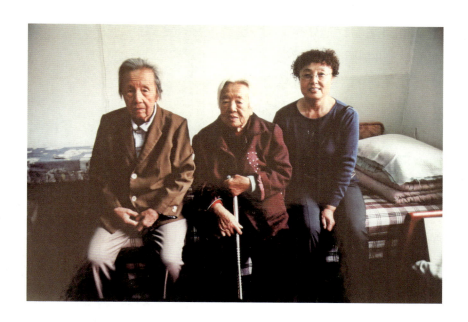

307

▲ 日本遗孤养母崔志荣、刘春明母亲张云芳、刘春明（从左至右）

▲ 中日友好楼里的养父母

完证再回来啊！他犟啊，他就不干，结果护照到期回不去了。他就在长春的二道河子买了房子。后来我妈打听过，他如果向日本厚生省申请还是可以再回去的。我哥让我上他家去，但后来我再去他那，家里就没有人了。厚生省也找过他，我就把他家里的电话告诉了厚生省，但说他家电话打不通。现在我哥相当于失联了，我也找不着他了。

我也不知道他现在究竟回没回到日本，但是他那两个姑娘都在日本，我们也没有联系。我妈去世我也没法儿告诉他，而且告诉他也没啥用了。我估计他现在可能是没了，他如果活着都得80岁了，我俩差11岁。

他小时候特别淘，在三道街一带打仗都出名，外号叫"猴子"，你一打听"猴子"，都认识他。我11岁时，他都20多了，他上班以后就不在家里住了，我对他的印象不是特别深。

我爸是山西人，他很小的时候就到东北来了，给人家当

▲ 刘春明的父亲刘守义和母亲张云芳 1

▲ 刘春明的父亲刘守义和母亲张云芳 2

学徒，后来又给人家管账，1949年以后在文体商店上班。他身体一直不好，气管炎特别严重，一到冬天就出不了门。我爸去世的时候，我哥回来把照片都拿走了，所以我家没有一张我哥的照片。但是在我的印象中，他一直对我特别好，就是特别能喝酒。我上他家那次是早上吃完饭去的，我嫂子就问："你吃饭没？"我说："吃完饭了。"然后我问："他今天没喝酒啊？"我嫂子说："知道你要来没喝。"有时候我嫂子都不敢说他，她跟我说："你说说你哥，他听你的，别人说他根本都听不进去。"因为我俩年龄差得多，他对我还挺好。我小的时候，小孩不是经常打仗吗？别人都说："你别跟她打仗，别惹她，那是'猴子'的妹妹。"谁都打不过他，他虽然长得小，但可机灵了，特别能摔跤。后来他从日本回来跟我说，到日本以后，给他验血型了，说他家原来是蒙古族人。他到日本去以后始终也没找到他的生母。他生父估计也早就不在了，他打小就没看到过他的生父。他们都是"开拓团"过来的，后来可能都上战场打仗去了。他是和6门杨桂枝的养子一起回去探亲的。有一天我在他家看影集，我问："你家里咋还有我哥的照片呢？"他说："我俩在一起照的。"我家都没有我哥的照片，所以当时我就翻拍了一张。

309

那时候女同志一般都不上班，但我妈上班，她单位是给橡胶八厂加工鞋的，做橡胶鞋。在我的印象中，她们下班都特别晚，我没招儿了就开始做饭。我把炉子点好了，把高粱米焖到锅里，就出去玩了。有时候回来一看炉子都灭了，就把炉子点着再接着做。在我的印象当中，体力活儿都是我妈在做，因为我爸身体一直不好，年轻的时候就咳嗽、喘，啥也干不了。等到我能干活儿的时候，我就帮我妈买煤、买米，劈柈子、拓煤坯子。我爸在商业单位工作，总开会，每天回来得可晚了。

我妈去世那天晚上五点多钟，她说要吃饭，我把饭给她热好了。她说先上厕所，我说行。上完厕所了，她就喊我。我在厨房问：

"你咋了?"她喊:"快点儿!"我妈有高血压、心脏病,我就赶紧跑过来了,看见她扶着洗手池往下滑,我赶紧拽她——拽不住啊,我妈虽然没有我个子高但挺胖的。我爱人在屋里睡觉呢,我就喊他:"快点儿来。"他问:"咋的了?"我喊:"不行了,妈要摔倒了,我拽不住啊!"他就赶紧出来了。我俩就把她抬进大屋床上了。抬到床上我一看,不行了,就赶紧打120叫救护车,赶紧把寿衣拿出来给她穿上——这时候她就没气儿了,就这么快。我找毛巾给她擦身体,我说:"妈,你可得等着我给你穿衣服啊!"这时候120救护车就来了,他们得做个心电,好给我们出死亡证明书。我妈几分钟就没了,特别快。没了之后就赶紧往殡仪馆送。

310

当天我还没啥感觉,第二天出殡的时候,还觉得:"哎呀,我妈是不是还没死就给送到这儿来了,这不得冻坏了吗?"我竟然还这么想呢。我妈30多岁时就高血压,但这么多年也没有脑出血过,我最害怕她脑出血、半身不遂。我妈胖啊。我都担心,她真要是瘫痪那天,我都整不动啊!结果她还没瘫痪,一下子就没了。大伙儿都说,你妈走得安详也是做好事,修来的福,她去世时是86岁。我爸去世早,享年72岁,他能挺到那时候就很不错了,他后来那几年都卧床了,特别是一到冬天就在床上躺着一动不动。

我总跟这些养父母接触,也会问他们为什么会收养日本遗孤,他们都说是看着孩子可怜,毕竟是一条命,不能眼看着他死了呀!不忍心啊。也没在意他是日本孩子还是啥孩子的——他们啥都没想。我爸也说当时都没想过这些问题。

附：中日友好楼养父母住户信息统计表

门牌号	养父母姓名	遗孤姓名
1 门 101 室	汪振山	
1 门 201 室	王永丰	
1 门 202 室	付桂珍	
1 门 301 室	郑桂兰	
1 门 302 室	刘瑞祥	
2 门 101 室	张士杰	
2 门 102 室	孙起江	
2 门 202 室	王清海、杜春玉	王淑芬
2 门 301 室	杨淑芹	
2 门 302 室	张森、范玉芳	张玉华（井原禾子）
3 门 101 室	王洪祥、姜树云	王雅君（小林惠子）
3 门 102 室	王玉梅	
3 门 201 室	秦家国、崔志荣	秦艳君（胜目寻美）
3 门 202 室	倪绍孔、陈桂芝	倪彩霞（田中村子）
3 门 301 室	张芳礼、禹桂荣	张宝龙（吉田达男）
3 门 302 室	杜凤山、于秀芬	杜冬梅（盐原初美）
4 门 101 室	高秀英	
4 门 102 室	赵新田、关秀兰	赵玉珍（市原瞳）
4 门 201 室	仲秀珍	
4 门 202 室	郑秀云	
4 门 301 室	项贵臣、韩淑芳	项淑芝（岗田青子）
5 门 101 室	徐凤山、李淑贤	徐桂兰（青山百合）

311

门牌号	养父母姓名	遗孤姓名
5门102室	张玉芳	
5门201室	曾秀兰	
5门202室	刘守义、张云芳	刘秉忠（铃木三太郎）
6门101室	潘广信	
6门102室	金满昌、杨桂芝	金玉学
共计：27户，39人		

312

九、张凡

张凡：中车长春轨道客车股份有限公司退休员工，其父张洪恩为原铁道部长春客车工厂总工程师。

据我所知，我父亲做这个事儿的时候已经离休了，我那时候还在上班。笠贯尚章先生以前在长春待过，可能他以前也听说过遗孤的事儿，因为他当初跟随日本人从中国撤走的时候，也见过类似的事情。后来他就产生了一个想法，想做点儿报恩的事，就

▲ 张洪恩之子张凡（右一）在中日友好楼前

开始研究、了解当时中国养父母收养日本遗孤的情况。这些养父母大多是普通老百姓，生活不是那么富足，多数都面临着住房紧张的问题。那个时候住房还都是国家负责，企业分住房或者政府分配。有些人不一定是在大企业工作，如果是在小企业工作，住房就很紧张。于是笠贯尚章就说打算给养父母盖房，但是他不知道具体该怎样去做。

314

▲ 笠贯尚章（左一）与张洪恩合影

刚好在北京的时候，我父亲碰到他了。之前他们也不认识，完全是机缘巧合。大概是1987年、1988年的时候，我父亲去北京办事儿。笠贯尚章先生是去北京旅游的，他到中国就是想来看一看，故地重游嘛。就这么认识了。因为我父亲去过日本，所以他们聊起天来语言沟通上没有障碍。再一聊知道我父亲是长春的，距离就又拉近了。最后笠贯尚章一说他想给养父母盖房子的事，我父亲就说："这是好事儿啊，这个事儿不能落到别家，我们厂里头也有遗孤，也有这样的人，为这些遗孤的养父母解决房子问题，真是一件功德无量的事。"后来我父亲就这个事跟长春市政府汇

▲ 养父母与笠贯尚章（左三）合影

报了。经历了一波三折，最后终于把这个事促成了。笠贯尚章先生出的钱，长春市政府也做了许多事情，为养父母盖了这么一栋房子。

我父亲起的作用，就是在笠贯尚章和长春市政府之间搭一个桥。他跟家里人说他要办这个事儿，想问一问我们的态度。我们都说这是好事儿，既能帮助笠贯尚章先生实现愿望，又能帮助那些年迈的中国养父母。我们都很支持他。我父亲当时有便利条件，他出门还可以要车，他以前跟政府还有一些联系，因为他当过省人大代表，所以他跟政府沟通起来就相对比较方便了。

一开始选址是比较麻烦的，后来在决定谁能住进来的时候也比较麻烦，但这都是政府决定的事。盖房子之前笠贯尚章先生到长春来考察，到一些人家里去看看，我父亲也陪着去过——他得看看情况，看完他也好下决心要盖嘛。他回去也得筹钱，虽说是他个人的财产，但也要征得家人们的同意。盖完房子之后，这些住户送了一幅字画给我父亲，但后来搬家的时候没保管好，找不到了。房子建成之后我父亲过来看过，他非常高兴，因为当时这房子还是很时兴的。这房子里边有洗澡间，有坐便，笠贯尚章先生就是参照日本养老院的条件设计的，家里头得能洗澡，上厕所不能让老人蹲着。我父亲在1993年十一以后身体状况急转直下，我父亲没了之后，有时候我会开车到这转一下，但没进去看过。我跟我父亲说："哎，这也算是干了一件好事嘛！"我父亲也说过，在他身体不好之前做了这么一件事，很有意义。这栋楼确实给养父母们解决了很多问题。这些养父母确实不容易，当时生活条件

316

▲ 笠贯尚章（左三）在长春

也不好，后来又有很多人受过打击——虽然大多数养父母是同意遗孤回国的，但当这些遗孤真正走了之后，对这些养父母来说其实是一个比较大的打击。这房子盖好的时候，很多人已经回日本了，

▲ 中日友好楼养父母赠送给笠贯尚章（右三）的书画作品

走了之后家里就剩老人了，有的老人自己还没有子女，有子女的还好一些，那些没子女的老人是真的很难啊。得这么说，中国人还是伟大，胸怀宽广，有格局。其实在当时他们不管那些孩子也很正常，毕竟日本人杀了那么多中国人，杀了那么多中国小孩，也让那么多中国孩子成了遗孤，但是如果善良的中国人不去救他们，这些孩子的命就没了。他们有些是亲生父母或家人送给中国人的，有些就是没法带走被遗弃的。

我当时看到笠贯尚章感觉他就是一个普通的日本老人。盖房子那段时间我们和笠贯尚章接触比较频繁，我父亲去世的时候，他也知道消息。我父亲没了之后，我们跟他就没什么联系了。

前段时间回日本的遗孤们举办了一个活动，我看了心里有点儿感慨，这些人现在还能做到这样确实也不容易。他们去参加联谊活动，在车上唱《没有共产党就没有新中国》，可见他们对中国人、对中国共产党的感激与热爱。

十、杨福生

　　杨福生：1932 年生人，1973—1994 年先后在黑龙江省外事办公室秘书处、国际活动处、领事专家处、综合调研处工作，曾任科级、处级干部，兼翻译。

　　我 1971 年在市外办工作，以前在市公安局做翻译组长，1973年到省外办工作。

　　中日邦交正常化以后，日本对待遗孤问题的态度上，也是一

▲ 杨福生在家中接受采访

点点地改变。一开始他们不给遗孤适当的补助，医疗、保险什么都没有，遗孤回去以后境况很不好，找不着很好的工作，语言又不通。后来经过日本遗孤的斗争，通过上法院告日本人、告政府等方式，最终才达成协议。

这些日本遗孤对中国养父母还是很尊敬的。我接触的遗孤在座谈的时候都表示，回国能找到亲生父母更好，找不到也没什么可遗憾的，我们在中国生活得很好。中国政府对遗孤工作比较重视，支持他们回日本探亲，政府对他们的养父母都给予了关照。这些遗孤回去以后绝大多数都没有忘了养父母，有给养父母寄钱的，有请养父母去日本参观游览的，还有给养父母买东西的。

319

他们好多人都在中国接受了高等教育，比如有个叫刘长河的，日本名叫远藤勇，他一开始不愿意回日本。他上中学的时候，公安局就找他谈过话，就问："你们几个是日本遗孤，你们可以回国，你们愿意回去吗？"他们都说不想回去，他们觉得在这挺好。后来刘长河考大学的时候，还提心吊胆的，寻思政府都掌握了他是

▲ 杨福生率领东北三省遗孤代表团访问日本（后排左八为杨福生）

日本遗孤的情况，还能录取他吗？在那个年代成分不好的人被录取都很困难，像他这样的日本遗孤还能录取吗？通知书发下来的时候他惊喜得不得了，他被录取到了黑龙江大学的俄语系。黑大俄语系是不错的，所以他很高兴。他回到日本之后把养父母接去了，养父母不习惯日本的生活，让孩子陪着他们把日本游遍了又回来了。后来他还出资修养父母墓，不光是他自己的养父母，凡是遗孤的养父母，都可以埋葬到那儿去。咱中国有个水灾什么的他都会捐赠，还到我们社科院搞过捐赠，没忘中国的养父母，没忘中国共产党的教育。

320

▲ 1984 年，中国 10 人代表团访日（左二为杨福生）

中日邦交正常化之后，日本遗孤的问题被正式地提出来了，1983 年之后回日本的遗孤开始逐渐多起来了。从 1945 年算起，13 岁以下的才叫遗孤，现在活着的话都至少 75 岁了，最大的得八九十岁了，现在比较积极参加中日友好活动的都是第二代、第三代了。当时遗孤回日本这部分工作主要由公安局负责，他们有外事处、外事科。我们外办主要是在政策上把关，还有一项工作就是接待他们代表团。

像日本有个山本慈昭，他成立了日本手拉手协会，带着遗孤名单来中国，寻找日本遗孤。但那时候还没有实现中日邦交正常化，他们私自找遗孤是不行的，他是通过旅游来的。后来政府开始介入这个事情，应该是1983年符浩同志去日本之后。1984年的时候，公安部、外交部组织了一个关于遗孤问题的访问团。一共10人，外交部2人，其中1个团长；公安部2人，其中1个副团长；东北三省辽宁、吉林、黑龙江省外办、省公安厅各出1人，当时我参加了这个代表团。代表团没设秘书长，就设了对外联络员，两个联络员，我是第一联络员，和日本谈了一些遗孤问题，这是我们政府派的一个较大的团。日本外务省、法务省和厚生省接待的我们，当时主要是官方沟通。

后来还搞了许多次活动，把遗孤接到日本去寻亲，请中国的养父母到日本去，官方来的就官方接待，民间来的代表团就由我们指导。大家友好往来，我们领着参观，领着游览。

十一、于立敏

于立敏：1963年生人，1986年参加工作，吉林
省红十字会党组成员，副会长。

我是1989年到吉林省红十字会工作的，当时红十字会由卫生厅代管。吉林省红十字会，或者说东北三省的红十字会恢复比较早的原因之一，就是要处理日本遗孤、养父母的事情，所以当时由编委批的编制、成立的机构，由专人负责这项工作。1989年的时候，我们接到了中国红十字会总会的一笔捐款，要求东北三省都要建立自己的日本遗孤、养父母服务培训中心，我记得是日本一个叫"塔克拉"的俱乐部捐的款。我们就购买了一处楼房作为办公室，在6楼，1200多平方米，成立了吉林省红十字会服务中心，加挂两块牌子，有

▲ 于立敏接受采访

一块牌子是红十字会，另一块牌子是吉林省红十字日孤养父母服务培训中心。当时我们红十字会人很少，最开始的时候只有四五个人，很多工作都是我亲自跑的，比如说筹建日孤养父母培训中心，是我亲自选地点、选楼房、选适合开展工作的项目，包括在这栋楼里面举办培训活动，召开座谈会。日本友人来的时候，我们组织一些养父母和他们进行座谈，这些活动都是由我们红十字会来组织的。后来就逐步地扩大，达到60个人的编制，一部分是培训人员，另一部分是医务人员。我们自己成立了一个门诊部，老人们可以到这个门诊部免费领取药品，看一些不严重的病，如果真有需要转院、住院的，我们也积极地帮助协调，当时的吉林大学第一医院、吉林省人民医院都曾经帮助我们做过这样的工作。

323

　　我们的工作主要包括两方面。一项工作是日本遗孤回国的时候，对他们进行外语培训和劳动技能培训，协助外办办理相关的手续。有些遗孤没工作，还有很多在农村生活，这些年没学会什么技能。我们就和劳动部门配合，给他们办劳动技能班，让他们学一学按摩或者其他的手艺，这样回到日本以后至少可以生存和立足。他们回国的时候，我们还组织到车站送他们，代表红十字会给他们每个人买一个小的纪念品，鼓励他们到了日本以后可以更好地生活。我们做的工作其实是政府人道领域的助手，我们尽力配合政府把这些事情做好。当时日本给了这些遗孤一些政策，为他们提供了很多便利。咱们外办也开设了绿色通道，只要符合实际基本上都能满足要求。后来遗孤陆陆续续地回到了日本，还有带着养父母回去的，但老人们后来都基本上回来了。毕竟他们的根在中国，还是觉得离不开故土，还是觉得在中国生活更好。

　　另一项工作就是，我们红十字会本着人道主义精神，针对留在中国的养父母年事已高的问题，开展一些力所能及的便利服务，比如体检、旅游、开座谈会、春节慰问，这些当时媒体都有报道。中日友好楼是一个日本友人（笠贯尚章）出资建的，当时长春市外办和市政府经过协调以后,在一个比较好的地段建造了这栋楼,把当时长春市内好多养父母都搬到一起去住。当初我们接触他们的时候,他们基本上都七八十岁了,年纪小的也将近七十岁了。这些人来自不同的地方,身体状况也不是很好,所以我们就组织他们体检。政府给了一定的资金补助,财政给予支持,同时还有一些社会爱心人士、志愿者捐赠一些资金,这项活动至少持续了五六年,每年都组织这些老人体检。我们还有一次是组织他们到外地进行体检,以夏令营活动的方式在活动中安排他们检查身体。这是我们为养父母做的比较实在的事情,这样的活动老人最欢迎,每年都盼着。他们觉得这是党和政府、社会和企业对他们做好事的肯定和赞赏。

元旦、春节我们都会组织慰问活动,这项活动叫"博爱送万家",我们每年在开展博爱送万家活动的时候都会把这批老人包括在内。这些老人的家庭都不是很富裕,每家每户的情况都不一样,有的没有自己亲生的儿女,很孤独,有的在日本遗孤回去以后就业困难,生活很拮据。所以我们开展"博爱送万家"、红十字会送温暖活动的时候都会对他们进行慰问,让他们能和其他人一样过春节。

我们还经常组织老人搞一些联谊活动,比如过中秋节的时候,我们就买一些月饼、水果,沏一点儿茶水,在院子里头摆上几个圆桌,把老人都邀请出来,大家一起晒晒太阳,说说过去,谈谈今天的美好生活。这也是他们非常愿意做的事情。我记得当时有一位老人说他们最欢迎的就是红十字会的工作人员来。他们很喜欢我们红十字会的人,我们和老人相处得都很好。他们就像我们的父母一样,年龄和我们的父母也差不多,并且他们还有这么一段不平凡的经历,我们都发自内心地敬佩和关爱这些老人,所以我们很愿意开展各种关怀养父母的活动。

养父母觉得自己把日本的遗孤养大了以后,让他们回国成了有用的人;遗孤们还很关心他们,党和政府也关心和照顾他们,

▲ 中秋节慰问中日友好楼的养父母们

325

▲ 中秋节时聚会的中日友好楼的养父母们

他们感到很欣慰，也觉得很自豪，认为自己做了一件很平凡但很伟大的事情。有一个老人讲，他刚收养日本孩子的时候不敢说，不敢和邻居说，甚至不敢和亲属说。后来他才觉得当时抚养被遗弃在中国的孩子是在做好事，是在为中日友好做贡献，以后他见人就敢说这件事情了。他们把孩子养大了，肯定不愿意孩子走，但他们还是让孩子走了，因为考虑到孩子在日本还有亲人，养父母在这种矛盾中作出选择，才是"博爱精神"的最好体现。当时有个老人边说边哭，说他不想让孩子走，但是他又想让孩子见到自己的亲人，想让孩子过上更好的生活，他的心里充满了矛盾。

那些选择留在中国的遗孤，也令人感动。我记得当时长春和吉林就有两个人，他们给我们讲自己的经历，讲他们成长的不平凡、不容易，他们在养父母的抚养与教育下成了工程师和教师，过上了幸福美好的生活。他们讲这段经历的时候，我们也觉得中国人民很伟大。

我们还组织他们参加了一些外事活动。如果有日本友好代表团来到中国，一般情况下都会指定到东北三省。他们来了以后，除了和我们进行工作交流以外，我们都会领他们到中日友好楼和养父母们见面。老人们都觉得挺幸福的，国际友人也好，咱们中国人也好，都对他们表示感谢，老人们也会和他们打听自己的养子养女在那边生活的情况，对孩子的挂念时时在他们心头。

中国红十字会总会也有专门负责这项工作的人员，他们站在国家的角度做了很多工作，我就曾经带着咱们吉林省的养父母去北京参加过活动，那是由中国红十字会以及其他相关部门组织的，邀请了有日本遗孤和养父母的省份参加，吉林省当时算是人数比较多的，我带了三对六位养父母去参加，都是身体比较好的。当时来的许多日本遗孤见到的可能也不是自己的养父母，但是只要是养父母，他们就鞠躬感谢，说很多感谢的话。按他们的话讲，如果没有养父母，就没有他们的生命。他们有的回到日本以后，经过几年的打拼，发展得也不错，所以他们就组织这种感恩活动。我还记得他们当时说了这么一句话："我们要把中国人的这种美德带回日本去，让日本人民知道中国和中国人民的伟大，战争是由统治者发动的，但人民之间是永远友好的。"

我还记得有一次来的日本的一个感恩团，是由回日本的遗孤和被遗孤的事情所感动的日本群众组成的感恩团，他们到了黑龙江省，也到了吉林省，专门到中日友好楼。这些感恩团的人，有的见到老人就痛哭流涕，还有下跪的，以此来表达他们对中国养父母的感谢。我们在吉林省还接待过好几批日本遗孤感恩团，这些遗孤并不都是吉林省的，也不一定就是来看自己养父母的，他们有的是其他省的日本遗孤，但他们很多都会到东北三省来看一看，因为东北三省当时是遗孤和养父母最多的地区。

我在 2000 年的时候曾经去日本学习。宫城县是吉林省的日本遗孤回去最多的一个地方，有的时候就能偶然间碰到从长春回到日本的遗孤。他们见到我们以后真的感到很亲切，我们虽然不是养父母，但是因为我们从事这方面的工作，所以他们看到我们就像看到家人一样。我们在中日友好楼也接待过好多来捐款的日本友人，当时宫城县好像有一个组织在日本经常搞一些捐款活动，他们完全是自发性的。他们在日本也不是很有钱的人，但是他们被中国人民的博爱精神所感动，愿意做这样的事情，用他们的话来讲是在赎罪。他们认为，过去日本侵略者占领了中国，中国人民还不计前嫌地收养了他们留下的孩子，把他们抚养成人，他们觉得他们来看望养父母给他们捐款是一种赎罪，是一种感恩，他们希望中日两国人民永远友好下去。

大爱是没有国界的，我们能投身到这项工作中也很自豪。为什么要由红十字会来做这项工作呢？实际上政府好多部门也在做这项工作，但红十字会是一个国际性的人道主义组织，由红十字会来做这项工作，便于和各个部门衔接，和国外联系，同时也能

327

体现红十字会人道、博爱、奉献的精神。

我没到红十字会工作之前，对于这方面的事情只是听说过。我记得在我小时候也有人会说谁谁是日本遗孤什么的，但是当时都没有留下深刻的印象，直到我来红十字会工作以后，当我亲自做这件事情，真正地接触到他们，真正地走近他们时，我才感受到养父母抚养日本遗孤的深刻意义。

一开始我们还以为，这些养父母都是没有孩子的人，但其实好多养父母都有自己的孩子。当时他们看着日本遗孤被扔在马路上，如果没人要的话，可能就会冻死、饿死，他们心生怜悯呀！我还记得有个老人说的话："哪怕一只小猫小狗，看到了也会去救，何况是一个活生生的人呢！"他们收养了孩子以后，含辛茹苦地把他们培养成人，最后又让他们回到亲人的身边，回到自己的祖国，这种胸怀是多么博大呀！他们可能说不出什么惊天动地的话，但是他们这种平凡的行动就是一种大爱，体现了中华民族最伟大的品质——善良。

我们中国人民对日本遗孤产生了很大的影响，我接触到的绝大部分遗孤回到日本以后，一方面继续感恩养父母，另一方面在日本进行宣传，把他们在中国的所见所闻传递给日本的民众，让日本人真正了解中国人的善良与宽厚。当时好多日本的民众对中国并不了解，正是通过他们的介绍，日本民众了解了善良、伟大的中国人民。

所以我想，这件事情对促进中国的外交，促进中日友好是有巨大意义的。虽然过了这么多年，但是今天说起来我依然觉得它有着很重要的意义，不论在什么年代，我们中国人都有这种博大的胸怀，都追求爱与和平。世界上什么东西都是越分越少的，唯独"爱"是越分越多的。

328

十二、秦巍

秦巍：2001 年 8 月至 2003 年 9 月，在大连市沙河口区侯家沟派出所任户籍外勤。2003 年 9 月至 2008 年 3 月，在大连市中山区人民路派出所任治安外勤、刑警侦查员、巡警。自 2008 年至今，在大连市公安局出入境管理局工作，先后任外国人管理科民警、副科长、科长、纪检员、法制大队大队长。

我是在 2008 年从基层派出所调到出入境管理局的，当时在外国人管理科负责很多业务，其中一项就是日本遗孤工作。对于日本遗孤这部分工作我当时只是听说过，和前辈交流的时候也没有人提到过这项业务。

大概在 2010 年，有一位曲女士，当时她大概六七十岁的样子，找到我说，她的养母杨维珍老人今年 97 岁了，现在在西岗区的社会福利院，老人的情况不是很好，在床上只有手能动。老人感觉自己可能时日无多了，就把她的养女曲女士叫到病床前说："我现在不行了，我要告诉你一件事情，你其实不是我的亲生女儿，你是我领养的。"曲女士表示，领养的也无所谓，养母杨维珍就说："你其实是日本人，是日本遗孤。1945 年日本战败撤退的时候把你留在这里了。"曲女士突然知道这个消息，感到特别惊讶，后来她就通过各种途径找到我们这儿来了。我和她说，她这个情况需要做很多调查。

于是我就到福利院去见杨维珍老人，和她见面时，我还做了一份简单的笔录。问清楚曲女士小时候的生活状态，包括日本人是否给她留下什么信物，她抚养曲女士长大的过程中有没有发生过什么大事儿。根据老人提供的一些地址，我们就到她最早接收这个孩子时住的地方，现在在中山区岭前监狱附近，去找她以前住的老房子。现在那片儿的老房子已经拆掉了，十多年前还有一些。基本没有人住了，但是一些破旧的楼体还在那里。我们到那走访了周围的邻居，想和他们了解一下当时的情况，看看谁对此事还有印象。但时间太久远了，基本没人对这件事有清晰的记忆。我们又去了当地街道，那里也更替了几代人，也没有人了解。实在没办法了，我们就去网上找以前的地图，再查一些老的资料，看看当初这个地方是不是有人住过，大概的楼体是什么样子，和杨维珍老人讲的去作比较。比方老人说这条街出去是栋什么楼，然后去查地图上面到底有没有，又找了一些老大连人，确认这块儿是不是这个情况，街道是不是这个样子。经过认真仔细的调查发现她

330

▲ 秦巍

说的确实都是真实的。我们还根据老人反映的孩子的一些情况，找曲女士小时候的小伙伴了解情况。曲女士念书时候的好多人如今都不在了，只找到一两个人，他们说确实有这么一个同学，但是也不知道曲女士的身世是什么情况。后来我们又找到曲女士以前一起工作的老同事，人家说知道曲女士这个人，但是都不知道她家的具体情况。曲女士始终不知道自己的身份，她一直都以为自己是中国人。

后来，我们通过省公安厅与日本的厚生省联系，他们让我们把曲女士的一些相关资料发过去，为此与他们来回联系了大概有四五次。当时日本来了大概七八个人，其中有人负责给她采血，有人负责给她照相，还有人负责去看她种牛痘留下的那个伤疤、测量身高、采集毛发等，好多东西都要检测、取样，比如将头发用一个小镊子夹到瓶子里带走。还要比对走路姿态，曲女士走路的时候他们在后面摄像，还要从正面拍摄正脸和耳郭。整个调查过程历时大概三四个月。

331

第一次是通过省公安厅上报相关情况后，日方先来了两个人和一个翻译，去见了杨维珍老人，让杨维珍老人描述一下当时孩子被领养的过程，孩子亲生父母的大概外貌、年龄和家里的人员组成，以及大概什么时候把孩子交给了她，是否留存有信物，比如包孩子的小被啊，或者是小碗之类的东西。杨维珍老人的岁数太大了，当时回忆说："就有一个红色的包被，没有其他的东西。"

这次走了之后，过了大约两个月吧，他们又第二次来，这次来主要就是去看杨维珍老人描述的岭前大狱附近的房子。看完之后，最后几天约曲女士在一个宾馆里见面，然后采集毛发、拍照片。这期间我又开着车，带着曲女士和她的丈夫王先生，一起到这几个地方去调查。然后日本厚生省来人领她面谈，去讲自己被领养的过程。这期间又去了福利院和杨维珍老人进行了几次沟通。据杨维珍老人的描述，她年轻的时候是给一户日本人家洗衣服的，这户日本人在撤离的时候把这个孩子送给了她。老人本身没有孩子，她没有生育能力，也没结过婚，她自己一把屎一把尿地把这个孩子给拉扯大了。等曲女士到了婚嫁年龄就和大连本地的王先生结婚了，后来有了三个孩子——在我印象里是两个儿子、一个女儿。

第三次就是日方直接给省公安厅来信，说这个人的身份已经确认了，她可以直接办签证去日本了。当时她办完手续去日本这件事我知道，就是在我们单位办的护照，还办了一些其他的手续。她去日本不久，她的养母就去世了。

332

我从头到尾经办了这么一个案例。当时的心理感受就是：每个人都有一个遗愿吧，杨维珍老人躺在床上也没有别的想法，就是想让养女的身份真相大白，否则她带着这个秘密离去，就谁也不知道这件事情了。这位曲女士也很激动，人都会有一种落叶归根的想法，她虽然很感谢养母对她的抚养，但是当她知道自己的身份以后确实想回去看一看，她也想到自己的亲生父母坟前上炷香，和自己的兄弟姐妹见个面，可能人到了一定的年龄都有这个想法。所以当时我就感觉：哎呀，俩人都不容易啊，赶紧帮杨维珍老人实现最后的心愿吧！我当时有一种感觉，就是所有的行动都要和杨维珍老人身体衰老的速度赛跑，因为她是唯一的知情人，如果我们稍慢一点儿，可能就没有更真实的第一手信息了。老人当时是97岁，眼看就到98岁了，在床上躺着不能动弹，基本就是瘫痪在床上，只有右手能抬起来，最后签字的时候——第一次录笔录签字，基本上都写不了，但是头还能转、眼睛还能转、还能讲话。尽管她的情况已经非常糟糕了，她对这些事还记得特别清楚，收养日本遗孤对她的人生影响太大了。她始终没有孩子，就这么一个养女，含辛茹苦地把她养大。老人说："本来以为这个孩子是为自己养老送终的，结果自己活了这么久，反倒给孩子添了很多麻烦。"老人太善良了。她的岁数已经属于高龄了，曲女士岁数也不小了，当时是六十七八岁，让她去照顾养母确实也力不从心，所以把养母送到了养老院，但是曲女士和老伴王先生经常一起去看老人。

老人当年独自照顾一个外国孩子，承受的压力也很大。这件事情我问过她，她自己没有孩子，但是突然间带个孩子回来，在后来的工作、生活中也确实多次被人质疑。老人为了保护孩子，就说是农村亲戚家的，从来也没向人透露过说她是一个日本孩子。杨维珍老人知道整个寻亲的过程，后来我还为此上敬老院专门去跟她反馈过一次，她感觉自己心头多年的一个心结被解开了，十分欣慰。

333

十三、屠爱群

屠爱群：养父母秦家国、崔志荣的儿媳，日本遗孤秦艳君（胜目寻美）的中国弟媳。

我家老太太挺让人佩服的，挺善良的。一开始有人不理解，说日本人欺负咱中国人，你怎么还收养他们的孩子？我家老太太

▲ 秦艳君（前排右一）与日本家人在一起

▲ 秦家国（右四）与秦艳君（左三）日本家人的合影

335

说，这是政府的事，与老百姓无关，都是小孩儿，根本啥也不知道。关于她收养遗孤这事儿，过去老太太都不说，邻居也不咋说，我们家人都不提这事儿。后来姐姐（秦艳君）回去，都公开了，我们才开始问这事儿。

我姐找到她的亲生父母了，她亲生的弟弟、妹妹都在日本，她是她家老大。她能找到亲生父母还是挺好的。我姐回日本的家一看，她家都给她供牌位了，我姐问她爸爸："给我供个牌位干啥呀？"她爸爸说："我以为你已经死了。"她说："没有，我在中国过得挺好的。"我姐有病，去世很早。这个病现在讲属于抑郁症。她在"文化大革命"中受了点儿刺激，回去以后语言又不通，找工作啥的也不咋方便，病情就加重了。她回日本以后，当时日本搞培训，她去参加了，他们是隔两天学习一次。我问过她怎么样，她说："给我们上培训班，培训我们找工作。"我问

336

▲ 1990 年，秦家国（左一）赴日探亲

▲ 日本遗孤秦艳君（左一）归国时与送别的养父（左二）等人合影

她干啥工作，她说打扫卫生。培训班那里都是中国人，在一起都是唠中国嗑，也不说日语。当时回去了都有房子，就是那种公寓，家具啥的都有，是政府给的。我姐回去两年以后，把一个家属也带到日本了，当时只许去一个。她去世以后她家人就基本与我断了联系，后来她孩子又回来了，我们才又联系上了。现在孩子们之间联系得多，都是通过微信联系。他们有的时候回中国看看，我们没去过日本，我的孩子也没去过日本，他们回来方便些。他们过得都挺好的，前几天还和姥姥连视频了。我告诉他们说姥姥有病了，身体不太好，他们让姥姥多保重身体，有时间就回来看望她。他们现在住在川崎市，好像离东京也不远。

337

我外甥结婚晚，四十多岁才结婚，他媳妇是中国人。两个孩子，大的上小学，小的两岁，刚上幼儿园。他家老大第一次来中国时才三岁，小不点儿。他们说等孩子长大以后会把姥姥的故事告诉他们，他们都把自己当中国人，平时都说中文，他们家的小孩中文、日语都会说。他们还说如果以后有机会还想回中国。

关于遗孤的这段历史，现在稍微年轻点儿的，特别是 30 岁以下的很多都不知道了。用我家老太太的话讲，老百姓是好的，孩子是无罪的，那么点儿小孩知道啥？我姐是在日本人战败溃逃时走丢的，是我家老爷子把她给捡回家养大了。我姐问她生父："你为啥把我扔到中国？"她爸说："不是把你扔的，是丢了。"她爸也没想到她还活着，还活得这么好。

绝大多数遗孤都挺好的，也有到那儿就变的，也有的在日本受欺负的。有岁数大的遗孤回去，语言不通，生活方式还不一样，就很不习惯。我姐回日本就是为了俩孩子。我姐夫说，要搁现在，中国发展得这么好，我们就不走了。有挺多去了日本就把孩子放在那儿，然后自己回来的。毕竟孩子接受新事物快呀！岁数大的人，学习语言困难，他们一说中文，日本人就不愿意听。尤其是岁数大的人，他们很难被接纳，岁数小的还相对容易被接纳。

我家老公公去过日本。1990年，我姐来信说她报上去申请了，叫我公公到日本去看看。但是只能去一个人，要不他俩都得去。日本政府给的路费，都是官方组织的。虽然他们那边给报上了，但是日本批完中国还得审核。这些程序都是我爸自己一个人办妥了，我家才知道老爷子要走。我家老爷子办啥事都是自己去，我们俩上班啊，他不说我们也不知道。连去带回半个月，他回来说日本挺好，说我姐她妈她爸都挺好，说我姐应该回去。我家老爷子、老太太都想得开，可能从收养那天起就想开了，就知道可能有一天她还得回去。

338

▲ 秦艳君的养父秦家国　　　▲ 秦艳君的养母崔志荣

后来要回日本的遗孤都得先把中国的养父母给安排好，如果这边养父母不安排好，日本也不给批。那个时候都是写信联系，不像现在有电话这么方便，等后来能打电话了，我姐已经去世了。

十四、赵希贵

赵希贵：日本遗孤赵玉珍（市原瞳）的中国弟弟，
赵玉珍的养父赵新田、养母关秀兰的次子。

▲ 赵希贵在家中接受采访

　　我母亲的老家在吉林松花江的富太河屯，我母亲姓关。我们老赵家在三家子，和我母亲老家差一里地，都是满族。我爷爷、奶奶那时候在长春开柳条编织铺，就是编簸箕、柳条帽子。我母亲讲我爷爷可能是由于劳累过度，去世很早，就剩我奶奶一个人操持家务。我父亲教徒弟，那时候叫招"劳劲"，招些徒弟上我家来学编织，供人家吃住。我父亲干编织，我叔出去买材料。

▲ 从左至右依次是：赵家二儿媳、关秀兰（赵家长媳、市原瞳养母）、赵曾氏（母亲）、赵新田（长子）、赵春田（次子）

　　我母亲12岁从吉林被领到长春，当童养媳。她到了老赵家就开始做饭、看孩子，童养媳受气啊。我妈出身于一个大资本家、大地主家庭，我姥爷家财万贯，后来他抽大烟，把家里财产、儿女都卖了，把我母亲也卖了做童养媳。我母亲被领到了长春真的是举目无亲啊。我奶奶待人比较刻薄，过去的很多老太太对待儿媳妇是非打即骂的，我妈妈身高一米五几，站在锅台上烧火做饭、看孩子，受的苦就别提了。等到她 17 岁就和我父亲结婚了，结婚一年之后我妈生了一对双胞胎，是两个女孩，但旧社会医疗水平不发达，没到满月

341

▲ 日本遗孤市原瞳

就都夭折了，我母亲可能就因此做病了，不能生育了。这时候正赶上日本战败撤退，我叔叔到辽宁去采购材料，在奉天（现在的沈阳），看到一个这么大点儿的日本小孩儿，我二叔挺有同情心的，他还没结婚，就把那孩子从奉天带到长春来了。我奶奶就说："你也没结婚，你嫂子正好没孩子，就给你嫂子吧。"我妈就把这个孩子收养了，想养大了以后有个照应。我姐姐那时 5 岁，我妈一直把我姐姐当亲生的养，甚至比亲生的照顾的还好。都说谁养的像谁，我姐姐和我妈个头都是 1 米 5 左右，脚的大小也一样，性格也相像。

　　我姐姐他们家总共来了五口人：父亲、母亲、我姐姐，还有她姐姐和哥哥，是跟着日本"开拓团"来的，住在黑龙江那边。日本家里还有两个姐姐，一个哥哥，在日本的姥姥家生活。在日本战败之前，我姐姐的母亲就染病了，死了之后就搁炕席一卷就给埋葬了，没有钱买棺材。1945 年日本战败，她爸爸就带他们往

回撤退，走到半道她父亲也死了。她哥 12 岁，连滚带爬地到了大连，还真赶上遣返了，就坐船回日本了。

围困长春的时候，我母亲和我父亲先跑出去了，到我范家屯的姨奶家。那时候"卡子"在现在叫新竹花园的那个位置。等待"卡子"放人的时候，我姐姐每天到解放军那边去，人家每天晚上吃饭的时候就把"饭嘎嘎"给她一团，我姐姐去那儿就是为了拿饭团回来给奶奶吃，她自己一口都不吃，虽然不是自己的亲奶奶，但我姐姐从小时候就孝顺。她饿了怎么办呢？捡毛豆皮子吃。

342

到现在她吃不顺了就胃疼，就是那时做的毛病。等到把他们放出去时，我奶奶岁数大了，再加上出去以后吃撑着了，就死了。临死之前她就对我妈说："这孩子比我亲生的孙女都亲，我以前对她不像亲生的孙女，我对她不好，你们千万要把这个孩子好好养大。"那时候我姐也就七八岁。

▲ 养母关秀兰（左二）与遗孤赵玉珍（右二）、赵希贵（右一）、赵希臣（左一）的合影

我们家小时候住的地方叫边家大院，当时挺出名的，那几十户人家都姓边。在边家大院，小孩在外面玩儿，就叫我姐姐"小日本、小日本"。我姐回家告状，

我妈就说不搭理他们。老邻居们都知道我姐姐是日本人。我小的时候不知道姐姐是日本人，后来随着年龄增长，到了十五六岁的时候就知道了。有邻居唠嗑，说："你爸姓赵，你妈是姓关吗？"我说："是啊。"他们就说："没想到，你说老了老了还得子，养了那个日本遗孤，起个名'带弟'，没想到真带来了两个弟弟。"他说者无心，我听者有意啊。我就知道这事了，但我也没深问，也没有问我母亲，也没问我姐。用老百姓的话讲，就是我父母收养我姐感动了上天，没想到我妈38岁生了我哥，40岁生的我。我母亲这一生也特别不容易，童养媳，先前生的双胞胎也夭折了，婆婆对她又不好。我爸那时候身体也不好，脾气也不好，我妈年轻时候没怎么过上好日子。

343

▲ 赵希贵与母亲合影

▲ 遗孤市原瞳（三排左三）与养母（二排中间）和赵希贵（四排左一）
及家人合照

　　我们姐弟感情很深。我姐结婚时我还小，才5岁，我还有印象。
是在他们单位办的，整点儿糖、瓜子就算结婚了，我还记得我也
参加婚礼了。我姐姐刚上班时住单位单身宿舍，每个礼拜天回来，
都给我带点儿好吃的，对我比对我哥还额外地惯着。我还愿意美，
她穿的鞋我说好看，她就给我穿。我挺依赖她的。结婚后她搬到
范家屯住，一到礼拜天休息，我就上姐姐家，坐9路车去，到了
她家就给我好吃好喝的，水果也是我和我大外甥两个人分，我比
我大外甥大6岁。她对我就像对自己的孩子一样，不像是对自己
的弟弟，挺惯着我的。我结婚之后住在三道街。平房也不是太好
找，她有一次抱个西瓜，下班的时候没找着我家，那时候也没有
手机什么的，她就把这个西瓜又抱回单位了，第二天早上又来的。
姐姐像母亲一样疼爱我，到现在也是这样。我都60多岁了，我到
日本去，晚上她还把被子给我铺上，热水袋给我放到被窝里，还

像对小孩儿一样地照顾我；早上起来把刷牙水、牙膏都预备好了；我不用说就知道我想吃啥了，她身体再不好也出去给我买，我要吃冻柿子，她就在冰箱里给我冻上。

▲ 养母关秀兰（左三）与养女赵玉珍（左二）和次子赵希贵（右一）一家

1972 年中日邦交正常化，田中角荣来中国访问当时，谈到二楼日本遗孤的事，他回去就给落实了。能找着家庭的遗孤基本都陆续回国了。想回国的遗孤，日本政府允许带家属回去。我姐带着她的两个儿子和丈夫回去的。我姐还有个失散的亲姐姐，咱们中国政府也协助调查了，她好像没我姐这么幸运，可能没到 18 岁就去世了，要不姐俩一块儿都回日本多好。

　　我姐是怎么回去的呢？有个三田女士，也是日本发动侵华战争的时候过来的。她是大学生，在日本毕业后到"新京"（现在的长春）来工作。日本战败之后她也没回去，后来找的丈夫是省汽车修配厂的。我姐夫也是汽配厂的职工，他俩都爱好钓鱼，钓鱼的时候不知道怎么就唠起来了。不晓得他怎么知道我姐这个身世的，我姐夫还不知道呢！他知道我姐不是我妈亲生的，但不知道她是日本的孤儿。我姐夫回去跟我姐这么一说，我姐就说："过去我是瞒着你了，咱也过这么长时间了，你要想离婚也行啊！"我姐夫说："不是那意思，是怪你当时咋没跟我说这事儿。"后来三田女士找到日本亲人了，她妹妹可能是嫁给了日本的一个挺有钱的人，人家把三田接回日本了。回日本之后，三田就找我姐，让我姐也回日本。我姐就跟我母亲说："三田回国了，想让我也回去找找。"我妈就同意了。我妈就把姐姐小时候的照片给找出来了，对她说："你那时候5岁了，也应该知道是什么情况。"我姐就和我妈讲了她生母是怎么去世的，还有她哥、她是怎么回事。她们把这些事儿都记录好了就给三田邮寄过去了。日本电视上就播放了寻亲启事，正好我姐她在日本的大哥有病住院，无意中看电视就看到了，说："我家情况就是这样啊。"这不就找着了嘛！找着了他们就开始通信。后来她哥亲自来了一趟，在春谊宾馆和我姐姐见面，我姐说这回不带两个孩子回日本，这么就去了。到那探亲可以待三个月、六个月，最多不能超过九个月。三个月满了她就回来了，回来后又去待了六个月，最长的时候又待九个月，她哥就不让她回来了。我姐就有点儿着急了，中国还有我姐夫呢，他们在一起生活了好几十年，还有我两个外甥，我姐能舍得他们吗？我姐就打车到中国领事馆，由领事馆出头协助，她什么东西没带就回来了，回来之后就没打算再回去。后来随着大环境的变化，陆续回国的人多了，主要是我外甥想回去，他们全家就于1988年回国了。

346

　　长春当时没有直飞日本的飞机，都要从北京走。我姐回国的时候都没敢让我母亲送，怕她心情不好，在一起生活50来年，一转头就走了，她心里有一万个舍不得。她回国之后我就紧忙给她打电话，那会儿通话不方便，打电话要上人民广场电信局，一分钟6块钱，打一次就100多块钱。后来就找人来安装家庭电话，就是为了我母亲和我姐过年、过节打电话。有时候这边一打电话，她那边就给挂了，过一会儿她再往这边打回来，这不是为了让我们少花电话费嘛！

　　日本有一个协会，负责教遗孤日语、技能，谁愿意工作就给谁找工作。我外甥是1988年回日本的，一年之后就回来看姥姥了，是姥姥把他养大的，他和姥姥特别有感情。我姐姐两年回来一次看望我母亲。后来日本政府有一个规定，邀请抚养日本遗孤的中国养父母到日本去做客。当时组织了一个代表团，主要是面对东

347

▲ 遗孤市原瞳与养母关秀兰

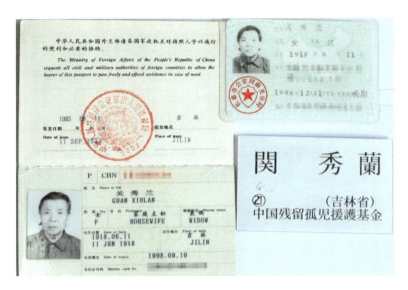

▲ 养母关秀兰出国的护照和证件

348

北三省和河北省的，一共22位养父母。我母亲没出过远门，我就一直送我母亲到了北京，她在北京待了10天，在日本待了10天，回来之后又在北京待了10天。

我母亲他们到了日本享受到了比较高的待遇，部长开宴会欢迎他们，在日本引起了很大的轰动。很多日本年轻人都不知道这段历史。17年前，日本电视台来采访遗孤的情况，采访养父母的生活情况，拍摄了一个月，赶在12月把这个节目在日本播出了。像我们家庭这样美满的情况很少，很多老人特别凄凉，养父母把他们养大了，把他们送回国了，最后孤苦一人。这些养父母都是普通老百姓，也没念过几天书，大多都没有文化，辛辛苦苦养的孩子，养成后给送回日本，剩下他们孤零零的。这个节目一经播出一下子轰动了日本。日本那边组织全国捐款，还派代表团来中国，把我姐姐也请回来了，我们这个楼（中日友好楼）里还有几家也参加了。还有一个中日友好组织，赶在春节时来的，在这儿过的

▲ 遗孤市原瞳与养母关秀兰在日本合影

春节，待了半个月，每个人给养父母一些钱。还有不少在中国的日本企业，听说这个事儿了，也派人上这儿来慰问养父母。这几年这些活动少了，因为养父母都不在了，那几年活动特别多。

自从我姐姐1988年回日本，她经常回来，那时我的生活条件已经挺好了，但她临回日本之前都给我5万日元，藏在被子里、衣服里，我不要都不行。我去日本她也是这样，我临走了也把5万日元塞到我皮箱里，我们之间就像母子之间的感情。

她刚开始到那边也是打工，后来岁数大了也打不了工了。日本政府对这些战争遗孤有一些照顾政策，比如说他们社会保障金比别人都多，帮助他们学日语、找工作呀。我姐姐住在大阪平野区，附近有五六户人家，他们有一个圈子，没事儿就去旅游，有时候也来中国，现在年龄大了，哪儿也去不了。日本政府对他们照顾的也特别周到，现在每年都安排他们去泡温泉。我姐姐每周五去看病，他们把车开到家门口接，一直把轮椅推上车；看病100%全额报销，不用她花钱。我姐姐日语说不好政府就派翻译，每到礼拜五这个翻译就陪着她去看病。社区定期派人到她家，给她收拾屋子、买菜做饭，一天两个小时。就是一个人生活孤单点儿，80多岁了。白天还可以，一到晚上没有人唠嗑。我们就和她视频，一到晚上9点我就拿电话视频。以前她不会，这是去年我们去日本教她的，让她赶紧买智能手机。这样就好了，晚上不孤单了。她还和她朋友视频，玩困了就睡觉了。这样一来，我姐姐心情好了，精神状态也好了，牙也没掉，眼睛也不花，记忆力还行。我说她要努力多活几年，以后我也去陪伴她。我也多次要把她接回我这儿，她说不行，她怕给我增加负担，我说我们少吃点儿、用点儿就行，她还是为我考虑没有回来。

日本政府也感谢中国养父母的养育之恩。1990年给养父母抚养遗孤的抚养费，从1岁开始到18岁平均每个月给养父母人民币50块钱，是一次性给的，折合人民币1万多块钱人民币。

中日友好楼是 1990 年建的。笠贯尚章 1945 年之前在长春上学。战败后回到日本，他和客车厂的张工认识（张洪恩），聊到了日本遗孤的事儿，笠贯尚章就想了解下这些养父母都有啥困难。他们都是普通老百姓，日本遗孤都回国了，他们的生活比较孤单，普遍存在住房困难。笠贯尚章就委托张工帮忙协调，想给养父母盖一栋楼。笠贯尚章回日本，半年了没收到张工的信儿，他就给张工打电话问："我拜托你的事怎么样了？"张工问："你真想办这件事吗？"笠贯尚章说："我能开玩笑吗？我是真的，我经历过战争，养父母把遗孤收养了，给他们养大后再把他们送回国，我现在有钱了，我想代表孤儿表示感恩。"张工就去找当时的桑逢文省长、尚振令市长，还有吉林省外事办的蔡苍文处长。把这个情况跟政府一沟通，政府当即表示赞同，并问笠贯尚章有什么要求。笠贯尚章说选的位置必须得离商店近，离医院近，楼层还不能高。后来就选了原先市政府后面，那边有一片平房，但一看，那个土地不行，只能盖高层。后来又考察了平阳街，这有长春市中医院，还有市场，结果就选到这了。原来这有两处平房，日本在东北沦陷时期盖的青砖瓦房，把他们搬迁后，就在这儿盖了。中日友好楼是 1990 年建成的，投资了一亿日元，合人民币 300 万。当时为了盖这个楼，政府给人家拆迁费、采暖费，扣了 80 万。结果差了 60 万块钱，这个房子就交不了工。后来协调市政府外事办，他们给拿了 60 万，这个房子就算圆满地盖完了。笠贯尚章活着那时候每年都上这儿来，带艺术团和代表团来看望养父母，平常还有些日本友人上这儿来看望养父母。

当时规定有长春市区户口的养父母每户给一套房子，由市公安局外事科来确认。我家那时候住在三道街，有个平房。外事科的李工找了三天，最终找到我家了。他那有档案，谁是养父母，家里什么情况，他都特别了解，他看我家真没房子，就给我家报上名了。李工要是没找我家，我们家也住不上这个房子，所以我挺感谢外事科和李工的。这么些年这个房子的采暖费不用我们拿钱，房费也不用拿，都是由日本民间友人给养父母捐钱的。像我母亲活着的时候，房费每月都打到我们账上。

在 20 世纪 90 年代，这房子设施也算一流的，养父母拎包入住，床、冰箱、彩电，各种生活用品都齐全了，房子里还带浴盆。我母亲说没想到这老了老了还有楼房住，生活条件也好了。我母亲 78 岁做的胃切除大手术，原本这年龄都不给做手术了，没想到

352

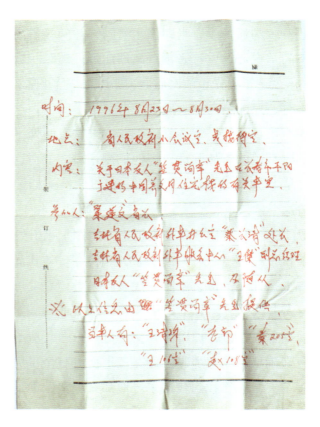

▲ 赵希贵提供的笠贯尚章与吉林省副省长会见时信息

手术做完了 10 年都没产生病变。她原先气管炎挺严重的，到这儿有暖气了，咳嗽也调理好了。

我们都挺感激笠贯尚章的。我们 4 个人说给这个楼起个名，叫"中日友好楼"吧。我们当时提议每户出点儿钱，29 户收了2900 块钱，整个大牌匾，大牌匾上写着"中日友好楼 日本友人笠贯尚章敬建"，那大字都是一米大的，特别醒目。在长春市一提"中日友好楼"大家基本都知道。第二年笠贯尚章来了一看，"中日友好楼"，特别高兴啊。他每来一次都会请这些养父母上饭店吃饭，要不就每家给点儿钱。他每回来，我们都上飞机场去接，下了飞机和我们握手拥抱，越处感情越深。我们这边有去日本的，到他们家拜访，专门给他做的锦旗，我们代表养父母还有我们这一代人感谢他。

中日友好协会是民间组织的，里面有日本友人，也有日本遗孤。为了纪念养父母，他们做了个塑像落在了沈阳"九一八"纪念馆。长春市也要有代表参加落成仪式，我们这楼选了两户到沈阳"九一八"纪念馆参加落成仪式，其中就有我家。日本的民间友好协会来了不少人，还有日本的媒体也来了，都住在沈阳的酒店。吉林省公安厅出的面包车，我是代表我妈去的。我们在那儿待了两天，还举办了个宴会感谢养父母。我们住在那儿，隔一会儿就有人来敲门，一进来就开始表达感谢，有的送点儿纪念品，有的捐点儿日元，以此表达他们感激的心情。

现在咱们国力也强了，咱们应该不忘过去、牢记历史，和平还是大方向，为了咱们中日老百姓的幸福生活。战争坑害的还是最普通的老百姓，像我家这种情况，我姐姐这一生，就是生动的例子。

353

附：赵希贵的夫人杨俊霞

杨俊霞：赵希贵夫人，日本遗孤赵玉珍（市原瞳）
的二嫂，与赵玉珍情同姐妹，来往密切。

大姑姐回日本后，老太太总跟我念叨："你姐在日本咋样啊？
我可想她了。"我们上人民广场排队打电话，也说不了几分钟，
因为我们当时工资开的少，一分钟6块钱，打一次就得100多块钱，
所以有话就赶紧说。我们两口子打完电话回来，我妈就问："你
姐咋样了呀？"我说："妈你放心吧，我姐在那可好了，你不用
惦记啦！"一听这个，我妈就挺高兴的。

我姐对我妈是真好，她宁愿自己少吃一口，也得想着给老太太。
当时她也不宽裕，大姐的工资也不多，但她还给老太太每个月10
块钱的抚养费，也给他爸那边10块钱抚养费，日子过得也挺紧巴
的。没回日本时，我们都上大姑姐家过年，一直在她家待好几天。
一到过年过节她就把我们接过去，我大姑姐夫亲自给我们上厨房
做饭。我家孩子爱看火车，她就抱我儿子看火车去。孩子想要啥，
他姑姑就给买啥。那时候菠萝可贵了，一个菠萝就要六七块钱，
她工资每个月才三十多块钱，我儿子想吃，她也是说买就买。我
儿子跟他姑特别亲，现在我儿子也上日本了，他的公司在横滨，
他姑姑住大阪，姑侄俩经常走动沟通。他姑姑对他好，孩子也报
答她，他姑有什么要求，我儿子马上就办。我们两年去一次日本，
全家直接去我姐家。我们的感情好像都胜过亲生父母生的。

我姐他们也是两年一回来，我就陪他们上街买东西。我家老
太太有哮喘、气管炎，家务活都由我来做。弟弟对姐姐也是没比
的了。姐姐回来在沈阳下飞机，他就借车上沈阳去接他们，然后
拉着全家上这儿上那儿的。我姐姐的老婆婆家在吉林，他就借车

拉着姐姐上吉林，就像对待自己的母亲那样对待姐姐。我也是拿姐姐当母亲对待。我姐姐对我们也像儿女一样，呵护我们，什么事都依着我们。姐姐对弟弟特别了解，他什么脾气，哪天生日，稀罕啥，都在姐的脑海里，弟弟想要啥，姐姐马上就去给买。

我丈夫是家里最小的儿子，特别孝顺。新鲜的水果，不管多贵，都要让他妈妈尝个鲜，哪怕是买一个，也要给他妈妈尝尝。哪块儿有新鲜事了，像新建的南关大桥开通了，他就开辆摩托车，慢慢骑，或者推着，也要让他妈妈看一看，让老人家也见识见识。下班一进门就喊妈，看不着他妈妈了就问妈干啥去了？上哪去了？我当时嫁进他们家，什么也没有，我这人就是看着他心眼好，就决心和他靠工资自力更生，白手起家。过去人家老婆婆给这给那的，我都没有。我俩也是一见钟情，志同道合吧。

我刚嫁过来的时候不知道姐姐是日本遗孤，我丈夫一开始也不知道，因为姐姐要回日本，我婆婆才跟他说姐姐是日本遗孤的事。姐姐从日本回来时给我们带了冰箱、彩电，我婆婆就说："我姑娘孝顺啊，我没白养呀。"我姐姐一回来，这娘俩总有说不完的话，有时候都半夜了还不带合眼的。老婆婆病重的时候，我姐急得不行，她那时候还上班呢，请不下来假，回不来。我安慰说："姐，你放心吧，咱妈这边不用你管。"她说："你出力我出点儿钱吧，咱妈都靠你照顾了。"我说："应该的，人都有老的时候，年轻都无所谓，老了都不好过。"现在的生活我已经很满足了，现在咱们国家富强了，日子越来越好了，咱们老百姓就知足了。

355

十五、张伯钧

张伯钧：1945年8月生，1970年毕业于东北农业大学。曾任绥棱县家畜繁育站站长，高级畜牧师。

我叫张伯钧，是土生土长的绥棱人，1965年考入东北农业大学，1970年毕业后返回绥棱县。工作几年以后当了绥棱县家畜繁育站站长。那时候省里年年有年会，有一次开会的时候，省家畜

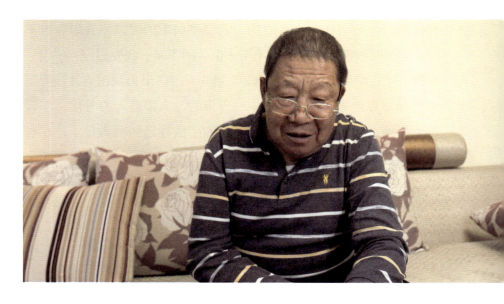

▲ 张伯均在家中接受采访

繁育站站长总畜牧师樊悦行先生问："谁是绥棱的站长？"我说："我是。"他问我："是哪儿毕业的？"我说："我是'东农'的。"他说："我的同窗好友是你的大学老师。"接着他又说："算我和你的老师求你办一件事。"

他有一个同窗是日本人，叫川上隆，现在是日本枥木县肉食卫生检疫科的科长。东北沦陷时期川上隆和他是长春畜产大学的同学，和我的老师都是同学。日本战败投降之后，川上隆和他的另一个同学崔炳哲一起顺着诺敏河往哈尔滨跑，到呼兰被苏联红军抓住了。苏联红军把他们押送到哈尔滨的花园小学，关押期间，川上隆得了痢疾，苏联人怕传染，就把川上隆扔到了地下室。川上隆在地下室待了两天，地下凉啊，他清醒过来以后，找到一个出口跑了出来。跑到道外，也就是现在的东北烈士纪念馆的道上就昏倒了，当时也没人看到。巧的是樊悦行正好路过，走到那儿一看，这不是长春畜产大学下两届的同窗吗？他就把川上隆喊醒了，给川上隆点儿钱，让川上隆上道外"世一堂"买点儿药治疗一下，另外让他去买点儿大果子（方言：油条）或者是麻花吃，因为那里有矾，对治疗痢疾有好处。樊悦行就和川上隆讲："咱们同学都回学校了，学校统一组织从长春回日本，你吃完药就走吧。"川上隆回国以后他们就断了联系。

"文革"以后，樊悦行先生从东北局调回来，组建黑龙江省家畜繁育指导站。他这个人很有想法，想要建一个中国最大、最先进的繁育站。他去美国、加拿大、澳大利亚、新西兰、荷兰，考察了个遍，都觉得不满意，最后他说要到日本看看。

他去了日本以后，日本《朝日新闻》和日本电视台对他进行了采访，因为那时中日刚刚友好了，他们又是中国来的考察团，媒体争相报道。川上隆在电视上看到报道后说："这个樊悦行是我长春同窗啊，他是我的救命恩人啊！"他就马上和樊悦行联系，邀请他到家里做客。樊悦行答应后，川上隆又跟枥木县的县长联

357

系，说："我的救命恩人、大学同窗来考察，我想在家里招待他，你能不能参加？"县长很愉快地答应了，说："我得参加。"结果电视台、报纸一些媒体又都进行了报道。

这一报道就引出了更多的故事。上原家的一看，说川上隆是绥棱"瑞穗开拓团"的人，当年他叔伯弟弟和妹妹也是那儿的，但日本战败后没能回来，留到中国了。他就求川上隆能不能让他的同学帮着找一找他们。还有一个就是小林了治家，他的大姑娘在东京银行，还有一个外甥姑娘在新闻界，他们也都求川上隆了。

川上隆就让他们提供一些资料，要求提供的资料足够详细，要有家谱能证明谁和谁是什么亲属关系。川上隆就把这些资料交给了樊悦行。樊悦行找到省外事办，省外事办和公安厅开始帮助寻亲。

绥棱县公安局政保科人员没找着，正赶上我开会，樊悦行就问谁是土生土长的绥棱人，就这样把材料给我了，让我帮着找找。

我念小学时，学校里大概有六七个日本遗孤，我就去找小学的校长和老师。我的老师给我拉了个名单，上面写着谁是日本遗孤，他们的住址。我都找到了，但不是。我要找的是姐弟三个，俩姐姐一个弟弟。我一看没招儿了，再找我公安局的熟人吧。公安局提供了一个线索，山东章丘曾经有一个日本女的说，日本战败撤退的时候，她在道德会等车，和她一同等车的有一个日本妇女带着三个孩子。我又接着打听。后来一个人说他知道情况。有一个叫王炳林的在电厂工作，但即使我去也不一定能问出来，因为他是劳动模范，参加好几次省里的会，如果谁说他是日本人，他就很反感。他让我靠个人关系找一找。我就找他的师傅，外号叫"王八级"——他是八级工。我和他说了说这个事，他说这事不好办，一提这事儿王炳林就很反感，现在他也不一定承认。我就说："咱俩关系挺好的，你儿子出工伤把脑浆都砸出来了，都是我给你找省立医院的好朋友给抢救的，大哥你必须帮我忙。"他说行。他就和王炳林说了。

　　终于找到王炳林了，我就和他交流，说："现在中日都友好了，遗孤都在寻家寻根，你是怎么打算的？"他说他得问问他姐姐。我问他姐在哪儿，他说在铁路工作。我们就骑自行车到他姐姐那儿去。这一唠家常就更亲切了，他姐姐说她小时候在上集住。我们家是上集的啊，我爸爸卖菜的，她买过我爸爸的菜。她得知我是张大胖子的儿子就什么都跟我说了。她爸爸叫聂刚，聂刚我认识。我跟孙秀——后来任县委书记，在泥尔河乡蹲点搞农业学大寨，我和孙书记两人包一个队。我俩在二队，聂刚在五队住，我们都认识，越唠越近。她说她也不知道自己日本名字叫什么，她妈妈在临死之前，把他们三个的身世写下都缝到衣裳里头了，她养父给她领回来以后，把这些东西都弄没了，所以她也不知道自己的日本名叫啥，就知道中文名叫聂玉文，日本家里还有啥人

359

▲ 1986年，上原敬一同大姐聂玉文及三子、二姐夫刘先生，
　在哈尔滨国际饭店拜会川上隆先生。

她也不知道。我说："你有个叔伯哥哥（上原谦一）是建筑工程师，他是议员，他找过你很多次，他到中国访问的时候，到延寿、方正都找过你。我的领导上日本回来以后也找了好几年都没找着，就求到我了，没想到咱们有缘分。"

我就动员她去日本认亲。她说："那我得问问我丈夫。"我问："你丈夫姓啥。"她说："姓王，叫王文中，在铁路当工长，一会儿坐火车回来。"她让我在这儿吃饭等他回来。这王文中呢，也是我们老家上集的，原先开面馆儿的，之前的老婆得病死了，聂玉文就给他续弦，他们又生了几个孩子，孩子们都参加工作了。王文中回来后我就跟他唠，我说中日都友好了，人都得叶落归根啊！他也表示支持。接着我又问聂玉文她的那个妹妹在哪儿，她说她妹妹在双河——

▲ 1986 年，在哈尔滨国际饭店，樊悦行、川上隆、张伯钧陪同小林了治见女儿王雁、女婿胡志禹

那时候叫靠山公社，现在叫靠山乡，副乡长刘宝林就是她的哥。

这姐弟仨都有信了，我和聂玉文说你把聂刚找来。我一和聂刚说这个事，聂刚就哭了。他和聂玉文说："靠山乡那个不是你的亲妹妹。你亲妹妹送给东北沦陷时期文教科我的一个同事了。

因为他要的姑娘是日本人，怕别人笑话，他就回老家了。我的这个同事叫啥名我也忘了，但是我知道他老家是双城的，姓徐，住在徐记窝堡。

我说："聂刚，你找找，咋也得让这姐弟仨团聚啊！没有路费我给你拿，我给你报销。"他就去了徐记窝堡打听，这村里有没有一个人姓徐，东北沦陷时期在绥棱文教科干事。那时候在农村能上学念书的人很少，一打听就打听出来了，说是有这个人，但这人已经没了。问他家还有啥人，说就一个姑娘，在双城糖厂卫生所当护士。他又跑那去，见到了这个妹妹。他就告诉她："你是日本人留下的孤儿，你姓上原，你的亲姐姐叫聂玉文，她是我收养的，你的弟弟叫上原敬一，我送给王家菜园子了。你跟我到绥棱去，你们姐弟仨正式相认吧。"这姐弟仨就这样团聚了，但靠山乡那个姓卜的"假妹妹"就哭了，他们这么些年一直都当亲的相处的。他们姐弟仨就说以后仍然拿你当亲妹妹。

接下来就要认定身份了，光说不行啊。日本人整的相当仔细，家谱啥的都整了。我说你们回忆回忆，小时候是怎么个情况，好和日本那边对上号啊！他们就讲：我们家住在"瑞穗开拓团"团部最西边儿第一栋房，这栋房最西头是我们家，从我们家西边能瞅着一栋房子里头养的马，能看着猪，能看着牛，但是很少，就那么两头。我们家的房子是红瓦房，可能是战备需要，窗户没糊窗户缝，怕震坏了玻璃掉下来砸着人，都贴着纸条。我问："有没有照片？"他们说：没有，我们姐弟三个就是临战败前的秋天照过一张相。有一个老头上我们家去，挨家挨户照相。我妈妈领着我们照相的时候，我们家养的狗老捣乱，也要照相。王炳林说："我就拿手打它，那狗当时就咬了我一口，我妈妈先去给我包扎然后照的，就照过那么一次相"。我整理了相关材料给日本政府，日本政府就把他们小时候照的相片寄过来，一看确确实实有个小男孩的手上包着纱布，证明王炳林说的这个关于狗的事是真的。

361

另外他说的那个时间也对，屋顶上都晾着苞米，窗户上也都贴着纸条，照片上看他们确实是住西边这屋，西边是马厩——照片和王炳林说的完全吻合。

362

▲ 1986 年，绥棱县人民政府县长、县委办主任、县外事办主任为日本客人送行

　　他们从日本来，刚开始也没住房，都是在他们去的那个屯子里的老百姓家派住。派住那户人家姓王，是北大沟的。这老王家是一个男的领着一个小子，老王的老婆死了，他家小子叫王铁蛋。等日本人盖完房搬走，没几年，日本就投降了。他们的妈妈有文化，觉得这下指不定死活呢！他们的爸爸在长春服役，他们妈妈也犯愁她领着三个孩子怎么回国呢？当时上边儿的命令就是：能回国的尽量回国，回不去的一律服药自杀。他们妈妈就拿着药假装给

孩子吃了，实际上他们一点儿没吃，然后就领着他们仨逃亡了。"瑞穗开拓团"的人都往王爷庙屯集中，然后往东山里方向去。走了一段路，她以解手的名义钻入柳树丛，脱离队伍向相反的方向奔向了北大沟屯。跑到谁家去了？跑到他们刚从日本来时临时派住的老王家。她就寻思跟铁蛋他爸在一起生活得了。铁蛋他爸一看，我自己养活一个孩子还说不定怎么样呢，生活也不富裕，就没答应，另外也担心收留日本人再惹麻烦啥的。他就说："你们回国的都在车站聚齐，我送你们去车站吧。"就整了个爬犁，拉着他们娘四个，趁黑给他们送到了绥棱火车站，那有个道德会，这些日本人都在那儿集中。

363

到了那儿以后，他们发现根本上不去车，从北边逊克、孙吴来的车满满登登地全是日本人。上不去车就只能在那等着了。就在等车的这段时间，因为他们妈妈有文化，所以唱个歌跳个舞了，和这帮人搞点儿娱乐活动。当时的伪县政府文教科职员聂刚善拉小提琴、吹口琴，多才多艺，经常光顾道德会为日本人进行表演，帮他们缓解些焦虑情绪，就和他们的妈妈认识了。

没几天他们的妈妈得了伤寒病，聂刚就给她买药，给她送点儿好吃的。等到后来她病得很严重要不行了，临死之前，她把这三个孩子叫到一起，说："我不行了，我不能跟你们一起回日本了，你们也回不去了，你们就等聂叔叔再来的时候，跟着他去吧。"她说："我把你们的家谱都缝到衣服里了。"过了几天，聂刚去了，这几个孩子就哭着非要跟他走。当时聂刚和他老婆结婚以后没生孩子，他寻思正好领回去吧。但他一个小职员也养活不了三个孩子，负担挺重，他就把大姐留下来，起名叫聂玉文；二姐就给他那个双城徐家窝堡姓徐的同事了；王炳林给了南门里道西那边有个叫王家园子的人家，姐弟三个就这么分开了。

后来《朝日新闻》报道了这些事，报道上讲黑龙江省绥棱县家畜繁育科长张先生帮忙找到上原家的三个遗孤。之后有个记者写了一篇小林家要寻找女儿的事，找到了川上隆，让他帮忙在中国找小林了治的姑娘，川上隆就来信又找我帮忙。

日本在邮给我的资料中介绍：小林了治的爱人领着两个女儿在瑞穗村住，日本战败后上级发药给不能走的人和小孩子吃。当时他爱人假装给孩子吃药，象征性地给了一点儿后，便偷偷把药丢在地上，给小女儿留了条命。她把大女儿领走了，到了长春找到了她丈夫，要一起回国，途中这女人死在了轮船上。临死之前，她对丈夫说，二女儿没有全给药，她还活着，你将来有机会把她找回来吧！

364

▲ 张伯钧（右一）同日本小林了治父女合影

我了解了情况之后就开始寻找，始终没有结果。事也凑巧，王炳林家在端午节时请我吃饭。他的岳母很健谈，所以我们唠嗑很近乎，老太太讲了关于上集东南街王洪江家的事。

日本"开拓团"撤退时，中国老百姓就去日本"开拓团"拆房子、拆砖，往家里拉那些他们没法带走的东西。王洪江去的晚，啥都没有了，就拉了点儿桦子。正往回走的时候，后边有个穿红衣服的小女孩，哭喊着"妈妈……妈妈……"，爬犁上坐着孙秀的姑姑，就跟他说，你捡着吧，你老伴儿不生孩子，管她是不是日本人，大人都走了，不就是你的孩子一个样。

王洪江对小女孩非常好，经常给她买好吃的。要是出去给人家干活人家给他点儿吃的，他就搁怀里揣回来给她吃，所以这个小女孩儿和王洪江的关系相当好。由于王洪江抽大烟，后来没钱了，就要卖老婆。邻居说你老婆都能卖，说不定哪天就卖孩子了，你还是把这孩子送给别人吧。当时他就同意了，把孩子给缮房匠的岳把头。等到解放的时候，岳把头又把她给他妻侄儿了，从此改名换姓就叫王雁。

365

巧的是岳把头是我叔伯连桥，那就好找了。第二天一回来，我就碰着岳把头他姑娘，就是县政协主席、县委外事办主任徐宏志的媳妇，她得叫我姨夫。我说："我正找你。"她说："什么事？"我说："我姐夫领的那个日本小孩哪去了？"她说："不是因为我们家成分高，给我表哥了吗？她现在在森工局工作，是贮木厂广播员。"我问："他家男的是谁呀？"我一问才知道她丈夫叫胡志雨，我俩是同学啊！我说："她日本爸爸还活着，叫小林了治，她有个姐姐叫小林美沙子，她还有个表姐都在找她。"她说："这是好事儿，你找她丈夫胡志雨吧。"

过了两天我就去找胡志雨了，他正领着省里的人来县里调研工作，正上楼梯，我说："胡志雨！"他说："干啥？我有客人。"我说："有客人怕啥呢？"我逗他说："日本起诉你了，你抢了日本的姑娘，你媳妇她爸爸叫小林了治，她姐叫小林美沙子，人家正找你呢！"胡志雨说我在胡说八道。省里的领导就问我："你去过日本吗？"胡志雨说我们是大学同学，炕头走到炕梢的关系。省里的人就说："他说的可能是真事，他讲的她爸爸的名字，她姐姐的名字，她的名字，要不是日本人，不看资料真说不上来。"

他还不信，说："别扯了，那小子没正形。"就走了。

当天下午一点多钟胡志雨送走他们，就回家吃饭了。他老婆有个规矩，他不回去就一直等他吃饭。她就问他："怎么才回来呢？"他还跟他老婆闹着玩儿，说："日本找我呢。""找你干啥？""日本人要找你，说你是我们家抢的。"然后他就把我说的跟她讲了一遍。他老婆一下午就总惦记这事儿。那天下着雨，到了晚上七点多钟，她非逼着他上我们家去问到底怎么回事儿。我就把过程跟她说了，把那些材料，她小时候的照片，她亲生爸爸的照片、妈妈的照片，家里的地址等一些资料都给她看了。

366

第二天她就跟好朋友孟艳秋说了，问她该怎么办。孟艳秋说："我回家问问我爸怎么办。"她爸爸是林业局党委书记，孟书记就让王雁去找她的第一个养父问问情况，还借给她一台录音机，让她放提包里头，录音做个证据。虽然她的第一个养父把她送人了，但是王雁并不记恨他，还经常去看望他，总给他买吃的、买药，他们关系很好。王雁去了，让他讲讲收养她的过程。然后告诉养父，她的亲生爸爸还活着，她还有一个姐姐、一个表姐在日本找她。她说自己也都这么大了，想回日本家乡。她养父就哭了，说："我当时抽大烟，我不应该把你送人"。然后他就哭着把怎么把她捡回来，怎么给她治病等这些事儿都回忆了一遍。之后她就到我们家去放录音给我听。

我通过樊悦行、川上隆把这些情况反映到了日本，那边马上就认定了。又有新闻媒体对此进行了报道。枥木县的市长给我发邀请函，让我到日本去访问，他们负责全部费用。那时候我正忙着向农业部申请立项，实在没工夫，也就没去。后来川上隆说他想到绥棱工作过的地方看一看，他让我问问外事办行不行，问问谁能见谁不能见。我就去问外事办了，外事办说行。他们就开始组团了，有川上隆、小林了治等，由十几个人组成的访中团，叫"瑞穗开拓团"第九次访中团。

准备来访问前，川上隆又提出要求，想让樊悦行帮着找王金生（我大学的微生物老师）吉林延边农学院的副院长崔炳哲教授，还有刘绳吾（和樊悦行都是一期的同学，也在省家畜繁育站工作）。

他们来了以后住在哈尔滨国际饭店。川上隆到花园小学看了看他曾被关押的地方，游览了哈尔滨市，三天后坐火车到的绥棱县。刘继昌县长带着县委办、政府办的主任陪同接待。访问了当年"开拓团"的旧址、聂玉文家、王炳林家，8 月 31 日下午离开了绥棱县。

他们回国以后，日本就开始邀请这几位遗孤回国探亲。他们办了手续，第一次回国是以探亲的名义。日本当时的规定是姑娘带着姑爷回来的，只允许待三个月；儿子回来的待遇就高了，三个月到了之后可以再申请，或者能以身体不好为由，再延长三个月。他们探亲回来就开始办理去日本定居的手续。

367

王炳林的电焊技术在绥棱县也是首屈一指的，他回去以后也挺能吃苦的，在日本人那干电焊工作，他是把好手，就把他调到工厂去了。王文中他们家解放前后在上集开过饭馆，他大舅子就是机关食堂和县招待所的厨师，原先都是开饭馆出身的，所以上日本一看，说包饺子吧，他们家就在那包饺子卖。二姐是学医的，她丈夫是哈医大毕业的，他们回日本以后就从医了——这是上原他们家姐弟三个的情况。小林家的王雁回去以后不知干啥了，但是胡志雨是大连工学院毕业的，他回日本之后在一个大学教汉语。

聂玉文的养父聂刚非常有才，学啥像啥，画啦写啦都很出色，务农时也搞点儿写写画画。后来就从上集街里搬到跃进村五队住，这人早就去世了。王炳林的养父，和徐家窝堡二姐的养父也早都没了。小林之女的第一个养父王洪江是农民，王雁始终与他有来往，经常买东西买药送给他；第二个养父是退休工人，退休后在庆安县政府当门卫，王雁和他家人的关系处的很好，她到了日本后也和他们有往来。

经过我找到的日本遗孤回国与亲人团聚了，报纸上多次发文报道此事，他们非常感谢我，感谢川上隆、崔丙哲教授、樊悦行站长。

通过帮助遗孤寻亲，我结识了川上隆。在和川上隆的接触中，他给我介绍了当年日本"开拓团"多次进口吐根堡奶山羊分给农户饲养的情况，我将之充实到农业部《吐根堡奶山羊品种选育》科研项目申请中，引起了农业部的重视。农业部批准并投资建立了绥棱县吐根堡奶山羊种羊场，还从英国进口纯种羊进行扩繁，向全国提供优良种羊——这也算是赠人玫瑰，手有余香吧！

第四章

日本遗孤和他们的研究者

一、关亚新

关亚新：1968年生人，现为辽宁社会科学院历史研究所研究员，近20年来致力于日本遗孤问题的调查和研究，发表了《日本遗孤寻亲三十年回顾》《日本遗孤调查研究》等文章和著作。

黑龙江地大物博，"开拓团"来的时候大量进入黑龙江，黑龙江省的"开拓团"数量要多于辽宁省和吉林省。

1945年日本投降的时候，日本军政人员的子女，包括从事工商业的那些人，他们有优势，事先知道日本战败的消息，所以提前撤走了，但当时给"开拓团"团民的指令就是"现地定着"——你就在那等着。8月15日，日本宣布投降，可是苏联红军8月9日已经进来了，这些"开拓团"团民还在边境线上什么都不知道。面对苏联红军出兵中国东北，他们只能慌忙撤退，开始往各个大城市和港口集中，能赶上车的就坐车逃亡，但大部分滞留中国的日本人都是徒步走的，大多数人带的都是夏装和随身穿的衣服，背着孩子，背着粮食，再拿些行囊——滞留中国的日本人大部分是老弱妇孺，因为男的已经被临时征召了。8月份的时候东北的雨水多，为了减轻负担，快一点儿走，他们在途中就把一些行囊丢弃了。当走到大城市的时候，就到了10月份，80年前的冬天比现在的冬天可冷多了。他们身上没有御寒的衣服，而且当时日

▲ 前往葫芦岛途中的滞留在中国的日本人

本留下的军营、工厂和闲置学校的门窗什么的都被当地老百姓拆掉了。日本当时的善后联络处，也只能把他们安排进废弃的房子里暂时避难，窗户漏风用报纸什么的挡一挡就不错了，没有任何御寒设施。这个时候一旦斑疹伤寒来临，这些人马上就成片地死亡，尤其是 4 岁以下的孩子几乎没有生存下来的可能。有人形容他们是"麻袋部队"，那种用麻线编织的麻袋，一头是开口，另一头剪个窟窿，往头上一套，就当御寒的衣服穿了。人死了之后甚至还要把这个麻袋扒下来，活人还得穿呀，那些死去的人就是光着身子的，能盖上张报纸就不错了。死在临时收容所里的人太多了，能熬过那个冬天的人真的不容易，要等到 1946 年的遣返，那是很艰难的。

大部分日本遗孤都是在临时收容所避难期间走进了中国的家

庭。有一些遗孤是撤退途中带不了被遗弃的。有的一个母亲带两三个孩子，根本带不了，只能一路走一路丢。所以为什么有的日本遗孤，三四个孩子分别被丢在了东北不同的地方、不同的城市，等到回日本寻亲的时候兄弟姐妹才在日本相遇？因为他们被父母丢弃的地点不一样，等后来通过档案查找的时候，才发现他们原来是一家的，才知道被留在中国的不止他一个，他的兄弟姐妹跟他一样被中国人救了，被中国人给收养了。

各地的滞留日本人到了城市，特别是到了长春、沈阳这些地方，都是到日本善后联络处等待遣返。在沈阳的滞留日本人大部分集中于沈阳南站的周围，包括中山公园——当时叫千代田公园，以前周围没拆迁的时候，都是日本株式会社科长一级的人住的那种二层小楼，沈阳南站周围保留了很多日式的建筑，包括大和旅馆、警察局、邮政局，当时这些机构闲置的房屋全部作为临时收容所了。当时东北日侨善后联络总处，最开始叫日本居留民总会，就在文化宫旁边的黑楼那里。几十万人都涌向这里，但这儿只是个中转站，他们还要去离码头很近的地方。日侨善后联络处是由日本人组织的，后来和国民党东北保安司令长官部日侨俘管理处对接，在我们没有遣返日侨俘的时候，日侨善后联络处做日侨俘善后的安排，把他们组织起来，救济这些人。后来我们直接对日侨善后联络处下达遣返命令，让他们把人员都编好，告诉他们先遣返哪些人。比如说先遣返滞留日本人，让他们把滞留日本人都列出表来，哪些人先走，其余的依次坐车走。所以是两个体系，中国方面成立了东北日侨俘管理处，日本方面有一个日侨善后联络处。当时咱们要求日本政府赶紧接走这些人，但当时日本在美军的占领下，日本政府也无能为力，美军不发命令，麦克阿瑟不发船，日本也无力把这些人接走。后来用的都是美国的驱逐舰把这些滞留中国的日本人接走的，还征用了许多美国商船、日本商船。由于等待的时间很长，他们能自谋生路的就自谋生路，境况非常

375

376

▲ 葫芦岛待遣的日侨俘

艰难。像黑龙江就有 300 多个临时收容所，包括收费的和免费的，滞留中国的日本人所有的生计都要靠自己，因为日本政府也无能为力，他们只能自救。他们变卖随身携带的值钱的东西，就是为了能活下来；有的也会到中国的家庭去当雇工干活，能有口饭吃就行。如果这个时候自己活不下去了，或者有病了，不想让孩子死，碰上有中国人要孩子，或者有朋友介绍的，就赶紧把孩子送出去，送出去还能有一条活路，否则就是等死。有很多父母把孩子送出去了，遣返之前再回来看看孩子，他被遣返又没钱，咱们中国养父母还得给他点儿钱，那个时候他们就是想把孩子带走也无能为力。

　　中国养父母去临时收容所领养这些孩子的时候，很难判断他们的身份，有些还会隐瞒自己的身份，比如有些军人混在临时收容所里，肯定是要隐瞒的。还有一些过去和中国人有交往，或雇佣过中国人，或住在一起是邻居，与中国人有一些交情的，就把孩子提前托付给中国人家了。辽阳有一个日本遗孤，可能叫谷铁凤吧，当时她爸爸委托一个叫直田繁村的人，说："你给我的孩子找个中国人去养吧。"谷铁凤的养父可能认识直田繁村，直田繁村对他说："你先替我养着，到时候我会来接她。"可是直田繁村走了之后，再也没来找过。谷铁凤是后期才被认定的，日本厚生省的官员直接来到辽宁省公安厅给她认定的。当时谷铁凤的养父直接用日语和厚生省的人交流，他就说："直田繁村你对不起我，这么多年你都没来找我，我一定要在我生命的最后时刻告诉我女儿，她的身份是个日本遗孤。"

　　日本遗孤大多数都是"开拓团"的后代，但军政界、商界的后代也是存在的。有的人的家庭在日本是条件很优越的，但"开拓团"团民的家里一般都比较穷。比如汪振山，他家是长野县下伊那郡封丘村的地地道道的农民，他回日本一看，他亲兄弟姐妹的日子过得还没有他好呢！他在中国还上了沈阳农业大学，还是个公务员，而他那些兄弟姐妹条件都不如他。中国养父母供他上大学了，并且他还拿到了助学金，还是一名中国共产党党员，还是三级警督，所以他到现在也没有回去。日本人的风俗和我们不一样，只要你死亡了，不管大小在他的家族墓地里都是有墓碑的。汪振山回到长野县的时候，就看见了他自己和他二姐的墓碑，他二姐至今也没有找到，对此他也很遗憾。他当时的经历很特殊，他妈妈向田满从日本先来东北找汪振山，中国这边把他们安排在辽宁大厦见面，但是在一对一见面的时候，他和他妈妈失之交臂了——分配他们母子见面的时候，汪振山的妈妈和别人见面了，就这样和汪振山错失了认亲的机会。汪振山后来随着1982年的第

378

▲ 曾临时收容滞留中国的日本人的奉天幼稚园（沈阳）

▲ 曾临时收容滞留中国的日本人的花园小学（哈尔滨）

▲ 曾临时收容滞留中国的日本人的桃山小学（哈尔滨）

二批寻亲访问团到了日本才终于找到了他的亲生父母。人生的那一瞬间，一旦错开了可能就要等很久。但他终究还算是很幸运的，在第二次寻亲的时候就找到了他的亲生父母，还参加了他父亲的葬礼。

当时国民党政府选择在大连和葫芦岛遣返日侨俘，但大连还在苏军的控制下，所以只能选择将葫芦岛作为唯一的港口。当时中国处于解放战争时期，国共两党划了很多分界线，有些地区还处于苏军控制之下，所以国共两党要协定怎么遣返。到 1946 年的年底前遣返了 101 万人，剩下 4 万多人分别在 1947 年和 1948 年遣返了。周保中等当时签联合命令，直接从珲春、和龙把他们拉到蛟河那边，交接到梅河口国共交接点。运输由国民党负责，共产党负责移交到指定的地点。松花江以北的交到陶赖昭，不过松花江；从丹东过来的交到本溪湖；辽南的交到大石桥，都已经划分好了。长春的日侨俘遣返和东北其他地方不一样，辽宁和黑龙江没有日本遗孤被单独遣返走的，但长春有 800 多名日本遗孤被单独遣返了，是特殊组织的。这 800 多名日本遗孤是直接被几个保育院收留的，保育院的院长把他们全部编队，1946 年 7 月 24 日被遣返回国。这些日本遗孤回到了日本博多，还有的到了和歌山县的高野山。

日侨俘的遣返工作从 1946 年 5 月 7 日开始一直到 1946 年的年底，1947 年又用了一段时间，直到 1948 年辽沈战役打响之后就终止了。1953 年到 1958 年留用的日籍人员回国的时候，廖承志说得很清楚，不叫"遣返"而叫"回归"，因为中华人民共和国已经成立了。日本侨民在中国可以自愿选择去或者留，如果愿意留在中国工作，我们欢迎；如果愿意回日本，我们包送。这些人是在秦皇岛港登船走的，有将近 33000 人，他们大部分都是留用的日籍技术人员，有的还参军了，还有的跟着四野打到海南岛去了。像我们修的兰州到天水的铁路，就有 800 多名留用的日籍技术员工参加了——他们在日本还有组织，好像叫"天水会"，那些人多年以后还回到在中国工作的地方去看了看。这批日侨回去时把有些日本遗孤的信息带回去了，就这样他们和中国之间建立了一些联系，使得中国和日本有了一些沟通往来。

1972 年以前的往来都是民间的行为，没有官方参与，因为中日之间没有邦交正常化。日本政府也在寻找这些在中国的日本遗孤，年龄大一点儿的遗孤，知道自己身份的也在通过华侨、日侨寻找，但这个范围很小，难度也很大，要有详细的信息，否则很难找到，像大海捞针一样。况且有的人还不知道自己日本遗孤的身份，已经加入了中国国籍。针对 1953 年到 1958 年日籍人员回归的问题，我们对这些人进行调查的时候，才发现有一些人是日本遗孤，中国养父母如果不告诉他是日本遗孤，他根本不可能知道自己的身份。中国的养父母完全可以有那种我养你了，你还是异国的孩子，我不告诉你的身世，你也无从查起这种利己的想法。虽然这些养父母养这些遗孤的原因各种各样，但让这些遗孤走的时候都很无私，没有顾及养老等一系列问题。对于这样的养父母，不说他们伟大，那么应该说他们什么？

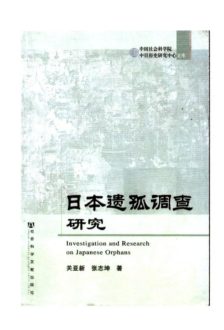

▲ 关亚新等研究日本遗孤问题的专著

不光是中国人，凡是一个人养儿都是为了防老，但是他们的养子女恰恰没给他们防老，他们年迈体弱的时候没有人来照顾他们。几十年的朝夕相处，他们的养子女突然就走了，而且走得那么远。大连有一位养母，她让姑娘回日本了，她姑娘后来给她买了台电视，她就瞅着电视，都不打开看。这电视能代替她吗？她说："我要的是人，不是电视。"她心中是非常矛盾的：不让养女走觉得对不起她，可是心里真的不愿意让孩子走；但是谁都想回到自己的祖国呀，为了养女，还是放她走吧。她只能选择独自面对孤苦和孤老。别说日本遗孤的养父母，就是普通人到老的时候，需要的也不是钱，而是身边有人关心他。人最怕的就是孤独，他需要人的关爱，需要有人和他聊天，跟他说话。而她就这一个孩子，

▲ 关亚新与徐明养父徐本治（中间）合影

走了以后谁管她呀！她心里明明知道自己最后的结局是怎么样的，但是她还是做出了这样的选择。很多养父母都不会随养子养女去日本定居，因为文化差异太大了，就连日本遗孤都不适应，养父

母怎么去适应？养父母要是不去日本的话，一年甚至更长时间养子或养女才能回来和养父母有一次短暂的相聚。很多养父母都是在孩子面前装得若无其事，好像生活得挺好，实际上在孩子回日本之后还得自己去面对孤独。

在徐明8岁的时候，养父徐本治就已经告诉她是个日本孩子了，最后养父让徐明回日本了，自己一个人生活，真的很孤独。有一个老太太，每天晚上坐在那个地方就是抽烟，想她回日本的养子，好像这个烟都能飘到日本一样，她心里应该在问：孩子，你怎么就不给我来个信儿啊？另一个养父跟他儿子回到日本定居的时候就说："如果我死了，回不去中国了，我要求火化，我希望我的烟儿能飘回中国。"我觉得有很多的情感，不是我们用一句话就能概括得了的，是需要用很长时间去感受的。

80年过去了，可是战争遗留的问题到今天也无法用语言解释

382

▲ 养母侯淑芳、王淑香、赵瑞芝（从左至右）

得那么清楚，不是用某一个理论套上来就行的，这种理论不是对所有的养父母和遗孤都通用的，每个人都有一个故事，每个故事都有各自的特点，都促使人们去反思人性，去反思这场战争，反思为什么我们都在东亚文化圈里，却有如此大的差异。到底什么是"和"？这个"和"是心平气和地面对侵略国的孩子去收养他吗？为什么中国养父母能而你不能？这个问题怎么去回答？因为我们没有经历过，而经历过的人所经历的坎坷与挣扎又不是讲一下他的故事就能完全说尽的。当你读到他们的故事的时候，你怎么去看，你怎么去想？那是你自己的感受，是自己的领悟。其中的酸甜苦辣只有养父母和遗孤自己知道。

383

这些中国养父母在收养遗孤的时候存在多种情况。收养他们的时候，家里没孩子的居多，但是收养完之后，有的又生育孩子了。但是中国人就是这种观念，哪怕是我自己有亲生的孩子了，我也不能把养子女送出去。另外，中国人还有一种观念，正因为你收养了这个孩子，老天才再给你亲生的孩子，他认为养子女是给自己带来幸福的贵人。有的养父母供养子女去读书，但自己亲生的儿女都没有去上学，亲生的儿女都对父母有意见。养父母就说："我不能对不起他，因为你们毕竟是我亲生的，我知道怎么去疼你，但是他没有父母。"

我有的时候觉得，用现代的语言和我们的心理，没法概括当时中国养父母的情感，因为我们的语言太苍白了，没办法去描述养父母那种复杂的心理，为什么会收养仇人的孩子。

长春的李淑贤，被日本人踢得都流产了，她竟然还能去收养一个日本遗孤，令人无法理解，可是她做到了，最后她还叫这个姑娘回日本，自己最后得尿毒症死了，周围没有一个亲人。陈晓望是抚顺的日本遗孤，她寻亲的时候找到了日本的亲人，她可以回去定居了，但是她丈夫家可能是受过日本人的伤害，至今她丈夫都没有踏上日本的土地，所以夫妻两个人有可能就这样永远两

▲ 养母谢桂琴

384

▲ 养母宋梅兰

地分居。

　　被中国养父母收养的日本遗孤，有的家庭条件好，有的不好，其中也有抱怨的，当时我就跟他们说："你不要抱怨，你应该很庆幸经过那个寒冷的冬天还能活下来。以前的时候，中国每个家庭都很穷，能给你吃顿饭就很不容易了，养父母连自己穿衣吃饭都很困难，何况还多了一个人，很不容易。"

　　从临时收容所里头收养孩子的大部分人当时真的是家里没孩子，就希望领养一个。有些人想着孩子的亲生父母已经走了，再也不会回来找了，将来也能有个传宗接代的了。但是后来的事情不像他们想象的那样，他们有的人没有想到1972年中日恢复邦交了，自己含辛茹苦养大的孩子要归国了。有的人一开始就做好了这个孩子将来要归国寻亲的准备的。虽然每位养父母收养孩子的原因各不相同，但相同的是，他们都牺牲了自己的利益，义无反顾地支持遗孤回到日本找自己的亲人。

日本最开始的政策是，如果日本遗孤的身份被认定了，那么你想回去定居，只能带你未成年的子女一起回去；如果这个子女在中国已经成年或结婚了，是不能带回去的。另外，只有在你找到亲人的条件下，才能回去定居，因为这样你才知道你的日本名是什么，你才能落户，所以就发生了徐明事件。她在中国找亲人，到牡丹江开完会以后，日本也帮她找，札幌那个公司的老人说她就是他的女儿。徐明想着自己都找到亲人了，就把这边的工作辞了，家产也卖了，带孩子去了日本。可到那里一验血，结果说那个人不是她亲生父亲，认错人了。按照日本法律，徐明6个月探亲签证期满就要遣返回中国，可她回中国怎么生存呀？她没有办法，只能去联系《朝日新闻》的记者，说如果这样她还不如跳到河里自杀。《朝日新闻》的记者赶紧把徐明母子接到了东京，通过法律手段来帮助她解决户籍的问题——只有落了日本户籍，日本政府才不能把她遣返回中国。后来她到律师事务所工作，给日本遗孤做翻译，帮助他们落户籍。再后来徐明在日本的遗孤代代木中心巧遇了她的两个姐姐，这才找到了亲人。见到她两个姐姐的时候，她的生母才去世没有多久，可她还是没能见到她的亲生母亲，多么遗憾呀！她后来成为东京日本遗孤联络会会长，2007年温家宝总理去日本国会演讲回来后，徐明作为代表团的成员到中国访问过。

当时为了打这场官司，菅原幸之助特意带了一个律师团来中国取证。日本很多民间人士也在帮助日本遗孤。中日之间对日本残留遗孤年龄的界定不一样，我们认定18岁以下未成年的就算是遗孤，他们规定是13岁以下，13岁以上叫残留妇人或残留邦人。13岁以上的人回日本，日本政府不承担他们回日本的最低保障费用，这样就减轻了政府的负担，但实际上一个13岁到18岁的人怎么能有劳动能力？就因为我们和他们的规定有差别，所以在数

385

量统计上就有一些差异。后来因为遗孤的年龄大了，未成年的子女也很少了，日本政府又改变政策，允许带一户成家的子女回国定居，所以现在国内几乎没有遗孤了。

中日两国政府之间的合作是从 1981 年开始的，共组织了 31 批次的寻亲团。他们一旦找到亲人就回去探亲了，有的就不回来了。但日本遗孤不回来，中国的家庭怎么办？日本遗孤的孩子怎么办？日本遗孤的养父母怎么办？这样就出现了一系列的问题。后来我们中国政府就要求，凡是回去探亲的，或者想回去定居的，必须把这些问题都解决完了才能回去。中国的配偶、养父母想跟着去日本的，日本政府必须给发签证。像范姝瑶走的时候，带着养母，还带着她女儿一家，女儿一家属于遗孤的第二代和第三代，所以相当于四代人都到日本定居了。最开始是我们中方认定就可以，后来出现问题之后就需要中日双方同时认定，到后期越来越严格，都是日本厚生省亲自派人来中国认定。中国把材料寄给日本厚生省，然后他们到中国核实，认定完了之后，还在日本媒体上公示。

我认为我们不用去给养父母概括他们有多么高大上的精神境界，他们完全是出于一种人性的本能——他们看见一个孩子在那里，已经饿得奄奄一息，我现在能救他，我怎能不救？他们完全是出于一种人的本能施救，那一瞬间他们已经把所有的杂念都抛掉了，根本没有想我和他有什么国恨家仇，只是因为他是一个生命，我需要救他，既然我收养了他，那么我能给他啥就给他啥。养父母当时就是从挽救生命的角度来收养遗孤的，所以他们从没有想过想要什么回报。如果养父母想要遗孤回报他的养育之恩的话，那他们完全可以不让遗孤走呀，但是他们没有。因为当时遗孤寻亲回国的条件就是，如果没有征得养父母的同意，日本遗孤是不能回日本定居的，在这一点上，中日双方是有协定的。可是我们的中国养父母心胸都很豁达，一律放行，让他们回到自己的祖国。我觉得任何一个民族的父母都很难做到这一点。

386

　　我们中国人的博大胸怀来自哪里？我们应该叩问中华优秀传统文化，这就是我们对生命的尊重，我们对人性的理解，我们中庸思想、和为贵思想的来源。战争虽然结束了，战后的伤痛还在，但养父母没有以暴制暴，而是选择了以德报怨。我们的养父母所承受的太多了，因为在收留遗孤的时候，养父母知道遗孤是外国孩子，而且是侵略中国的日本人的孩子。在抚养他们的时候，养父母不得不面对很多问题，有的不得不迁移、搬家，就为了这个孩子能在中国健康地、不受影响地生活。每个遗孤留在中国的原因都是侵华战争，但是他们走进中国家庭的过程却千差万别，当我们去深度挖掘每一个人的经历时才发现，每一个遗孤都有一个独特的故事，都可以写成一本书。遗孤几十年的人生，跨越两个国度，他到而立之年甚至五六十岁的时候再回到那个令他陌生的祖国。原来是他的生命被人抛弃了，而回到祖国之后他的心灵再次被人抛弃了。中国认为你是日本人，日本认为你是中国人，他真的能成为像我们说的两栖类动物那样，既能在陆上生活，又能在水里生活吗？能有几个人像两栖动物一样在中日之间如鱼得水地生活呢？

387

　　有个别遗孤回去后出于种种原因说中国不好。我认为作为遗孤你首先要叩问自己，当你这么去说养你的国家和养你的养父母的时候，你对得起你的良心吗？你背离了做人的基本的道德底线，你的养父母节衣缩食地把你养大，供你上学，帮你成家，已经很不容易了，你怎么能去唾弃他们呢？而回到日本，日本又给了你什么

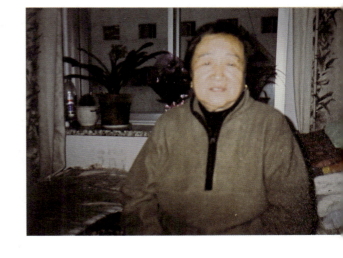

▲ 养母赵淑华

呢？有些遗孤回去了觉得无法融入日本社会，不适应日本的生活，又回到中国。

像抚顺的张凤环，她可能是唯一一个无中国国籍却在中国生活的人。她已经加入了日本国籍，自己回去定居，孩子和丈夫都没去定居。她适应不了日本的生活，没办法又回来了。但是她加入日本国籍的时候已经退出了中国国籍。而我们国家又以包容的态度，允许她以无国籍的身份在中国生活。这个国家是什么样的胸怀？这所体现的就不仅仅是养父母的胸怀，而是中国的国家胸怀了。

有一位养母随遗孤去了澳大利亚，按澳大利亚规定，老人80岁以后不允许坐飞机。澳大利亚总理霍华德特意为这位养母开了先例，她可以超期在澳大利亚居留。很多国家都会因为这样的战争遗留问题，专门为某个人制定特殊的政策，这又是怎样的胸怀？这样比较便高下立现。

战后遗留的问题主要有三个，一个是日本遗孤，一个是日侨遣返，还有一个就是战俘改造。这都体现了中国政府的人道主义精神和中国人的博大胸怀。能把一个人从鬼变成人，怎么变的？我们真的就有那种心灵的感召力吗？我在日本看到一个材料，"满蒙开拓团"有5个青少年走到长春市二道河乡，现在好像应该是靠近公主岭那一带，有个老人把这5个少年救了。那时候长春的日侨俘遣返已经快结束了。有一个长春的警察是他们村子的，

▲ 养父孙殿顺

回去告诉他们遣返快结束了。这位老人特别善良，给那 5 个少年买了新棉袄让他们穿上，还给他们钱，让他儿子赶着马车赶紧给送到长春去了。有个小女孩叫伊藤君乃，当时 8 岁，她爸爸是"新京"钢铁公司的人，在撤退过程当中发生了冲突，父母都死了，小女孩倒在路边昏迷了，被中国一个姓姜的人给救了。一年多之后，开始遣返日侨，他认识一些日侨朋友，就问能不能让这个小孩儿遣返回去，要不然他就准备收养了。后来伊藤君乃父亲的朋友把这个小女孩接过去，跟她一起遣返，回到了日本。这个姓姜的人如果不去找这个朋友，她将会成为日本遗孤，所以当时的长春善后联络处处长平岛敏夫特意给这个姓姜的人写了一封感谢信。这都体现了一种大义，能收养侵略国的孩子，任何人都会对这个民族肃然起敬。日本遗孤走的时候，我们的政府机关都是要组织送行的，都把他们集中到各省会城市，然后再集中到北京一起欢送他们。回来的时候还要组织人去接，再把他们送回家。遗孤的认定过程是很艰难的，中国政府付出了很多的人力、物力。比如一个遗孤现在住在沈阳，但可能当初收养他是在吉林或者其他地方，所以还要到那个地方去找证人，认定他的身份。我们的公安机关为日本遗孤身份确认、寻亲、探亲、回国定居做了大量的工作，这些公安机关的人真的是不辞辛劳，尽力而为。再比如丹东有一个叫闫喜凤的，她的身份确认的时间特别长，日本那边的亲属一再被错认，直到第三次才找到她日本真正的亲人，中国政府在其中付出的辛苦可想而知。

现在日本遗孤年龄大了，也不愿意提起自己的过去。人可能越到老的时候，许多回忆越想装在自己的心里，把它带进坟墓，不愿意再和别人倾诉了，因为这毕竟牵涉两个国家，还有后代，所以他们就选择了沉默。

我觉得遗孤也是为人父母的人，应该自己去想一想你给养父

389

母多少回报？养父母向你们索取了什么？即使当时中日两国政府达成协议给养父母一部分费用，但那是微不足道的。人生中有很多东西是钱买不来的。人生需要什么？是一种情感的寄托，而对于养父母来说这条线断了。当这些日本遗孤再回望你们的养父母收养你们的过程，回想一下帮你成家立业、让你们回日本定居的这一幕，关于怎么去看待你们中国的养父母，我想你们自己应该有一个更好的回答。这个问题不是我们作为旁观者能够回答的，因为养父母本身的行为，已经给予社会和这个世界一个答案了。那么日本遗孤作为经历者，他们应该能更好地去诠释中国的养父母。

　　大多数遗孤对养父母还是感恩的，但是到了二代，特别是到了三代、四代，情况就不一样了。因为他们想要融入日本社会，就不想说他们的真实身份，他们觉得这种身份代表着自己不是日

▲ 养父龙宝珠

▲ 养母矫亚珍

本纯正的血统，要想在日本生活，为了适应社会，就要隐藏自己的身份。但也有些人对自己的身份并不隐藏。我认为，人一定要有勇气面对自己的过去，只有这样，你才能更好地走向未来。对待过去，不能一味地逃避和回避，应该正视现实。你的父母或者你的爷爷奶奶就是被中国人养大的，你应该知道自己能成为这个家庭的成员，恰恰是因为中国人养育了你的爷爷奶奶或者爸爸妈妈。没有中国人，就没有你的生命，你应该感谢中国人。我认识一个日本遗孤，她收养了一个中国孩子，并且带着他回到了日本。这个中国孩子就属于第三代了，他是在中国接受的教育，等到他的儿子也就是第四代接受的就完全是日式的教育，但是他家里还要求他们必须学中文，这位遗孤希望这些孩子将来能够在中日两国之间互相往来。

　　这种教育不是一天两天的，是一个长期的过程。对这个群体怎么看待，包括对当时回去的日本侨俘怎么看待，日本学界也并没有回避，他们也在研究这个问题。随着遗孤年龄渐长，他们会逐渐地故去，意味着这个群体在消亡，但他们的二代、三代和以后的这些后代还都存在着，他们可能在日本接受了教育，但他们能不能真正地融入日本文化里面去，可能又是一个问题。他们的家庭很多都是合璧状态，二代和三代的另一半好多也都是中国人，不都是和日本人结婚。他们可能会比他们的祖辈更想要成为真正的"两栖人"，想在中日两国之间成为桥梁，想要传播两国的文化，想要进行经济方面的往来，已经有些人在这样做了。

392

　　战争终有一天会结束，但战后的伤痛却久久难以被抚平，在战争中最大的受害者就是我们人类自己。战争对于那些孩子来说太残酷了，在他们还不知道这个世界是什么样的时候，就经历了战争，让他们失学，让他们失去亲人，让他们知道了人世间的最深的恐惧和生存的艰难。我们通过日本遗孤的故事要告诉世界，什么样的和平是人类呼唤的和平，中国的理念能给这个世界带来

▲ 关亚新在接受采访

和平。

我们应该把中国的传统文化在这里体现出来，因为我们养父母的行为里有中国传统文化的根。可能我们的养父母没有那么高的学历，但那些东西是与生俱来的，是存在于他们的骨子里边的东西，他们的基因就是这样的——中华优秀传统文化的基因流淌在他们的血液里面，他们对于生命的敬重正源于此。如果我们大家都这么去想，我们的文化能给世界带来和平的话，那么我觉得是很有意义的。

虽然这个题材距离我们已经 80 年了，但是只要有战争的地方这个问题就会存在；即使没有战争，还有饥饿和贫穷，也照样有遗孤存在。遗孤是弱者，没有生存能力，战争对遗孤的伤害就像是在纯净的蓝天上涂抹了一层黑墨。他们幼小的心灵早早地受到了伤害，他们怎么看待这个世界？"我来到的世界真的就是这样的？"他们不是在问自己，而是在问大人。

我们的祖辈，在东北生活过的、遭过日本侵略的人们，为什么会向他们的儿孙们讲家族的过往？讲被日本侵略的血泪史？其实不就是要告诉他们，我们家曾经经历过什么样的苦难吗？要你记住，不是说要你复仇，而是要告诉你我们有这样的被欺辱的历史，回顾历史是为了我们的未来能更美好。

二、藤沼敏子

　　藤沼敏子：现居埼玉县川越市，迄今为止采访了超过 200 位残留遗孤和残留妇人，其采访对象不限于日本国内，还曾访问中国，出版了 4 本书。

　　我之前一直做日语教师。大学毕业后，曾在一个叫身心障碍者福利协会的地方待了 3 年零 8 个月，之后做了 8 年左右的家庭主妇，后来当上了日语教师。因为大学时我学的是社会福利专业，所以在做日语教师的时候，我对生活保障这个话题非常感兴趣。

▲ 藤沼敏子在家中接受采访

我最早认识的那位归日残留妇人，回日本后只待了半年就回中国了，因为她家人跟她说"既然是中国人，就应该回中国"类似这样不好听的话。再回日本的时候，虽然她想在日本寻找身份担保人，但所有亲戚都拒绝了她。我问她后来怎么办了，她说她只能和中国的丈夫先离婚，来日本后和日本人再婚又离婚，她就是以和日本人结婚的名义来日本的。我非常困惑，为什么要这样？在研究生院入学考试的面试中，我说了这件事。当时日本社会对中国归国者有很大的偏见，发生过在遗孤的家门口贴上"中国人就回中国"之类的贴纸，报纸上也出现过这样的照片。

当我还是孩子的时候，在老家附近的一个人家里看到客厅里放着一张中国人的脑袋被砍下来的照片，就像试刀的场景一样，这对我来说是无法想象的场面。照片里中国人四溅的血花，就像罂粟花一样，那场面深深地烙在我的幼年记忆里，等到我成为大学生时才开始明白它的真正意义。我上大学的时候才从各种书里读到日本军队在中国做的各种各样的暴行。后来，我1976年去中国，以政府邀请的名义参观了铁道学院、民族学院之类的学校，还参观了一个和中国人进行通信的笔友会，在那里了解了很多事情。

那个时候县国际交流协会里有各种各样的委托，有段时间我很想去各地解决这些问题。后来从岩月先生所在社区的残留妇人那里接到了为从中国回来的归国者举办日语讲座的请求。我去了一两次后发现了许多问题，并对此产生了浓厚的兴趣。比如有位70多岁的老人，总给孙子零花钱，这让社区福利科的人很头疼，虽说她有生活保障金，但恐怕没有什么余钱吧。不仅是她自己，她所在社区的一些人都存在这种情况。我常听到这样的话：如果有残留遗孤和残留妇人的生活保障制度的话，他们的生活难道不会更好一点儿吗？这种状况是很不合理的，我对相关问题的疑问也越来越多，我觉得不能再这样下去了。在那之后的一两年里，我想再深入地学习相关的知识，于是就报考了研究生。读硕士期间，我对选择留在中国的残留妇人、残留遗孤以及他们的养父母进行了采访，我觉得采访每个人、了解到不同的人生经历真的很有意思。回到日本后我做了很多事，和许多人沟通，并采访了一些人，在全国范围发放问卷，那是在1993年左右吧。

我并不是一开始就想写书，而是想无论如何都要保留这些声音。所以一开始我是以摄像的形式，后来才打算把这些写到书里。有个70多岁的老奶奶已经死了，剩下的残留妇人数量也不多了。考虑到这些原因的时候，我决定无论如何都要留下这些人的经历。在战争的时候，在战争后的混乱中，这些残留妇人和遗孤经历了种种艰辛，即使只是回到自己的祖国，其过程也是非常艰难的。他们克服了种种困难终于回到了日本，但是日本是怎么对他们的呢？并不是向他们伸出援手说："真好啊，都回来了。"而是有很多的政策其实压根不想让他们回来，比如把他们当作外国人对待，以及需要有身份保人。查明身份的遗孤可以回日本，但因为种种原因未查明的人却不能回来。这种不合理的政策，如果以日本人的正常思维来考虑的话，就会觉得日本真的还是不想接受他们。这种消极的归国援护政策有很多。当初一个村子里就有15万人去中国东北"开拓"，这样的地方在日本比比皆是。所以市町村的人以志愿者的身份担当身份保证人，对想回来的人说："身份没判明也没关系，我来当你的保证人。"在民间，这样的声音非常多，正因此政府随后才勉勉强强地改变了支援回国的政策——对此我感到非常愤怒。

最开始全力投入的是岩月先生创立的叫作"中国归国者"的全国性组织，它并不是分开成立的小团体，而是一个能够和政府谈判，能够使遗孤们早日归国，能帮助遗孤归国后有生活保障的大团体。虽然他们尽力去做了，但在达到目的之前那个组织还是解散了。我非常敬佩岩月先生付出的努力。正是因为他，我也产生了很多想法，我非常感谢他。山本慈昭，是手拉手协会的创始者兼会长，他在这个委员会中是核心人物，每个月会特意来东京两次，参加会议并举行大型演讲，但很遗憾他已经去世了，不过值得庆幸的是他留下了宝贵的影像，在某种意义上一定能对全国关心中国归国者的人们产生影响。当时真的是有很多民间人士聚集在一起，拼命努力地去做这件事。遗孤问题是一个很严重的社会问题，而所谓社会问题是日本社会没有建立健全的接收制度而导致的。因为有很多团体和爱心人士为此做出很多的努力，所以有很多遗孤开始想回到日本，20 世纪 80 年代，遗孤归国进入了高峰期。

397

　　从 1994 年到现在，我已经采访过超过 200 位遗孤和残留妇人了。只是目前还有很多困难，比如他们的儿女反对出版图书或录像，每次出版前都要检查很多事，要为他们制作同意书，让他们签名，询问是否能使用本名、是否能公开录像。有的儿子强烈反对，但是老奶奶说："不，我经历了很多，我希望更多的人能知道这些，希望能公开。"结果这些分歧变成了家庭争执，这样的事也发生过几次。对儿子来说，或许不想公开自己是残留妇人的孩子。为了尊重遗孤或残留妇人的儿女的意见，无法公开发布的视频也有很多。有的遗孤答应了我的采访请求，但最后没有出现在约定地点，再打电话约时间见面，结果又没有出现，直到第三次我们才终于见到

▲ 藤沼敏子出版的著作

了他。甚至还有接受完采访之后希望销毁采访记录的。

　　我也思考过产生这种现象的原因。我认为在整个日本社会，

还是有各种各样的歧视和偏见存在的，的确有后代不想公开，但大多数认为公开是完全没有问题的。反而是那些日语已经说得很好了，想要安静地隐藏身份，不想被称为遗孤或残留妇人的后代的人还是挺多的。

最令我印象深刻的是城市和地方对政策上的理解和执行的不同。在城市定居的，几乎所有人都有补助金。但是，去地方的人情况就不一样了。在地方拥有房产的人很多，地方的地价真的很便宜，几百万日元就能买到房子和土地。有的地方负责人误解政策，认为如果有房子的话就得先把房子卖掉，否则就拿不到援助金。其实没有这种政策，虽说法律条文确实是这么写的，要长期接受生活保护，不能拥有房产，可是也标明了因为时间和情况不同而允许有特例。而且由于住在一起的亲戚的家庭总收入也在认定范围内，所以和子女或家人一起住的话，儿子的收入和儿媳妇的收入都要加在一起，这样最后就很难拿到援助金，地方上有很多这样的说法。这都是错误的。生活保障制度中有人户分离的原则，大阪和东京规定一定要人户分离，这样才能拿到援助金。但是地方的负责人对此并不清楚，因此遗孤得不到援助金。现在全国各地有很多人，因为有房产，以及家庭收入在 500 万日元以上等原因而无法拿到支援金。我不理解这件事，我感到很遗憾。有汽车也成了限制条件之一，长野地方没有铁路，但上班需要车，买东西也需要车，汽车已经是必需品了。但是按照生活保障的要求，如果有车的话其生活保障就会被终止，但实际上这是不合理的。所以，在这方面国家要根据实际情况把制度进一步贯彻到基层。

现在，我也快 70 岁了，也存在日常护理的问题。今后要做的事情，也需要年轻人的支援，我可以对年轻人给予方法和建议，或者简单地和他们交流一下——我现在就在做这些事。现在遗孤二代、三代的问题堆积如山，出现问题的原因是日本没有早点儿让他们回来，如果很早就对他们进行回国支援的话，是不会发生这些问题的。等遗孤已经五六十岁了才拖家带口地来日本，还能学习日语吗？年龄那么大了肯定不好记，没有早点儿让他们回来，日本政府肯定应该对此负责。日本政府应该及时制定对二代、三代的生活保障制度，如何在有困难的时候可以借助现有的法律支援去保障自己的合法权益，我想这应该是遗孤第二代、第三代面临的最大问题。

2000 年我去中国的时候，见过一个采访对象，给我的印象非常深刻。现在她也来日本了，她在中国是医生，她还有个弟弟是当地很有名的干部。他们没有养父母，是在学校里长大的。我听了很吃惊：他们怎么解决吃饭问题？听说是由邻居轮流送饭。被这样抚养长大的遗孤，长大后一人成为医生，一人成为市里的干部，他们都成了非常了不起的人。他们俩是由大家一起养大的，我被中国人的善良深深地感动了。遗孤的养父母是什么样的人，对他们之后的人生会造成很大的影响。养父母对遗孤很好，将其视如己出，甚至还供他们上大学，这样的例子真的有很多。

现在几乎没有日本的年轻一代去做志愿者了，都是老年人在做。现在有类似 NPO 中国归国者协会那样的组织能够继续培养新人，但从事支援和促进定居工作的支援团体随着其中心人士的离去而一同消失了。互助会也解散了，只在日中友好协会等地方以"回国支援事业"的名义留下了点儿。现在虽然也有为归国者举办的日语讲座之类的活动，不过也没有多少了。以前 NPO 的中国局里有能马上解决各种问题的部门，有以铃木典子女士为代表的中流砥柱，也有长野先生那样去全力支援他们的年轻职员，他们真的是一个一个课题、一个人一个人地去解决问题。取而代之的，是以福冈为中心，开始有了为二代、三代的生活保障制度奔走的活动，有了全国规模的募捐呼吁活动，我也很想支持他们。

我在采访的时候有几个人都曾经这样表达过："如果没有那场战争的话，我会在自己家里吧？""如果没有那场战争的话，我会过着普通的家庭生活吧？"日本社会到底是怎么看待他们的？日本对此毫无准备，还是说并不是毫无准备呢？那么遗孤是怎么想的呢？许多人都想成为日本和中国的桥梁。在我采访的最后我总是会问："你今后的人生愿望和自己想做的事情是什么？"几乎所有的遗孤都想成为中日之间的桥梁。我认为确实应该如此。

在黑龙江省，很多遗孤都从事和中日贸易相关的工作，有很多人在中日之间往返进行贸易，从这个角度来说，他们真的成了中日之间的桥梁。但不仅仅是经济方面，在别的方面是否也真的成了中日之间的桥梁呢？是否能够如同他们想象的那样，为他们成为中日之间的桥梁提供充足的条件？并没有，我认为这不是他们的问题，而是日本社会的问题。如果日本人在这些方面的想法能有变化的话，就能更加客观地了解日本曾经在中国做过什么了，如果学习历史的人变多的话，这样的情况就会有所改变，我还是有些期待的。

我记录遗孤的故事对我来说意味着什么呢？我还是想留下自己的声音。我不知道的事情还有很多，每采访一个人，我就会产生"原来那样的人生是那么的艰难啊"的感觉。每次采访我都会有新的发现，如果只有我自己知道这段历史就太可惜了。当大家知道我在做一件有意义的事的时候，我会听到他们说："真的不知道还有这样的事情！""了不起啊！""一定要努力啊！"我很高兴，所以就坚持下来了。我的丈夫也一直在协助我，我一共采访了200多名遗孤。

有一个令我觉得十分悲伤的例子。有位老人生活非常节俭，拼命地存钱，就是为了把钱给来到日本的孩子们。如果孩子们工作不顺利的话，他就用自己的支援金来贴补。他经常跟那个认识的支援人员讲中国的故事，当那个支援人员说中国现在变化很大，还带给他中国的土特产时，他就会拼命地打听中国的情况。支援人员说能回去就回去看看吧。不过他怕花钱，所以即便日夜思念着中国也没有回去。后来那个人得了癌症，最后他带着对中国的思念遗憾地离世了。那个想让他回中国看看的支援人员一边哭一边和我说："我觉得那位老爷爷不舍得为自己花钱，不顾一切地为儿女考虑，那样的人生真是太悲伤了。"我听了后也有同感，其实，在遗孤群体中这样的老人还是有很多的。所以我更觉得为他们争取援助对他们来说有多么重要。

三、李洪光

李洪光：牡丹江师范学院中国抗联研究中心办公室主任，日本西南学院大学博士后。主要研究东北亚经济、东北抗联史，主持课题 10 余项，发表研究论文 20 余篇。

我是 1999 年 10 月份去日本留学的，在留学过程中认识了一些在日本的中国人，他们被称为"归国者"，在日本就是指从外

▲ 李洪光在接受采访

国归来的日本人。当时帮我们安排房子、帮我们做各种事儿的、家里开饭店的那个人的母亲就是归国者，这个老太太是日本人，是从吉林图们那儿回来的。因为经常上他们家饭店吃饭，我也认识了很多归国者，各行各业的都有，慢慢地了解了他们是战争遗孤，因为以前研究的专业不同，我不知道什么是遗孤。

当时日本有政策让他们回来，对第一代、第二代实行一些照顾。刚回日本的时候，这些归国者全住进他们叫"援护中心"的地方，有人在这教他们日语，然后慢慢给他们介绍工作。这些归国者大部分做的都是最基本的体力工作，有一部分头脑灵活的就开饭店，日本的中华料理店大部分都是这些归国者开的。后来我住进了日本的留学生公寓，这是日本的一种特殊政策，叫"团地"，我的楼下住的就是一个归国者，从长春回来的。这样我就开始慢慢接触了这个团体，并开始慢慢了解这个团体。当时我为福冈县援护中心做一些翻译工作，他们发一些文件给归国者，介绍政府有什么方针、政策，因为他们不会日语，所以要翻译成中文，我参与了这项翻译工作，做一些义务服务，有时候给点儿翻译费。日本厚生劳动省有一个援护局，这个名称可能不太准，每个县都有，每个大城市都有，他们负责培训，帮人找工作，还定期家访。

为什么会产生这些归国者？我认识一个日本人，他的文章虽然不像那种进行系统研究的人写的那样专业，但很能说明问题。他说，1929年日本东北大旱，粮食歉收，在这种情况下，日本国内产生了生存危机，日本军国主义者便把目光投向了国外，希望把矛盾转移到国外，不久就发动了"九一八"事变。"九一八"事变是日本为了缓解国内人口、粮食和物质资源的压力而发动的，把目标投向了中国东北，当时日本制订了20年间"移民"百万户的计划。他们向日本人宣传，说"你到'满洲'去吧"，当时在日本有一种说法叫"满洲"的马贼，"去'满洲'当马贼吧，你到了'满洲'就会成为大地主！"因为日本的土地只留给长男，

403

其他二郎、三郎、四郎没有继承权，既然你没有生存条件了，就得上别的地方打工，家里就那点儿地。这个政策用日语叫"开发伪满"，对日本人诱惑力很强，关东军的一些将领大部分都是二郎、三郎，比如后来指挥关东军的作战参谋、修要塞的远藤三郎，所以他们二郎、三郎、四郎等更支持这个计划，"咱们就在'满洲'生活了"，所以他们积极推动"满洲"项目的实施，是其中最积极的力量。我在日本看过那个视频，煽动日本人到"满洲"去。他们用了一个当时国家电视台最著名的播音员，宣扬：到"满洲"去，你可以吃得饱！电视上，一个日本人拿着一碗饭，说："我又吃了一碗，我又吃了一碗猪肉炖白菜，第四碗了！"非常有煽动性。还有人说："你看吧，这就是通化大栗沟的铁矿，纯度98%啊，哪是矿石啊，拿下来就是铁啊！这么丰富的资源，所以你到'满洲'去！"

到了1938年，通过租赁和掠夺的政策，他们占有了东北20万平方公里的土地，这20万平方公里相当于日本可耕地的一半以上，相当于东北熟地的四分之一，东北成了日本兵站资源的供给地。关东军参谋长石原莞尔组织参观的时候，站在东北的苞米地、麦浪里感叹："这个要为日本人所用！"感叹我们东北的资源太丰富了。他们为什么说"买"呢？是为了给"国联"、给国际社会一个说法，说他们是买的土地，不是抢的，合理合法，把掠夺合理化，从而假模假样地走一种形式：不论多大面积就给5块钱（伪满洲国货币）。当时这5块钱是什么概念呢？一个东北农民一个月的家庭费用好像是100多元。我看了很多地契，都是5块钱，有一张地契，在绥芬河市和平纪念馆，我和日本专家发现的。谁签的字呢？绥棱县县长根本龙太郎，战后他曾是自民党的干事长、农林水产大臣。"开拓团"说是买地，就给5块钱，但是就这5块钱，中国人没人敢去拿，所以实际上他们就是在掠夺。日本军国主义通过"满洲拓殖株式会社"这种形式，掠夺中国的土地，进行大规模移民侵略，这是"开拓团"产生的背景，其实就是缓解国内压力，然后为日本军国主义、为日本关东军，以至于为日本国内的军队提供粮食物资。

我通过研究发现，日本军队、"开拓团"占领的地方，比如东北的东部，乌苏里江、黑龙江，都具备几个条件：盛产粮食——水稻、苞米、高粱、大豆，尤其是大豆——东北大豆是世界优质大豆；另外还有煤、发电厂；还有水，再就是还有良好的工事。日本关东军的战略方针就是通过东北东部，尤其是牡丹江、东宁、绥芬河这一带打到今天的俄罗斯的远东地区，所以从珲春开始，一直修到海拉尔，总共 17 个要塞，这些要塞我大部分都去过，这属于前线部队国境守备队。关东军野战部队中，师团是主要力量，布置在东部边境线上，他们准备从这里冲向俄罗斯远东地区。像东宁县（今黑龙江省东宁市），最多的时候不止 7 个师团、30 万人，1941 年夏天搞演习时有 30 万关东军，东宁漫山遍野都是帐篷，东宁县人口才 2 万人，这是一线部队。还有关东军独立守备队，最多时候有 24 个大队。这个独立守备队干什么呢？就是镇压抗日军民。还有 15 支国境守备队，主要负责国境线上的警卫。特务机关和伪满的伪警察负责镇压东北人民。"开拓团"是半武装力量，你想想我们被掠夺的农民拿什么抵抗？"开拓团"平时也训练射击，对我们来说就是侵略。我老家是辽宁省兴城市的，当地老百姓说日本人可坏了，我们从他家稻田前经过，他们就拿石头打我们。这是我们中国人的稻田你为啥打我们？他们抢了我们的土地，对我们的农民非打即骂，可以说是很残忍的。

大约在 1945 年的四五月份吧，关东军对战略分配作了重新部署，但没承想苏联红军会在 8 月份打过来，他们估计最快得在 9 月。他们确实没有预测到，所以赶紧逃跑，先撤 731、100 部队，迅速撤退，销毁一切，炸毁设施（销毁罪证）。在这期间，"开拓团"没有接到命令，还以为关东军会增援呢，苏联红军大规模进来，他们只能仓皇逃窜，白天躲在玉米地里。我看了很多他们的回忆录，只能吃生苞米啊，啃地瓜啊！这期间就发生了很多死亡事件。

"开拓团"留下了一部分婴儿无力安顿。有的和当地老百姓有关系的把孩子送给中国人了；没有关系的，在撤退的过程中，

▲ 驶出葫芦岛港的遣侨船

可以说大部分都死了，小部分被当地村民收留了，像日本遗孤席静波，就是在"开拓团"撤退的过程中集体自杀剩下的儿童。

　　"开拓团"遭遇形成的根本原因是日本军国主义对中国东北的侵略，所以日本人不愿意提起这段悲惨的历史。我记得我在社交平台上发过一段与之相关的内容，当时我认识的几个日本人都说："李先生你怎么喜欢写别人不愿意听的东西呢？"因为我说起了他们付出惨痛代价的历史。我觉得日本人的选择，是忘记和无视。一些日本团体纪念或者回忆录不会分析也不会说为什么会有这种结果，他们不愿意说。他们心里应该知道，我有时候就说这是你们对中国的侵略造成的，他们就不吱声了，只是说要珍爱

407

▲ 日侨停在博多港登陆

和平。日本死了这么多人，但是中国人死得更多啊。

关东军的弃民政策就是不通知"开拓团"撤退，告诉他们自行解决——国家不管了。我看的资料上介绍天长山要塞惨案，苏联红军打过来，日本第二国境守备队撤退到天长山上，在绥芬河的日本侨民有 500 人左右，关东军命令他们必须进山。到苏联红军打过来的时候，关东军强制他们必须自杀。在这些自杀的人中跑出来一个叫山川静芝的人，她在自己写的回忆录中介绍了当时的情况，当时她没有自杀，装死了，苏联红军进来的大皮靴声她都听到了，趁着夜色她们 3 个妇女跑了出来，靠啃玉米地里的生玉米，吃地瓜活了下来，后来回到了日本，现在住在长崎县，这可以证实关东军局部下达了自杀的指令。我还看过一个回忆录，一个"开拓团"团民到一个地方，关东军在组织他们撤退。逃亡过程中，每人发条毛巾，蒙上眼睛，当你眼睛被蒙上的瞬间，机枪就响了，全打死了，这不比自杀更残酷吗？

在日本福冈市西南学院附近有一家很有名的中华料理店，这家中华料理店就是长春人开的，好像姓张，她的母亲是日本遗孤。这个老太太跟我说，她妈是日本人，她爸是长春市革委会——"文革"那时候叫革委会——食堂做饭的，她家原来是做干豆腐、卖干豆腐的。她的生活代表了大多数归国者的现状。她常跟我讲："没想到来日本了，我妈去世了，我爸也去世了。我妈这边亲戚都有，但是人家不认，从中国来的不认啊，我们也没啥来往！"大部分归国者回去以后，即使有亲戚，他们也不认，尽管 DNA 鉴定了是日本人，是你家人，但是从关系、从感情上，很多人不被日本亲属接受。但因为种种原因他们还是选择留在了日本，打工或者开饭店，大部分是这样生活的。我听说过，葫芦岛锦西炼油五厂的一个工人回到了日本，他们领导后来访问日本找他，看他那样也没有在炼油厂生活状态好啊！他说："哎呀，反正来了！比较后悔。"他们在日本打工，日语说得不是很流利，再加上他受的教育使他无法融入日本社会，所以也很孤独。当时大部分遗孤都是农村的，他们本身在中国文化水平不高，在这种条件下回到日本，生活就更艰难了。

我觉得日本政府对第一代归国者做到了尽量负责，对第二代归国者进行了指导，对第三代归国者就希望他们自力更生了。因为归国者对日本政府来说是一个很大的负担，需要用专门的财政资金，现在第一代遗孤逐步去世了，对日本社会来说是一种负担的减轻。工作人员跟我说，现在是没办法，第一代是日本人，不管不行！日本的援护机构慢慢就会撤销了，希望到第三代就全部撤销了，不再管了。第一代的很多人年纪已经很大了，都是日本人，但是他们的行为和中国人基本一样。第二代是在当时中日经济有一定差距的情况下去的，他们是奔着过上一种更好的生活去的，如果以中国现在这样好的条件衡量，他们是不会去的。当时在中日有着较大的经济差距的情况下，他们以为去了就能开创新的天地，所以他们去主要是为了挣钱，辛苦努力的人不少。当时日本和中国的发展阶段不同，他们去的时候，收入比在中国高得多，主要是这一点吸引

▲ 大遣返中回到日本的遗孤

他们回去的。其实他们也怀念在中国的生活，因为他们是在中国成长的。这些归国者到了正月一起聚会的时候，一定要吃酸菜，还会炒个肥肠啥的，还是中国人的习惯，还是认同中国的文化，还有一颗中国心。

如今，第一代普遍年纪很大了，他们有日本政府给的补助金，住房也很便宜，完全是日本那种市营团地，留学生也可以申请这

种住房，一个月就合人民币 500 块钱，住三室一厅，年纪大的住在一楼。我觉得即使是遗孤一代，日本人也不认为他们是完全的日本人，无论是在社区，还是在社会、单位，即使他们是归国者，他们还是被认为是外人。有些第二代都是学生时代回去的，日语说得再流利也有外国口音，所以你还是外人。第三代日语流利了，他们不想让更多的人知道自己的身份。有一次在日本参加日语学习班，我就问一个人，你是归国者吗？对方不吱声。日本对个人隐私挺尊重的，不会问你家是哪儿的。第二代就不愿提及，第三代就更不愿意说自己的身份了。应该说，归国者在日本这种社会定位还是外人、还是异类，他们在这样一种生存环境下，肯定对工作有影响，对社会地位有一定的影响，所以第二代、第三代不愿意说自己是归国者的后代，他们选择了保守秘密，保持沉默。

日本遗孤第一代、第二代对中国养父母都是心存感恩的。几乎百分之百都说："哎呀，中国人心胸宽广，养了我。我妈我爸就和亲爹亲妈一样，甚至比亲爹亲妈还好！"我觉得从这一点上来说，中国人民，尤其是东北人民，让他们能够幸福成长、成家立业，有的甚至走上了我们党和政府的领导岗位，这体现了我们中国人民善良、胸怀宽广的一面。反过来说，我也听很多日本人，包括我在学术研讨会上听日本教授、专家讲，日本人是不可能做到的，收养敌人的孩子这对他们来说是绝对做不到的，只有中国人能做到！这是值得在世界范围内赞扬的！

我第一次接触大遣返这件事是通过参观一次展览。2000 年 11 月份，我到福冈市综合图书馆参观一个展览，当时写的日文名是"ころとう大送还"，因为"葫芦岛"写的是日语平假名，我不知道这讲的就是我的家乡葫芦岛发生的事，我对这段历史也不了解，就当看热闹看了一下，但是留下很深的印象。侨民回来这么艰难，从哪里回来的呢？看着像是从东北回来的……大约过了两个月，在一次学术会议上，在自我介绍的时候，我说我是葫芦岛人，日语叫"ひょうたん島"。我说完了一个日本教授站起来说："你说错了，日语的葫芦岛不是这么说的，日语的葫芦岛就叫ころとう，你们那个地方在日本是很有名的地方，是日侨大规模遣返——日语叫'引扬'的地方。"我就立即想起了那个展览，这个大遣返原来就发生在我的家乡葫芦岛啊！因为我当时主要研究东北亚政治经济问题，同时涉及这个方面的研究，以此为契机我就开始收集相关资料了。后来在接触中发现，很多日本人都知道葫芦岛。因为什么呢？他们的爷爷奶奶很多人是从葫芦岛回来的，他们爷爷奶奶总给他们讲葫芦岛。

411

东北光复以后，活着的日本人，经过国际方面的协调，大规模向辽宁锦县（今凌海市）集结，然后逐步转移到葫芦岛，最后陆续通过日本的轮船和美国协调的轮船到日本四个港口回国，其中博多港占的比例是很大的。日本福冈西区的海边有大遣返的人设立的一座塔，我去看过。后来就认识了他们这个团体——"大遣返引扬者"团体，我参加他们组织的活动，我说我就是葫芦岛的，我就作为葫芦岛代表参加他们的活动，听他们讲一些过去的经历。因为我在场，他们就说，哎呀，我们当时吃的是高粱米饭，当时条件很艰苦！日本一贯的特点就是不会分析原因，只是说在记忆中当时是怎么到锦县的，然后怎么到葫芦岛的，到葫芦岛也不是立即就上船走了，有待半年的，有待几个月的，只能这样陆续上船，因为运输能力有限。

其中有件令我印象最深的事，我是在《读卖新闻》上先看到的一则报道，叫二日市陆军医院水子纪念仪式。"水子"是什么？就是不成熟的胎儿。这些大遣返的侨民到了日本各港口，有的到了福冈的博多港以后，日本政府通过民间组织进行强制堕胎，这就是日本二日市陆军医院强制堕胎事件。强制堕胎在当时的宪法上、法律上是不容许的，但是日本天皇的弟弟出面协调，说这个特事特办，他还特意去陆军医院巡视。进行强制堕胎的医生主要是九州大学的，还有一些医院的。当时医疗条件有限，没有麻药，就是用铁制工具强制性地把胎儿拉出来。每个人都要检查身体，你怀孕了你自动来，不留记录，不问你是哪里的，不问你多大，什么都不问你，怀孕了就要堕胎。为什么这么做？他们的思想就是不能让异民族的血污染了他们大和民族的血！面对回来的侨民，日本政府首先想到的是这个！为了所谓纯血，日本军国主义者对日本侨民进行二次伤害，毫无人性。《读卖新闻》的报道里说，每棵樱花树下都有一个"水子"的冤魂，有些胎儿都已经成型了，没死，就用针扎死，然后埋在樱花树下。陆军医院提供设施，每天做多少例手术都有记录，我拿到了这个纪录，都是手抄本。其中最多的是苏联的后代，有一部分是朝鲜人的后代，几乎没有中国人的后代。从这个事件就能看出来我们中国人是多么善良。当时日本有一个摄影记者叫饭山达雄，他认为这是一个重大的历史事件，就进行了拍摄，才得以保存这些资料。在福冈还有一个重要设施叫"圣福寮"，是专门接收日本遗孤的，就是那些死了爹妈的孩子，爹妈到葫芦岛就死了，或者死在半道儿了，这孩子回到日本就被安排在这座庙里头，庙里提供饮食住宿。

他们长大以后写了一本书《圣福寮的故事》，现在这个遗址还在。每年的五月第二个星期四是日本福冈二日市陆军医院纪念水子的日子，每年都有活动，还活着的一些当时的参与者都会去参加这个活动。2016年5月14日的那次活动我去参加过，但他们只说现象，不去反思原因，许多日本人都选择遗忘、回避。

（文中图片由采访者提供自日本国书刊行会出版的《战败遣返的苦难图片集》饭山达雄著，谨对原出版社和照片版权所有者表达感谢）

412

四、郭相声

郭相声：生于1950年。自20世纪80年代开始从事中国抗联史与"开拓团"历史的挖掘、整理工作，已出版抗联题材的纪实文学《铁胆英魂》《抗日小英雄何畏》《青山见证》，"开拓团"历史题材的纪实文学《黑土地托起的爱》《深山拓魂》《中岛淑惠》《方正侨乡史话》，长篇报告文学《藤原长作先生在中国》。现为中国纪实文学研究会会员，黑龙江省作家协会会员。

413

▲ 郭相声在中日友好园林前接受采访

1945年日本战败投降后，滞留在"北满"（黑龙江建三江地区）的各个"开拓团"滞留团民开始了由东向西千余里的转移，目标是由哈尔滨转道回日本。

9月份，哈尔滨东部的小县城——方正县伊汉通附近已经聚集了由建三江地区一拨一拨转移来的"开拓团"滞留团民。

当时方正县已被苏联红军军事管制，因担心传染病流行，他们不允许这些日本"开拓团"滞留团民进城，只让他们住在伊汉通"开拓团"走后留下的房子里。伊汉通"开拓团"先于其他"开拓团"一步逃走了，因为他们离哈尔滨较近，得到撤走的消息比建三江早。当地的中国农民把"开拓团"扔下的生活用品、家禽、大牲畜统统拣了回去，当时叫"拣洋落"，留下的一座座空房，就连门窗都给拆走了。

到了10月份左右，这里已经聚集了10000余名"开拓团"滞留团民。他们大多是老人、妇女和儿童，挤在一座座四面透风的空壳房子里，没有食物，没有衣物，只能拱进烂稻草和甸子里的羊草里面取暖。接近11月中旬，这些滞留中国的日本人在饥饿、寒冷以及各种疾病的折磨下，10000多人死去了一半左右，他们得的都是东北的地方病——伤寒、臭翻（地方性克山病）和攻心翻（地方性心肌病）。

当时正是中国共产党解放东北的关键时刻，方正县附近的老百姓不敢接近这些"开拓团"滞留团民，有的老百姓把看到的情况报告给共产党建立的民主政府。在共产党的努力下，方正县人民民主政府终于成立了。

民主政府做的第一件事就是向全县老百姓发出通告，大意是日本侵略者抛弃了他们的同胞"开拓团"成员，虽然这些"开拓团"来中国掠夺我们的土地，让中国人民背井离乡造成惨剧，但他们也是日本农民，不同于那些杀人放火的侵略者。这些濒于死亡边缘的妇女、儿童，他们有生存的权利。民主政府号召全县十里八

414

乡的老百姓，要以人道主义和不计前嫌的大爱之心，去拯救这些被日本政府抛弃的妇女和儿童。

中国共产党这一号召，全县老百姓就行动起来了。他们赶着牛马车和爬犁陆陆续续来到伊汉通，把这些饥饿、有病和半死不活的大人、小孩捡了回来。老百姓把他们当作自己的亲人照顾、抚养，仅仅五六天，这些濒于死亡边缘的近4000名妇女和700名左右的儿童走进了中国家庭，获得了第二次生命。

415

▲ 日本水稻专家藤原长作（右二）与方正县科研人员在一起

据史料记载，因长期冻饿得了伤寒和地方病（臭翻和攻心翻）在中国家庭里医治无效最终死亡的日本人中，妇女有300余人，儿童有200余人。1946年春天，方正县民主政府向全县各个区政府下达指示，全县各区组织农民赶着大小车辆从各村到伊汉通，把去年冬天死亡的、散落在各处的"开拓团"滞留团民的尸体运往东部地区的炮台山里，分成3大堆，浇上煤油焚烧，主要是怕发生传染病。之后，把这三大堆骸骨用土掩埋了，以示对逝者的尊重。

20世纪60年代，嫁给中国人的"开拓团"残留妇人松田千卫与丈夫去炮台山小开荒，发现了3大堆骸骨。她给日本厚生省写了一封信，说明了她看到的情况。不久，日本厚生省照会中国外交部，提出了日本要派人来中国方正县收敛同胞骸骨的要求。外交部把这个情况向周恩来总理汇报了，总理在文件上批示，由中国政府处理，让这些骸骨入土为安。

这样，黑龙江省民政部门责成方正县政府和民政局组织人员把这5000余具散乱的骨骸集中运到伊汉通吉兴水库边缘安葬。70年代吉兴大兴水利建设，又把这5000余骨骸移葬到现在的中日友好园林内，同样是水泥结构的混葬墓。1984年，鸡西又把800余麻山"开拓团"滞留团民的骸骨移到方正县中日友好园林内日本人公墓旁安葬，同样是水泥结构。至此，方正县埋葬了侵略国的6000余具骸骨，充分体现了中国人民的宽容与伟大的人道主义精神！

1978年中日签订了《中日和平友好条约》，曾经在当年走进中国家庭的"开拓团"残留妇人和成为中国养子养女的遗孤们，掀起了一股来方正县寻亲和日本遗孤回国寻亲的热潮，方正县几乎天天都有日本人来访。

资料显示，当年由建三江地区来方正县被中国人收留收养的妇女儿童来自日本三十几个县郡。截至1978年，在30余年的时间里，与中国人组成家庭的残留妇人都育有几个混血儿女，当年的遗孤都已长大，男娶女嫁也都有了混血的子女。1978年方正县有26万人口，每7个方正县人就有1个有海外关系，这就是方正县成为日侨之乡的历史原因，是特殊历史时期特殊的历史产物。

416

　　日本遗孤远藤勇4岁时被他叔叔送给了中国农民刘振全、吕桂云夫妇。刘振全夫妇不能生育。刘振全是个走街串巷的木匠，能挣点儿活钱,生活条件比较好。远藤勇进了刘家之后取名刘长河，养父养母对他疼爱有加，供他上学，一直上到高中毕业，然后考上了黑龙江大学俄语系。刘长河在黑龙江大学毕业后留校任教，1974年回日本。学业有成的他在日本创业成功，几次接养父母去日本，但刘振全夫妇由于故土难离，不愿在日本定居。远藤勇无奈，只好尽量多地汇钱供令他牵肠挂肚的养父母，直至二老相继离世。为了报答养父母的养育之恩，1995年，远藤勇自费19万元人民币，在中日友好园林内修了一座养父母公墓，这座公墓不仅仅安葬他的养父母，凡是愿意加入的中国养父母都可以葬入该墓。远藤勇这种知恩图报的大善之举令日本人民钦佩不已，更令中国人民感到欣慰。

417

　　我从事"开拓团"历史挖掘研究30余年，接触了各种不同情况的日本残留妇人和遗孤，他们是日本军国主义的牺牲品，但同时他们又是幸运的，因为善良、厚道的中国人民不计前嫌地接纳了他们，给了他们第二次生命。

　　我所住的兴隆屯，就有一对兄妹是日本遗孤，哥哥的日本名字叫杜会修次，中国名字叫苗雨田；妹妹叫杜会修美，中国名字叫苗桂珍，兄妹二人是日本山梨县的。1945年9月，他们的妈妈在逃亡途中染病身亡，当时苗雨田7岁，妹妹5岁。他们走投无路时被一苗姓农民收养，兄妹俩改为苗姓。他们的生父被日本关东军征兵派往南方战线，战后回到了山梨县。1974年，他们的生父来到中国，凭着记忆几经周折终于寻到了他们兄妹。但是苗雨田不走，因为他的养母还活着，他要在中国为养母尽孝送终。他们的父亲没办法，给他们兄妹俩留下一笔钱自己回国了。1980年，他的养母过世了，他才带着中国妻子和一双儿女回到了日本。他的妹妹在中国嫁给了一名教师，后来也回到了日本。

另一名日本遗孤也是我同村的，中国名字叫刘金才。他的家乡在日本鹿儿岛，他回去得最晚。1995 年，他舅舅带着他在日本的户口登记手续到中国方正县找到了他。1945 年 9 月，兴隆村一位姓国的农民去南山打秋柴，经过黄泥河畔时，忽听岸边的丛林里有小孩儿微弱的哭声。老国探头一瞧，一个三四岁的孩子坐在一块日本毛毯上，不远处蹲着一只母狼，拖地的乳房胀鼓鼓的，紧盯着这个要死了的孩子，但没有扑咬。老国挥起镰刀大吼一声，吓跑了那只母狼，救了这个孩子一命，他将孩子抱了回来。因为当时老国已有了几个孩子，家里负担很重。邻居老刘家有女无儿，老刘家就央求老国把这个男孩儿给他，老国同意了。老刘太太给孩子洗澡换衣服时，发现孩子贴胸处有一块白布，上面是他妈妈写的血书。中国人不识日本字，但估计是这个日本女人要交

▲ 中日友好园林内的"藤原长作纪念碑"

代的什么事儿。老刘太太怕把这个孩子抚养大了再被日本人给认了去，就把那块血书给烧了。老刘家给这个男孩儿取名叫刘金才。刘金才长大后在生产队里当记工员，后来娶了中国姑娘，育有两儿一女。他回日本之后认祖归宗，叫横山茂，现在年龄在 80 岁上下。他回来过几次，都是为了给养父母和老国头添坟立碑尽孝道。

五、李林

　　李林：黑龙江省作家协会会员。2005 年以来创作中长篇小说和报告文学 20 余篇（部）。自 2013 年以来，驱车 10000 多公里，走访十余市县，查阅 2000 多万字资料，著成反映日本遗孤历史的长篇报告文学《梦碎东北》。

　　我在岗工作的时候没有时间写作，就只能写些散文啊、小短文啊。因为我大学学的是中文专业，所以退休后，我总想写些东西。有一次在哈尔滨我们几个朋友聚会，其中有一个人说："你不是好写作吗？日本'开拓团'这是个多好的题材啊！"他说他一个亲属家就收养了日本遗孤，他们家对这个遗孤非常好，还说了日本"开拓团"后来是怎么逃跑的。他说完这些事之后，我觉得这是个重大的历史题材，可以写一篇很好的报告文学。从此我就进行了大量的准备工作，走访了黑龙江省 11 个市县，查阅了 300 多万字的资料，像黑龙江省的烈士纪念馆、博物馆、图书馆，政协、党史研究室等有关的资料都查了，到省政协副主席、抗联老战士李敏家去过三次，做了充分的准备。这篇报告文学我写了 24 万多字，是长篇报告文学，我没指望挣多少稿费，肯定是搭钱，但是我觉得这很有意义，把它写出来肯定于民于国都有好处。

▲ 李林在家中接受采访

　　为什么要写这个东西呢？我是一边写一边思考的，写完了之后我就觉得写这部《梦碎东北》长篇报告文学，主要有五个方面的原因吧。第一，我从小对日本侵略中国，尤其是侵略东北有切身的体会。那时候我五六岁，住在庆安县杨河屯，也就是现在的建明乡。杨河屯的屯子边上有一条大道，那时候不叫公路，叫大板道。日本宣布投降的时候，我们村东头那条道，很多日本的妇女、儿童从那经过，现在知道他们其实是"开拓团"，当时这些人狼狈不堪啊，一伙接一伙的，主要是妇女、小孩，络绎不绝地顺着大道过，我们有个邻居也不知道大名叫什么，大伙都叫他张老三，他还领回来一个日本女的，屯里的人都说张老三领回来一个日本妇女。我们都去看了。这个日本妇女坐在张老三家的炕上，她不像咱们这么坐，而是屁股坐在腿上，笑呵呵的。她还有两个儿子，看咱们的眼光就是不友好的感觉。以后他们长到十五六岁了，也不太爱说话，和咱们格格不入。所以我从小就对"开拓团"、日本遗孤有深刻印象。另外，我们住在杨河屯，离庆安的大罗镇很近，我和我哥那时候才几岁就会唱《露营之歌》，就是李兆麟、陈雷、高禹民、于天放他们写的那首歌，我们都会唱，唱得还挺好听。那时候不知道怎么回事，我们怎么能会唱抗联的歌曲呢？那时候大罗镇既有日本鬼子，又有"开拓团"，还有抗联，还有汉奸，都集中在那地方，现在明白了，就是抗联把这个歌曲普及了。第二，我觉得它是一个重大的历史事件。以史为镜，可以知兴替，不懂历史的人，就不知道珍惜当下的幸福生活，也不知道将来该怎么做。黑格尔有一句话，历史总是惊人地相似。所以，要把一个城市、一个地域的局部记忆变成全民族的记忆，变成全人类的记忆，这是咱们这代人的责任。第三，就是让人们认识到战争的实质。战争是残酷的，战争中受损失的、受迫害的、最遭殃的是人民，是老百姓，所以要充分认识到战争是邪恶的，要反对战争，要争取和平。第四，要让人们认识到落后就要挨打。2014 年 12 月 13 日，党和国家主要领导人出席了首个国家公祭日仪式，习近平总书记在仪式上发表重要讲话时说："忘记历史就意味着背叛，否认罪责就意味着重犯。"现在日本仍不切实正视和深刻反省历史。安培晋三下台之后，仍不断地参拜靖国神社。多少年了，他们还不承认侵略，那时候日本把中国的大片土地占领了，他也不说战争，他也不说侵略，他就说是事件。我们要培育中国人民的家国情怀，增强国富民强这种责任感。第五，让人们认识到甚至让全世界都认识到，中国人、中华民族、中国养父母能把杀害咱们同胞的敌人的妇女和孩童收养起来这件事是怎样的壮举。他们都濒临死亡了，有的奄奄一息，有的是从死人堆里爬出来的，你不收他就死了。在这种情况下，咱们中华民族不论男女老少，在自己刚刚经受战争的残害的情况下，还能够自己省吃俭用，把敌人的孩子养大成

▲ 李林出版的作品

人，是多么不容易。那时候中国是贫困的，尤其是农村，他们自己还吃不上、穿不上呢！这种文明、这种宽容、这种壮举、这种胸怀，这种以德报怨的善举，在世界上任何一个国家、任何一个民族都未曾发生过，可以说空前绝后，唯有中华民族、中国人民才有这种情怀，才有这种心胸，这种境界。中国文化讲究宽容，以德报怨，这就是孔孟之道。而西方讲的是以牙还牙，以眼还眼。我就要写这段东方历史，尽管这个事件在世界上是空前绝后的，但不是所有人都知道的，所知道的也都是零散的、不成体系的记忆，所以我希望通过我的努力把这个重大历史事件变成全民的记忆，人类共同的记忆。

423

"开拓团"来了之后，日本人可以吃中国的大米白面，不让中国人吃，吃了叫经济犯。我亲眼看到过，我6岁那年，我一个叔叔吃白面了，被一个中国的汉奸警察叫何大巴掌的看着了，挎着洋刀，让他在粪堆上跪着——这个事我记了一辈子，这就是日本人，这就是日本"开拓团"，这就是中国汉奸干的事儿。我父亲是从朝阳过来的，到庆安过得已经不错了。有一次他到庆安街里，遇到伪警察抓"浮浪"，就是抓在街上溜达的人，见到就抓去当劳工，那是九死一生啊。两个警察要抓他，左边一个，右边一个，他把这两个警察都打倒了。从庆安街里到杨河屯，三十里地，他不敢走大道，只能在庄稼地里跑，一直跑到家，之后大病了一场，这就是我父亲的亲身遭遇。还有我哥哥，我大哥叫李广，日本投降之后，做劳工的李广哥跑回来了，我们家都寻思他死了呢。回来之后，他的棉袄一条一条的，虱子几乎是一把一把的。所以说我对日本侵略者怎么样欺压咱们中国的老百姓啊，他们那种兽性啊，就有比较切身的体会，所以我对写日本"开拓团"、东北抗联、日本遗孤这事非常关注，是和我童年时代的印记有直接关系的。

日本"开拓团"到底是什么？现在很多人都知道。但是呢，究竟给他下个什么定义？他是军队啊，还是农民啊？现在有的人说，"开拓团"，那不就是日本的农民吗？在我看来这类观点都是错的。我对"开拓团"的认识有三句话可以概括。第一句话："开拓团"是不上前线的关东军，是关东军的附属部队、后勤部队，他们是军事化的、有武器、有装备的。他们是日本占领中国的工具，是来掠夺、来占领、来统治中国的，他们就是来干这个的。如果是正常的移民，这个屯子你来两户，那个屯子你来三户，这叫移民，他们不是这样的。他们就是妄想将来伪满洲国成了日本的国土之后的主流居民、上等国民，他们就是骑在中国人民头上的侵略者，所以你不能说他们只是农民。第二句话：他们是侵略者，是我们的敌人。他们既是加害我们的人，又是日本军国主义的受害者，这就不用细说了，他们加害咱们，同时也受军国主义侵略之害。第三句话：他们既是侵略者，是侵略者的工具，又是侵略者的弃民。我认为这三句话，就能把"开拓团"到底是个什么东西，它的本质、它的性质说清楚，当然我的理解不一定全面，也不一定权威，我仅作为亲历者表达我的看法。

我举个例子，1939年日本人开了十几辆汽车，汽车上架着机枪，车前车后都有持枪的全副武装的部队保护着，护送100多名"开拓团"团民，进到方正县的赵炮屯。到这之后，他们不到各村去落户，而是占了几十垧地，圈了一个大院子，叫集团部落，修了高大的城墙，城墙上面有岗楼，有炮楼，他们有机枪，有"三八大盖"，有短枪，有匕首，有炸药，有的还有迫击炮，各种武器都有。中国人不许进去，你溜达看看都不行，这是移民吗？这不就说明性质了吗？他们是有武装的农民，是不上前线打仗的军队。老百姓给这个大院起名叫鬼子营。"开拓团"团民在日本都是穷人，在日本啥也没有，生活困难，到中国东北来了之后，他们有好地，一家分几垧，有好粮食，大米白面，有好房子，有好工具，有好的牛马，好的生活，好穿的好戴的好吃的，什么都有，几天之内都有了，他这些东西都哪来的？是这几个屯子的中国老百姓让出来的。假设这个东西值一万块钱，他给你 100 块钱，你就得卖，不卖那就是"死了死了的有"——就给你杀了。老百姓都被撵走了，老百姓撵到哪儿去了？荒山野岭，也没有地，好几百人和几十户都去那儿了，十几岁的姑娘、小伙儿衣服都穿不起。

425

这个"开拓团"怎么形成的？日本侵略中国蓄谋已久，不是一天两天，从甲午战争开始他们就琢磨。有两个人，一个是东宫铁男，一个是加藤完治。这两个人就提出来，日本像一棵竹子，在日本小小的岛国这棵竹子长不了，必须把这棵竹子移植到中国，移植到伪满，他们的侵略意图不是羞羞答答的，不是遮遮掩掩的。他们把中国研究透了，东北三省有多少屯子，多少人口，多少森林，多少土地，多少矿藏，多少资源，都摸得透透的，早做好侵略的准备了。

日本向中国移民基本上分三个阶段。第一阶段叫作试验移民。从日俄战争到 1931 年"九一八"事变，在哪呢？在现在的大连金州稻香村，失败了。第二阶段叫武装移民。武装移民在哪儿呢？在佳木斯弥荣，弥荣就是"万岁"的意思。当时他们全副武装，汽车上都是日本的军队，"开拓团"团民在后边，或者在中间夹着，整个都是枪炮部队。结果被抗联给打跑了，也失败了。1936 年日本首相广田弘毅开国会，定移民政策，叫国策移民，这是第三阶段，也叫农业移民。为什么叫农业移民呢？他们想明白了，试验移民失败了，武装移民也失败了，最后他们就是用农民移民。日本计划从1937年开始，用20年时间，要向中国东北移民100万户，500万人。这意味着什么呢？就意味着不到10个东北人里就有1个日本人，如果真到那时候，那东北就全变成日本的了，中国人就沦为了亡国奴。日本人管中国人叫"苦力"，或者叫"马路"。日本人到中国的土地上了，他们各家都分了土地了，分了农具，分了牛马了，什么都有了，然后中国人去给他们打工，给他们干活儿，当苦力，这就是"开拓团"的本来面目。这不叫侵略叫什么？所以他们的计划很长远。他们搞"开拓团"，就是为了占领、掠夺、统治中国东北。中国人那时候都要学日语，不让你说中文，不让你学中国历史，中国的小学生天天要对着日本的太阳旗唱日本的国歌，要向他们的天皇朝拜，要喊天皇万岁，要背天皇的诏书，整个文化都是日本的，每所学校都有日本的教官。文化占领、经济占领、思想占领、政治占领、国土占领，"开拓团"就是在这种侵略的阴谋下应运而生的。这就是"开拓团"的本质，有些人只看到他们逃跑的时候那种可怜相，看不到他们侵略的本质、他们的罪恶。他们最后的逃亡是其侵略的必然下场。

"开拓团"有多少种？有"农业开拓团""林业开拓团""种植业开拓团"，还有"青少年义勇军开拓团""花嫁开拓团"。"青少年义勇军开拓团"都是十几岁的孩子。我到绥棱采访，绥棱市委原书记孙秀跟我说，这个地方老百姓管他们叫"小孩团"，说那小孩打起中国人来比大人还厉害。他们从小就进行两种教育：一种是愚民教育，要忠于天皇，活为天皇活，死为天皇死；一种是"武士道精神"，认为死是光荣的，不能当俘虏，不能落到中国人手里，不能落到敌人手里。"花嫁开拓团"都是十几岁的小姑娘，她们被骗来和"开拓团"的青少年结婚，生儿育女。日本人想得多远啊，想到了一百年，想到了两百年，想到了永远霸占。我这有一组数字，截至1945年8月15日日本战败，日本人在中国，大部分都在东北，

426

有 160 多万；"开拓团"有多少呢？ 981 个，快到 1000 个了，"开拓团"团民有多少人呢？ 27 万人。"开拓团".溃逃的时候死了多少人呢？死了近 8 万人。

日本"开拓团"仓皇出逃，没有飞机，没有火车，没有轮船，没人管，没有吃的，没有穿的，无家可归。一些日本"开拓团"团民背点儿粮食，背着孩子，背着衣服，走了百余里地，走路都走不了了，啥都没了。这种情况下，就钻咱们的苞米地，日本投降那时候正是苞米快要成熟的时候，已经可以吃了，所以日本"开拓团"里的大人小孩，白天都上这个苞米地里去，就啃那个青苞米。中国人知道了，但撵也撵不走，打也打不着。人要是饿急了，那就啥都不顾了。晚上他们不敢上屯子，不敢和中国人接触。那些团长都是军人，就骗他们自己人说：你要落到中国人手里头都会被他们整死，落到苏联人

▲ 李林

427

手里都会把你们祸害死，祸害完了之后就把你"突突"死了。所以他们都不敢上屯子里，不敢接触人，就走庄稼地、森林边，走草地，走荒甸子，大道不敢走。在这种情况下，病死的病死，自杀的自杀，枪杀的枪杀，就出现了几十万被遗弃的妇女和儿童，日本遗孤就是这么形成的。他们的下场比日本关东军部队还凄惨，日本军队白旗一打，投降了，这就成了战俘。

他们为什么这么惨？我初步总结了一下，有"四骗一怕一弃"。第一骗是什么呢？他们来的时候，不是正大光明来的，是被以日本天皇为代表的战争狂人骗来的。日本动用了全国的媒体大量宣传，就宣传一个事儿，"开发满洲"，他们不说侵略"满洲"，不说开发中国，说"开发满洲"。为什么开发呢？那地方地大物博，抓一把土都流油，插根筷子都能长庄稼，那地方非常富，我们到那儿有吃有喝，有穿有戴，有牛马车、工具、森林、河流、矿藏、大米、白面，应有尽有。所以他们来的人都觉得非常高兴，非常庆幸，都觉得日本政府太好了，他们来的时候喊天皇万岁，死的时候还喊天皇弥荣，他们就愚昧到这种程度。活下来的人都是清醒的，他们认识到自己受骗了，他们不想死，就活下来了，被咱们中国人收养了。第二骗呢，就是来的时候，日本政府、关东军和这些战争狂人有承诺，去了一家五口人，两口子不征兵、不服役，到那大家就好好过日子。这谁不高兴啊？天皇和政府都是这么说的，他们就信以为真，千恩万谢，高兴得了不得，就来了。第三骗，他们想通过珍珠港事件称霸亚洲：先占领朝鲜，然后占领中国东北，占领全中国。这时候兵源不够了，到了1944年，他们撕毁了协议，把"开拓团"里16岁至45岁的男的全部征兵了。所以"开拓团"到最后溃逃的时候，就剩下女的和小孩，男的都走了。第四骗，他们没人管了，很多"开拓团"，什么兰溪的"高桥开拓团"，鸡西的"哈达河开拓团"，依兰的"五合开拓团"。所有的"开拓团"都说了，日本天皇说要接他们回国，他们先到方正，坐轮船到哈尔滨，在哈尔滨坐车上大连。结果呢，那些当官的先携家带口，带了不少金银财宝跑了。有个当了村长的，回去以后盖了洋房别墅。剖腹自杀、效忠天皇是针对平民的，针对老百姓的。老百姓见人就怕，不敢见人，不敢走大道，不敢进屯子，所有"开拓团"的团长都告诉他们，中国人、苏联人见着日本人，就会把他们整死，他们还不如自己死了好。这么一说，很多人就自杀了：先把小孩掐死，然后自杀。有一部分人没自杀，逃跑了，孩子在死人堆里被中国人捡回来了。最后就是遗弃，日本政府几十年对日本遗孤、遗留的妇女，不闻不问，也不对他们伸出援手。

抚养了敌人的孩子的是中国养父母，抛弃他们几十年不伸出援手、不闻不问的是他们的祖国。这就是日本遗孤为什么这么凄惨的原因。

429

六、刘国强

刘国强，辽宁省传记文学学会会长。出版文学著作26部。曾获北京文学奖、孙犁散文一等奖、中国传记文学奖、全国少数民族文学创作骏马奖等。

关于日本遗孤的事，以前就听过名，但具体怎么回事我不清楚。在2004年，有一个人联系关亚新老师，说是想拍纪录片，但是由于当时关于遗孤的资料太多，不知道从哪入手，所以就通过作协

▲ 刘国强在接受采访

找到我。我看到资料时非常震撼，没想到我们中国人养了这么多敌人的孩子！他们说："刘老师，你得跟着我们拍摄，要不有什么变化，我们就不知道怎么做了，这么多素材，既有纵向的逻辑分线，又有横向分支，经纬线交织之后，这些细节怎么串起来？"我正好愿意写这个，当时就同意了。跟着一拍就非常震撼，一次次跟着他们流泪。那时候想写一个短采访稿，实际也写了，后来我接着采访，从 2004 年开始，一直采访了 6 年，直到 2010 年我才开始动笔写，当然这 6 年不是只干这一件事。我就是想更多地了解一些，不是数量上的，是在逻辑分类上写出不同类型的东西，这样写成的书就比较具有可读性。也正是在这样的一个前提下，我接触了日本遗孤。

431

我觉得，中国养父母养这些日本孩子很多都是违反常理的，是我们按正常思维无法理解的。我刚才在和朋友讲的时候，他说："哎呀，中国人恨日本侵略者到这程度，还能养日本孩子啊？"但实际上就是收养了。

我采访的这些中国养父母有一个共同的特点，他们大部分都是中国底层百姓，比如农民、工人，每个人可能说的话不一样，可能也说不出更多的高调的话，但是他们都非常纯朴、善良，不求回报，他们说："我恨日本人，但是孩子是无辜的，孩子毕竟是一条命啊，小猫小狗有病了我们还要救它，况且这是孩子啊！"还有就是因为不是自己亲生的，反而一定要比对自己亲生的还要好。这种大爱体现了中国传统文化里的先人后己精神，他们甚至把最好的给了日本孩子，自己的孩子往后排，自己家人都可能食不果腹、衣不遮体，但对这些遗孤甚至比对自己的孩子还好。

一开始我写了一篇短的文章发表在《当代》杂志上，后来我又持续采访，断断续续，用了 6 年的时间写了一部长篇文学作品《日本遗孤》，我觉得这样的题材就应该像《辛德勒名单》一样让全世界都知道。这是一部只有站在人性的制高点，站在全球、全人类意义的价值上，才能理解的作品。

　　中国养父母收养日本遗孤不是简单的奉献，也不是"大爱无疆"所能够形容和概括的，当时的社会环境不像现在，那时候大家都穷，没有衣服穿，没有饭吃，穿着最破的，吃的可能有上顿没下顿的，但是日本孩子在中国养父母手里都被当宝贝一样。有的养父母收养了日本孩子之后，就不生孩子了，就把收养的孩子视如己出，作为唯一的孩子。"文革"时期"日本特务""台湾特务"在中国是非常敏感的罪名，中国养父母为了保护孩子，有的选择了一辈子都不说，所以现在我们所知道的日本遗孤的数字，远远不止4000多人。2004年我刚开始介入这个题材的时候，养父母就所剩不多了，现在就更少了。当时创作这个题材时，我觉得作为一个作家要负起社会责任，于是就有了抢救这一历史题材的想法。从1945年到2004年，已经将近六十年了，日本遗孤都60多岁了。人的生命都是有限的，百年也是一瞬间，而一部作品或者一本书，能代代传下去，比我们生命要长久得多。再过10年或者半个世纪，日本遗孤都没了，靠什么来传承历史呢？这就是文字的魅力。影像的保存也很重要，我也很敬佩那些摄影工作者，采访了这么长时间，走了这么多个地方，甚至坐拖拉机到最偏僻的农村去——只有这样才能挖到最真实的素材。

　　人性是很复杂的，但是我认为最重要的人性就是将善良进行到底。最伟大的人

▲ 刘国强作品《日本遗孤》的封面

432

性非常简单，像我们常说的大道至简，将你认为善的、美的事，值得做的事做到底，这就是最善最美的人性。这些养父母没有那么多杂念，这是一条命，我就该救他，我救就要救到底，非常简单。我问过很多养父母，在他们的头脑中没有那么多高深的想法，他们只是简单地觉得："这好歹也是一条命啊！""他太可怜了，我是母亲啊，我的孩子要这样，我会怎么想？我再多一个孩子，我再做他一把母亲也未尝不可。"我采访的二十几个养父母都没有那么多话，非常纯朴。中国的老百姓认准的事就做下去，这种"一根筋"的精神非常了不起，我们过去把它当贬义词，现在我觉得应该是褒义词，有的时候人就应该坚持"一根筋"的精神。

433

最后我想说的是，养父母的人间大爱是超越种族、超越血缘、超越国家的，他们养了这么多侵略者的孩子，这在人类史上以前没有，以后可能也很难有，因为他们不是养一个两个，我们调查到的就有四千多个，但实际数量比这还要多。养父母大部分都是底层的工人和农民，虽然他们的见识和视野有限，但是他们就是从爱出发救助孩子的。简单的事情把它做到底，非常有韧性，这种精神也非常了不起。把孩子养大，培养成人、培养成才，这就是他们的目的。1972年中日邦交正常化之后，日本遗孩要回家，养父母们说："你应该找你的父母。我会惦记、想你，可你的亲爹亲妈不更想你吗？"这种想法非常无私。还有一点，养父母最初可能想不到，正是他们为中日两国在民间搭建了一座友谊的桥梁。回去的这些日本遗孤永远是热爱中国的。我们这一代人把这个题材挖掘出来，传承给下一代，甚至更长远的未来，这也是日本遗孤当初没有想到的伟大的、重大的也是深远的意义。

七、谭国军

谭国军：绥棱县委党史研究室原主任，研究员。已于2024年6月20日离世。

日本"开拓团"侵入绥棱县的时间是1933年，到1943年，整整10年时间，绥棱县共接收日本"开拓团"11批。根据史料记载和我们调查采访得知，共有1010户，4832人，分布在全县16个中心点——就是主要的村，然后在下面分设64个组合，或

▲ 谭国军接受采访

者叫部，或者叫团。绥棱是总部，他们叫本部、洪部，下边管的村子叫"团"或者叫"组合"，所谓组合就是指不是从同一个地区来的"开拓团"团民集中的地方。绥棱县最大的"开拓团"叫瑞穗村，是从日本关东的瑞穗地区征集来的，到绥棱县长山堡（旧

▲ "绥棱开拓团"水田班

地名），所以就直接用他们日本原来的名字命名。像咱们这儿的四国、香川这些地名，都是他们日本的地名。像水田班，不是大批集团来的，而是从日本各地散着来的，它就叫一个组合。不叫组合的，就是一个县集中来的。

这10年间"开拓团"侵占绥棱土地5200垧，相当于全县总耕地面积的十分之一。强占的土地大体上可以分为两类，除了很少一些是他们自己开垦的，其余大部分都是征用的，征用价格非常低廉，土地征用问题由伪绥陵县公署负责。伪绥棱县公署于

1938年设立"开拓课"，1938年之前归总务课管，总务课负责老百姓的民生事务和"移民团"的事务。假如说土地不够，要开垦土地，伪县公署就派出农业技术人员，确定到哪"开拓"。他们一般都是一家两三口，最多四口，还都是妇女儿童，地方负责集中建房，伪县公署统一组织进行开荒，费用由伪满洲国统一拨付。咱们管他们的一切，建房的费用日本也不负责，"开拓团"剥削压榨的性质在这一点上体现得非常明显。日本人享受现成的，咱们开垦完了交给日本人。伪县政府就是为日本政权服务的，日本人生活用具啥的都由伪县公署出资，你都给他置备齐了，"开拓团"来时啥也没有，就来个人，随身携带两件替换衣服。平均每个日本"开拓团"的家庭，大概都有三口人。1987年、1988年我到长山四海店搞过调查，这是集团部落比较大的点，亲身经历过的老人还健在。他们有马——日本把马都运过来了，是用船从海上运过来的，运到大连和葫芦岛两个日本军港，然后用汽车拉过来，再分到东北各地，分给每家每户，所以每家都有牲畜和工具。他们把大部分土地出租给咱们当地农民了。日本征用的土地都是地主、富农、中农，穷苦农民没有地，常年给地主扛活。

"开拓团"来了之后，穷苦农民就只能给他们扛活了，一年挣几担谷子，再配给点儿大米、黄豆什么的。农耕的事情由伪县公署的"开拓课"负责，由技术员管，技术员是咱们的人，为日本人服务。还有人、马的防疫啥的，都由伪县公署统一组织，一切费用由伪县公署承担，大体就是这么个情况。

大约90%的移民村是和咱们中国农民杂居的。绥棱县共设立了4个本部，本部下边再分若干个分部、组合或团。瑞穗村"开拓团"本部下面设有11个分部，现在有些地方还沿用当时他们起的名字：一部、二部、三部……。原先这些屯子就叫什么张二麻子、李二郎之类的，后来他们统统给改了，所以"部"都是带有日本"开拓团"痕迹的名字，四海店、葛山都有，长山最多。11个分部里

436

面最大的是"黑马骟四国移民开拓团",它有 32 个分点,全县下面的分点大约是 64 个。

"开拓团"主要以种地为主。日本内部划分的还有两个"移民团"。一个是来采金的,就是霸占咱东北金矿的;另一个叫"森林移民",不叫团,叫作"日本关东军土木株式会社森林移民"。在绥棱县境内,现在的黑龙江省森工总局绥棱林业局的五场,那时候叫一棵松,他们在那儿建了一个采伐场。这个地方有原始森林,松树最多,都是红松和落叶松。落叶松搞建筑当房架最好,红松软,打门窗、打家具是最好的木料。这个"移民团"的规模有多大?有套子的马和骡子就有 1000 多匹!它属于武装"开拓"了,内部有武装部队,建有两个炮楼子,南边一个,北边一个。主事的不是军人,但行政的、军事防卫的全是军人,是军政合一的性质。它把绥棱县祸害得最厉害,资源掠夺得最厉害。1939 年 1 月 8 日,东北抗联第三支队队长王明贵、政委于天放就决定把这个日本"森林移民"给端掉。他们星夜走了 50 多里山路,天亮时赶到的。他们提前三天派了两个侦察兵,把地图都画出来了。200 多人分三拨进去的。因为事先咱们侦查好了,所以挺顺利。第一拨人上去后每人牵出一匹马,但一枪没放,因为咱们那时子弹非常匮乏。第二拨、第三拨人上去也是每人牵一匹马,然后到集合地点回去了。这时候王明贵说:"不行,咱还缺粮食呢!他们有粮食啊,再整点儿粮食吧!"然后他就带着警卫员回来了。王明贵胆大,他回来就跟警卫员说:"你把枪给我看紧点儿,保护好我,咱俩就奔亮灯的地方去,不管是谁,反抗就打死他。"突然间从里边出来一个人,这个人提着马灯。警卫员上去就把枪顶他脑门上了:"你干啥呢?"把这人吓哆嗦了,原来是中国人,出来喂马的。警卫员就问他哪儿有粮食仓库,他说东边有,得有个千八百袋面。王明贵跟警卫员说:"你马上去叫于天放赶紧回来扛粮食。"这个时候敌人一点儿没发现。扛了多少出来? 4000 多斤面粉,一袋

437

50 斤，来了五六十人，一人一袋就扛走了。要走的时候，王明贵跟那个马夫说："你给我挑两匹最好的马，挑膘肥体壮的。"他俩骑上马刚走，敌人的机枪就响了。敌人在马场东面打，咱们的人撤退往西面走。马场离营地二里多远，在诺敏河的河边。王明贵就安排两挺机枪，对准两个警戒的炮楼打，打哑巴一个炮楼。另外一个还在那"突突"，咱们已经完成任务撤回来了。这一下子就把他们打完蛋了，一冬天没恢复生产。

"青年义勇队训练所"也是抗联打击的重点。瑞穗村的"青年义勇队训练所"远离本部，在东侧，有单独的围墙。东边是"青年义勇队训练所"，西侧是"瑞穗村开拓团"本部。"瑞穗村开拓团"引起极大的民愤。它占领的耕地面积占了长山乡耕地面积的 20%（全县的平均数是 10%，长山是 20%）。有不少穷苦百姓仅有的几亩地都被占去了。这个团里有制酒厂，有制油厂，有米面加工厂，有医院，有商店，有学校，公共服务设施相当齐全，整个长山地区的 11 个分部的日本人买东西都到瑞穗村来，它的规模是相当大的。

1940 年 4 月 16 日，中共北满省委书记金策召开紧急会议。当时的中共北满省委留守部队是东北抗联第 6 支队，队长是张光迪，政委是于天放。这支部队大约有 200 人，但打"开拓团"用不了那么多人。金策决定把这个"长山开拓团"消灭了。它侵占了这么多土地，老百姓给他们干活儿，到秋后不给结账，老百姓还不敢惹他们，干活儿不给工钱这样的事太多了，所以决定端掉它。4 月 16 日，队伍半夜从老金沟出发，走了 60 多里山路，赶到了瑞穗村。这之前抗联在绥棱县长山乡建立了抗日救国会，抗日救国会里有个会员打到日本"瑞穗村开拓团"里头了。他是个木匠，一边干活儿，一边了解情况，一边画地图。部队到了之后，先命令狙击手把站岗的日军毙了，然后以迅雷不及掩耳之势冲进去，机枪开路，对着营房、办公室"咔咔咔"打排枪，不管有没有人，来回大扫荡，打死了不知道有多少人，屋地上都是尸体，跑到外边被打死的，能数过来的是 22 个。后来把仓库打开，缴获了 5 万发子弹、10 支步枪，"开拓团"团长被击毙了，这是 4 月 16 日的一场战斗。1940 年 4 月下旬，省委书记金策又命令六支队副队长高继贤带领 60 人，把瑞穗村旁边那个"青年义勇队"给端掉。结果没费吹灰之力给拿下来了，那次毙敌 22 人，缴获了一大批军用物资。这两次打日本"开拓团"取得了胜利，中共北满省委都通报表扬了。

　　咱们当地的农民不会主动去跟他们交往，除非他们找咱们。咱们也不敢和他们交往，把他们看作是另外一个世界里的人，再说语言也不通。他们拿破锹来了，也不会说中文，就比比画画、哼哼唧唧的，咱们老百姓一看也明白是咋回事，能帮的也就帮了。其他的他们说啥咱也不懂。1945 年 8 月以后，苏联红军打过来了，"开拓团"开始逃跑，很多人家把子女先推出去了，他们都说：中国人是好人，会有人收养你们的，你们不要怕，谁家都可以去，他们不会祸害日本小孩儿的。长山、四海店，黑马骝都有过"开拓团"，我去采访时，老人都这么跟我说。事实也真验证了这一点，中国人民不是以怨报怨的，而是以德报怨的，凡是逃到老百姓家的孩子全部被收留，没有一个被遗弃的，而且他们对待遗孤甚至比自己亲生的孩子还好，好吃的、好穿的都可着遗孤先来。当时绥棱县各"开拓团"本部有一个统一行动——自杀。这事儿我访问了四个目睹现场惨状的老人——长山乡的华力文、郭凤江等四个人。当时允许中国人看，他讲当时的场景太惨了。那个时候"开拓团"里男的几乎没有了，说不定啥时候来个命令就走了，上前线了。到日本投降的时候，剩下的 90% 都是妇女和儿童。当时他们在一张长桌子中间放一盆毒药水，把附近四五个分部的人都招来，让他们排着队顺桌前边儿走喝毒药，旁边儿有一个监视官，手里拿着一把日本战刀，谁不喝就当场砍掉脑袋，非常残忍。

他们对自己本民族的人都这么残忍。这么做的理由，说是要效忠日本天皇，其实就是歪理邪说，不可理喻。有的母亲心眼多，把哺乳期的，或者一两岁的孩子留在家里，没领出来。有的母亲把孩子带来了，但没给孩子灌药，要不必死无疑。还有的人，日本天皇一说投降，他们就感到末日来临了，不知道会咋样，就赶紧把孩子交给当地人抚养。有的母亲喝完毒药之后回到屋里，给子女喂上最后一次奶，孩子还含着乳头，母亲就死了。日本天皇宣布投降第三天这些"开拓团"团民集体服毒自杀，仅长山乡瑞穗村就死了170人。水田班，包括大五部、小五部、大六部、小六部，一次就死了300多人。

咱们民主政府建立后，奉中共黑龙江省工作委员会（那时候不叫省委，叫工作委员会）指示，各地开始组织进行日本侨属侨眷、日本战俘遣返工作。绥棱县由民政局负责，从1945年的年末到1946年年初，分三期遣返，由专人负责带上火车，送交到哈尔滨。然后由哈尔滨负责送到大连，因为遣返日本人的船只在大连。三批就50多人，包括妇女和儿童，老弱病残一个没有。剩下的流落在民间没走的大约是10余个。1953年以后又回国一部分，剩下的也就七八个。这几个比较典型，他们认为：我不回去了，因为是中国人、绥棱人收养了我、养育了我，我不能忘，我不能抛弃我的养父养母。

我举两个例子，一个是长山瑞穗村的陈英才。20世纪80年代我找过他，那时候他住在泥尔河乡五马村，泥尔河和长山乡政府的距离大约是12公里。当年集体服毒自杀的时候，他11岁，他母亲顺着后窗把他推出去了，对他说："你不能死，我死，你赶紧跑到村子里去，或者远点儿走，别让人搜出来，赶紧找户人家，认个父亲把你收养起来。"他母亲告诉他，中国人是绝对不会杀日本小孩的。他从长山瑞穗村逃出来了，走了20多里地，被陈姓人家收养了。他分别在1987年和1988年两次回日本，在日本他的舅舅和姨都在，他们劝他留下来，说他们可以帮他找一个维持生活的生计，他姨父有个养牛场，可以让他跟姨夫一起经营养牛场，每个月给他钱。他说啥不干，他和亲属说："是中国人收养了我，是绥棱黑土地把我养大的，我不能忘恩，我一定要回去。"就回来了。1990年的时候，县司法局的赵建瑞骑自行车到泥尔河乡，这时候陈英才正好第3次从日本回来。赵建瑞问他为什么不留在日本，他说："我不能留，我留的话对不起中国人民，对不起绥棱人民，对不起养我的绥棱黑土地。"所以他始终没走。1990年的时候他家是5口人，养3头大肥猪，每头都400多斤，当年的水稻产量达2万多斤。他说："我现在生活非常幸福，中国人也不歧视我，我就是中国人，论血统我是纯日本人，但现在我是一个纯正的中国人。"陈英才的大儿子叫陈寿泉，毕业于哈尔滨师范学院。养父母都过世后，陈英才在日本的爷爷给了他一份产业让他继承，这时候他们全家才都回日本了。到日本之后他还连着好几年给养父母的子女汇钱，以此报恩。

441

　　还有一个人，中国名叫王百合，她是孙吴县的。日本战败投降之后孙吴那边发大水，他们一家跋山涉水往南逃。没有粮食吃就啃青苞米、偷生肉。走到中途的时候，她父亲感冒发烧发疟疾，倚着一棵大树死了，她妈叫高桥幸子，他们抱着大树哭，他们一家5口人剩4口了，王百合的母亲领着三个孩子逃亡——百合、哥哥还有三岁的妹妹。快到海林的时候，妹妹又发高烧了，没有吃的。她母亲就把她和她哥哥叫到跟前说："你们俩赶紧走，看见没有？前面有村庄，赶紧投奔村庄，你们俩跪着进屋，求他们收留你们俩，你们俩不能死。"当时王百合拽着她妈妈的手，母子三人抱头痛哭一场，眼泪都哭干了。最后住了一晚，走的时候，王百合和她哥走一步停一步，回头说："妈妈再见，妈妈再见。"最后就跑到咱们绥棱县四海店镇现在的半截河村，让农民王慧中收养了。她不会说中文，王慧中就问："你是不是日本人？"她点头。就这样把她收留了，改名叫王百合。王百合两次回日本，但后来都回来了，她说："我得在绥棱给我养父养老送终，不然良心上过不去。"后来王百合和四海店镇十三井村曲冠军结婚，并生有四男一女。

442

八、王修斌

王修斌：黑龙江省七台河市政府文献编辑部主编。

　　1937 年以后，七台河市勃利县陆续来了一批又一批的日本"开拓团"，一共是 10 个，从性质分，有 5 个是"义勇队开拓团"，分别是"龙湖开拓团""北兴开拓团""大龙开拓团""大卫开拓团""大东开拓团"，此外还有 5 个普通的，叫"耕作开拓团"，在罗圈乡一带。一共有多少人呢？一共有 992 户，2040 人。为什

▲ 王修斌接受采访

么叫"义勇队开拓团"呢？因为在他们这个"开拓团"里，日本青年长到18岁之后就参加日本关东军到前线去了。七台河大面积的良田被他们掠夺了。"开拓团"根据七台河的情况，能种啥就种啥，当时种水稻比较多，因为日本人习惯吃水稻，但"开拓团"占的土地不全适合种水稻，水稻只适合种在有水源和平整的地方。大面瓜、谷子、大豆、玉米这些他们都种。"开拓团"团民自己开荒种地，另外也雇用咱们本地人给他们种地。当时日本侵略东北是因为东北物产丰富，他们在东北掠夺走了大量的木材、黄金、煤炭。从勃利县运走的木材就有几十万立方米，成车成车地昼夜往外拉。还有黄金，我们这有一个老柞山金矿，还有其他金矿。他们用中国劳工干活儿，黄金挖出来之后往日本拉，最后有两车没拉走，埋在了我们那儿，就在北兴那一带，黑龙江电视台来过两次，就要找这个地方，到现在还没找着。

444

勃利建县比较晚，1918年建县的时候才有几千人。1933年日本人进入勃利县，虽然他们人数在我们这儿占的比例不大，但是他们有关东军做后盾。1938年，在七台河地区发生了大崴子惨案。这是因为"开拓团"来了，发生了土地纷争，咱们农民实在没有地种了就开始反抗，但是被日本关东军镇压了。在整个茄子河地区就曾发生过三起惨案，其中蓝棒山惨案、泥鳅河惨案都是1945年日本投降以后发生的。

勃利密寨离勃利城3公里。勃利县有5个飞机场，勃利密寨是为勃利县这5个飞机场提供后勤保障、后勤物资的。密寨里有14个大仓库，每个仓库八十米长，二十几米宽，装了大量的日本空军用的物资。勃利县是日本防备苏联的第二道防线，第一道防线在虎林那边。当初修勃利密寨时，都是从全国各地抓来的劳工，修完后基本上都就地枪杀了，都埋在那儿了，为了保密。这个密寨有电网，任何人都进不去，而且那边有"迷糊道"，你即使进去也会转向的；况且你根本进不去，因为那是隐蔽工程，就连勃利县人都很少知道，直到日本战败的时候才知道，勃利县老百姓冲进去，把库里的东西一抢而光。现在密寨还在，我最近一次是2018年去的。东西都没有了，但那个仓库还在，还建了一个小小的展览馆，照片、图片有不少是我提供的。

1945年8月10日左右，也就是日本投降的前几天，苏联红军进来了，日本人没怎么抵抗就撤了，当时苏联红军牺牲了80多人，咱们的部队也配合了。日本人往牡丹江方向跑，可能还有往穆棱、林口那一带跑的。1945年8月16日，也就是日本投降的第2天，宝清、七台河、勃利有很多在外地的伪军知道日本投降了，就溃散了准备返乡，也有外地的民工返乡了。在返乡的过程中，走到七台河的大泥鳅河时，就与从宝清那边溃退的、准备上牡丹江一带火车的日本"开拓团"、日本关东军遭遇了。日本虽然已经战败了，但还把伪军和民工都召集起来。召集起来之后，让他们把枪都放到一起，脱掉上衣，然后日本兵就拿枪"突突"了这200多人。200多人只跑出十几个，其余的全被他们当场"突突"死了，场面非常残忍。9月初，在大崴子蓝棒山村又发生了一起惨案。日本鬼子已经投降了，撤退的时候屠杀咱们的村民。一开始咱们村民有抵抗能力，但是日本人的火力比咱们强，结果全村80多人，基本上都被屠杀了。日本鬼子在逃亡途中还在屠杀中国人民。

遗孤在勃利县估计得有近百人，七台河这边也不少，马场那边也有。我在勃利县青山乡做过党委书记，我知道仅我们那个乡就收养了几十个日本的遗孤。长大的遗孤现在大部分回到了日本，但是也有留下的，青山乡的青山村就有几位，另外其他几个村子也有，但是名字我记不住。咱们给他们养大之后，有的回去了；有的呢，回去之后又返回了，不愿在日本待；也有的人回到日本就再也不回来了。

咱们老百姓对日本遗弃的这些孩子，跟对中国的孩子一样，

445

是平等对待的，从政府的帮助到享受的教育，再到村子里的待遇各个方面，日本孩子和中国孩子是平等的。在当时经济非常困难的情况下，老百姓家抚养遗孤是很困难的，自己家的小孩都没饭吃，再养个日本孩子，如果没有一颗善良的心是不可能做到的，但中国的老百姓真的做到了。我所在的青山乡有几家人，自己家孩子本身就挺多，还收养了日本遗孤，但是他们对日本遗孤跟自己的孩子一样，一样上学，一样劳动，一样挣钱，公平对待。村子里都知道他们是日本人，但没有歧视的，这方面政府做得是比较好的。

446

九、王杨

王杨：辽宁省大连市地方史研究者。

在大连市金州区大魏家街道，有一个位于大魏家屯北，名叫"稻香村"的小村庄，听名字就知道这里曾经盛产水稻，取"稻花飘香"之意，故称"稻香村"。

但就在这样一个寻常的小村子里，历史上却发生过一件不寻常的事情——这个看似普通的小村庄，是上个世纪初日本侵华移民的"第一村"，被改名为"爱川村"；同时，这里也是日本侵略者对中国东北地区水源进行系统考察的起点。

1905年9月5日，日俄双方签订《朴茨茅斯条约》，标志着在中国土地上进行的日俄战争结束了。中国东北地区从被沙俄独占，变成了日俄双方以宽城子（今长春）为界，沙俄占领中国东北地区的北部，日本占领中国东北地区的南部。

日本在日俄战争结束后接管了原来沙俄在中国东北的"租借地"旅大地区，并设立了关东州都督府。

移民侵略是资本主义列强对外侵略扩张的惯用手段，也是统治和掠夺殖民地所采取的主要形式，日本帝国主义甚至把移民侵略当成基本国策来实施。

由于日本军政界普遍认为沙俄不会永远接受日俄战争的结果，

日俄双方以后还有发生战争的可能，时任日本大本营参谋次长、伪满军总参谋长儿玉源太郎和贵族院议员后藤新平，提出：要想抵御俄国，立于不败之地，必须在已占领地区做到，第一经营"满铁"、第二开发煤矿、第三移民、第四经营畜牧等行业，强调"以移民为要务，永久的胜利取决于在'满洲'日本人口的多少"。日本外相小村寿太郎也提出，为了保护"国防第一线"的永久安全，必须"尽速安排相当数量的大和民族定居'满洲'，这是非常重要的"。因此，日本计划用 10 年时间，让 50 万农业移民的侵入中国东北地区的计划。

448　　　儿玉源太郎、后藤新平和小村寿太郎的主张，得到了日本各

▲ 日本人在稻香村所立的"今日之苦明日之乐"碑

界的支持和赞许。同时，日本国内的一批军国主义侵略者的"御用文人"、政客，也极力吹捧他们的主张是一种"真知灼见"，并认为移民不仅可以推卸吞并他国国土的不利的政治责任，而且可以得到与之相同的利益和效果。因此，儿玉源太郎、后藤新平

和小村寿太郎被推崇为日本对外推行移民侵略的"先驱者"，特别是儿玉源太郎对日本对外扩张的"移民事业"尤为热心，在日俄战争尚未结束时，就派人考察英国在印度的开发机构——东印度公司的殖民经营情况，以便为战后向中国东北实施移民侵略计划提供可行的经验。而后藤新平也鼓吹"一旦有50万人在东北，就可以防止沙俄的进军"。

另外，明治维新后日本国内出现了人口过剩的情况，粮食和经济都发生了危机，因此日本朝野上下一致认为，解决危机的最好的办法，就是向海外大量移民。通过移民，在移民地发展农业，以此来供应日本本土。

449

从1906年开始，日本殖民者即着手酝酿向中国东北移民。而在开发中国东北方面，日本的目的非常明确，就是要在将来把中国东北变成日本的国土，即日本所称"第二故乡"。

日本在中国东北实行的移民政策，从其历史发展的过程来看，主要分为试点移民、武装移民和国策移民三个阶段。

第一阶段的试点移民是从1905年到1931年"九一八"事变前，主要是在大连金州的稻香村移民和"满铁"总裁后藤新平在"满铁"附属地内进行的自由移民尝试。

第二阶段的武装移民是从1931年"九一八"事变后到1937年七七事变前，主要是在东宫铁男的主张下，由"以在乡军人为主干，按军队形式编组并配发武器，编成屯垦军基干队，并且基本不从事农业耕作"而进行的准军事化移民。

第三阶段的国策移民是从1937年七七事变后到1945年日本战败投降，这也是最猖獗的一个阶段。为掩人耳目，日本将"移民团"改称"开拓团"，"移民事业"改称"开拓事业"，计划在20年内向中国东北移民百万户500万人，以达到全面占领和吞并中国东北地区的目的。

说到日本在中国东北移民的第一阶段——试点移民的早期执

行者，就不得不提担任日本殖民机构关东都督府的第二任总督福岛安正。他是这一时期推广"经营'满洲'、扩张国权、满韩移民"主张的军政界代表，也是致力于向中国东北移民的尝试者，被日本军政界称为"劝业都督"，是一个阴谋家。

福岛安正为什么要选择将稻香村作为他实施移民计划的第一步呢？

在当时，大连地区日本移民统治的基层机构为"会和警察出张所"（派出所）。"爱川村警察出张所"旧址就位于稻香村村北头的路边（旧址现存），被当地人称为"小衙门"。据资料记载和当地村民回忆，当年"爱川村警察出张所"设有警察1名（由日本人担任）、巡捕1名（由当地汉奸担任），管辖着当时大魏家屯、刘家屯、稻香村等11个村屯，主要负责当地的治安。

1911年，"爱川村警察出张所"的日本巡查桥本市藏在附近私自开垦官有荒地试种水稻成功，同年秋，水稻获得了好收成。

▲ "爱川村警察出张所"旧址

第二年（1912年）日本农商务省技师恩田铁弥对此地进行了详细的调查，认为此地适宜种植水稻。此后，相继有木神原政雄等6户日本人向关东都督府申请批准前往大魏家屯造田，同时开垦荒地。

1912年，福岛安正为在租借地内推行移民政策亲自前往各地视察，寻觅土质优良、适宜农耕、交通便利的地区安置移民。当福岛安正来到大魏家屯时，发现这里土地肥沃、耕地面积广阔，是一块集中安置移民的绝佳地点，便下令禁止在此自由开荒造田，并决定在此实施日本移民"模范村"计划，日本移民中国东北由此拉开序幕。

451

1912年的春天，大魏家屯的村民们发现，村外的一片荒地上有了新动静。一些日本人来到这里，开始修建房屋、开挖水井……零零星星地施工了两年多，村庄的设施初具规模，但是没有人来居住，而且当地的日本警察不允许中国人踏进村庄半步，只有一个日本军官经常前来巡视。

根据1930年出版的《金州要览》等资料介绍，这片建设的村庄是福岛安正责成关东都督府农事试验场场长木下道，一级土木建筑师仓塚良夫主持制订具体计划，投资2.15万日元（当时币值），修建的房屋、道路、堤塘等设施，为后续移民进行前期准备。

1914年12月，福岛安正将关东都督府有关方面的官员派遣回日本国内进行移民募集工作。1915年3月，第一批移民抵达，计划募集21户移民，但因故只来了19户。这19户分别是来自山口县18户计46人，新潟县1户计2人，共计48人。这些人被安置在今天的稻香村，给他们分了房屋、贷付了农具，让他们从事水田作业。由于这个移民村落的主要成员来自日本山口县的爱宕村和川下村，因此从这两个村名中各取一字，合并命名为"爱川村"。

稻香村移民的资金输送等方面皆由日本官方提供，并派遣金州民政署农业技术指导员川上仁四郎为移民进行农业技术指导工作。

稻香村移民第一年就遭受了旱灾和虫灾的侵袭，徒劳无获，所带资金消耗殆尽。并且继任关东都督府总督的中村觉和移民当局又扶植不力，使得移民由于生活所迫，对前途失去信心。而第一批日本移民中大部分在本国就不是种地的，素质并不高，在日本生活就很困苦。移民到中国后发现这里的生活并不是他们所想象的那样好，于是一部分移民弃农经商或转为其他行业，大部分移民漂洋回国，最后 19 户移民只剩 3 户，稻香村第一次移民失败。

这时已离职退休回乡的福岛安正得知这一消息后，为了不使他辛苦创建的日本人移民"模范村"计划夭折，1916 年又在他的家乡长野县募集了 10 户志愿者移居到稻香村，同时将正在普兰店守备队服役的福冈籍人员 1 人、前面提到的新潟县移民的同乡 2 人也批准了移民许可，使移民户数又增加了 13 户，总共达到 16 户，并且加大政府投入力度，在稻香村兴建了 5 处蓄水池，作为灌溉系统。但由于第一次世界大战对商品经济的刺激，特别是"由于移民们不充分了解东北的气候风土环境，只能徒劳地返回，无法劳动下去"，致使弃农者继续出现，最终仅存 7 户。

尽管福岛安正几次由家乡长野县给予补充，以支撑这一事业，但申请脱退者仍不断出现。为了留住移民，福岛安正想尽了办法改变条件。由于稻香村初建时水田规模很小，大魏家河里的水足够灌溉，但随着开垦水田规模的不断扩大，再加上有时干旱，原来的灌溉水源远远不够，因此这些日本移民种植水稻的产量得不到保障，生活异常困苦。在"九一八"事变前夕，当年在关东厅任土木课长、被称为"水神爷"的清水本之助多次对稻香村进行考察，意外地发现了稻香村有丰富的地下水资源，这让绝望的移民再一次看到了希望！

经过清水本之助长期的调查，得出了一条结论——稻香村有丰富的地下水资源，可以打井用地下水进行灌溉，同时又从小莲泡到稻香村挖了一条大沟（现称"金家河"，也称"金家大沟"），将泡子里的水引出来用于灌溉稻田。这些措施使得水田经营焕然一新，让这7户移民勉强定居下来。

▲ 日本人开凿的灌溉渠——金家大沟现状

也是从调查稻香村的地下水资源开始，日本移民当局集中了50多位水调查相关者，对中国东北三省的水资源进行了全面调查，并整理出详细的水文资料，目的就是为军队进攻做好水源保障工作，也为占领中国东北后各项事业的发展提供充足的水源。

稻香村第一批移民 19 户，仅两年多的时间就逃离了 17 户，后来虽然又有新的移民加入，但由于管理不善而负债累累。关东都督府为了安抚和稳定移民，只好改变政策，将土地无偿转让给村中的移民。最后，移民将三分之一的土地转卖给中国的村民，才还清了全部的负债。尽管福岛安正和关东都督府对稻香村的移民工作做了很多方面的努力，但最终还是以失败告终。

在稻香村南端一个叫"谭坨子"的小山坡上，曾立有一块写着"今日之苦明日之乐"的石碑（现存碑座残址）。这句话到底是什么意思？这些移民到这里的日本人，一直到离开中国可能也没有理解。而随着中国抗日战争的胜利，谭坨子石碑上的那句"今日之苦明日之乐"成了对中国野心勃勃的日本侵略者最好的讽刺！

454

▲ 2020 年，王杨指认谭家坨子"今日之苦明日之乐"碑遗址

从日本移民政策的确立到实施，不难看出日本当局对移民侵略的重视程度，他们以移民侵略来壮大移民人口的实力，再建立起坚实的统治基础，为其在政治、经济、军事、文化等方面实行全方位的侵略服务。

稻香村是研究日本移民侵略的最好的见证。现如今，知道这段历史的人已经很少了，村子里留下的遗迹也在逐渐消失。也许在不久的将来，这段历史将要被岁月的痕迹所掩埋。历史是不应该被忘记的，如何保护好村子里的遗迹，需要我们大家共同探讨和努力！

十、王万涛

王万涛：大连市史志办公室原副巡视员、研究员，《大连市志》执行主编，《大连通史》主编。

1945 年 8 月 15 日，日本无条件投降。经过日本政府的请求，国民党政府同意按照《波茨坦公告》的相关规定，也本着人道主义精神，将日本侨民、战俘遣返回国。这项工作是极其复杂的，

▲ 王万涛在家中接受采访

在当时的情况下，交通、物质生活水平都有一定限制，把这么大量的日本侨民安全地遣返回去，确实是一件很重大的事情。

大连的情况比较特殊。日本在大连地区有兵员13000余人，日本战败投降后他们并没有放下武器。日本是在1945年8月15日投降的，但是8月16日，日本还在旅顺的监狱里屠杀咱们的共产党人。直到8月22日，苏军航空兵一共500人，在伊万诺夫中将和亚马诺夫少将的率领下，分别在旅顺土城子机场和大连周水子机场着陆，命令日军缴械投降，从此大连光复。所以说大连的光复时间是1945年8月22日。大连光复以后，苏军根据条约的规定，对大连地区实行军事管制，大连的行政事务、大连的防务都由苏军主持，日本侨民和战犯也由苏军管理。大连光复的时候，由于是苏军实行军事管制，所以我们还没有建立民主政权，也没有统一的党的组织。现在的普兰店湾东至皮口邹家嘴子一线以南地区的半岛全部划为苏军海军根据地，并实行军事管制，这一片地方在当时都处于无政府状态。工厂停产，商店关门，社会动荡不安。大量的日本侨民就流落到社会上了。

457

大连当时有日本侨民20多万人，占大连市总人口的四分之一。当时中国的工人、城市居民也都处于失业状态，国民党又对旅大地区实行经济封锁。当时连自来水都没有，只能用井水，为什么没有呢？因为日本在投降的时候把自来水给破坏了，他们把水源的水门打开，把库水放空，把档案资料销毁，把图纸都拿走，把工厂里的设备都给破坏了。在这种情况下，旅大地区的民众生活出现了巨大的困难。首先是没有粮食，城市不像农村有储备粮食，市场上没有了粮食，就给居民造成了很大的恐慌，大连地区当时有一半的居民处在饥饿或半饥饿状态。据我们统计，当时约有三万五千名的日本侨民也处在饥饿状态。

这个状况从什么时候开始好转了呢？就是1945年10月中旬，在中共中央东北局的领导下建立中共大连市委以后。中共大连市委建立以后对大连地区实施了坚强的领导，首先是建立了警察武装、公安警察部队，之后陆续建立起了各县区的党的组织，建立了地方民主政府。当时大连有大连市政府、旅顺市政府、大连县政府、金县政府四个民主政权，分工负责管理辖区的行政事务。为了做好日本侨民的遣返工作，1945 年 11 月，中共大连市委作出了一个《关于对待日人政策的决定》，这个"决定"大体上的意思就是应将日本战犯跟普通日本侨民区别对待。对那些顽固不化的反动分子、日本警察、日本宪兵等，对于那些不甘于失败的日本军国主义分子，要坚决给予镇压、逮捕、审判。但对于普通的日本侨民，只要能够遵守政府的法令，我们就提供保护和帮助。

当时社会状态比较混乱，有不少普通的日本侨民跟中国居民一样，生活也是很困难的，他们流落街头，又到了冬季，大都缺衣少食。我们中共地方政府对日本侨民伸出援手，在粮食特别紧缺的情况下，从外地采购粮食平价供应给日本侨民，首先解决日本侨民的需要，之后再供应给中国的居民。在其他方面，我们也采取措施对日本侨民进行保护。比如说，大连市的公安总局、各个分局及派出所加强夜间巡逻，对日侨的居住区重点加以保护，在此期间没有发生一起伤害日本侨民的事件，表现出我们共产党人的这种大度和胸怀。过去在法西斯统治时期，日本侨民是高高在上的，他们霸占了我们的家园居住在好的地盘，而我们中国的居民只能住是马架子、窝棚，连自来水都没有，条件脏乱差。日本人有自来水，住楼房、砖瓦房。在工厂里面，中国工人的工资，成熟工种是 1 天 6 毛钱，一般女工是 1 天 4 毛钱，童工是 1 天 1 毛 5 分钱。而日本工人的工资比我们要高得多，同样的工种日本人的工资是咱们中国人的三倍，脏乱差的活由中国工人做。但是他们落魄的时候，我们没有把他们当成敌人去压迫他们、打击他们，而是把他们当成普通民众去对待，我们对待日本侨民还非常友好，表现了我们中华民族的传统美德和我们中国共产党伟大宽广的胸襟。

遣返之前我们做了大量工作。大连市成立了遣返日侨工作委员会，这个工作委员会由中共市委的一些领导、政府领导、公安总局领导以及民政部门的相关领导参与，全方位地对日侨遣返做好准备工作。公安局还围绕着日本侨民进行了一次全面的入户调查，调查登记，发现有好多日本侨民没有户口。为什么没有户口呢？原因是多方面的，有一部分是因为来得晚，1945 年 8 月份日本投降了，他五六月份来的，这时候他还没办户口呢。我们人民政府的公安部门就都给他们补办了，有了户口他就是正式的侨民了，他回国以后就有了正式的身份了。

459

民国党政府跟苏军和美国军方经过三次协商达成一致意见，从 1945 年 11 月份开始遣返。中国负责把日本侨民从各地集中到港口地区待命集结，美军负责组织军舰、轮船，把侨民从港口遣返到日本。但是 1945 年 11 月份，本来应该开始实施遣返计划了，但是美国船没有到位，这样就给大连市造成了很大困难，因为这时候日本侨民已经集结在码头了。当时大连地区日本侨民主要居住在五个地方，大连市区、旅顺、金州城、普兰店、貔子窝。除了大连、旅顺之外，其他几个地方的人不是很多，我们都按照计划把这些侨民转移到大连港周边居住，等待遣返。但是船还没来，这些人就只能滞留在大连港。冬季到了，天寒地冻，为了解决这批侨民的生活问题，市委、市政府就决定把大连港的三号仓库全部倒出来，清空，打上隔断，把地面铺上草垫子，供应热水，修建了临时性的厕所，保证食品和蔬菜的供应，并且建了卫生所，使日本侨民在生病的时候也能得到及时救治。这个仓库一次能够容纳 12000 人，其他的侨民就寄住在港口周边的一些地方，保证他们不冻着、不饿着。到了 12 月份，第一艘船来了，第一船运送侨民约 6000 人。接着就一批一批地向日本转移。大连的日本侨民有 20 多万人，分成三批四次遣返，第一批就运走了 20 万人左右，

是最大量的一批。后来又进行了第二批、第三批遣返。到 1946 年
6 月，日本侨民返回日本以后，纷纷向大连市人民政府和市委写信，
表示感谢。

在此期间有不少日本遗孤由于各种原因滞遣，留在了大连。
当时我们中国的人都没有吃的穿的，但在这种情况下还把他们收
养了。许多日本遗孤没有家了，流浪街头，什么都没有，就被中
国人领回来。还有一些遗孤本身就出生在大连，就和大连人一样，
他是日本人，会说日语，但中文也会说，好心的中国老百姓就给
他们领养了。有的过去都是邻居，就领养了。这些养父母本身生
活就并不富裕，但是对这些日本孩子比对自己亲生的还好，这是
日本人都普遍承认的一个事实。

日本"移民"中国历史悠久。日本侵占了旅大之后，特别是
"九一八"事变以后，他们有一个理论，就是要永久占领中国东北。
这样就必须有足够多的日本居民在中国东北长期定居，使之变成
主导民族，才能把这个地盘占住。日本向中国"移民"，首先是
从大连地区开始的。

1905 年以后，每年日本"移民"几千人，到 1925 年的时候，
日本到大连的"移民"就达到了十八九万。到了 1945 年，日本在
大连一个城市的"移民"就有 20 多万。这些城市"移民"主要从
事什么职业呢？第一种是工厂里的技术工人。日本在大连先后建
立的工厂总数达 2000 多家，有大厂也有小厂，这些大型工厂企业
全部由日本工厂主控制。他们需要技术工人，就从日本向大连"移
民"，同时把这些工人的家属也带来了。到 1945 年前，已经有第
二代出生在大连的日本人，甚至还有第三代出生在大连的日本人，
其中第三代占大多数。他们在工厂里主要从事技术性工作，日本
给这批"移民"以优厚的待遇，比如给他们房子，把他们的子女
安排到一些好的学校，他们可以使用煤气、自来水，所以好多日
本人愿意到大连工作，因为工资比较高，而且大连环境也比较好。

460

第二种是商人，一些日本商人到大连开商店。第三种就是医疗卫生行业从业者。日本政府在大连建了很多医院，因为他们本身就有20多万居民需要治病。第四种就是文化部门的员工，负责办报、办刊物，并进行一些社会文化活动、体育活动，还有科研部门的工作者。日本人到旅大地区交通很便利，从日本坐船到大连港，上岸就到家了；从大连回日本也很方便，下了船到家距离也不是很长。城市"移民"是日本政府实行扩张政策的一个很成熟的措施。

怎么占领农村呢？日本政府就尝试农业"移民"。第一个尝试就是金州大魏家——稻香村，日本"移民"去了以后取名"爱川村"，这些"移民"是从日本的爱宕村和川下村来的，所以将此地改名为"爱川村"。当年在这个地方立了个大石碑，石碑上刻着八个大字："今日之苦，明日之乐。"农村"移民"不好整，为什么呢？有些问题都解决不了，比如说治病问题、孩子上学问题、饮水问题，不像城市自来水、学校、医院什么的都有，那个地方就二十几户人家，不好办。所以这些"移民"动不动就以各种理由回日本去了，或者是跑到城里来了，搞点儿小买卖什么的，就把土地都扔了。"移民村"建立之初土地从哪儿来的？所谓"收买"，其实就是强占。当时三十里铺的农民还到"关东州"衙门抗议，因为日本人强占了数百亩的农田。日本人不会种大田，都种水稻。大魏家有低洼地能种水稻，离大连市区也不是很远，所以日本选择在这个地方建"移民村"，打深井灌溉。他们从中国老百姓手里强行买了水稻田400亩，自己又在那新开了200多亩，加在一起600多亩地。这些地有一些是成熟的水田，但有些是新的，产量低，养活自己很困难，于是日本政府就给他们补助，鼓励他们种地，即使这样也还是不行。

在此期间，日本还尝试在庄河海岛上进行渔业"移民"。他们一部分是捕捞打鱼；还有一部分是用定制的网具，在浅滩上把定制网具下到海里，涨潮的时候，海水涌上来，鱼进到网里，退

461

潮的时候，鱼都被网住了，水干了以后来取就行了——这是一种掠夺性生产，日本渔网是小扣眼儿，大鱼小鱼全捞，中国的渔网都是大扣眼儿。另外中国的渔船小，手摇橹，速度慢，打的鱼很少，而日本渔民用机帆船，捕捞速度快。他们还尝试在大连城市的市郊搞牧业"移民"，养奶牛，建农场，向城市供应鲜奶。"爱川村"的农业"移民"，我认为是不成功的，是失败的。他们想用这种办法在中国站住脚，像钉子一样一颗颗地钉在中国领土上，使之变成日本的一个个据点，为他们永久性地占领大连，进而为占领整个东北地区做准备，但这个如意算盘没有成功。1945 年日本投降，日本向中国"移民"之举彻底失败。

462

　　大连的日本遗孤具体有多少，限于当时的情况，没有特别准确的记载。日本遗孤基本有两种情况，一种是没有家庭、流落街头的，中国人民收养了他们；另一种是地方政府把他们集中起来收养，但政府不能把这些小孩一直养下去，就让一些家庭把他们领养了。他们大多是在遣返的时候留下的，留下的原因就很难说了，可能是家庭成员走了，父母走了，把孩子扔下了，或者压根儿就没有父母了，这一部分遗孤就被遗留在了大连，大连居民把他们领回家里去。十几年、几十年过去了，有的遗孤成年以后，就在大连结婚了，和大连市民是一样的；还有的在此期间陆陆续续地返回日本了。具体数目和具体的人，当年我们都做过调查，但这么多年也发生了很大的变化，日本遗孤第一代，包括他们的第二代、第三代，后来陆陆续续都返回日本了。但他们在大连居住了几十年，和中国已经建立了深厚感情。据我所知，有的返回日本，见到了日本的亲人，但是在日本生活不习惯，又重新回到大连，回到他的养父母身边。在 20 世纪 50 年代至 70 年代，当时咱们国家国民经济还很困难，像大连这个地方虽然是工业城市，但是生活水平也不是很高，凡是家里有日本孩子的，养父母对收养的孩子都要好于自己的孩子，做新衣服先给收养的孩子穿，家里有什么好吃的也是先可着他们，不亏待这些收养的日本孩子，所以他才与中国的养父母有这种深厚的感情。我们调查时，没有发现哪一个日本遗孤对养父母抱怨什么的。改革开放以后，有好多日本侨民回到大连，故地重游，找他当时住的地方，在哪个地方上学。他们与曾经生活的这片土地还是有很深的感情的。中日邦交正常化以后，他们也做了很多有益于中日友好的工作，一直到现在，虽然有一些遗孤都已经很老了，但是他们对这段历史仍念念不忘。

　　但是，日本的右翼势力和军国主义分子无视历史事实，至今不承认对中国的侵略和对中国人民的屠杀，这与包括大连人民在内的中国人民的宽阔胸怀和善良相比，显得何等的可耻、可恶、可憎。我们一定要认清日本军国主义的险恶用心，把我们的国家建设得更加强大，并且要时刻提高警惕，让军国主义永远无机可乘。

十一、张石

张石：现任日本《中文导报》副主编。著有《庄子和现代主义》《川端康成与东方古典》《樱雪鸿泥》《寒山与日本文化》《中国将军的日本儿子》等著作。

我 1981 年从东北师大中文系毕业以后，在一个函授学院教了 3 年外国文学；1985 年考上东北师大外语系的研究生，读了 3 年；1988 年开始在中国社会科学院日本研究所文化室工作，工作了 5 年之后来到日本在东京大学留学；后来在东京大学当了两年客座

▲ 张石

研究员，然后进《中文导报》社工作一直到现在，已有 30 年了。

我在中国时，我们家旁边住着一些日本遗孤。我爸爸在一家医院里当科主任，他把一间房子借给了科里的一个年轻人住，据说这个年轻人就是日本遗孤。他的养父母对他特别好，但是当时他也不知道自己是日本遗孤，我们也不知道。他有六七个妹妹，但是养父母特别宠他。

来日本后第一次接触日本遗孤的契机是在留学打工的时候。我们在一个公园里除草，我们这一队人多是中国留学生，另外一队都是日本人。

在休息的时候，我们这头欢声笑语的，中国人比较活跃，而他们那头就正襟危坐。在午休时，我们去饭店里吃饭，这时有一个非常高大,面色也很红润的男子走过来,他问："你们是中国人？"我们说："是啊是啊，我们是中国人。"他说："我是山东人，战争遗孤。"我们中间有人问："你回到日本，找到你的亲生父母了吗？"他说找到了，都找到了。我问："你的养父母还健在吗？"他摆摆手说："不要叫养父母，没有什么养父母。父母就是父母。"然后我又说："那么你的养父母对你好不好呢？"他说："不要叫养父母，父母对孩子是没有两样的。"他就一直这么说。我就觉得奇怪，我说："你这头不是有亲生父母吗？"他说："父母都一样，都一样。"我又说："那你山东家那头的父母还好吗？"他说："我父亲去世了，母亲还在。我是老大，我有两个弟弟，两个妹妹，我父母对我非常好。"无意之间，我又问他："你养父生前做什么工作？""你不要叫养父母。"他就有点儿生气了。后来我就想，他为什么不要叫养父母呢？有关下面的事情，我在我所写的书中是这样描述的：

"我们对视了好久。他慢慢地松开了拳头，坐了下去。在他坐下去的刹那间，我突然看到他的目光变得无比焦灼，紧张地向四方张望，像一个饥渴的婴儿在寻找着依托，茫然而充满了期

465

▲ 日本战争遗孤远藤勇先生捐建的"中国养父母公墓"

待……我久久地望着他，望着他和我们一样污迹斑斑的米黄色工作服，望着他结实的额头下密布的皱纹，望着他微微颤动的嘴唇……渐渐地，我似乎理解了他。我仿佛看到了，在50多年前，一个被抛弃的孩子，坐在茫茫的草地上，在极度饥渴中，就是用这样的目光，哭喊着向四方，向遥远的天空张望。这时，一个母亲走来了，也许是一个衣衫褴褛的母亲，她紧紧地拥抱了他……

"这是他生命中第一次接受的没有任何条件的接纳，不需要证明，更不需要验血，也许母亲还知道他是自己敌人的孩子，是杀戮过自己同胞的敌人的孩子……

"然而她走来了，在蓝天与大地之间，一个母亲和一个儿子，超越了亲与仇、敌与友、国与家，他们以一种比这一切更博大、更高尚的情感，紧紧地拥抱在一起，血和泪永远地流在了一起……

467

"也许，这是他与世界唯一可靠的联系，是他唯一的不可间离、不可分割情感的依托，是他在陌生的祖国，抵抗孤独的唯一温馨的回忆……

"我知道我错了，尽管我只是说出一个事实。"

这件事对我触动特别深。到了日本之后，这些日本遗孤都保留着在东北时的习惯，他们唱中国歌，唱中国的二人转，吃中国的饺子，他们包的饺子特别香，我特别喜欢和他们在一起，他们有晚会之类的活动时我都会去。2002年，他们开始状告日本政府的"弃儿政策"，在这个过程中我也采访了他们。通过和他们接触，我觉得他们的人生经历是关于战争的充满人性的宏大而深邃的审视，在他们小小的中日家庭中，发生了很多非常复杂、非常感人的事，令人闻之潸然泪下。

我接触过二三十名日本战争遗孤，令人感动的事情有很多，比如说池田澄江，她的养父叫徐本治，养母叫刘秀芬。她养父比较聪明，喜欢做买卖，欠了很多钱，后来由于某种原因被抓起来，逢年过节人家来她家要债，她养母受不了，就领着池田澄江到亲戚家去躲债，有时候就住在亲戚家。这种非常沉重的负担，是她的养母——一个小脚女人承受不住的。有一天池田澄江醒了之后，看见养母正在看她的脸，她说："妈，你干吗呢？"养母说："没什么，我就看你挺好看的。"这种情况一直持续了几天。后来有一天，池田澄江睁开眼睛一看妈妈不见了，吓得她就从炕上下来，到外屋一看，养母蹬个小凳，上面挂着一根绳，她马上明白了。她说："妈你怎么能这样，你怎么能扔下我不管呢？"母女俩就抱头痛哭。养母说："这么多人来要债，妈哪儿有脸见人呢？但是我放不下你，看你从小就让人家送到这儿，送到那儿，也不知道自己的亲生父母是谁，我要死了你怎么办？"池田澄江说："妈妈，你无论如何也不能死，你不能丢下我不管呀！"母女俩抱头痛哭了好久，最后她就听养母说："明子（池田澄江中国名叫徐明），妈不死，妈不离开你，妈一定把你养大，再难也要活下去，别哭了，好孩子。"我在我所出版的书中写道："为了女儿，她颤抖的小脚在冰天雪地中留下一串串艰辛而坚毅的脚印；她孱弱而凄凉的叫卖声音，伴随着落叶冷雨，回响在春夏秋冬。她如此坚强，只因为她有一个值得她付出一切的可爱女儿，她如此坚持，只是为了女儿不再哭泣。"

遗孤白山明德刚到养父母家的时候，小妹妹得了肺炎，当时没有抗生素，病情非常危急。养父母背着两个孩子到处去看病，但是他们把主要的精力放到白山明德身上了，后来他妹妹由于病情严重，无法得到有效治疗就死了。中国养父母救了日本遗孤，但是他们的亲生女儿却病死了，听到这些，我非常感动。

有个遗孤叫土佐凡俊（中国名冉凡俊），他出生在中国辽宁抚顺，他的亲生父母跟他的养父母是朋友，日本战败，日侨撤离时，他的亲生父母把脐带刚剪断的他送给养父母了。养父母对他特别好。为了不让别人因为他是遗孤而歧视他，在土佐凡俊大一点儿的时候，养父母家为他办了一个宴会，请来亲戚朋友。在酒宴上，亲戚朋友们纷纷送来礼品。大家虽然知道土佐凡俊是日本孩子，但是在酒宴上，土佐凡俊的父亲向大家正式宣布：从今天开始，这个孩子就是我们冉家的亲生儿子，你们要多多照顾。请大家保守这个秘密，众亲朋好友都当场许诺：这个请你们放心，我们一定不会乱说。

因为受到了很好的保护，所以他一直都很顺利，入党提干也都很顺利。我采访的时候他就说："我在任何场合都不承认他们（指他的养父母）是我的养父养母，我都说他们是我的亲生父母。回日本的头一天，全家一起吃饭，我的眼泪就一直没有断，那毕竟是含辛茹苦养了我40多年的父母。我坐飞机走后，我弟弟妹妹后来和我说，你转身一走妈就开始大声痛哭了，谁也拦不住，一直哭到抚顺，哭坏了眼睛。后来我一个朋友的母亲一直陪着我妈哭，母亲的眼睛以后又治好了。""中国爸爸妈妈含辛茹苦把我们拉扯大，送我上学，又帮助我参加工作，又帮我成家，又帮我带孩子……中国父母的恩情天大地大，山高海深，我用一句话概括不出来，我只能说伟大吧，那种襟怀有多宽广。"

他们觉得这是一种不能离间的感情，你要说是养父母，把"养"字加上的话反而就疏远了他们和养父母的感情。

中国养父母在接受他们这些日本遗孤的时候，就没把他们当成敌人的孩子，虽然不是他们亲生的，但对待他们就像亲生的一样疼爱、抚养。反过来，这些战争遗孤不相信世界上还有比他们更好的父亲和母亲，所以你不能说他们是养父母。后来我就想，为什么这些战争遗孤都这么善良纯朴？他们的品质是如何练就的呢？我在写书的时候读到一篇发表在2012年9月5日《北京周报》日文网络版上，南京大学日语系专家斋藤文男所撰写的题为《持续20年慰问日本残留遗孤的中国养父母》的文章，介绍的是东京歌舞团团长刘锦程率领的演出团访问中国，举办音乐会，慰问中国养父母的事情。2007年7月，斋藤文男也参加了慰问演出访华团，

469

访问了黑龙江省哈尔滨市和方正县。他在文章中写道："那时的访问给我留下特别深的印象是，养父母们无论是谁，表情都非常柔和，说起话来慢悠悠的，非常沉稳，非常和蔼亲切，语调中充满了对对方情谊的关心。正因为是这样的人们，才能在战争时代，收留和养育侵略国的孩子吧。我作为日本人，充满了感激之情。很多养父母说：'我们只做了理所当然的事情，我想在那样的情况下，谁都会做和我们一样的事情。'但是在近于贫穷极限的状态下，在自己的生活都难以维持的时候，去救助正在进行战争的侵略国的孩子，如果没有深深的人性之爱是无法做到的。"我很少接触到日本战争遗孤的中国养父母们，但是看到这段话，我似乎恍然大悟，日本战争遗孤大多具有善良、纯朴的品质，可能多来源于他们的中国养父母。

470

我觉得善良的中国养父母和他们培养出的善良的日本遗孤，实际形成了一种"互文结构"，用中国古代汉语说就是"参互成文，合而见义"，就是互应互补，这也诠释了中国文化博大精深的精神内涵。

"报怨以德"是老子《道德经》说的，原文就是"为无为，事无事，味无味。大小多少，报怨以德。"中国的这种以德报怨的文化精髓，主要来源于道家经典，来源于老子的思想。在中国庄子的思想中，也有"尊生"的思想，《庄子·让王》中说："夫天下至重也，而不以害其生，又况他物乎？"意思就是说，统治天下是最重要的，但是却不能因此而妨碍生命，更何况是其他的一般事物呢？他又说："故天下大器也，而不以易生"。意思是说天下是最为贵重的，但是不能用它来替换生命。在《史记》《旧唐书》中也有以德报怨的说法。佛教中历来讲怨亲平等。

"仁者爱人"是儒家具有代表性的伦理范畴，《孟子·梁惠王上》一文中说："老吾老以及人之老，幼吾幼以及人之幼。"是说赡养、孝敬自己的长辈时，不应该忘记其他的老人，不管与自己有没有亲缘关系；在抚养和爱护自己的小孩时，也不应该忘记他人的孩子，不管与自己有没有血缘关系。孝道也是源远流长的。

这些中国文化的精华，潜移默化地渗透于中国的养父母和他们抚养的日本战争遗孤的文化意识和潜意识中，形成了一种中华文化的双向流动的"互文结构"。一方面，中国养父母大爱无疆，以大海一样超越敌我、民族、亲仇的襟怀，收养了日本遗孤，给他们温暖的家庭和父母的慈爱。另一方面，遗孤们大多形成善良纯朴的性格，竭尽全力回报养父母的养育深恩。他们有的在潜意识中把养父母看作自己的亲生父母，不允许人们用"养父母"这一称呼淡化他们对中国养父母那种不可替代的深厚情感；有的则认为，正是因为中国的养父母收养了他们这些没有血缘、没有抚养义务，而且是敌人的孩子，其养育之恩比亲生父母更加深厚，更应该涌泉相报。

471

这些中国传统文化的精髓，都潜移默化地渗透到中国普通老百姓的意识中，这也是中国养父母收养日本战争遗孤的精神动力之一吧。日本神户大学教授浅野慎一和日本龙谷大学非常勤讲师佟岩所著的《异国的父母——养育中国残留遗孤的养父母群像》（岩波书店，2010年出版）一书，介绍了14名日本战争遗孤的养父母，以及这些养父母与日本战争遗孤的亲密关系，充分体现了中华文化传统的这种"互文结构"，他们培养的孩子都特别善良，对养父母也特别好。这种中国文化精神的互相传递，也是非常感人的一个地方。书中有一个被称为"段亚莲"（化名）的中国养母住在辽宁省丹东市，她27岁时和做内科医生的丈夫开诊所。1946年的春天，一个背着女婴的日本女人来这里看病，把婴儿放在这里说是回去取药费，一去不复返，他们只好收养了这个女婴。书中写道："收养女儿之后，我先后生了六个孩子，女儿很善良（这女儿就是这个养女），经常照顾弟弟妹妹，也经常帮我干收拾屋子等家务活。有一天，姐姐和妹妹一起到鸭绿江边去玩，妹妹掉到河里去了，女儿自己虽然还小，但是拼命去救妹妹，如果没有女儿，妹妹恐怕活不到今天。"书中还写道："而在抗美援朝战争期间，美军经常来空袭，女儿把弟弟妹妹藏在火炕下面，并趴在他们的身上，用自己的身体保护他们。我买东西急忙回来，看到这种情形，非常感动。我的孩子们由于历史的偶然成为兄弟姐妹，但是他们相亲相爱，感情很深，从小的时候在姐姐（日本遗孤）的照顾下一起长大。我那些亲生的孩子们就是不听我的话也都听姐姐的话。"

472

日本遗孤的后代，有的很优秀，有的在大学里当教授，还有一个在日本开工厂，当然也有的遗孤后代生活得不太好。日本遗孤第二代回来时候岁数也比较大了，不熟悉日语的人也很多，好像有房子的也不多，挣的工资也不多，他们因为不一定交齐年金，所以能得到满额养老金的人可能不多，可能还会有一些其他的问题吧，我是这么想。

世界历史中有许多民族和国家对立的"大历史"，而在这样的大历史中，由日本战争遗孤和他们的中国养父母造就的这样一段超越国界、超越敌我、超越恩怨的"小历史"特别有价值，特别令人回味，特别美好，让人感到人性的永恒的温馨。中国养父母收养这么多遗孤，而且是侵略国的孩子，并把他们养大成人，形成一种"不是骨肉，胜似骨肉"的亲情，我觉得这在世界历史上也是绝无仅有的吧。西方人怎么评价它我不太知道，但是日本前首相田中角荣对中国人的这种大爱行为非常感动。

1973年10月，田中角荣作为首相首次访问苏联时，曾对苏共中央总书记勃列日涅夫和总理柯西金说："在日本无条件投降的时候，中国政府说：'把日本人送回到母亲身边去'，于是就把几百万和在华日本人送回了日本。"

1945年7月17日，美、苏、英、中等同盟国在波茨坦召开会议。会议规定，日本军队在完全解除武装后，包括家属和日本平民都将被允许返乡。

当时日本驻留在海外的总人口达660万人，1946年到1948年，当时动用了中国三分之二的国力，将东北地区的大部分日侨和日本俘虏集中到葫芦岛送还到日本。池田澄江的姐姐就说过在送还他们归国的船上的事，她说那时候船上有高粱米粥，病号还有白米粥，伙食都很好。中国人的宽容，深深地感动了日本人。

我曾采访过曾关押在抚顺战犯管理所的日本战犯，他们回国后成立了一个中国归国者联络会。他们对我说，在归国的人中，基本上都说中国好。他们是战犯，为什么还都说中国好呢？就是那时周恩来总理指示：把他们当人看，恨罪不恨人，在全国找厨师给他们做日本的料理，他们吃寿司，吃白米。而中国管教们吃高粱米饭。他们回日本之后，有人把管教的相片挂到事务所里，在抚顺战犯管理所成立50周年的时候，他们回去跪倒在老所长的遗像前老泪纵横。这就是人性的力量，冰雪不能融化冰雪，只有阳光才能融化冰雪。也就是说，中国人的善良，创造了世界历史上绝无仅有的奇迹。我写了这样一首诗：

473

当战火的硝烟
还在空中缭绕

你却听到了
那悠远的古谣
夫天下至重也
而不以此害生

用最深沉的慈悲
暖睡敌人的弃儿

天地无声
聆听这生命最初的静好

太阳流下泪水
殷红着风的抽泣

月亮不肯离去
皎洁着萋萋荒草

一缕淡蓝色的炊烟
温暖着回家的安堵

一声母亲的呼唤
让心灵如此富饶

当离别再次到来
执手语凝噎

一句一路平安
打湿万里征程

一声妈妈再见
呜咽千古波涛

　　2008 年 5 月，中国四川发生了大地震。在四川大地震发生后，在日的遗孤感同身受，他们为灾区人民遭受巨大损失而感到悲痛，同时广泛开展捐款义援活动，义捐 1000 多万支援中国灾区。他们还去灾区援建小学，2010 年 5 月 18 日，由遗孤筹资修建的四川省眉山市仁寿县始建镇中日友好太山村小学在仁寿县始建镇落成。"中国归国者·日中友好之会"理事长池田澄江一行共 88 人参加了仪式，并现场为该校捐献了 7 台电脑和 130 个书包等学习用品。

池田澄江对我说："我们这些老遗孤，要去照顾那些在地震中失去亲人的小遗孤，对于他们的学习用品我们要负责到底。我们虽然老了，但是还有第二代、第三代，我们一定要把日中友好的事业进行到底。日本战争遗孤和中国养父母的感人故事，应该是永存史册的。现在日本战争遗孤这个群体并没引起很多人注意，也没有很多人为他们写历史。这样的话，日本战争遗孤这个话题渐渐就会被人们淡忘。这段非常珍贵的历史，要有人来研究，有人来整理，有人来采访，这样才能留存。像你们做的事情就是非常有价值的事情。"

475

十二、车霁虹

车霁虹：1963年出生，黑龙江省社会科学院文学
研究所副所长，研究员。

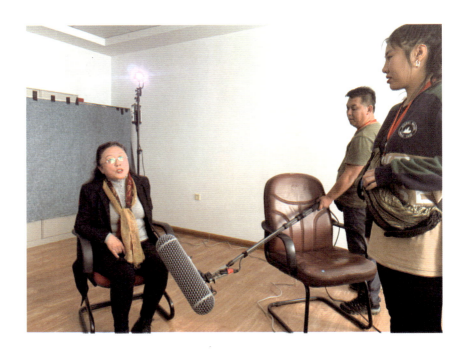

▲ 车霁虹接受摄制组采访

　　1945 年日本战败后，日本政府和军队抛弃了在中国的大量日本移民，滞留中国的日本人径自溃逃。中国政府和人民出于人道主义精神，不仅对战后日本侨俘妥善处理进行遣返，还收留了被日本遗弃的日本妇女和儿童，约 4000 名濒临死亡的日本遗孤走进中国人的家庭。中国养父母不仅收留日本战争弃儿，还含辛茹苦、节衣缩食地把他们养大，待其成年后又拿出全部积蓄助其成家立业，中日邦交正常化后又想方设法满足他们赴日寻亲、定居的愿望，谱写了人间大爱的赞歌。在这一过程中，中国政府和人民以德报怨的人道主义精神、日本遗孤与中国养父母的感情变化和心理纠结，以及归日遗孤在中日文化价值冲突中再社会化产生的现实问题，不能不让人们关注和思考。

477

　　抗日战争期间，中国政府和中国人民虽然深受日本侵略者的奴役、杀戮，却对战后的日本战俘和侨民实施了人道主义的帮助，妥善安排其回国。中国人民以德报怨的做法不仅在中国，也在日本和世界范围内产生了深刻影响。

　　近代以来，日本对中国的侵略活动从未间断过，尤其是 1931 年以后，为了长久占有中国东北，制订和实施了日本移民侵略计划，日本战败投降时，国策移民 10 万户，30 余万人。

　　1945 年 8 月 9 日，苏联红军出军中国东北，日本关东军迅速溃败。失去军队保护的日本"开拓团"团民被日本统治集团和关东军所抛弃，陷入极度困难的境地，于是纷纷向大城市或沿海地区逃亡。据《"满洲国"史》记载，当时在东北的 155 万日本人（不包括军人、军中文职人员和军人家属）中，有"开拓团"团民 27 万人，占总数的 14%。许多人在溃逃过程中自杀、病死或饿死，一些人失踪于深山老林和荒郊旷野，数以万计的妇女和儿童流落在东北的城市和农村。

　　中国人民尽管受尽了日本侵略者的欺辱，但在抗日战争胜利后，并未对日本人进行报复。中国政府在战后第一时间昭告天下：

"中国不会以暴易暴"！

相比较而言，战败投降前日本最高战争指导会议制定的弃民政策，以及战后递交苏军的《朝枝实施报告》，反映出了日本政府对待战后遗留在海外的日本人的态度。战败前后日本移民在溃逃过程中，因躲避苏军，或因害怕中国人的报复，有的在日本天皇发布投降书之前就乘上飞机、火车、轮船逃离中国，就连日本"开拓团"团民在溃逃时也宁肯远距离绕道穿行在荒山野岭、忍受饥寒也不敢走在大路上。他们害怕苏军堵截，他们害怕中国人报复，但事实上他们却没有遭到中国人的报复。战后日本人自己也承认"战争后期，生活必需物资紧张，强制出劳工，强制缴农产品，中国人对'满洲国'进而对日本人的反感情绪不断增长一事，乃是事实。"乘此时机，中国共产党的地下工作与思想宣传活跃起来。但是，并没有因此发生对日本人进行民族报复的事情。倒是各地的中国人救济危难，庇护他们以安全，或者主动给予生活上的帮助的事例层出不穷。总体看来，一般中国人对日本人的报复性迫害是很少的。

在刚刚经受战争创伤而交通不便、物资极度匮乏时期，中国政府依据人道主义原则，采取宽大政策，拨出大批粮食、燃料、药品，为日侨遣返人员提供方便。1946 年在沈阳专门成立了"日侨俘管理处"，负责组织日本侨民的遣返事务。1946 年 5 月到 11 月，滞留在中国东北的 130 余万日侨俘被顺利遣返回国。中国人民不仅没有"以暴易暴"，而以宽厚友善的态度帮助侵略自己国家的战俘和侨民返回家园。不仅如此，还让侵略者遗留下来的战争遗孤走进中国家庭。

日本战败后，被遗弃在中国的日本遗孤达 4 千人左右，这也意味着有至少 8 千多名中国养父母。中国人民在自己国家和自身受到战争极大伤害的情况下，竟然收养了侵略国遗弃的孩子，这是怎样的力量与信念，让中国人民宁愿独自背负战争的创伤，却

478

为仇敌的孩子撑起一片爱的晴空？

被中国人民抚养长大的日本遗孤有 90% 以上集中在东北三省和内蒙古自治区东部。截至 2000 年，日本遗孤在黑龙江省有 2010 人，在吉林省有 750 人，在辽宁省有 850 人，在内蒙古自治区东部地区有 158 人，共 3768 人。加上中国其他地区的日本遗孤，总数在 4000 人左右。

2021 年 1 月去世的养母李淑兰，1945 年和丈夫田海春结婚时刚 18 岁，以经营包子铺维持生计。同年 11 月，一个邻居领着一个抱小孩的日本妇女从哈尔滨花园街日本滞留人员临时收容所来到田家。在日本女人的哀求下，他们收养了因严重营养不良加上寒冷、已经病了很长时间的 5 岁女孩，给她起了一个中国名字——田丽华。

479

沙秀清，1925 年生。1946 年夏，她与丈夫洪万银从牡丹江东京城火车站日本滞留人员临时收容所中一位病重的日本妇女那里抱回并收养了 2 岁的女婴，起名洪静茹。收养这个孩子没多久，他们举家搬到哈尔滨，又生了三个儿女，但仍视洪静茹如亲生一般。

中国养父母这一群体就是由李淑兰、沙秀清这样一个个具体的人组成的，每一位养父母都为我们留下了一段感人至深的故事。

人类社会之所以能维持正常运转，并朝着正确轨道前进，是由于人类自身有一种抑恶扬善的“机制”，建立起一套调整人与人之间关系的行为规范，包括道德、法律和宗教。其中道德的主要功能是扬善。《三字经》上说“人之初，性本善”。然而在实际生活中，人性究竟是“善”的还是“恶”的，一直是古今中外的哲人们争论不休的话题。中国传统伦理道德经过几千年的发展和完善，凝练了中华优秀传统文化。儒家传统道德思想中的“仁”“义”“礼”“智”四种传统美德，以及古代的“性”“德”“善”使中国以“文明古国、礼仪之邦”著称于世。二战刚刚结束，中国人民在侵略者给每个中国人都留下难以愈合的伤痕的情况下，面对"日本鬼子"的遗孤，在恨与爱之间，在善与恶之间，在复仇与接纳之间，纯朴善良的中国人民还是义无反顾地选择了人性中的"善"，而且丰富了人性——收养这些侵略国的孩子。这一善举源于中华大地独有的社会历史环境和精神文化土壤。

首先，中华民族优秀的传统道德思想是中华民族生存和发展的凝聚剂和内聚力，它体现着中华民族整体的精神道德风貌。中国传统道德思想经过几千年的历史积淀，虽然也包含了一些缺点和局限性，但其中的传统美德是中华优秀传统文化中的精华。因为每一个国家、民族的道德传统一旦形成，就具有相对独立性，具有内在的历史发展规律。不同的国家和民族的道德传统，是各国人民在不同的政治经济、自然环境、文化教育等条件下，经过长期的历史积淀所构成的每一个国家、民族不同的道德心理和行为习惯。

其次，是中国的文化土壤、文化环境使然。好的文化土壤孕育出真、善、美，坏的文化土壤衍生出假、恶、丑。中华民族历史悠久、民风淳朴，中国人民富有勤劳、善良、纯朴、无私奉献等中华优秀传统美德。白山黑水造就了东北人朴实、大气的性格。当他们遇到了生命垂危、无依无靠的日本遗孤时，骨子里的善良让他们来不及去想国恨与家仇，就毫无保留地将全部的爱献给了日本遗孤，用他们毕生的精力抚养、培养了日本遗孤，其中蕴含着人性中博爱的精神，崇高的境界。

1972 年，中日两国实现了邦交正常化，日本遗孤开始寻找在日亲人。1981 年，日本政府在日本民间组织的催促和推动下，终于开始有组织、有计划地寻找日本在华残留遗孤。在中国政府的积极配合下，从 1981 年到 1999 年，共有 31 批次，2121 人参加了日本政府组织的访日寻亲活动。其中 666 人找到了在日本的亲属，约占总人数的 31.8%。此外，通过各种其他渠道，还有许多人也被确认了遗孤身份。据日本厚生省统计，截至 1999 年底，共有 2285 名遗孤及配偶、子女约一万人回日本定居。

在这一过程中，日本遗孤有了从被遗弃到被收养以及赴日寻亲定居的人生经历，中国养父母则经历了从收养到艰辛抚育再到帮助寻亲最后孤守残年的苦乐人生。经过喜极而泣的拥抱，挥泪送别的思念，当感情的浪潮随着时间的推移慢慢归于平静后，无论是日本遗孤还是中国养父母，一系列的现实问题也浮出水面。

经过半个多世纪后，当年被日本政府抛弃的日本遗孤通过各种渠道返回日本定居。 虽然是"回归"，但他们面对的却是一个新的社会生活环境，且在语言、生活方式、经济和价值认同等方面都很难适应。这一社会适应包括生活适应、文化适应和心理适应等。

日本遗孤大量回日本定居是在 20 世纪 80 年代末。当时他们普遍年过半百，错过了学习语言的最佳时机，因而要想在日本求得政治、经济方面的安定，过上好的生活，必须克服语言障碍。日本政府对返日的遗孤、配偶及未满 20 周岁的子女由国家出资，先在"中国归国者定居促进中心"居住学习 4 个月之后，再到自立研修中心学习 8 个月，一年后走向日本社会。找到工作的人，国家不再负担其生活费，而找不到工作的遗孤，全家只能靠国家的生活救济费度日。人到中年，语言不通，即使找到工作也只能从事技工、建筑、制造等重体力劳动。有些遗孤往往不能被家族认可，陌生的土地、人情淡薄、世态炎凉令他们遭受着残酷的心理折磨。因此，很多遗孤在逐渐远离了中国社会的文化价值轨道之后，也没能融入日本主流文化的轨道，成为游离于中日两种文化、两个价值体系的"边缘人"。

在中国，中国养父母送养子女回国后，面对的是晚年的孤独凄寂。虽然中日两国政府经协商自 1986 年 8 月始向归国日本遗孤的中国养父母支付期限为十五年的赡养费，按照每人每月 60 元人民币的标准，一次性发放抚养费 10800 元人民币。这笔钱在当时

481

中国的经济水平来看，数额不菲，但后来随着中国改革开放，市场经济的发展，居民月工资平均数提高，物价上涨，老人大多还健在，靠这点儿抚养费来维持老人的晚年生活是远远不够的。他们中的很多人靠中国政府的资助来安度晚年。年老的养父母们倚在家门口，躺在病床上，急切盼望养子女从日本的来信，送走他们的养子女之后的漫长余生里，他们无时不活在期待中。

日本遗孤的成长，是中国养父母用生命和心血浇灌的。爱把他们紧紧地拥抱在一起，这些被中国养父母收养的日本遗孤，在中国养父母的抚养、感化和教育下，对有恩于他们的中国人民乃至世界人民充满了感激之情，时刻思念中国和养父母，尽其所能地回报这份爱。但也有些遗孤困于当时的生活条件，没有能力赡养中国养父母，虽有心而力不足，无以回报，甚至从此杳无音信，不与养父母来往。

俗语说："养育之恩大于生育之恩。"回到日本的遗孤，在他们年龄已过六七十岁时，没有忘记曾经不计前嫌给予自己第二次生命的中国和中国养父母，多次来到中国看望养父母。日本政府也多次组织"日本遗孤慰问中国养父母代表团"到中国慰问。自1987年至1998年的12年间，共12批次225名日本遗孤来到中国慰问养父母。日本的民间友好人士和归日遗孤成立各种团体和组织，积极从事向中国地方政府捐款、捐物等活动，表达对中国养父母的感激之情。新冠肺炎疫情防控期间，日本民间友好团体和人士纷纷发起募捐活动，以各种方式支持中国的疫情防控工作，神奈川县横滨市的"中国养父母谢恩会"在第一时间采购了中国急需的口罩等物品寄往中国沈阳、大连、哈尔滨等地。2021年日本新冠疫情严重时，在中国的遗孤也组织起来，向日本友好团体捐赠口罩并寄往日本。

我们通过客观阐述中国人民以德报怨善待日本战俘和侨民、中国养父母收养侵略者的战争遗孤，对比侵华战争中日本侵略者残酷奴役中国人民，比较中日两国传统的价值观，进行理性思考，得出以下结论：

第一，战争的残酷，和平的重要。日本遗孤从战争中被遗弃到踏上艰辛的回国之路，返日后他们又面临着成为社会"边缘人"的尴尬的生活状态；中国养父母从收养遗孤到艰难地将其抚养长大、培养成人，老年后面对遗孤归国又要独自承受困苦孤寂的晚年生活，他们的人生经历揭示出战争带给人们的永远是灾难和痛苦。

第二，中国养父母收养、抚育日本遗孤，这是人性善的证明。研究和宣传中国养父母收养日本遗孤的美德，体现了中华民族整体的道德精神风貌。中华优秀传统文化、道德思想为道德建设提供了重要佐证，也对人们认识和改造世界有所启迪。

483

第三，通过对日本遗孤及中国养父母相关问题的研究，揭露了日本的战争责任。正是由于日本既不承认侵略，也不承担战争责任，使得战后许多遗留问题始终没有得到有效解决。日本遗孤因日本政府的拖延态度没有及早返回日本；即使回国后，由于日本政府对战争责任问题一直持有模糊的态度，使遗孤在日生活、养老保障、赡养中国养父母等方面困难重重，不得不进行艰难的"国赔诉讼"。

中日两国自 1972 年实现邦交正常化，两国关系得到了长足的发展。随着时间的流逝，日本遗孤这一"活着的历史"群体正在渐渐消逝。而归日的日本遗孤也已步入老年，大都七八十岁了。但日本遗孤的后代在不断发展壮大，他们与日本遗孤一起成为中日友好的桥梁和纽带。

战争带给人类的永远是灾难，以往，中国人民与人友善，坦诚面对世界。今天，面对复杂严峻的国际形势，中国人民坚持胸怀天下，始终以世界眼光关注人类前途命运，站在历史正确的一边，站在人类进步的一边，走和平发展道路，不断为人类文明进步贡献智慧和力量。

十三、杜颖

484

杜颖：黑龙江省社会科学院东北亚研究所副研究员，中日关系史研究会会员，主要研究方向为战后日本战争责任等问题，著有《跨越战后——日本遗孤问题的历史与现实》。

▲ 杜颖在接受采访

　　20 世纪 80 年代，是日本遗孤回国的高峰期，随着他们定居生活的展开，跟随日本遗孤回到日本的遗孤子女，即遗孤后代也同遗孤一样面临打破语言壁垒、适应不同文化及生活习惯等社会融入问题。他们的社会融入集中体现在求学、就职和结婚对象的选择等方面。遗孤后代的社会融入状况并不仅仅是他们自身的问题，而是与整个日本社会对他们的接纳和排斥密切相关。前些年，我在课题研究中试图通过对遗孤后代的访谈调查，一方面揭示他们为了成为普通"日本人"所做的一系列努力，另一方面试图探讨他们的自我接纳与作为其外部环境的日本社会之间的交互作用。通过从文化、心理、社会环境营造以及政策支持等多方面进行分析，揭示对其社会融入问题的规律性的认识，为问题解决提供方向性的启示、借鉴和参考。

485

　　作为战后问题处理后遗症的遗孤问题已经经历了 80 年，2025 年恰逢中国人民抗日战争暨世界反法西斯战争胜利 80 周年，在这个历史节点上再次探讨遗孤问题十分必要。日本遗孤后代的社会融入问题受到中日两国社会的关注要晚于日本遗孤问题。确切地说，进入 21 世纪以后，在民间人士的推动下，经由日本地方和主流媒体报道，日本遗孤后代的社会融入问题才逐步凸显。日本遗孤问题包括战争、侵略、移民"开拓"等，是近现代中日关系许多重大问题的一个缩影。而遗孤后代的社会融入问题是遗孤问题的重要组成部分，是遗孤问题的延续和发展。因此，聚焦日本遗孤的孩子，即日本遗孤的二代、三代回到日本以后的适应问题，重点围绕他们求学、就职、结婚对象的选择及婚姻生活状况等进行的考察，呈现他们回到日本后在语言和文化等生活习惯方面的融入状况，已成为日本遗孤问题研究向纵深发展的客观要求。

　　当然，长期作为单一民族国家的日本社会对遗孤的接纳和排斥将作为影响他们融入的外部环境也将被纳入研究视野。调查显示，日本遗孤的回国高峰为 20 世纪 80 年代后期至 90 年代，而遗孤二代回国高峰集中在 20 世纪 90 年代以后。目前，遗孤后代分散在日本各地，大都成立了"归国者友好之会"之类的组织，但日本政府方面并不掌握在日遗孤后代的人数。有关日本遗孤的研究数据多基于研究者自身论述需要采集。

本文所用数据，一是从遗孤方面入手，通过他们的讲述间接获得；一是通过对日本遗孤后代本人的采访直接获得。自开展日本遗孤问题研究以来，我长期跟踪日本遗孤问题研究，并在推进调研中，将对遗孤后代的研究作为研究的一个重点，针对遗孤二代的访谈资料，也包括对回中国探亲的遗孤二代的调查和赴日跨国调查，所到之处有北海道、京都府、大阪府、神户市、长野县、埼玉县等。如果说开始时还满怀对他们这个群体的新鲜感，那么通过之后长达十余年的跟踪调查，我也走进了他们的生活，并与他们拥有了一段共同的记忆。通过对这 50 位遗孤后代的调查数据为基础进行分析。试图回答以下两个问题：一是为什么日本遗孤后代也与一代一样经历了艰难的社会融入过程；二是为什么在战后 80 年的今天，他们的社会融入问题非但没有解决，反而还在不断地衍生出新的问题？

日本遗孤的后代随遗孤来到日本后，与遗孤一样面临语言不通、生活习惯差异等困惑和烦恼。不仅如此，他们在求学、就职和婚姻生活中也遭受了排斥和差别对待。

在我调查的 50 名遗孤后代中，"不太会""几乎不会"讲日语的人约占了一半，加上在饮食等生活习惯方面存在的差异，经常遭到当地日本人的歧视。东京遗孤后代加藤说："日本学生看到中国人的名字，

486

跨越战后
——日本遗孤问题的历史与现实

Kuayue Zhanhou
Riben Yigu Wenti de Lishi yu Xianshi

杜颖 著

黑龙江人民出版社

▲ 杜颖著作

脱口而出的'中国人啊'，听到蹩脚的日语，便说是'从中国来的'，这些都让人感觉很不舒服。"北海道遗孤二代平田武吉说："上初中时不会说日语，受不了被同学整天'中国人''中国人'地叫，一气之下离家出走，从北海道出发一路向南，目标只有一个——回中国，不仅吓坏了父母，还惊动了学校、警察，好在追了回来。"遗孤三代孝子说："日本人吃冷食，可我们喜欢吃热饭热菜，中午带饭到学校，被日本人说成吃猪食。"

遗孤二代佐藤说："孩子改日本名字后就好多了，不再受欺负了。"原来大儿子王博文上学时，因为用中国名字，经常受到同学欺负。"为什么没有加入日本国籍呢？""因为要加入日本籍得我丈夫先加入，但迟迟没有批下来，后来批下来了，孩子改了日本名字，就好多了。"

不让人发现自己是"中国人"成为许多遗孤后代初来日本时挥之不去的烦恼。实际上，为了抹去身上的中国文化符号，成为志愿者口中、眼中的普通日本人，许多后代采取把自己与中国有关的一切都掩藏起来的奇怪做法。浜口说："我不说我是哪里人，他们听不出来，还以为我是南方的日本人呢！"遗孤二代大桥春美为了实现融入日本社会的目标也采取了这种做法，上古代汉语课时，当老师让从中国来的她读一下古代汉语时，她竟然说她不会。直接把自己与中国有关的一切抹去，也因此把自己的童年抹掉了。为此，主体性陷入混乱，她感到非常苦恼。当然，后来她在一次讲述中勇敢地面对真实的自己，与自我和解。遗孤三代小林在路上看到说中文的姥姥，装作不认识，因为害怕同学们知道自己是中国人。无独有偶，遗孤江本经过两年的学校学习，日语已经讲得不错了，就在同学们快忘了他是从中国来的事情时，中国姥姥要来日本，自我保护的意识促使他强烈地反对姥姥来日本。

因为来日本时间的不同，日本遗孤后代的工作选择、体验也都不一样。初来日本的他们，多数人找不到固定的工作，只能从事些打扫、建筑工地搬运的工作。北海道的遗孤二代张红说："打工干的都是重体力活，如在工地搬运钢管，做架子工，不久就受伤了，只能靠救济金生活了。"大阪遗孤二代李文（化名）说："因为来日本的时候年龄较大，没有什么工作技能，所以只能做些搬搬扛扛的活儿。在一次搬运时腰部扭伤，之后就再也找不到工作了，现在只能收一些废旧物品赚点儿钱。"

埼玉县遗孤二代松田，1965年生。他说："之所以选择从事自营业的室内装修工作，是因为我是自费来日本的，语言不通，工作时他们说什么我也听不懂，每天都很憋屈。原本不是你的错，日本人硬说是你的错，心里窝火，所以一着急就用中文骂人了。当然，之后冷静下来，彼此都道了歉。为了避免类似事情发生，后来我干脆就自己出来开公司了。"

东京遗孤二代成川女士给人的感觉阳光热情，现与爱人经营成川株式会社。前不久，爱人还参加了所在区的议员竞选。她说："初到日本时也与其他人一样经历了打工、找工作的过程，当时家里兄弟姐妹多，爸妈的生活压力很大，后来选择自己开店营业，才逐渐过上安定的生活。"

以上这些人大多数从事厨师、装饰、清扫、食品加工或与中国贸易有关的工作。当然，也有一些通过在日接受本科教育或专业技术学习，进入日本比较有规模的外贸部门，或从事与中国业务有关的工作。京都遗孤今井的儿子在京都一个株式会社上班，后因苏州建厂，赴中国担任区总经理，从事中日贸易工作。长野县池田肇的长子从丽泽大学毕业，在日立公司的下属公司——大连铁工贸易公司工作。同样毕业于丽泽大学的平田的长子也从事中日贸易工作。

从他们的工作选择不难发现，为融入日本社会，一些遗孤二代主动或被强制遗忘的中文，在另外一些二代那里成为融入日本社会的敲门砖。其中也有一些特别优秀的遗孤二代，通过自己的努力考上大学，毕业后进入大学从事教学、科研工作或当上公务员进入日本政府部门，但这在遗孤二代中属于极少数。

北海道遗孤木村京子的儿子 20 岁回到日本。令人印象最深的是他的那句话——"别人走一步，你也走一步，你将永远被踩在别人脚下。"来到日本后，他发奋学习，边过语言关，边努力打工赚钱，最后考上日本的国家公务员。在采访中他说："现在没有被别人歧视的事了。"

尽管遗孤二代来到日本时语言不通，但是大都能够感受到与当地日本人在文化和价值观方面的差异。在日本找对象的遗孤二代，大多数对方也是遗孤后代或是留学生。其中，和留学生结婚的占十分之三。日本遗孤后代与相同身份的遗孤后代或中国留学生结婚的婚后生活相对稳定，因为双方拥有共同的文化背景，容易相互理解包容。来自山东的遗孤木村的长子，1969 年 3 月生人，是札幌市政府部门的公务员，就是与中国留学生组成了家庭。这位留学生来日本多年，先是与开饭店的遗孤认识，后来与其儿子逐渐熟悉并走到一起。在札幌的新年交流会上，我见到了这对夫妇和他们可爱的女儿，通过对他们的访谈和听周围遗孤的介绍，能够感受到他们生活得很幸福。另一位在长崎大学的遗孤三代南先生，他也承认自己就是与中国留学生结婚的成功案例。在一些学术研讨会上，经常能看到两个人活跃的身影。

489

像松田、刘金山、镰田进、铃木、大道等人的后代中的男性，都是通过中国的亲戚朋友介绍找到对象的。札幌市枫叶台新村的遗孤刘金山的长子，曾因偷盗行为被周围的人视为不良少年，最后回上海找到了女朋友，性情才稳定了下来。

在本调查中，约 80% 的遗孤子女没有选择与当地日本人结婚。说到与日本人交朋友的事，遗孤二代丽子说："刚来日本的时候，不能交流，没有朋友，可是到了这些都不成问题的大学阶段，仍然还是不行。来到日本 6 年了，从外表看，我就是日本人，自己起码有一半日本血统，但还是不被他们所接受。"

但并不是说没有选择与当地日本人组成家庭的二代，松田的女儿就是其中较为成功的案例。她与在公司上班的日本丈夫结婚，现育有一子。尽管努力融入家庭，但是依然感觉到无处不在的文化差异。她说："很多事情是让我感到不能理解的，公公有病时，我急得够呛，要丈夫请假留在家里照看，可他是却说：治病是医院的事情，我留在家里有什么用？我心里觉得很不舒服，便自己留在家里照顾。"之后在她的影响下，她的丈夫有了一些改变。

河本的长子不负妈妈的期盼，考上大学，进了日本的一家大公司，找了一位日本女性结婚。在他本人看来，找一位日本女友结婚是自己融入日本社会的一个重要方面，但这却让供养他上大学、视他为家庭骄傲的妈妈很是烦恼，她认为："文化不同，婚姻生活不是遭罪吗？"果然如此，结婚以后，一些问题逐渐显露出来。比如，日本儿媳动不动就会质疑：为什么周末要回婆婆家过呢？对儿媳妇的一些生活习惯，婆婆也看不惯："什么东西都买，自己做不是很好吗？大手大脚，多浪费。"

调查显示，在现实生活中，将日本人作为结婚对象的人极少，绝大多数选择与中国人或归国者子女结为伴侣。并不是他们不想，而是他们充分认识到与日本人结婚可能会面临的困难。一是他们在中国长大，文化背景、历史背景、个人心理、家族等因素与日本差异显著；二是由日本社会环境导致的。当然，选择回中国找对象也会带来一些其他问题。比如恋爱时间短、了解不充分等，导致结婚后出现性格不合等问题。

随着遗孤二代的高龄化，不会讲日语、生活困窘的他们面临如何度过晚年的问题。2021 年 3 月，49 岁回到日本、工作换了一个又一个、定居福冈的遗孤二代小岛通过媒体要求福冈政府提供活动交通费支援。1997 年为了照顾母亲来到日本的小岛，为了找工作努力学习日语，可是只能理解寒暄之类的用语，与日本人无

490

法深入交流。干的也大多是电气零部件组装、清扫、在西餐馆打工这类工作，他因为听不懂日本人在说什么而经常遭到歧视。因为工作时间短，他年金很少，每月只有 1 万 9 千日元。为了谋生，他现在每周还要打 3 个小时的计时工。

从遗孤后代的求学、工作和晚年的融入调查情况可以看到，在随同遗孤回到日本的 30 多年间，他们经历了艰难的适应过程。其中既有遗孤二代的个人因素，也有作为外部环境的日本政策支持及其无视中日文化差异的强硬的同化主义指导等因素带来的影响。

日本人对遗孤二代诸如 "中国人" 之类的称谓，不仅仅是作为民族划分的表述，更是与对他们的否定、蔑视和偏见直接联系在一起。在日本人营造单一民族国家的氛围下，不允许有不会讲日语的日本人存在。遗孤后代们被媒体作为 "没有接受好的教育之类" 的解读，在日本社会就形成有关他们的 "坏的印象"，这种恶性循环的结果，就使得遗孤后代陷入孤立和边缘化。加上日本缺乏行政对策，特别是学校的支援力度十分有限，以至于从中国来日本的遗孤后代在学校多处于孤立状态。

在遗孤二代构建新的主体性的时候，自身要接受日本文化，也要求得到日本社会的接受。日本遗孤二代回到日本后，无一例外地接受了同化主义指导。尽管一些志愿者在政府的安排下对遗孤后代进行了善意的同化指导，为他们学习语言、找工作提供了一些帮助，但也对他们的主体意识的形成带来了破坏。来到日本就要适应日本社会的氛围，实际上对遗孤二代处理人际关系带来了很大的负面影响，因为日本社会无视他们接受了中国文化的事实。从社会集团来看，日本是单一民族国家，他们的主体性与一般印象中的 "日本人" 是不一样的，因此被排除在外。对遗孤二代的强制同化，使他们无法接受自我，自然不能与一般日本人的主体性实现共有。这种自我和他人无法达成统一的事实，使他们无法获得内心的安定。从他们来到日本后的婚姻选择和婚姻状况可以看到同化主义指导对其意识产生的巨大影响。

战后日本政府为掩盖历史事实，把处理遗孤问题与对中国的否定评价联系在一起，使得遗孤二代回国问题也变得复杂化。日本政府对遗孤二代回国时以国费和自费区别对待的做法就是例证。调查显示，国费回国的，来日后在定居促进中心学习4个月，可优先进入公营住宅。如果是义务教育年龄，可以编入中小学，还可以更换国籍。自费回国的，则被排除在一切支援之外，别说在上学、就职方面获得支援了，就连接受最基本的日语教育都无法保障。他们不得不为了生存开始找事做，也根本没有机会变更国籍，好多人还持中国国籍。直到现在与公费回国的二代相比，自费回日本的二代找工作难了。约四分之三是非正式工作，失业是常有的事。自费回国的二代，有很多到担保人经营的制造业、建筑业等企业工作，劳动环境比较恶劣，工资较低，还经常受到日本人的歧视。随着2002年日本遗孤在律师的支持下争取晚年生活保障的诉讼活动的开展，日本遗孤二代的生活状况开始为日本社会所关注，他们鲜为人知的社会融入问题也逐渐浮出水面。

遗孤二代回国高峰集中在20世纪90年代以后，他们与遗孤一样是日本移民政策和战后政策的间接受害者。日本政府不应采取一刀切的做法，而应根据他们

▲ 杜颖与养母李淑兰（左一）合影

回到日本时的年龄和生活状况采取不同的支援措施。遗孤二代步入日本社会的 30 多年间，所经历的融入困境是人们所无法想象的。他们在语言不通、工作难、不能像一般日本人一样生活的环境中度过了少年和青年时期，在文化上、心理上所遭受的伤害甚至超过了遗孤，并继续通过代际关系传递给下一代。日本遗孤因日本移民侵略所遭受的伤害在几代人身上延续。不仅如此，随着遗孤二代也进入老龄化，又会衍生出许多新的问题。

值得高兴的是，遗孤二代的主体性也在发生一些新变化。就在 2021 年 7 月，在被视作贫民区的日本东京的葛市区，遗孤二代作为区代表参加了议员选举。尽管最终没有胜选，但是显示了在其主体意识增强的背景下，遗孤新一代对日本社会事务的参与姿态。从心理学上讲，对自己的接受与对他人的态度是直接联系在一起的。日本遗孤二代态度的改变，是其对"新的自我"的接受，是其努力融入日本社会的表现形式。目前，在日遗孤二代为了争取自身权益，依托遗孤诉讼组织继续开展希望日本对遗孤的政支援法同样适用于遗孤二代的署名运动。期望随着自身认知变化和环境的改善，在日本的遗孤二代的社会融入问题得到逐步解决。

后记

　　得知《我是谁——战争遗孤启示录》即将出版，我们深感欣慰。这部凝聚了我们五年心血的作品终于问世，为纪念中国人民抗日战争暨世界反法西斯战争胜利 80 周年献上了一份厚礼。

　　回首本书的采访与出版历程，不禁感慨万千。为了完成这部作品，我们跨越中日两国的 24 座城市，克服诸多难以想象的困难，采访拍摄了 86 位日本遗孤及其后代、当事人、见证人、知情人和研究者。其中，包括受到温家宝总理接见的日本遗孤池田澄江、长安伊枝子，日本残留孤儿基金会负责人斋藤恭一，帮助 1000 多名遗孤落籍的律师河合弘之，日本唯一的"开拓团"纪念馆馆长寺泽秀文，以及中日著名学者关亚新、吉崎玲子等。在采访过程中，我们搜集、整理了大量珍贵的第一手资料，书中展示了众多重要的即将消失的历史遗迹、档案资料、珍贵手信、老照片等。

　　此外，我们还制作了大型电视纪录片《我是谁——战争遗孤启示录》，并于 2023 年

12 月在 CGTN（中国国际电视台）纪录频道播出，获得了国内外广泛的认可和好评。

在创作过程中，我们力图站在历史和人性的高度，以日本遗孤被中国养父母收养、抚养成人，送别归国，再重返中国、成为中日民间友好桥梁为主线，全面反映了日本遗孤群体和中国养父母命运交织的轨迹，展现了中华民族传统美德和人间大爱，表达了反对战争、呼吁和平，弘扬中国和平理念的主题。

然而，我们在创作过程中也留有深深的遗憾。由于被采访者多为古稀、耄耋之年的老人，因此在语言表达、叙事逻辑、采访时长等方面存在差异，这无形中给我们和出版社增加了大量后期整理与筛选的工作，以突出每个人物故事的特点和代表性。由于时间跨度较大，时代背景复杂，以及一些采访者存在记忆偏差，因此难免存在一些无法考证的口述事实和错误。此外，由于每一位受访者成为遗孤、走入中国家庭的情况各不相同，人生经历与体验也千差万别，因此对历史的认知也不可避免地带有主观性。虽然这些观点不能代表我们的总体判断和观念，但为了客观呈现这个群体的经历与现状，为了保留珍贵的第一手口述资料，我们只能审慎地保留受访者的观点和认识，相信读者自会作出准确判断。

更大的遗憾在于，我们所采访到的人员只是沧海一粟，还有大量的日本遗孤没有采访，或是无法采访；还有大量的知情人、见证人、亲历者没有寻找到；还有大量的历史资料湮灭于时间的尘埃之中；还有大量的历史空白需要填补，需要考证。更令人痛心的是，所有的养父母都已离世，许多遗孤也年事已高，就在我们采访之后，有的已经溘然长逝，来不及看到本书的出版，看不到自己在历史上留下的痕迹。对于没有做到的期许，我们会在未来继续补充、修订，但对于无法做到的，我们只能喟然长叹，自责为什么没有再早一点儿开始这项历史的抢救工作。

496

　　我们相信本书的出版会在社会上引起强烈反响。中国养父母抚养日本遗孤的故事会让读者更加珍惜和平、反对战争，也能让他们对中华文明核心价值理念有更深入的了解和认识。同时，我们也可以告慰中国养父母和日本遗孤的是，为了让更多的人、让全世界都了解和认识中国养父母收养日本遗孤这一人类历史上罕见的人道壮举，本书的日文版、英文版也即将出版，中国养父母的大爱精神将影响得更深更远。

　　需要说明的是，书中所展示的插图绝大多数是采访中拍摄的重要影像资料，还有一些是口述者提供的宝贵资料。由于这些老照片年代久远，尽管我们几经努力，仍有一些照片无法联系到拍摄者。在此，我们对照片资料的版权所有者表示真挚的感谢，并诚挚地欢迎版权所有者与我们联系。

　　最后，我们要向所有参与采访的日本遗孤及其后代、重要历史事件的当事人、亲历者、见证人和遗孤问题研究者表示深深的感谢。是你们的讲述为我们提供了宝贵的第一手资料，使这一项目得以成功实施。感谢吉林文史出版社的领导对本图书项目的全力支持，感谢全程参与本书整理、出版、宣发工作的责任编辑董芳，感谢为本书出版付出辛勤劳动的刘泽佳、王鹤、王哲等老师，感谢在本书整理出版过程中提出宝贵修改意见并给予大力支持的关亚新、石金楷等。同时，我们也要向参与项目制作的中日多家单位，向全面支持本项目的中共吉林省委宣传部、吉林省人民政府新闻办公室、东北亚出版传媒集团等单位表示衷心的感谢，是你们的支持和协调，为本项目的顺利推进提供了有力的保障。

本书编委会
2025 年 5 月 11 日

497